总 主 编　李红权　朱宪
本卷主编　李红权　朱宪

近代蒙古文献大系

政治卷

◇ 第二册 ◇

中华书局

目　录

蒙古建省议

刘仲仁　撰

同为一国领土，经疆设治，即宜整齐划一，以便统驭，此自古封建郡县，皆足举统一之实也。日本之经营北海道，固亦辟蛮荒为开明，列国置厅，今且等于内地。莽莽边区，幅员辽阔，民等殊天，苟不同化齐治，万里荒置，罕有不坐资寇敌者。蒙古居中国极塞，而有可为之资，徒以限于历史，例诸藩属，清室二百六十年，仅事羁縻〔縻〕，几有不与同中国之势，仍其旧俗，保其旧爵，以为职贡不缺，亦足以存荒要之制矣。而强邻逼处，觊觎频来后之形势，已大异畴昔。民国肇建，扬标树橥，以言五族共和，则蒙古建设之必要，遂更切于青海、西藏，而建省问题，乃为政治上最足注意研究之点。虽然，国家建制，必远征古今，横览中外，鉴以往事，察以现状，多利相较，必取其重，多弊相较，务取其轻。今蒙古以若大空旷之地，权衡内省，果分建若干行省，足利于省制之统驭耶。且所有经营政费，及军民衙署经费等，势必皆仰给内地，蒙古虽财源丰富，特此时犹如珠之含胎，玉之在璞，切嗟〔磋〕琢磨，尚需资力，国家现时财政果能供此多数之取用乎？此诚为一大问题。不宁惟是，蒙民顽昧之习，迄今未革，骤易省制，诚恐其强固不服，转妨治理，盖彼犹是逐水草迁徙，尔牛尔羊，天然部落，郡县制度，尚难输入其脑筋。昔美国之开放黑奴也，不感其德，反滋谇怨，其知识未开，甘作牛马而不乐自由，积势致然，此亦无足怪者。蒙古人之进化，虽不得与黑人同日而语，推其心理，宁屈服王公压制之下，而不欲享受共和，此亦统一之一大障害，设治者固不可不审慎筹策之也。夫然则果任其荒漠，弗事经营耶？揆之富国保边政策，是又非计。盖以蒙地广衍，除少数沙漠而外，大抵皆平原沃壤，黍谷豆麦，树艺咸宜，金银宝藏，蕴蓄甚富，巨木森林，足供采伐，马牛驼羊，为其天产，内地精华，数千年来，人民之采掘已尽，惟我蒙地之富源，依然委积于土壤山林，未克振发，第以辽阔旷放，盗匪据为巢穴，肆行劫掠，强邻视为瓯脱，每思脔割，此可引为腹心之痛也。夫内蒙地处漠南，久为中原屏蔽，土质肥沃，宜牧宜耕，汉唐强盛之时，列郡置州，富庶俨同内地。自满清入主中夏，乃以外藩视之，荒服畜之，遂致剪弱于强敌，地日以削，权日以夷，若建行省，如回部之于新疆然，行政机关既备，遂可整顿军事，提倡农林，振兴工商、教育，虽不能收一日千里之效，然国家之势力，因是骤增数倍，且既实纳土地于我国版图之中，外祸内忧，较诸外蒙、后藏，究属此胜于彼，使于民国初年早行建省，安知其状况之不稍愈于今日乎。熟筹及此，不能不承认蒙古改建行省为永远治安之计也。然一求诸事实，则似尚有应研究者，即特别区域，为改建行省过渡之问题是也。

原前此划分特别区域之理由，谓以行政贵乎敏活，地势广漠，则运掉不灵，故缩小范围，便于治理，以为发达边圉、巩固国防之计，而其手段则在减芟将军之势力，如割四川为川边，割山西以为绥远、察哈尔之一部，割承德、朝阳以为热河，举长城要口、打箭炉要塞，驻兵重地，以划为特别区域。直、晋素称雄藩，而又为三辅屏蔽，分析其力，以持中央之重，此实划分特别区域之妙用也。今拭揆度最近蒙古现状，当改为特别区域乎，抑改为行省乎？是则吾人所当引为研究蒙古建设问题之资料者也。其主张蒙古宜先改特别区域者，意谓特别区域者，军事区域也。全区之民政、财政，皆绾枢于都统，其下则各就其旧习惯，以为治理，因是而于区域内各方面无重大之改革，而行政费亦不至于轻委无用之地，以委于荒蔓难治之行政费，以厉行教育、实业等事，其影响较徒存行省之躯壳者，奚啻倍蓰。此其利一。

蒙古今日治标之急务，当无逾于军务，如何而得巩国防之军，如何而得练军于边陲之法，皆属都统所有事。至于民治，则蒙古之旧习惯未革，仍当稍附以军政之势力。此其利二。

蒙古今日土匪之众、煽惑之盛，实可视为遍地伏莽，川边之转侧未平，蒙匪之南犯屡报，以平灭寇乱计，视为军事区域，诚无不可，而壤地阔辽，人民犷塞，亦适合于军法部勒之处置。此其利三。

有此三利，故主张改建行省为将来之业，而今当暂依天然及历史界限，改建特别区域，以统一军政为入手，夫此固亦建设蒙古之积极办法，未可谓为非计。然依予所主张，与其于内蒙别组特别区域，毋宁将热河、察哈尔、绥远等特别区域，径改名为行省，而扩大其行政范围，于治蒙政策上转为简便。盖蒙古建省，不过仅限于漠南，而建省问题，无非分设县治问题，东蒙哲里木盟十旗，早已划属东三省，先后改设县治，田畴广辟，民物殷繁，业成市邑，固无再建行省之可言。外此若卓索图、昭乌达二盟已划属热河特别区域，锡林郭勒盟已划属察哈尔特别区域，乌兰察布、伊克昭二盟则划入绥远特别区域。夫既已划入特别区域，自不便别设特别区域，以致冲突，此于行政上、经济上，均属不可移易之论。若谓是地草莱未辟、拓荒殖边为亟不可待之计，援东蒙之例，徐徐规画县治，苟不妨其殖产自由，蒙汉相安，自必渐渐同化，更始建设，无乃滋扰乎。此予于内蒙，宁主张以特别区域改组行省，绝对不主张别设特别区域或行省之意见也。若夫改省之组织，则亦不过名称上之变更，即热河特别区域改名热河省，而热河都统即改为热河督军，为节省行政经费，可兼省长；察哈尔特别区域改名察哈尔省，察哈尔都统改名察哈尔督军兼省长；绥远特别区域改为绥远省，而绥远都统亦改称督军兼省长。诚如斯，无格外经营政费，而军民衙署均仍其旧，行政无变更之虞，蒙汉隐收统一之效，以此例彼，利害重轻不较然耶。虽然，于察哈尔一区，就地理之便宜上，尚有亟待商榷之问题，即宣化一部，是否宜划属察哈尔省是也。宣化孤悬直省塞外，道里阻隔，风气亦殊，自京张铁路成，与张家口交通转较京、津为便，而政俗、人情种种，与察哈尔成一天然区域，因利乘便，划归察哈尔，似较遥属之直隶为适宜。即以人材而论，宣化各县，在西北为最开化，张家口殆远逊之，以宣府人材加之直隶，未见其优，加之察哈尔，转厚其力，以中坚人才辅助，其促进政治，扩充教育，不数年间，学校林立，人材蔚起，与内地各省均齐发达，此亦未始非政治利用、地理权宜之作用也。

外此，西套蒙古地方，则属甘肃宁夏道管辖区域，护军使驻宁夏，而辖域则远及朔漠，是与西宁遥控青海，同一政治上之不便。窃意宁夏管辖区则宜改为宁夏特别区域，与热、察诸省或并收指臂之效也。难者或曰："绥、察等区域之划分，地域太狭，县治疏落，以少数人口供给多额之政费，租税重担，既虞竭蹶，而军防不周，险要尽失，盗贼充斥，闾阎更不胜蹂躏之苦，痛深创巨。"因是有倡特别区域仍归原省之议者。使果改建行省，政费益繁，民生凋敝，其更何堪。抑知绥、察、热河等地，远居北边，自来为京畿屏蔽，当前清专制时代，特驻将军、都统以异体制，并资镇慑，岂不以塞北空虚，天然重镇，故重视之耶？

今兹寇敌祸边，患剧曩昔，骤撤藩蔽，穹远广漠，直、晋之力，果能遥制耶？即不然，取消绥、察等区，都统裁撤与否，即为一困难问题，谓诸特别区域，不足拟于内部各省耶？而热河于满清时代，宫阙壮丽，性质既无异陪都，故热河道独立于直隶布政司之外，而山川雄秀，多草木，饶禽兽，久为近边富庶之区，况其地为出蒙古要冲，使京热铁路筑成，其繁盛当更逾于山、陕各省，乌在不能置省耶？张家口为察哈尔省会，其地占京张、张库、京绥、张热数线集中之点，内据居庸，外邻朔漠，兴和置路，元代已为往来上都孔道，今仍绾毂南北，地势所趋，其繁华景象，且驾于内地都市，居然现出塞外之天津，谓为无省会价值，可乎？绥远地跨河套，水草丰美，所在肥沃，汉据河南，以逐匈奴，唐筑三受降城，以制突厥、回纥，则其地之重要可知。迄今蒙疆多扰，强俄窥窬，西北方面，绥远实为门户，以之建为行省，无异树京畿外藩，更乌可缓耶？况以地方上发达之程度而论，以上各地，均以交通利便影响，风气丕变，骤臻繁荣，进步状况瞬息千里，已成不能不改行省之趋势，政治上之扩张，地理上之开发，固随人文之发达而俱进，地方已大进化，而乃取消极主义，并特别区域而去之，使之骤然退化，揆之情势，又乌乎能。是以特别区域改省之举，特因其利而利导之，固非别非〔为〕创建多增劳费也。省制既建，汉蒙均等，然后以教育之力，化犷獷之人民，知识大开，自晓然于国民一律平等之意义，多一识字之人，即减少一拥护其酋杰之人，而王公、台吉不平等之称号，自就消灭于浸渍之中，革除外藩势力，强敌无所借以诱惑，外患不来，边圉可保，自是政治区域划一，势力强固，均齐进化，或亦富强之基也。主张如斯，可否利行，予窃欲质诸今之关心蒙古前途者。

《地学杂志》（季刊）
北京中国地学会事务所
1917 年 8 卷 5 期
（李红权　整理）

蒙古今日之主权

译自《亚西亚月报》

王童生　译

蒙古在中国本部与俄属西比利亚间，面积之大，居美国二分之一，中国本部四分之三，本为中国属地，今乃变成列强角逐之场矣。

蒙古兴盛之始　蒙古当十三世纪时，其首领成吉思汗，及其民之强有力者，弃游牧之业，建一军国，欲称雄于世，历胜中国西藏、波斯、美索不丹尼亚及俄罗斯诸邦，于是疆土大拓，欧洲东半，悉入版图。在亚洲方面，东西自君斯坦丁峡直至东海，南北自高丽直至恒河，而都邑在北京，其辟地之广，舍亚力山大、该撒、拿破仑诸人而外，无与匹者。然其性残忍好杀，治理无方，故曾未几时，而强悍之民族，遂被逐而局蹐于本土之蒙古，日就衰败矣。

蒙古衰败之源　蒙古既衰，在不知者，以为蒙古昔年战略，著名于世，何以今日如此委靡，参其原由，盖由于民族信佛之故。民族信佛，遂以晏安为念，而无进取心矣。其所研究者，无非佛经教旨，有最高僧侣，名呼脱克多（HUTUKTU），驻于库仑，蒙古人皆信其为佛之代理人，奉之如神，称之活佛，咸设香烛，供奉其像。呼脱克多后欲以活佛而兼帝王，遂陷入俄人阴谋而为第二之满洲矣。

日俄以蒙古为争点　自中日战始，迄日俄战末，高丽本为远东之争点，后日人胜俄，东亚危区，当称满洲，满洲遂为二国战后屯兵之处。乃近数年来，二国复欲肆其雄谋，而以蒙古为争点矣。蒙古之地土寥阔，居民鲜少，其对于中国，影响权力较之满洲为尤微。即中国对于斯地之主权，又适如高丽，不甚尊重，遂失其经营力而为他人窃取矣。在一千九百十年七月，日俄复继续反对政策，竞争在华利益，双方均增加保护铁道军士，互相监察。在该处所有铁道，均运输军队，而全非应商务上之需求，其势若有第二次之战争者。然曾未几时，即双方协议，结合而谋中华之利益矣。

日俄之订约　在一千九百十年七月十四日，日俄两国，即缔共同保守在满洲利益之约。又议定两国不特可在满洲经营，且可在中国别部获利。于是俄人得在外蒙古自由管理，日人可在内蒙古自由管理，双方不相干涉。惟此约利于日俄，而对于中国，权利已丧失尽矣。然二国阴谋，犹未止此。俄正欲自西比利亚向东而据中国之海岸，日又欲西占直隶、山东等省，与满洲并合，在中国东部，得一正方形地，不使俄跨蒙古而东下，各存虎视之心，而中国一无善策以抵制之。

中俄之交涉　一千九百十一年，俄既订约于蒙古，遂强迫中国承认其在蒙古各处设立领事，并屯驻军队，而日本亦劝中国承认其要求。当时中国政府，见俄人如此行动，遂定阻止方法，移殖民于外蒙古，设军警于库仑，使俄人不得逞其志。故是年夏，中俄将战之声浪甚高。后蒙古人民，亦不喜中国政策，遂于是年七月十一，呼脱克多召集蒙古之名人及王族，会于库仑，议决遣使至圣彼得保，要求俄皇设法维持其自主之权，与北京政府交涉。俄人许之，即向中国政府提出条件有三：（一）承认蒙古为自立国；（二）中国不得在蒙殖民；（三）中国不得在外蒙屯驻军队。

斯时中国适有革命，自相残害，遂贻俄人以扩充在蒙权利之好机会，于一千九百十一年十二月十七日，库仑蒙人，得俄国之指使与暗助，遂解除中国在蒙军队之武装，并驱逐中国驻蒙军官。十一日后，呼脱克多遂加冠为蒙古之帝，尊称巴鞥图可汗（意即神帝）。其所用礼节，均照昔日之大可汗。当时有蒙古王族七十二人，俯伏于新皇之前，誓言永远戴奉为主，且献以白驼、白马各数百匹。

俄人索酬于蒙古　俄人既助蒙古自主，遂向其需索报酬矣。是年驻华俄公使，忽离北京，盖奉俄君召还之命，将往蒙古，商议俄蒙通商条件，于一千九百十二年十月十四日至库命，晤蒙古新政府阁员及在蒙一切重要人物。当时呼脱克多，非常优待，并请俄相助吞收内蒙，盖斯时内蒙，仍效忠于中国也。当时俄使只草通商条件以行，至于收服内蒙之事，未曾提及。俄公使亦告知各报主笔，登在报端，言俄国不愿干涉内蒙古，以负日本。

俄国外交总长之演说　俄国允许日本在内蒙活动之意，曾通知大众。其外交总长三诺夫氏（SAZONOFF），于一九一二年四月二十六日，在某处演说，择其紧要者，略述如左：

对于蒙古之争点，我国曾与日本政府交换意思，及更调利益，以后各守界限。日本不可觊觎我国在外蒙之利益，吾国亦不可觊觎日本在内蒙之利益。

俄人得有蒙古之主权　俄人在外蒙全部，可以殖民置产，享受与在本国同等之权利，并要求蒙古驱逐华人出境，以广大之地，完全供俄殖民之用，与日本之欲驱逐阿拉司嘉之美人，而殖其人民者相同。

俄人强迫中国之签字　俄人既得蒙古主权，遂通知中国，强迫批准所要求之条件，于一九一三年十一月五号及一九一五年六月三号签字，从此中国在蒙古权利，均入俄人之手。此二次交涉，中国承认外蒙为自主国，俄亦承认外蒙为中国之保护国。然中国人民及所驻军队，均为撤去矣。

日本之经营内蒙　斯时日本正在经营内蒙，希冀得享与俄国同等之权利，适天假之缘，俄国内乱，日本遂借孟罗主义保护东亚和平之言，而实行其政策矣。

《桃坞》（季刊）
苏州桃坞中学校
1918 年 1 卷 1 期
（李红权　整理）

论蒙边经略之不可再缓（十月下旬属稿）

岳璋　撰

列强之有政党也，其标榜之政策虽各不同，要皆以福国利民为归纳，故各政党之倾轧愈甚，而国家之进步亦愈速。我国之政党则何如，他姑勿论，第就蒙边经略一事观之，即可见我国政党之党德矣。

蒙古之自号自治也，由来久矣，然无俄人为其后盾，活佛安敢公然宣布哉。当俄乱初兴之际，俄人内顾不暇，已无力为国外之活动。我国于是时，首宜声明，取消外蒙《声明条件》。（民国二年十一月订条件，要项有五：（一）俄国承认中国在外蒙古之宗主权。（二）中国承认外蒙古之自治权。（三）中国不干涉外蒙古之内政，不得驻兵、设官及殖民。（四）承认《俄蒙商务专条》。（五）中俄在蒙古之利益，及各问题另行商订。）复假协约名义，以堂堂之师，为援助俄旧党之举。即不能出多师以助俄旧党之成功，然以重兵勒令活佛取消自治，扩张蒙境之势力，固绰有余裕也。惜乎当时计未及此。

迨后始有筹边之举，然以派别关系，未得多数赞助。我国民对于边境之形势，又多愦愦，盖边患虽烈，与内地尚无切肤之痛，故对于筹边诸事，漠然置之，岂不痛哉，岂不痛哉。

今蒙古已有取消自治之举，京电所传蒙古取消自治之公文，已于本月十九日到京，词极恭顺云云。果如京电所传，是予俄以千载难得之机会，我国不于是时猛力经营，宁非失策之尤者耶。

蒙古之取消自治，岂活佛真有觉悟乎？抑或失其后盾，而又慑于兵威，姑为此缓兵之计乎？余意无论活佛之取消自治是否真意，我国自当乘机进取，为百年巩固之计，不独解除外蒙《声明条件》，及蒙古自治后之各约，担任王公年俸而已也。

我国历来之对待外藩也，恒取怀柔主义。今对于极狡滑之活佛，不当袭用此法也。关于俄蒙诸借款，尤当责令蒙人自偿，不然，活佛始则欲得俄款而宣布自治，继则势促而请求内向，并以清偿债款委诸中央，他日何尝不可复离中央而自治。是活佛则无往而不利，而我政府则疲于奔命矣。

蒙边经略计画，当以吉林为起点，新疆为终点，而以蒙古为中心。自吉至新，应行设备之幅员，几及万二千里之广。苟欲于此广袤之地幅，而为声息相通之设备，则宜将自吉至新之边境分而为三，以吉、黑二边为一区，外蒙、阿尔泰为一区，新疆边境为一区。区设专员，以事经营，而由威望素著者以总其事，先筹下列诸端之进行，则备疆其庶几乎：

一、宜驻重兵以捍卫也　蒙边地邻俄境，为该国新旧两党所觊觎，非驻重兵，不足以资捍卫。现西北筹边使所属之三师四旅，已敷蒙古布置之用，吉、黑两省之兵，得奉天之援助，亦敷调遣，惟须于阿尔泰添一旅，新疆添一师一旅，即足以资镇慑矣。

二、宜筑路以利交通也　交通利便与否，于军、政商工业有极大之关系，人尽知之，故宜首先注力于此端。急修张库（张家口至库伦）及长迪（长安至迪化）二路为干线，而后联络萨伊尔乌苏、科布多与迪化，复筑安西至疏勒之支线。如此，则不独蒙、新两区之交通便捷，即由张家口及长安两处，已可与内地相通。后方既鲜匮乏之虞，工商亦有发展之地，计莫善于此也。

三、宜移民以实户口也　开拓三区边境，在在需人力为之。三区原有之人民，本不敷应用，故宜将各省淘汰之军队，及各灾区之难民，移植于三区，既足以供三区之需求，复可以安插游民，一举而数利备焉。

四、宜振兴实业以辟利源也 三区之特产非鲜，如吉、黑、阿尔泰之金，新之煤油，吉林之银，吉、黑、蒙之林木，吉、新之畜产，苟能一一振兴之，利莫大焉。

五、宜创办学校以兴教育也 边民之易受外人煽惑者，以其愚鲁也，故急宜设学校以教育之。教育之道，宜先启发其爱国心，以坚其内向之志，而后使之同化于我，是为得策。

举办以上五端，无一不需巨额之经费。在今日财政窘迫已达极度之国家，安有余力顾念及此。然而吾民尚非绝对的窘迫者也，苟能注重信用，宣布用途，点金岂真乏术哉。仆不敏，敢以下列之数款，与国人一商榷焉：

一、发行筹边公债也 我国公债信用之劣，在滥发滥用而已，苟使经理得人，则公债之流通，当不如今日之困难也。（如新华储蓄票原定三年还本，今已展期，当时该行何不发行第二期以还第一期之本，人民见有信用，购二期者必较一期为踊跃也，乃以展期堕担保者之信用，惜哉。）

二、创办富户爱国捐也 天津外国银行，我国人之存款达千万以上者，有二十余户之多，不及千万者尚不知凡几。一埠如此，他埠可知。苟劝令若侪量力捐输，巨款不难立就也。（各国人民，于战前战后，无不尽力捐输，我国陆专使有感于此，曾条陈四款，其三即为奖义举也。）

三、劝各业分任经营也 劝全国工商业，合力经营边境之工商，全国矿业合力营矿，全国铁路公司合力营路，而国家则筹款以补助之，订优待条例以鼓励之，是亦分力合作之策也。

四、招徕侨商也 国外侨商，富有资本者，颇不乏人，苟能颁发优待条例以招徕之，亦未始非集款之途也。

五、设筹边银行也　欲经济流通，非设银行不为功。徐使已有创办边业银行之议，迄今尚未得多数助力，诚堪浩叹者也。

就我国今日之形势，欲举办上列诸端，识者逆料其难也。然今番活佛之取消自治，询〔洵〕为难得之机会，我国不于是时利用此良好之机会，则边疆永无宁日矣。不观夫德意志乎，德人于创巨痛深之今日，又思在东欧乘机发展，诚以机会之来，失之易而得之难也。今筹边使已抵库伦，国人其速蠲除意见，合力为筹边使后盾也可。

《兵事杂志》（月刊）
浙江兵事杂志社
1919 年 68 期
（李红权　整理）

对于蒙古独立的感想

邦式　撰

自从威尔逊主张民族自决主义，世界上有许多的民族，都纷纷起来组织国家，也有成功的，也有失败的。他们处于异族之下，受他人的支配，差不多没有丝毫的行动自由，可以发展他们的才能，为世界人类造些幸福。就是自己本身的权利，也被剥夺得干干净净，一点不留。咳！你看多可怜呀。何幸这一次遇见这样的好机会，他们又焉得不起来主张他们的权利呢？无论他们是失败，是成功，总而言之，是不得不令人敬服的了。

想不到组织我中华民国的一分子，叫做蒙古人的，他也忽然根据民族自决主义，独立起来了。这件事目下虽说是尚未成功，然而照形势看起来，是极险恶的了。听说鼓动外蒙独立的，是俄国的谢米诺夫将军。他因为和全俄提督谷尔却克争政权不胜，无路可走，遂异想天开的来煽惑外蒙，想合西比利亚和外蒙组织一大帝国，过一过皇帝的瘾。背后又得日本人为他的帮助，所以他便胆大妄为的起来了。恰恰这位活佛又是一个贪财好色、不知不识的人，容易上他人的当。这就是蒙古要独立的原故。

我以为民族自决主义，不是随便可以适用的。第一须讲自决的民族有自决的能力。就是说必定要他们能辨别是之为是，非之为非，甚么是利，甚么是害，才能讲到自决。第二须讲自决的民族，有自动的意思。纵然他们有自决的能力，如果没有自动的意思，只是听别人的指挥，仍够不上讲民族自决主义的资格。现在试问外蒙是不是有自决的能力，我恐怕三尺童子也不敢相信的。因为如果他能辨别是非，就不至要脱离中国了。再看他是不是有自动的意思。照上面所说，他是直接受了谢米诺夫的引诱，间接受了日本的引诱。他毫没有自动的意思，也就可想而知的了。可怜的蒙古人，你是组织中华民国的五族中一分子，你的权力、义务处处和其他四族平等。别族也没有欺负你虐待你的地方，你何苦倚赖外人的势力丧失你自己独立的人格呢？要知道劝你独立的他们都不存着好心，巴不得你早早脱离中国，他们好实行他那吞并的手段。这话并非是我捏造的，从前的朝鲜就是一个顶好的榜样。现在就请你看看朝鲜的现状是怎样的呢？唉！你若是再执迷不悟，不独最神圣的民族自决主义被你污坏，就是在你也不见得有甚么利益罢。这是我第一层的感想。

再讲蒙古独立，千错万错，总是中国的差错。要是南北两方，不因着无意识的争权夺利，闹了好几年的乱子，大家放开眼光，看一看边事紧急的情形，讲究国防，讲究垦殖，蒙古也不致有此次独立的运动。最可惜的是俄国革命开始的时候，活佛恐怕我政府趁着这个时机发兵征讨，他连忙派了许多人来探听我们政府的意旨，大有诚心内附的倾向。无奈政府中人总是目光如豆，只顾目前的地盘，以致外蒙又被日、谢勾结。就是到了现在，天天讲出兵，可是没有见着一兵向外蒙出发。我们又何必要这样不中用的政府？这是我第二层的感想。

“去兵”、“去兵”，差不多在中国处处都可以听见这种声浪，主张“去兵”的人的意思，以为世界现已和平，我中国的兵又是从没有用的，只能对内，不能对外；只会奸淫掳掠，不会保全治安。所以兵必须去掉，中国的兵尤必须去掉。然而他不想想世界到底和平没有，和平各国都有没有“战争非义”的觉悟，野心的国家果然都抛弃了他们的侵略政策没有。至如讲到中国现在的兵，固然是没有大用，然而当那风吹草动的时候，也不能不有倚赖他的地方。退一步说罢，就是毫无用处，然而也只可训练较好的兵来替代他。不能下一全称的肯定，说“凡兵是要去的”。因为中国要没有兵，边防就不能坚固。你看这次蒙古独立，他岂不是欺着中国没有强大的军队么。主张去兵的人，也得仔细考虑一番才是。这是我第三层的感想。

我的结论，就是〈第〉一劝蒙古不要自取灭亡；第二劝南北当局眼光要放大些；第三劝我国民要知现在还不是讲大同主义的时候，总得竭力奋斗。

《国民》（月刊）
北京国民杂志社
1919 年 1 卷 4 期
（张煜珩　整理）

外蒙问题中之谢米诺夫与布里雅特

一社友　撰

郑人相惊以伯有，曰："伯有至矣"，则皆走。近日之谢、布扰蒙云云，将不如是乎？世传谢氏扰蒙之标帜，曰："大布里雅特主义"，亦曰："大蒙古主义"，而或者不识谢米诺夫为何人，不解布里雅特为何谓，谢、布并称，几酿争议。关于边讯不曰谢、布入寇，则曰谢逆来降，阅者眩然，莫明真象。其杜渐防微意存警告之心迹，固属可钦，然而谢氏与布人究有若何关系，谢氏扰蒙究有若何实力，自动乎，抑被动乎，嗾使者谁，影响何若？记者欲为国人更进一解，就世间所谓谢、布问题者，切实研究讨论之。盖不得谢、布之正当见解，则其对付方策，皆杜撰架空之谈，庸人自扰，偾事贻笑，殊为可虑，兹取社友某君所述，转告国人，或亦留心边事者之一助也。

记者

一　谢米诺夫大记事

谢米诺夫，由俄国后贝加尔（亦作萨拜喀勒）哥萨克（亦作哈萨克）出身，生于外蒙接境地方之多尔立克哥萨克村（在鄂嫩河上游阿克苏市之西，距阿克苏约七十俄里），本斯拉夫族，其祖母为蒙古人（或曰其母为蒙古人，姑并存之），世人谓谢氏与蒙古有血族因缘者指此。欧战发生，从征于加里西亚战线，被捕逃归，在克伦斯基内阁时代，与上将卡列金谋献组织布里雅特队之策，为当时俄国中央军事委员会所采，遂被命为后贝加尔州募兵委员，乃还故乡于赤塔附近（后贝加尔之州城），筹画招募事宜。未及成军而过激派蜂起，俄京政变，列宁政府成立，过激派势力风靡全俄，遂及贝加尔湖以东，赤塔、哥萨克亦投入过激派麾下，谢氏大失所依，遂与过激派成不两立之势，退居达乌里（满洲里西方），一意招练军队，蒙匪巴布扎布余党及日本浪人多归之，势稍盛。以不堪过激派之压迫，遂至开战，时民国七年春间，谢氏不过一年二十八岁之陆军上尉耳，然谢军兵力未及千人，敌四倍之，虽屡败屡战，卒以众寡不敌，常穷蹙于达乌里、满洲里附近一带，而不得逞。当谢军战况之不利也，世间喧传英法将为之后援，有由北京使馆卫队密输武器、装具于谢氏之说，或传谢氏派格夫秦科赴美求援。时前东中〔中东〕铁路长官霍尔瓦特有亲中美之倾向，为某国所不惬；而高却克亦欲附英法有所图，皆中某国之忌。故亟欲于满蒙东部、西伯利亚一带，扶植其势力，以便其大陆侵略政策之进行，竭力钩引谢氏，其浪人及预备后役军人，投入谢军者，四月上旬以来，达四百余名之多，编为义勇大队，并约为种种援助，于是谢军稍振。及是月下旬，后贝加尔哥萨克愤过激派之横暴，来满洲里求援于谢氏，谢氏应之，进兵于满洲里以西，连获小胜，不旬日追至鄂嫩河畔，遂宣言建设后贝加尔州独立政府，下全州哥萨克住民动员令，为巩固势力之计，后贝加尔哥萨克之投归谢氏者遂益夥。先是谢氏之进兵于后贝加尔也，沿海州哥萨克之不服过激派者，亦与谢氏东西呼应，揭竿而起，以与过激派宣载〔战〕。时联合国对西伯利亚政策尚未决定，《中日军事协约》亦正在进行中，某国尚不便公然援助谢氏，过激派探知谢军兵力单薄，乃由极东及西部西伯利亚方面增调援军，德、奥俘虏参加者，达三千五百余名之多，谢军饷械俱乏，乃自至哈尔滨求霍尔瓦特氏与以财政上之援助，并向高却克氏（时霍氏招为东中〔中东〕沿线守备队司令官），求以其隶下某部队编入谢军，议久不谐，谢氏愤甚，而前敌败耗续出，不得已仅获少许财政上之补助而止，及谢氏驰回前敌，敌势大增，战益不利，遂弃鄂嫩站而退守坡而加（在满州〔洲〕里西北百二十俄里），旋复连败，七月下旬遂退于满洲里以南，于察干及扎莱诺尔一带，收集残亡，以图再举。

其后联合国西伯利亚出兵之议既定，《中日军事协约》亦早经成立，日本得进兵北满之口实，遂于八月上旬，以驻扎南满第七师之一部，侵入北满。藤井师长自率主力赴满洲里，援谢米诺夫西进，谢氏既得声援，时赤塔过激派亦被伊尔库次克方面东来之捷克军击破，渐向黑龙州（即阿穆尔州）退却，敌无斗志，谢氏长驱直入，捷军（由海参崴经东中〔中东〕铁路西进者）、日军相继前进，与西方友军会于鄂嫩河畔，遂入赤塔，以其部下分驻州内要地，于是谢氏之地盘渐固，其后日本以第七师撤回北满，驻扎东中〔中东〕沿线，增派第三师分驻后贝加尔，命黑泽上校以下将校数名，为谢米诺夫军事顾问，武器、服装外，更月助日金三十万圆，故谢氏行动多出于日人借箸之谋（《新公论》十月号）。自是厉兵秣马，其势益张，部下主力约六千人，分驻于赤塔（谢军本部及日本师司令部所在）及格留本斯克、尼布楚、坡尔加、上乌丁斯克等处，此外在沿海州有卡尔迷科虎部约二千人（本部在哈巴诺甫斯克）、嘎摩虎部下约千五百人（本部在海兰泡），亦在谢氏支配之下，遂有雄视漠北之概。

然谢氏本赤手成军，饷械俱乏，加以日本策士、浪人等之教唆挑拨，故劫掠惨杀、横征暴敛、妨害路政、欺压华侨之事，层出不穷，尤以干涉捷克运输军需及反抗阿穆斯克政府二事，为国际訾议之焦点。盖某国之援助谢米诺夫，意在东部西伯利亚方面扶植其特别势力，以为对抗联合国援助高却克之计，其间冲突争议之内幕，不可殚述（此节参看本年三月十六日纽约《太晤士报》，及俄国交通部技师拿隆罗夫六月二十六日在俄经济协会席上演说词）。故一方阿其所好，则崇之为英豪；一方恶其横蛮，则拟之如寇盗。其实谢氏在俄国不过一跛扈将军，而某国之援谢，亦如往年之援巴布扎布，盖别有用心者也（某国人当年称巴匪为拿破仑、忽必烈，今于谢氏亦然，何豪杰之多耶?）。

谢氏在国际间之评判，已属誉少而毁多，而其国内之地位，亦颇困难，谢与高、霍之不和，观去岁五月间，赴哈求援故事，即可了然。而其冲突之最甚者，莫如去冬阿穆斯克政变之后。先是去岁十一月中旬，哥萨克将领沃尔可夫等以武力推倒五头政府，举高却克为全俄最高执政官，既而向政府自首，高氏循例付之军法会议，谢氏借故愤起，以最后通牒迫高氏让出政权，否则将宣告东部西伯利亚独立云云。高氏态度亦颇强硬，乃下令褫夺谢氏后贝加尔军权，以阿尔可夫上校代之，即世所谓高氏第六十号命令是也。其时霍尔瓦特亦遵高氏令禁止谢军使用东中〔中东〕铁路，高、谢之争几不可解，乃设调停委员以图妥协，亦迄不得要领，高氏悟谢幕中多浪人、策士为之左右，乃嘱驻崴军事代表伊哇罗夫，请日本出当调停之任，日军要人乃招致谢米诺夫（黑泽偕往）及卡尔迷科夫于海参崴，与高氏代表伊哇罗夫面议妥协条件，卒承认谢氏为极东特别军长，于伊哇罗夫节制之下，执行极东军权，而关于行政方面则归霍尔瓦特管辖，于是高、谢争执问题，遂得敷衍一时，未酿战祸，然究属貌合神离，非真能和衷共济者也。谢氏既与高、霍不和，故极东财权及各种经营，多不如意，后贝加尔铁道工场，皆被谢氏移供军用，命改制大炮及其他军需品，汽罐用钢铁材料，亦移作装甲汽车之用；赤塔等处，常以车辆为将校集会所，而华商携款过达乌里、蒙古集各站者，谢军借检查为名，横夺财货之巨案，不一而足；赤塔华商市场，被谢军以漏税、违禁等名义，押收货物者，亦屡见不鲜，此等虐政，固为谢氏招怨之由，然其罗掘俱穷之苦况，亦可以想见矣。

兹更有当注意者，谢氏虽拥有兵力约万人，然过激派之潜伏境内，乘机欲动者，亦不少。在后贝加尔州内者，赤塔及尼布楚、斯特列金斯克附近约二千余人；上乌金斯克及色林格斯克一带，号称七千之多；其在黑龙州内者，海兰泡及齐亚河畔二千余人；沿海州北部哈巴罗夫斯克（即伯利）附近约千人；南部苏城炭坑山地一带，约千余人；谢氏势力范围之西邻伊尔库茨克市附近，过激派之散布者，四千余人；亦难保其不越境滋事。此等团体，虽武器不足，然一日谢氏失势，或西方过军得势之时，皆有乘机反抗、闻风响应之虞，其小股出没，乘虚袭车站、毁桥路、抗守兵之事，几于无月无之，日、谢各军，皆有疲于奔命之概，故谢之部下，以之分段守备，镇压地面，尚虞不足，断无抽调大军，侵入边圉之余力。且谢军本非节制之师，仓卒编成，流品□杂，有马贼，有浪人，有巴匪之余孽与俄国之流氓，虽号称万人，甚不足恃，如最近派往黑龙州征讨过激派之部队，不战而携械投入过激派者，实繁有徒。据日军某将校之谈，谢氏曾要求日军派一小部队，押随谢军之后，庶几有所畏忌，不敢投入过激派云云（此节系日本《新公论》十月号八杉氏所述），则谢军之不可恃与不足畏，益可知矣。即如前述高、谢妥协之附带条件，原定以谢氏所属之一师，归卡尔迷科夫指挥，出征于乌拉尔战线，其后谢部因避忌出征，有抗变潜逃者。又如世间所传布里雅特队，为谢军中坚，较可信赖，然月前亦有在达乌里附近哗变之风说。吾非故欲极力诋诽谢军，轻视谢氏之实力，但欲国人注意谢氏之真象，庶几断事不失正鹄，而免举措失当之讥，则幸甚耳。

二 布里雅特略说

谢氏扰蒙，既标榜大布里雅特主义，则研究边情者，更不可不知布里雅特，谢、布问题与外蒙问题之关系，吾将于后文中言之，兹先述布里雅特之概况，以明论断之根据。

布里雅特之语意，说者不一，或谓其语源出于俄语之布里雅志，布里雅志本兄弟之义；或以布人被俄人征服，为归化人之意，吾意以前者为当。总之，布里雅特为蒙古人种，元之苗裔，散居贝加尔湖畔，昔昂古拉河与阿喀河会流之地，皆为此族所居，至今尚有布里雅特斯克城名。在十七世纪中叶，尚属蒙古，及俄国征服西伯利亚，领有贝加尔地方，此族遂入于俄国统治之下，其人口约三十万，在后贝加尔州者，约十八万人；在伊尔库次克省者，十一万余人。支分派衍，大别为十一部，在贝加尔湖东畔者，分四部，西畔分十一部。其与俄人交通，在十七世纪初，俄人之至西伯利亚者，羡土人毛皮、矿产之富，然屡为布人所袭。自千六百二十二年，布人聚众三千余袭堪河沿岸以来，俄叶尼塞斯克将军，屡遣哥萨克迎击，常为布人所败。千六百三十年，欲建城寨以御布人，亦为所击退，翌年始获告成，名曰布里雅斯克，越四年复陷；千六百三十六年，始攻克之，遂定阿喀河流域。其后俄势东侵，节节筑城寨为守；至十七世纪之末，奄有东部西伯利亚，布人遂为俄人所征服，今伊尔库次克及后贝加尔各城市，殆无一不为当年俄、布喋血之地，故今日欲在东部西伯利亚及蒙古方面扶植势力者，莫如謅动布人独立，而置于自己保护之下，盖布人既与俄国有历史上之仇恨，又与蒙古有血族上之因缘，则不独对俄独立，易于謅动，即对蒙利用，亦多便宜。故吾于此节追述布人与俄、蒙之历史关系者，非侈谈故实，特欲国人深明此种重要关键，将来问题归属鹿死谁手，将视对布政策之巧拙如何，于此不可不三思之也。

布人之地位既如此其重要，然则布人之经济状态若何，文化之程度若何，果有独立之能力否乎，是吾人所极应研究者也。原来蒙古人种，逐水草而居，以蓄牧、渔猎为业，至今尚未脱原始的生活状态，布人自亦不能越此范围。其在后贝加〈尔〉州与蒙古接壤地带者，多营蓄牧，在伊尔库次克境内者，多营农业，而贝加尔湖畔之布人，营渔业者亦夥。居因果舟河沿岸者，今亦渐变牧场为耕地，有农牧兼营之风。原来布人业农者，始盛于呼罗部，千七百九十六年，俄国为奖励诱掖起见，举呼罗部酋长为俄国经济协会会员，布人渐知业农之利，于是耕地日广，输出谷类于伊尔库次克方面者，逐年增加，惟不知利用机械，仍墨守古法，故无大规模之经营耳。至于工商，亦粗知淘掘、煅冶及熟皮、制毡之术，其商品以毛皮、粗毡为大宗，今在俄人经营之工场、矿山，从事劳动者虽不少，然布人自营之新事业，以余所知，尚不一觏，则布人之经济状态，仍为低级无疑也。

文化程度与生活状态为正比例，低级之生活状态，必无高尚之文化思想，故研究布人文化，与其注重教育，毋宁注重宗教。初俄人之征服布里雅特也，布人皆奉萨门教，时喇嘛教盛行于蒙古，其势骎骎乎将侵入俄境。俄人以萨门教义肤浅、漫无首宰，且与外国无关系，于政治上、宗教上，皆易于驯化，日久不难使消纳于希腊教（俄之国教）；而喇嘛则佛教之别派，教规井然，欲使皈依异教，势属难能，且其教主在西藏，故喇嘛信徒，皆倾心于拉萨，政治上易受国外之影响，故深惧喇嘛教之侵入，根据中俄《尼布楚条约》，中俄人民互不越界之规定，务使布人与喇嘛隔绝，欲渐以国教（即希腊教）同化之。然布人本与蒙古因缘极深，渐崇信喇嘛，潜越国界，至西藏招聘喇嘛，喇嘛新至者，请于酋长，选残废、羸弱者为教徒，授以佛经及祈祷、医算之术，布人醉其功德，多弃萨门而崇奉喇嘛教，俄政府忧之，于一七二八年，与中国缔《恰克图条约》，遂严禁喇嘛越界传教。然思想上之信仰，决非国界所能限制，亦非强力所能左右，故喇嘛往来，卒不能绝，转增布人渴望笃信之心，于是喇嘛教益蔓延于后贝加尔及伊尔库次克一带。据俄国西北〔伯〕利亚各省州宗教调查，后贝加尔州喇嘛教第一，约十一万人，萨门教第三，亦近四千人；伊尔库次克省则萨门教第一，约八万人，喇嘛教第二，约二万人，希腊教势力微微不振，可知布人所居之地，即喇嘛教盛之区也。俄政府不得已，乃于宗教上取放任主义，而于政治上用笼络手段，于一七六四年，设班第大喇嘛，使统俄国喇嘛以羁縻之；一八五三年，更厘定喇嘛职制，寺院不许再增，喇嘛不得过二八五名，大喇嘛之任命，由族长及寺僧选出候补者三人，任俄皇敕任一人，经地方总督授与之，俄政府于藩属教务，可谓煞费苦心，而政教关系之重要，于此益可见矣。虽然，人类不进化则灭亡，布人拥三十万之众，历世数百年，非绝无改进之机运者也。希腊教义，本高出喇嘛之上，且为俄国国教，有政府之保护，与僧侣之劝诱，故近来布人断发奉国教者亦渐增多，且布人文化虽低，然在西伯利亚土著民族中，颇有好学之誉，土族自设学校者，布人为最远，为鞑靼诸族所不及，其入俄人所办之中小学校及师范学校者，有逐年增加之势。其负笈于西部西伯利亚及欧俄各大学、专门学校，受高等以上之教育者，近来亦颇不乏人，布人文化之曙光，将属此等汝南晨鸡之事，不容疑也。然以布人文化之现状而论，自无独立之资格，若欲使其煽动蒙古独立，而以布人掌政权云云，在野心者借题发挥则可，以语事实，则所谓未见卵而求时夜者矣。

三　谢、布与外蒙问题之关系

统观前文，则谢、布之大概情形，谅已明了，兹更总括数语，以结前论。布人之文化与经济状况，由一部分观察之，固有较高于外蒙之处，然就全体秤量以语独立资格，则布、蒙现状确在伯仲之间，即均未有独立之能力，无庸多赘者也。至于谢氏，以其基础薄弱与国际、国内地位之困难，一旦日本断其援助，则其势力立即瓦解，纵令日本态度，仍旧不变，然其赋与谢氏之实力（武力、财力），倘不增至倍蓰，则谢氏亦只得维持现状，断无扩充军队之余地。而谢氏现有军队，即令日增精良，以其兵力之少，与其维持地面之广，实有负担过重不敷分布之苦情，断无越境攻人之余力，即或偶有其事，必系虚声恫喝，决不足畏，以其无源源接济调动自如之余裕兵力故也。盖境内过激派潜伏之多，动辄妨害交通，袭击守兵，倘一旦抽调军队，则守备空虚，必至到处蜂起，以抗谢氏，故就现状而论，彼自为计，亦应以巩固地盘、充足实力为急务。扰蒙云云，必别有原因，非谢氏本心应有之计画也。

然则谢、布扰蒙之举，果如乌有子虚之流，毫无影响者耶？曰不然。然则其扰蒙之事实若何，处不能扰蒙之势，而竟有扰蒙之举，其理由及作用如何，将来之趋势与其影响又如何，想亦阅者所亟欲知之者也。语曰："前事之不忘，后事之师也。"阅者试回想民国元、二年故事，外蒙兵力尚不逮今之谢氏，蒙民程度亦不优于今日，一旦俄人乘机煽惑，宣告独立，遂成外交之重要问题，我民国竟因之丧失统治外蒙之实权。故无独立之资格，而百端煽惑，欲其宣言独立者，其作用不过为强者侵略他国领土、属国之准备，借此造成外交上发难之口实，先使由母国分离，而后徐图并吞之，往者日之于朝鲜，俄之于外蒙，何莫不然。今俄既分崩离析，自救不遑，则野心者狡然思逞，拾他人之弃穗，自取而代之，如最近青岛之攻击，北满之出兵，又皆与煽动外蒙独立同一理由，同一作用者也。谢氏本由某国援助，始有今日，而某国援谢之真意，即存于是，利用谢氏势力合图外蒙，倘外蒙受其煽惑，则外交上已振振有词，狃于俄蒙往事，又无调动大兵之必要，彼之利亦谢之利，此所以有扰蒙之举也。

煽蒙事实，外间所传，如库伦都护使与黑龙江督军之报告，则见诸官电者也。各报所载，或转译外电，或得自风闻，其中不无误谬，如谓谢氏部下在库大举招兵，或率众四千犯蒙之说，皆非事实，盖煽蒙云云，只是钩引啊吓，未到武力胁迫之程度。观前篇谢米诺夫大事记，则非具备下列各条件时，谢氏自难出武力胁蒙之态度。

一、某国须恢复五年与俄国所结互相拥护极东优越权之密约，然后外交上始得容喙外蒙问题之口实，然此约自经过激派政府宣布无效以来，俄国无正式统一政府可以交涉，故不得干涉外蒙之权利。

二、须某国军阀侵略派完全掌握政权，不顾内外之攻击，公然出援谢扰蒙之态度，负担谢氏武器、军费之补给，且须增派大兵于东部西伯利亚，代谢镇压地面守备后方。

然而某国外交地位及政局现状，尚难出此悍然坚决之侵略政策，故武力扰蒙之说，不成事实。谢氏煽蒙之第一步，在先固布里雅特之团结，布人独立运动，其公然有组织者，始于七年十一月间，即谢氏反抗高却克宣言极东西伯利亚独立之时也。于是设布里雅特民族会议本部于赤塔，推达西山比伦为议长，山比伦者，莫斯科农科大学出身，年与谢氏相伯仲，布人中之佼佼者也。既而召集布蒙联合大会于上乌金斯克（在赤塔之西，贝加尔湖由三东①，恰克图之北），后贝加尔、伊尔库次克、巴尔坤、喀尔喀（呼伦贝尔）之布里雅特族及外蒙代表与会者，计八十九人（某国浪人亦躐入其间）。自十一月二十日起，迄于年底，迭开会议，由山比伦议长主持会务，讨论独立事宜，议决大纲一十三条，此煽蒙独立事实中之最重要者也。当时以付诸秘密之故，原文无由探悉，余从旁密访所得者，大略如次，或不尽如原案条文，然亦较为可信者也。

一、布里雅特及蒙古民族，欲完全脱离中、俄从来之羁绊，协同谋画独立事业，建设大蒙古联邦国。

一、大蒙古联邦国，由外蒙古及呼伦贝尔、唐努乌梁海、阿尔泰与贝加尔湖畔布族之现住地域，各部组成之。

一、在后贝加尔适宜地点（指赤塔或上乌金斯克），设置大蒙古联邦国临时政府，执行一切政务。

一、联邦政府之设立，尊重后贝加尔政府（指谢）与外蒙政府之现有地位及权力，协议合意组织之。

一、联邦政府成立时，推活佛为临时大总统，执行统治权，谢米诺夫为大蒙古军最高司令官，统率布、蒙全体军队。

一、组织临时联邦议会，以现在各部代表为议员，达西山比伦为议长，代行国会职权，议决法律及一切重要事项。

一、联邦政府成立后，应依法从速召集正式国会，制定宪法，其议员由联邦各部选出之，执行联邦立法事务。

一、联邦政府成立后，应宣布与中、俄两国，完全断绝关系，所有从前拘束布、蒙之条约法令，一律无效。

一、关于大蒙古联邦独立事业，军事、财政、外交上，仰日本

① 应为“贝加尔湖之东”。——整理者注

实力之援助，与善意之指导，以谢米诺夫当交涉之任。

一、为增进布、蒙人民之教育，联邦政府应广设学校，并增日语为必修科目，得聘请日人为教师。

一、将来依联邦议会之议决与活佛之同意，实行政教分离时，推活佛为教皇，掌大蒙古联邦之最高宗教权，而让政权于谢米诺夫。

一、将来依活佛之希望，以现在后贝加尔、爱阿克为布、蒙民族所最崇拜之鋈檀、金佛像，移于库伦，保证布、蒙民族之统一。

一、为求活佛同意，赞助布、蒙联合独立之运动，由布里雅特速派代表于库伦，与活佛及外蒙政府磋商，并赠呈万金于活佛，以表示最诚之敬意。

此条件内容之大概也。于是本此决议，分途进行，于八年一月上旬，开蒙古民族会议于达乌里，征求各方意见，谢米诺夫特由赤塔赴会，极力联络蒙民感情，二月中旬，即由蒙族赠王位于谢氏以酬之。谢、蒙关系之密，吾于前述组织布里雅特队及巴匪投归谢军中已言及之，此亦其荦荦大者也。于是谢、布更着手运动，库伦政府煽蒙独立。

原来外蒙第一次独立之举，当民国诞生之年，俄人趁我国鞭长莫及，势难兼顾之际，煽惑成之。外蒙亲俄派，以三音诺颜汗为中坚，其他武力派附之，《中俄蒙协约》成立以来，久长外交，为库伦政府之重镇，及俄国革命，国内瓦解，早无经略外蒙之实力，库伦政府财政窘极，不复能仰俄国之涓滴之沾润，于是中俄两国在蒙人心中之信赖，视民国元、二年，恰如倒置，故外蒙内向之心，油然而生。现外蒙内阁总理兼内务大臣杭达多尔济王，久有内向之心，为亲华党之首领，本与三音诺颜汗为政敌，特以惮于敌党及武力派之势力，不敢及早主张，然观去岁唐努乌梁贝子旗总管巴彦巴图之归顺请愿（此事经乌里雅台佐理员转达陈都护使，电呈外部有案者也），及外蒙政府前决向中央借款百万还债绝俄之要求（此事经陈使代陈，在前段内阁时代经阁议决定，未及实行，后经田中玉氏电催有案者也），及陈使屡次电告之情形（皆见官牍及报章），皆俄国失势后，外蒙内向心理之显著者。会今春三音诺颜汗死，外蒙独立党势力大挫，前述布蒙会议中之著名蒙古代表，如胜福、富升阿、肯济特、博克图等，或参与民国元、二年第一次独立之役，或曾受日人援助，与巴匪共谋作乱，平时常与三音诺颜汗，暗通气脉，至是对于库伦方面，亦失所依附。且巴匪之役，日本政府以外交地位之不便，除纵容一部军人、策士援助巴匪外，究难公然出援巴之态度，卒令匪魁授首（其二子现仍受日人补助留学日本），蒙乱以平，现巴匪余孽虽仍倚仗日本，然鉴于往事，究不能不有所畏忌，至于此次日本政府之态度，其外交地位之不便公然声援蒙古，亦如从前，且朝鲜独立之举，彼邦舆论尚多指斥政府，谓受出兵援捷宣言中标榜民族自决之影响（《日本及日本人杂志》八年十月号四五页），内政上亦多碍难公然煽蒙之苦衷，故其指导谢氏煽惑蒙古者，仅军阀派之小策士（如黑泽、松井、成田、江副等），政府则常取消极态度。又布蒙议决大纲各条，无异使外蒙并入谢氏势力之下，活佛仅拥虚名，有喧宾夺主之患，且外蒙曾受俄政府之骗，尚不能始终仰其救援，况以仰人援助之谢氏，其信用自然薄弱。而某使又屡以日吞朝鲜故事警告之，喻以利害、顺逆之势，外蒙政府益增踌躇之念，积此种种原因，故煽蒙独立之诡谋，其难底于成可知也。

煽蒙运动不易成功之原因，略如右述，今且赓续语其事实之经过。先是谢、布正式代表未入库伦以前，派暗探及某国浪人，密赴外蒙，散布种种檄文及匿名揭帖，宣传亲日联谢绝华独立之思想，以期正式交涉时，易得蒙人之赞成，如库伦政府附近大红桥上之匿名揭帖，及布里雅特独立檄文，其最重要者也。檄文吾前于某使处见其前半，现经国内报纸登出，兹仅译其匿名揭帖之大要如左：

一、外蒙官吏，现在腐败已极，将欺罔蒙民取消独立之伟业。

二、活佛大权逐年旁落，吾外蒙不久将复归属于中国。

三、吾外蒙民族觉醒奋起，正在今日，推倒亲华派之国贼，此千载一时之机也。

四、现在中日外交关系，日见疏隔，若及时反抗中国，日本必助外蒙，由背面蹴破之，吾所谓时不可失者此也。

五、余今以匿名发此揭帖，将来外蒙志士见机奋起、军事大兴之日，即余名震动全蒙之时也。

吾人但观第四项，则此揭帖出于某国浪人之大手笔，毫无疑义，而檄文之煽惑、钩引，无微不至，视此又当过之。于是谢、布正使，遂以八年五月入库伦，谢氏麾下之日本军事顾问某，亦与之俱，一同谒见活佛，正式交涉此事，恬唊哃吓，竭力周旋，卒以上述各种原因，骤难得活佛之同意，数月阴谋，将成泡影。当时日本政府之不能公然出积极态度为之声援，彼野心军人、策士之徒，至今犹引为遗憾不置者也。

当时外蒙政府，优游不决，七八月间，召集各旗盟王公于库伦，迭开会议，讨论向背事宜，其间意见纷歧，颇不一致。然自亲俄党失势以来，杭达多尔济王一派最占势力，故卒归亲华党之胜利，八月四日之决议，内向方针，大体已定（其会议情形历经陈使电告中央，兹不备载）。其后经陈、徐两使折冲其间，于本月十八日正式向中央呈请归顺，二十二日由大总统下令嘉纳之。于是煽蒙独立之计画，完全失败，轰动一时之大问题，遂有烟销火灭之势。然则野草竟可烧尽，死灰将不复燃耶？是今后之筹蒙策，

与俄国时局之变化，尤吾人所极宜注意者也。（“四 俄国时局之变化与筹蒙善后策”次期续出）①

《民铎杂志》（双月刊）
上海民铎杂志社
1919年1卷7期
（张煜珩 整理）

① 经核查，此文后续未出。——整理者注

西北筹边使之内幕

——《字林西报》

作者不详

小徐阔大无涯之西北筹边计画，命意如何，略作解说，即可表明。去岁秋间，欧战完结，参战军自然入于无用地位。阁议裁兵之时，议定参战军裁撤后，即行移殖西北，作为振兴边地实业之用。此项决议，初亦未足注意。至于今日，小徐奉命，任筹边使，乃知此项议决之中，实含有数项要旨：第一，参战军即国防军，训练者日人，供给军装者亦日人，早成小徐之产业，如此办法，乃不易于废除；第二，在空泛无定限之边域，筹办宽泛无定限之实业计画，此实为缔结实业借款之莫大机会，而且此项实业公司，设在常人调查所不能至之远地，亦大足以和缓人之疑念；第三，凡国防军所到之处，勿论有无俄过激党侵犯之恐，但使张大其辞，日本自可引据军事协定，要求协防，于是日本军队，乃公然可以驻入外蒙，以及西北各项地方，日本既得此项重利，对于小徐军饷，自必愿为供给，此又小徐氏之所欲也。

此等谋画，现已在实行中。小徐以西北边防使之资格，实据有一种地位，得以西北任何地方，售与日人。凡俄人前所经营之实业上权利，小徐今得自由许与日人。同时且可住居北京，以所得之资金，养育北京政府、北洋军队，而操纵之。最近徐氏曾向美商购买汽车多辆，二日前有汽车七辆，开往张家口，待开往者数尚不少，价共九万五千元。此车专供装载现驻张家口之国防军队，驰赴库伦之用。付价之支票，系由一欧洲银行支付。据云该行曾由中国银行收入七年公债票若干担保，借出四十万元之借款云。

《兴华报》(周刊)
上海华美书局
1919年16卷29期
(朱宪　整理)

呼伦撤治之真相

作者不详

呼伦贝尔取消特别区域，业经明令发表。所有自愿取消实情，诚恐世人不明此事真相，或疑呼伦此举，由于中国利用俄国内乱，强迫恢复旧例；兹将呼伦历来之制度，暨被俄人煽惑之历史，以及近年来，因特别区域关系受蒙匪扰害各情形，分述如下，以备观览焉。

（一）呼伦之历史　呼伦贝尔在黑龙江未改行省以前，与齐齐哈尔等七城，各设副都统一员，为八旗驻防之地。该地人民计分五大部落，曰索伦，曰达呼黑，曰鄂伦春，曰新陈巴尔虎，曰额鲁特，各以总管领之，官制纯系满洲旗制。宣统初年改设民治，以呼伦兵备道直辖全境，分设呼伦厅、胪滨府及吉拉林设治局，隶属黑龙江省，完全与内地民治无异。至该处人民，纯系满族，其生计、风俗、礼教，与汉族相类，与蒙人向不相同。

（二）民国肇兴与俄人煽惑　呼伦北接俄边，西北与外蒙之车臣汗部毗连，中东铁路横贯境中，而境内森林、渔业、金铁各矿，出产尤富。俄人垂涎斯土已非一日，只以无隙可乘，未敢公然攘夺。宣统三年，中国鼎革事起，俄人幸其机之可乘，煽动呼伦，响应库伦独立，并暗中接济枪械，以为抵抗中央之计。呼伦与外蒙人民，既非同种，又在黑省管辖之下，倘中央竟以武力声罪致讨，呼伦实无抵抗之能力。惟以与黑省地隔内兴安岭，交通不便，所恃以往来者，仅一中东铁路，又属俄人范围，是以中国屡欲派兵进剿，俄均不允假道，派员宣慰，俄人亦从中阻挠，以致呼伦独立竟成事实，且与中央脱离关系四年之久。

（三）俄人强订条款之实祸　在呼伦独立期间，俄人愚弄呼伦官吏订立各项合同，所有森林、渔业、矿产各项实利，为俄人囊括殆尽。即呼伦人民生机，不啻被俄人断绝，而俄人于名誉上，犹以未得中央承认为憾。于是民国二年，中俄关于外蒙问题解决以后，俄人乘机要求中国同时解决呼伦问题。彼时中国初经各国承认，又以呼伦久与中国脱离，于行政上诸多窒碍，不能不允受调停。至民国四年，中、俄两方面，遂订立呼伦条款。此呼伦地方规定为特别区域所由来也。前项条款订立后，双方均未公布，约系俄人自知理绌，恐受各国舆论攻击，否则即系条文过于严苛，中国政府恐惹起人民反对，是以条文内容，外间无从探悉。然就事实方面观察，大约该条文内，总有限制中国进兵呼伦一款。试观民国五年，巴匪余党扰乱，呼伦地方横被蹂躏，胜副都统避难出走，情形至为紧急，黑省初竟坐视不救，嗣后虽派兵进剿，大约系已得俄人同意，然地方〈人〉民生命财产，因匪乱受有损害者，为数当不在少。此皆因呼伦条文限制阶之厉也。

（四）呼伦取销特别区域之原因　呼伦自遭匪乱后，对于中央颇为恭顺。闻关于选举议员等时，有派员赴京陈请之事，殆亦自知前此被俄人蛊惑，而有所觉悟。虽当时俄势甚强，不能自为主动，然该地人民对于呼伦条款痛心疾首，可为断言。此自愿取销特别区域之原因一也。未〔俄〕乱以来，呼伦地接俄边，为俄兵往来孔道，败兵溃卒，扰乱堪虞，边界异常吃紧［紧］。中国为时势所迫，由黑省派兵进驻呼伦边界，以资防卫，呼伦人民，未受俄乱影响得以安度者，悉赖此项驻兵镇压之力。呼伦人民，鉴于孤立不能自存，不能不自求避危就安之道。此自愿取销特别区域之原因二也。外蒙因受俄乱影响，自愿取消自治，中国因得驻兵库伦各处，境内赖以又〔乂〕安。呼伦既久具取消特别区域志愿，更有外蒙撤治以为先导，闻风兴起，翕然乐从，自系意中之事。此自愿取消特别区域之原因三也。

总之，呼伦近在黑省内地，在前清时代，本系一道区，万无划出黑省以外自为治理之理。从前虽被俄人鼓煽，而事后感种种痛苦，翻然改计，自系人民心理所同，故中国对于呼伦取消特别区域一事，纯可任其自为，正无庸施以强迫也。

《全国公民和平协助会周刊》
上海全国公民和平协助会
1920 年 10 期
（李红权　整理）

呼伦撤治

作者不详

呼伦贝尔取消特别区域，业经明令发表。所有自愿取消实情，亦详呼伦呈文中。兹特从各处调查呼伦历来之制度，以及该地独立后受害之概状，分别以告国人，庶恍然于同胞之不可自残，而非我族类，人实诳汝也。

（一）呼伦之历史　呼伦贝尔在黑龙江未改行省以前，与齐齐哈尔第〔等〕七城各设副都统一员。该地人民计分五大部落，曰索伦，曰达呼黑，曰鄂伦春，曰新陈巴尔脱，曰额鲁特，各以总管领之，官制纯系满州〔洲〕旗制。宣统初年，改设民治，以呼伦兵备道直辖全境，分设呼伦厅、胪滨府及吉拉林设治局，隶属黑龙江省，完全与内地民治无异。至该处人民纯系满族，其生计、风俗、礼教，与汉族相类，与蒙族迥不相侔。

（二）自治之起缘　惟因地势北接俄边，西比〔北〕与外蒙之车臣汗部毗连，中东铁路横贯全境，而境内森林、渔业、金铁各矿出产尤富，俄人垂涎已久，只因无隙可乘，未敢公然攘夺。宣统三年，中国鼎革事起，俄人幸机可乘，遂煽动呼伦响应库伦独立，并暗中接济枪械，以为抵抗中央之计。呼伦人民与蒙古既非同种，又在黑省管辖之下，倘中央竟以武力声罪致讨，亦实无抵御之能力。惟以与黑省地隔内兴安岭，交通不便，所恃以通行者，仅一中东铁道，俄人不允运兵，派人宣慰，又种种从中阻梗，故遂至呼伦号称自治有四年之久。

（三）独立之受祸　至其独立期间，俄人愚弄呼伦官吏，订立各项合同，所有森林、渔产、矿业各项实利为俄人囊括殆尽，即呼伦人民生机，不啻为俄人断绝。而俄人于名誉上，犹以为未得中央承认为憾。于是民国二年中俄关于外蒙问题解决以后，俄人乘机要求中国同时解决呼伦问题。彼时中国初经各国承认，又以呼伦久与中国脱离，于行政上诸多窒碍，不能不允受调停，至民国四年中俄两方面遂订立呼伦条款，此呼伦地方规定为特别区域所由来也。□□□款订立后，双方均未公布。约系俄人自知理绌，恐□□国舆论攻击，否则即系条文过于严苛，中国政府恐□□□民反对，是以条文内容，外间无从探悉。然就事实方面观察，大约该条文内总有限制中国进兵呼伦一款。试观民国五年，巴匪余党扰乱，呼伦地方横被蹂躏，胜副都统避难出走，情形至为紧急，黑省初竟坐视不救。嗣后虽派兵进剿，大约系已得俄人同意。然地方人民生命财产，因匪乱受有损害者为数当不在少，此皆因呼伦条文限制阶之厉也。

（四）取消特别区域之原因　呼伦自遭匪乱后，对于中央颇为恭顺，闻关于选举议员等，时有派员赴京陈请之事，殆亦自悔前此被俄人蛊惑而有所觉悟。虽当时俄势甚强，不能自为主动，然该地人民对于呼伦条款痛心疾首可为断言。此自愿取销特别区域之原因一也。未〔俄〕乱以来，呼伦地接俄边，为俄兵往来孔道，败兵溃卒，扰乱堪虞，边界异常吃紧。中国为时势所迫，由黑省派兵进驻呼伦边界，以资防卫。呼伦人民未受俄乱影响，得以安度者，悉赖此项驻兵镇压之力。呼伦人民怵于孤立不能自存，不能自求避危就安之道，此自愿取销特别区域之原因二也。外蒙因受俄乱影响，自愿取消自治，中国因得驻兵库伦，各处境内赖以乂安。呼□□□□具取销特别区域志愿，更有外蒙撤治以为先导，闻风□□，翕然乐从，自系意中之事。此自愿取销特别区□□原因三也。总之，以往不谈，今后既已携手言好，金瓯重圆，则相助为理，其得益彰，窃愿双方皆有一种彻底之觉悟也。

《新中国》（月刊）
北京新中国杂志社
1920年2卷2期
（丁冉　整理）

蒙古王公入觐与蒙古叛变

作者不详

外蒙自民国初年受俄人煽惑，宣布独立，因我国有出兵征讨之声言，俄不欲战，遂取消外蒙独立而变为自治。欧洲战事之将终也，俄内乱大炽，李垣为恰克图副护使，联电中央请取消外蒙自治，复上书总统，请乘俄乱平外蒙。中央因有取消蒙古自治意，令陈毅、李垣等设法。查自治条例，都护止准带兵二百，副使五十，一都护三副使，仅允携兵三百五十名。会谢米诺夫谋以内外蒙为大蒙古帝国，设政府于海拉尔，以内蒙某活佛为之主，遣人游说外蒙。陈毅力劝活佛拒其使，谓此辈皆狼子野心，不足与〈谋〉，活佛遂拒谢使。谢怒，声言外蒙倘不从，当以武力解决。外蒙惧，请兵保护，因有高在田骑兵团赴蒙之举。其后谢有进兵消息，蒙复请兵，遂复派褚其祥一旅往。时蒙古活佛已与陈约取消自治，徐树铮往，以兵力迫活佛，自治遂以无条件取消。蒙王公颇有异言，因向陈毅控徐以兵力迫蒙。徐闻之，以兵监视陈氏。蒙王公于蒙民，向以奴隶视之，威信二宇〔字〕，在蒙古颇有势力，以中央所任之大员，未奉明令，竟敢以兵力监视蒙王公及活佛，以是人人自危。厥后中央又从徐请以免陈，中央威信，在蒙古遂大减。据李垣君云："蒙古人之性情，一言以蔽之，愚而多疑。"先是陈氏所以能不令与日俄相接者，正利用其多疑也。自徐树铮监视陈氏，而活佛遂疑徐将以对陈者对己，以是有外心。蒙王公在蒙皆有特殊势力，凡有费用，悉令旗民公派，蒙民莫敢支吾，故人民一律平等之新政，为王公所畏闻。库伦修治道路，王公且以为破蒙风水，有繁言，蒙民有病，惟祷而弗药，华官为之设官医院，活者颇多，而王公、活佛复不喜，在蒙设施之难，可以想见。

蒙古王公自取消自治后，欲入觐以观光上国，一半已行，而中央政变起，遂留居张家口，以待后来者。其时初免徐树铮职，王廷桢谋兼统在蒙军，一面派译员与蒙王公接洽，一面电中央要求节制驻蒙军。中央方解决直皖争且不暇，未之允。而蒙王公处，亦未得要领。及李垣抵张，王氏疑其与徐树铮有密谋，监之，已则偕王公来京，复申前请，政府仍未允。王公见署理王筹边使监禁李氏，亦不善王，反为李请，以故蒙王公此行，政府虽十分优待，但因在张家口见王、李之冲突，益知中央威信之不可恃，颇为不满。八月十二日，蒙王公觐元首，凡车臣汗那旺那林等共十三员，元首以该王公等赞成取消独立，倾向中央，慰劳备至，并论五族共和，原应和衷共济，政府对于蒙民，决无畛域之分，蒙民亦宜善体斯旨，该王公等回蒙，务宣布中央德意云云。王公等均逊谢不遑，惟对于此后待遇一节，闻颇有所陈述云。

蒙活佛章嘉呼图克图①乘李垣离库，与俄党人勾结，图谋以外蒙独立。活佛以褚旅在库，兵力尚厚，遂谋出走。先在车臣汗宣告独立，然后传驿各盟旗，同声响应，使褚旅以孤军陷重围，乃徐图之。不意事机未密，为〈褚〉所觉，因归失败。褚因章嘉谋脱，防之益严。俄人与活佛以所谋不成，乃复变计，由俄人接济军火，预备在库发难，以蕲各盟旗响应。至十三日午夜，竟鸣枪炮，自贺独立。褚氏闻警，立派队出弹压，获其为首者二名，余

① 应为“哲布尊丹巴呼图克图”。本篇后文同。——整理者注

众散匿。所谓独立运动者，至此乃归失败。顾蒙无知王公与俄党人心尚未死，谋再举甚力。惟知褚旅在库，库终非易下，乃扬言中央以褚旅为徐树铮部，不肯信任之，终将裁撤，以离其军心。一面复以欠饷事动之，谓中央久已置西北军于不顾之列。褚旅远处漠北，人人自危。褚其祥乃电中央报告经过情形，并请辞职，谓报载褚有助蒙独立说，蒙状甚危，将来若稍有疏虞，恐无以自白，并速陈使迅赴库伦，一面复电曹巡阅使锟，请助为请饷，盖恐中央置之不理也。曹氏乃于十六日致电政府，其略曰："据褚其祥电称，蒙人图复自治，酝酿已久，迫请鼎力维持，转电中央，急济饷需，以维军心，并敦促陈使星驰莅库，以资慑服等情。应请速令陈使克期启行，饷项务请迅行筹拨，以保边境"云云。

而库伦商会，亦有电为褚旅请饷，并促陈使莅库。其电曰："窃查外蒙冀图恢复自治，忽于职十三日夜间枪炮齐鸣，自贺独立。幸经使署拘获祸首二名，柔弱者稍知畏惧，强横者恃佛宫藏有大批军火，仍图大举，勾结俄党，四面隐伏，冀图里应外合。库伦街市，长十数里，军队布防，实属不易，务乞迅拨臣〔巨〕款，鼓励军心，饬令陈使来库镇摄。否则库伦数万商民生命财产将归乌有。商民损失固不足惜，库伦得而复失，亦国家之耻也。务乞注意，并恳迅即赐覆示"云云。

政府于日前，曾速陈使赴库，而陈氏以只身前往，亦无裨事实，必携巨金往，发欠饷以安军心，然后三军可用命，实力可恃；一面再结王公、活佛以恩，在在需款，政府苟夕与以金，则彼即早行。顾政府未能如愿以与之，此公行程因未能定，今事已急，想行亦有日矣。然此时留蒙军队，仅足保库伦一隅之治安。蒙地广大，使各盟旗或有动作者，则自非由内地派兵前往，难以压平，顾中央初未计及此。谢米诺夫之败军，近多有窜东〔来〕外蒙者，倘与蒙乱民勾结，则祸将不堪设想。王廷桢前曾电政府请由吉省派兵就近堵截，然据鲍督军十六日电以观，则吉省亦因土匪猖獗，一时兵力不堪再分，且欲留宋支队防吉。其电略云："奉令将支队所部撤回，自应遵办。惟东路匪氛甚恶，现正剿办，拟请暂缓撤防，俟匪患肃清后实行办理"云云。黑、吉之兵，既不敷分以防蒙，不久即届秋深马肥之秋，蒙患恐未已也。

现库伦尚在戒严中，政府恐陈不能节制军队，则其力过单，令节制在蒙各军。褚旅则改编为十六混成旅，仍以褚为旅长。

《新中国》（月刊）
北京新中国杂志社
1920年2卷8期
（丁冉　整理）

呼伦贝尔内附

作者不详

呼伦贝尔这地方，在黑龙江省西北境内。原来那地方有二池，一叫呼伦，一叫贝尔，后人便将这四字联贯，变成一个地名。这地方住的人民，都是满洲种。从前外蒙古和中央脱离关系，他们看了，也要自立。现在外蒙古仍将自治政权，归还中央，他们知道不妙，也愿取消自治，诚心内向。先由黑龙江督军孙烈臣，委满汉警备总司令耿玉田，和他们商量妥当。呼伦贝尔一方面，已派定凌陞充当代表，晋京接洽。从此五族共和，才算得完全无缺，这倒是好气象呢。

《少年》（月刊）
上海商务印书馆
1920年10卷2号
（朱宪　整理）

外蒙形势变迁略史

外交部秘书答路透访员之言

外交部秘书　讲

中国于一九一二年宣布共和，合汉、满、蒙、回、藏五族，奠新共和国之基础，并根〔据〕斯义，以五色旗为国旗，每色代表一民族。蒙古之地位，素属明显。当一六四四年清廷开国以前，其时明室继蒙古族之元室而有天下，不愿拓境于戈壁沙漠而外，故未将长城以外之领土确划界线。然自清廷成立而后，二百五十年以来，蒙古之疆界，与中国之主权，屡经订明于中国与俄前政府所订约章之中。故蒙古疆界问题，其规定之确切，殆类于欧洲自来壤域交错之诸国。最早一六八九年之《尼布楚条约》，明订于中俄接境处勒碑为界，并解决黑龙江沿东边境之中俄争执。《尼布楚条约》而后，中俄迭订新约，概有档案可稽。其时中国政府犹恐发生误会，复于一七二八年订立《恰克图条约》，约中增立界碑，并于两国接境处添设兵舍。蒙古疆界，已无疑窦。一七六八年复有《恰克图新约》，于沿边缉获罪犯、引渡罪人、约束盗掠等事，均有切实规定。此项百五十年前之条约，其中规定最显明者，谓在邻国境内杀人之罪犯，得行逮捕，并在接境处行刑示众，遇有盗掠之事，则将被逮之盗之马匹及兵器，给与受害家属。夫惩治罪人，无论何国，均认为最重要之主权，故该地域主权之属于中国，该约系最显证据。以上各约，均特别指明外蒙沿境有办事大臣驻扎于库伦，至乌里鸦苏台、科布多等处，均有将军、参赞各官驻扎。自十八世纪以迄民国成立，在《恰克图约》中所订明之蒙古边境，迄无变更。一九一一年及一九一二年两年之间，清廷让位后，有数满人在蒙古各地肆其煽惑，游说各蒙王背离民国，于是乃成一局部战争状态。民国政府虽取优容态度，而商业往来，则因之完全中断。此事暗中之有外人相助，乃于其时俄国报纸所提议之要求见之，例如俄报上称在内蒙古发现十六世纪之文书，内举某某蒙古可汗，只承认效忠于奉天帝国，故自该帝国让位后，此项束缚即归解除云云。一九一二年十月，北京接到报告，称前驻华俄使某君秘密到库伦，代表其政府承认外蒙之独立，是则西伯利亚之为蒙古背离运动根据地，盖昭然无疑也。

一九一一年十一月，呼图克图与库伦贵族所发布之外蒙独立宣言，当时视为受人煽动，尚冀借私人之疏通，归于解决。后以中国内政未定，不能再与外人发生纠葛，乃不得不于一九一三年十一月五日订一中俄协约。中国政府当时签押该约，实逼于不得已耳。约中由俄国承认中国对于外蒙之宗主权，而中国则承认外蒙之自治。此不过暂时性质之外交办法。其时最关重要之事实，惟俄国代表带领武装军队，公然在库伦植其势力，劝蒙古王公组织内阁，由俄人为之筹划，并供给大宗款项。是于两友邦之历来关系，遂受恶意之破坏。夫外蒙区域，除公认百年前明为俄国边境者外，尚难断定其界线，足见中俄协约之不完全，与其属于暂时性质，中国全体人民，莫不反对该约，视为侵犯中国主权。及一九一五年六月七日在恰克图订立《中俄蒙协约》，名义上中国之地位，似有进步，而事实愈迫愈紧，中国人民以其变更历史关系，更滋不平。其后以划界境一节，定于一九一七年六月七日以前实行者，毫无结果，于是拟将历来在西伯利亚与蒙古沿线之商业境域移于内蒙沿境之计划，完全失败。

外蒙情势既如上述，且在一九一八年西伯利亚受过激派主义之影响，全部不靖。中国对此与北京安危有至大关系之问题，不能不谋应付。况外蒙官府不但表示同情，且迭次要求中央派兵前往防边，以资镇压乱情。据三月十九日库伦来电称，布里雅人之首领，已派代表前赴库伦，以贵重物品赠呼图克图，并有该首领所部军士赴库，秘密运动。蒙古政府急盼中国派遣足敷调度之军队前赴蒙古，以为抵制。又据五月十八日来电，布里雅首领，拟于三四月内，遣富升阿率三千人，自车臣盟侵入蒙古。又布里雅人四千，则应自乌金斯克入蒙。六月十五日，复据来电称，该布里雅之首领，拟募兵驻库，截断恰克图、库伦间之交通，驱逐外蒙中国军队，并宣布外蒙独立。外蒙政府急待中国派兵前往，以救危局。又六月二十三日电称，外蒙政府惟有恳求中央，遣军援救，庶可挽回布里雅人与其同意党所造成之危机。六月二十九日复据来电，外蒙总理车林亲王宣称，中国军队若不从速抵库，蒙局恐不救云云。中央政府所接类此来电，不一而足，无非请中央政府迅即派兵。外蒙力弱，且东、北两方，外势易入，不能孤立，中国为地势之必要，不能不有筹备。故中国决议增加内蒙守卫军队，并助库伦沿境卫兵，增至军事当局认为必要之数。此事已于相当期间内实行。本年秋间，中国政府迭接外蒙办事大员来电，报告库伦方面极愿恢复旧制。又外蒙已派专使到京，表示呼图克图与蒙古王公均愿取消从前妨碍民国一部领土安宁之办法，于十一月十七日外蒙官府递正式请愿呈文，交由驻库大员转呈总统矣。

中国政府渴望世界安宁得以建设于永久基础之上，爰将外蒙所请已经核准办理。从前之办法，以俄帝国之颠覆而不能续行，且又常为引起不和之原因，现所施行之政策，系完全吻合前清对于边境之主义。中国于六十年前，已早用此次巴黎和会中所谓一国须有一通海地点之议，曾以在贝加尔湖以东俄人所应得之权利，如黑龙江左岸与该江航权及沿境贸易权，均给予俄人，不可谓不厚矣。迄于今日，则波斯已有先例，从前与俄前政府所订办法，自然终止，而代以适合现情之新约。库伦王公今既自行请愿，结合五族之民国，融洽无间，实辟一世界改组中之新时代。深望中国不久即见全部安宁，而发展现时代政治家与人民所思维所宣称之高尚意义之文明也。

《东方杂志》（月刊）
上海商务印书馆东方杂志社
1920年17卷1号
（李红权　整理）

北京之蒙乱会议

作者不详

自鄂、湘、直、川各军发生战事以来，竟将轰轰烈烈之征蒙问题搁置。因之俄赤塔政府视我无统治外蒙能力，所有交还库、恰，忽成一种口头禅矣。徐氏近来亦于鄂、湘、直、川战事，不甚注意，最重视于内外蒙现状，及将来治蒙政策。特于集灵囿后乐堂召开蒙王特别会议，由徐氏主席。蒙王列席者，为喀喇沁右旗札萨克和硕都楞亲王蒙藏院总裁贡桑诺尔布，外蒙三音诺颜汗部札萨克亲王绥威将军那彦图，昭乌达盟盟长备兵札萨克遐威将军多罗达尔罕亲王苏珠克图巴图尔，科尔沁左翼前旗札萨克多罗宾图亲王丹巴达尔斋，内蒙哲里木盟［旗］帮办盟务科尔沁左翼中旗亲王阳仓札布，巴林右旗札萨克多罗亲王礼噶尔等六人。尚有将军府参军祺诚武（蒙古镶黄旗人），及呼伦贝尔左厅厅长成德等。讨论蒙政约二小时。兹将探悉内幕情形，详志于下：

一　收抚外蒙案　徐氏主张德威兼施，总以嗣后不得再有脱离中央之事发生为最要。（结果）由北京派熟习外蒙情形大员，会同蒙王一员，前往受俄人煽惑各旗，宣布政府德意。至接收库、恰地方，另派专员办理，俟接收后，再定该处官制。

二　宣慰内蒙案　此次俄人煽惑蒙民，虽至内蒙各旗施行谋乱手段，幸内蒙各旗盟长、以次官长，素明大义，不为所动，殊堪嘉尚。（结果）应派专使前往宣慰，以安人心而示优异。

三　维持蒙民生计案　应由各盟旗盟长及札萨克详拟办法，呈明政府采择施行，所需经费若干，积极筹措，使内外蒙从此无游手好闲之人，生计既裕，可免再出轨外之谋。（结果）众皆赞成。

四　内蒙改省案　蒙边经略使张作霖，现虽极力主张早日施行，无如外蒙地方，迄未统一。如实行改省，所用经费亦巨，于此中央财政困难之时，断无余款办理。（结果）暂从缓议。

五　内外蒙交通案　内外蒙交通闭塞，无论何事，均感不便。（结果）一俟外蒙统一，应先开办交通。其进行手续，均归交通部详订一切。

六　内外蒙实业案　蒙民生计维艰，非自今日始。考其原因，确由不知讲求实业、不知开辟荒地所致。如提倡实业，宜由开垦为前提。（结果）应从内蒙地方，着手开办，徐图推广至外蒙。

七　内外蒙肃清匪患案　蒙地匪患，自民国二年以来，迄未平息。亟应用釜底抽薪政策办理。（结果）先将刻下有匪区域调查清晰，再酌量派兵前往痛剿，俾使蒙民各安生业。惟此项会议，北京方面极守秘密，故外间知者绝少。此外更得一确凿消息，蒙疆西路司令张景惠，偕章嘉呼图克图活佛，专车赴奉，谒张作霖。闻与接收库、恰及统一外蒙，亦有绝大关系云。

《东三省杂志》（刊期不详）
上海东三省杂志社
1921年1卷1期
（李红权　整理）

断送蒙古的经略使

谦 撰

自从张作霖任为蒙古的经略使，我就说中央断送蒙古，确定了。有人说："蒙古的断送与否，惟中央的威力是视，张使虽无收抚蒙古的能力，也略胜于无呀。"我说否否，不然。国人对于蒙乱，向政府责言啧啧，政府而不派张，犹望其有相当之处置。今竟派了一位口头慷慨、心地险恶的张作霖，要他真个经略蒙古吧，他的兵力，实是抢掠有余，战斗不足。要他说说算了吧（张使自己说的），他还是挡着别人的道路，不许别人发兵。此次姜桂题向河南指调毅军，赵倜不敢派往，正是怕张胡子吃醋呀。照这样不是断送蒙古是什么？我因而想到我们基督徒，既占到救人灵魂的重要地位，也和经略使的责任差不多，那么就应当破釜沉舟，认真的干点事。如果也像张作霖一样，在总统面前，吹个震天价响；回到奉天，开几番军事会议，拍两通军事电报，真个像煞有介事。究竟大宗的洋元骗到手了，一兵一卒，也不派到蒙古去，并且恐怕别人再去，侵害他的权利，减杀他的风头。照这样，他是断送蒙古，不过受全国人的唾骂；我们是断送人的灵魂，还逃不掉地狱的永火啦。

《兴华报》（周刊）
上海华美书局
1921 年 18 卷 26 期
（丁冉 整理）

国人对于蒙古问题应持的态度

君宇　撰

蒙古独立已是二年的事实了。中国对他的态度，一年来我们只有好多次听说满洲王要进兵征伐，至民间对这事确实赞否的议论，我们倒没听见。现时苏俄代表越飞来华，外交部又要以交还蒙古为中俄交涉的先决条件，直隶系军阀且计划以武力收回蒙古，黎元洪也有派高在田带兵入库伦的传说，蒙古问题，现下显然是成了个重要问题了。国人对于这个问题应抱怎样态度，这是要将各方面实际情形考察一番，从考察得下的结论才能决定得不致错误。

我们第一要看到在蒙古的事实。蒙古在他的经济和文化方面，样样与中国截然不同，他自成为一种民族，是毫不容疑问的事实。所以我们一说到蒙古问题，便首先会想到，那边是另外一种民族，另外一种经济情形。我们知道，政治的组织是随着经济情形而决定的，想将更落后的蒙古，要安放在经济较进步中国政治管理之下，便不会合蒙古人民的需要，中国的经济和政治是会对蒙古生一种高压的势力的。蒙古的经济情形是决定他要成功个政治独立的单位，才免得为他国殖民地的危险。就是拿资产阶级这两年所唱的老调——“民族自决”来说，蒙古人民也要有他们自己决定命运的权利。况自独立以后，在人民革命党统治下的蒙古，这二年中教育、政治和经济都有莫大的进步，且已证明他们完全有决定他们命运的能力了。

复次，蒙古自清帝国并为藩属，利用可汗和僧侣为压迫和欺弄民众的工具。民国继清而领有蒙古，名分上虽改称他为兄弟，事实上都还是一承亡清的衣钵，不但仍袭用遏抑蒙古人民正当进化的工具，且摧残剥削更甚于前。徐树铮迫蒙古取消自治之后，在那边的中国人，一时气焰高冲云霄，官兵奸淫掳掠，商人威压市廛，亲眼看见的人都叹为日本待朝鲜的横暴当亦不过如是。所以在蒙古独立之后，发生了好多残杀报复的事实。这正可反证，若中国人历来待蒙古不蛮野横暴，蒙古人民何至愤恨到这样残忍的反动。

在蒙古人民这样怀恨中国人的心理当儿，蒙古不愿再归中国统治，当然是很明了的，如果中国勉强——甚或至用武——收回，这样怀恨又要增加到怎样可怕的程度呢？这样的损失恐怕要比什么宗主权大千百倍罢！要消释两方的旧恨，只有由中国人民来助成他们最需要的——独立。

我们更拿些两民族更实在而共同的利害来谈。蒙古的独立，虽脱离封建制度和国际帝国主义的压迫，但这些仇人还环绕着他，乘着空儿就要来下手。富有原料的蒙古，早已是帝国主义者张口要吞的肥肉，想宰制中国的军阀，他心目中的“王疆”当然也包括蒙古在内。

仇人们的眼是这样张着，我们要问：中国自己还伏在国际帝国主义和国内军阀交相压迫之下，他收回蒙古是不是能保障这位兄弟不遭和他一样的命运？在中国自己都不能保障自己脱离这样交攻的时期来讲收回蒙古，我敢说，这是要替军阀多添一块地盘，替帝国主义者多添一块殖民地。哪位敢担保，吴佩孚或张作霖不去演徐树铮的威武？哪位敢担保政府不把蒙古的矿山和农田做抵押，向日美借款？多拉一个蒙古来赠送帝国主义和军阀，是不啻祝告将中国目下惨苦的现状多延长几年！

况且，蒙古已得到的地位，正是中国需要他的人民努力去争到的。现在蒙古已脱离了封建制度的束缚，和国际帝国主义的强奸，建立一个真正共和民主国了。嫌他太抢先了，我们一定要拉转他来和我们受同一命运的宰制，我们忍吗?

[们] 我们现在得了结论了：让军阀和帝国主义的雇用的人们去喊“收回蒙古”，我们劳苦群众是要赞成而且帮助蒙古保持独立。

所以我们主张：最近中俄如有交涉的时候，凡关系蒙古的问题，不得由中国外交官（就是军阀和列强雇用的人）和俄国代表两方决定，更使不得牺牲蒙古来做中俄两国见面的贺礼，正当的方式，是要有蒙古代表独立而平等的参加。

我们更要努力使中蒙两方人民 [的] 互相了解和联合。中国受压迫的民众要解释给蒙古人民，你们仇恨中国军阀和压迫过你们的人们，那是很对的，但你们把中国的人当一个整体来仇恨，那便是个很大的错误。中国有好多是你们的朋友，你们恨的人也正是我们恨的人，我们要建立兄弟般的亲密关系，来打倒我们共同的仇人呵!

我们相信，中蒙终久是会合在一起的，不过他的实现，至少要在中国打倒军阀和推翻国际帝国主义的势力，能建立一个真正共和国家的时候。主张收回蒙古的人民们（假使有），我们且先来求这个时候的实现——好吗?眼前我们公道的中国人，对于蒙古问题，应该和公道的日本人对于朝鲜问题一样!

《向导》（周报）
广州向导周报社
1922年3期
（朱宪　整理）

蒙古及其解放运动

登德布　撰

现在世界各弱小民族，大多都压迫在外国帝国主义侵略或宰制之下，我中华民族不幸也是这中的一个。本报拟以后多介绍国人关于弱小民族情形或运动的文字，一者俾我们借鉴和参取，二者也可得知一部分世界大势。现在我们介绍一篇《蒙古及其解放运动》，是蒙古代表登德布君在远东革命团体大会的报告。我们不但觉得这篇报告可使国人稍稍知道蒙古最近的进步，且亦可使我们主张蒙古独立的得了一个有力的助佐。

记者

我想先略说一说蒙古人民历史上的运命及蒙古普通的消息，然后再说蒙古政治与经济状况，及蒙古人民对于解脱外国压迫之奋斗，这奋斗现在已得了极圆满之结果。

蒙古是一个极广的在高地的平原，版图极广，东自中东铁路（可以说差不多从南满铁路起），西至东土耳其斯担山地，北自南西比利亚苏维埃及远东共和国交界处起，南至西藏山之发源地。这个平原有些地方是山林，有些地方是滴水寸木都没有的沙漠。蒙地川流极少，雨水不足，气候极燥，所以蒙古仿佛是天然一个牧畜的地方。是故至今牧畜是蒙古人民唯一的经济条件，直到十二世纪，此地都是各游牧民族交替之舞台。现在这些民族都没有了，所余者不过阿古士、乌以古尔、爱棱尔特等族而已。有些民族却完全无从考究，有些则有碑铭可寻。在十二世纪时，蒙古发生一个大沙漠国，国王是著名的战争者成吉思汗。他的名字与蒙古民族是有关系的，他建设一个所谓大元朝（1206—1368），占有亚洲一大部分，中国、印度及欧洲东部都在其版图内。当这大帝国逐渐衰弱之后，蒙古人民遂成数小部分。这些单独的蒙古民族分居在亚洲中部及欧洲东部，他们渐渐的被别的民族同化了，所以有许多把自己的风俗言语、亲族都忘记了。而东部及南部的蒙古人民，在十七世纪末叶经极长久的争斗后，就被中国清朝征服了，蒙古失掉政治的独立，及服从清朝（一六九一年）的结果，使清朝皇帝能在蒙古发展及巩固其政治上及经济上之势力，有许多的法律都成了蒙古民族政治上、经济上、精神上一种压迫的制度。因此蒙古就变成了中国的殖民地了。满洲人取消蒙古独立之后，就在蒙古扩张了封建的制度，因此单独的王族都联合起来，这些王族都受清政府所派驻各要寨〔塞〕的都统管辖。这些寨〔塞〕是西蒙古的科布多、乌里阿舒台等。王族亦有在长城内近蒙古边境的，满洲及中国的城里的。这些王族一直到一九一一年中国革命时把蒙古分为内外蒙古。外蒙古即西北蒙古，接近俄边境，由哈尔哈及科布多所组织的。内蒙古则联合东南的各王族，只有一小部分王族，增加入新疆及中国西部各省。北京清政府曾渐渐得过蒙古王公之好感，因为增加了王族之数，取消大封建制度之统辖，并且对于蒙古人民加以亲善之意。此外清政府使“汗”的及小王族的权利都一律平等，而对于大的王公则用种种奖赏爵位及嫁以公主等事去贿买他们。因此这些王公都成清政府的得力的辅助者，使蒙古完全成为中国之奴隶。巩固中国在蒙古统治的第二个方法，就是清政府帮助佛教之发展。佛教之教义是否认战争及流血，而宣传人道主义及无抵抗恶事。因此满洲政府利用宗教，把蒙古人民尚武的精神减少，以便服从其政权，并且还去贿买活佛。康熙、雍正、乾隆给了许多赠品、土地与教父，好叫他们帮助自己去愚弄人民。佛教寺院异常发展，有自己的组织，能够审问、管理几千几万的信徒——奴隶。组织了所谓“Shardinskoi Vadamstvo”管理蒙古一切宗教事务，很像一个独立的政府。因此佛教寺院在蒙古就像国家中之国家。佛教的原理虽然很好，但成为掠夺蒙古人民的工具。掠夺蒙古人民第三个最有力的工具，就是中国商业资本的经济压迫。因为中国经济上比较畜牧的蒙古发展，所以未尝握得政权的时候就去剥削蒙古。中国在蒙古夺得政权之后，驻蒙的中国官吏，蒙古的王公及一部分喇嘛，受了中国的贿赂，都去帮助中国的如虎似狼的商业资本。过了两个多世纪，中国商业资本把蒙古的小民都束缚住了，于是就从蒙古运出许多畜牧经济的物品。蒙古王公极喜修饰，因此向中国商店借了许多的钱。然不仅不能偿还，即利息亦不知所出，于是遂从王族所辖小民族那里夺取最后的膏血，以助中国商人的欺骗，以掠夺蒙古人。在此情形之下，遂渐发生一种法律：即王族所辖的劳动人民应负王族债务之责。若是王公自己欠得有债，则除还债之外还应招待到王族那里来讨债的商人。中国在满清政府最后十年还徙许多农民到东蒙古与长城相近的地方去，蒙古王公的债务对于掠夺土地有极大的帮助，直到袁世凯的民国政府，蒙古王公的私债，在蒙古还自筹备抵偿的土地。

以上就是清政府利用来巩固中国政治上及经济上统治蒙古之大概情形。这种方法，把蒙古人民变成了中国官吏、商人及自己王公与喇嘛的奴隶。十九世纪中叶后，蒙古历史上发生一个新时代：这新时代是从俄国商业资本及前俄国政府的利益开始时起。因俄国政府把蒙古放在国际资本势力之下，俄国商人因为要替中国货物开一条道路到欧洲去，所以早就注意蒙古了。这条道路是张家口、库伦、恰克图，而最重要的货物是茶。到一八六〇年后，俄国商人先从阿尔太山、乌梁海到了西蒙古，以后他们的商业在外蒙古也发展了。他们的目的就是要在外蒙古得一个经济上的保证。俄国商业资本对于蒙古的感情比较辽〔还〕要坏，并且输入蒙古一切欧洲文化最坏的结果。

俄帝国政府知道蒙古是一个好市场，拼命的想来侵略，日俄战争以后尤其利害。他最注意乌梁海边境，那地方天然条件，是蒙古最宜于农业的区域。十九世纪的八十年［时］代，俄国就觊觎乌梁海，认为殖民政策的目标。一九零九年以武力侵犯，在该地设立行政机关。

一九〇四到五年日本战胜俄国后，南满、东蒙划归日本势力范围；东亚的门户大开，蒙古天然矿产原料非常丰富，于是更受日本帝国主义的侵略。日本政治、经济势力，不但由南满铁道侵入东蒙，而且逐渐潜进于蒙古其他区域。日俄战后“侵略蒙古”已经成了国际帝国主义的远东问题中很紧要的一个。美国资本家亦渐渐来参与其事。

清代专制政体下之蒙古，在极长的时期中，文化上丝毫进步也没有。经济、政治、社会各方面的制度，到二十世纪初年还和二百五十年前一样。二十世纪初，蒙古还是一个游牧民族。稍为有些农业，因天然条件的限制，也不能发展。工业是没有的，只受中俄商业资本的侵蚀，而两国商业资本又都是国际帝国主义侵略土地的媒介。清室推翻以后，行政权全归少数的王公，如哈尔哈四区中王族仅有人民总数百分之一。喇嘛教徒人数很多，有百分之四十，他们经济上、政治上都有势力。至于平常的劳动人民，绝无权利，简直是王公的奴隶，一切租税负担都归他们担任，替国家、寺院、王族做牛马。

当满清政府倒了之后，一九一一年十月十八日在库伦宣布蒙古独立，把清政府官吏驱逐出境。蒙古王公及喇嘛因为要建设新国家，于是向前俄帝国政府求辅助。俄官吏代替满洲人之后就建设一个喇嘛的蒙古专制帝国。此后俄国想统治蒙古经济，于是一九一二年十月二十一日和自己的蒙古政府订了一个商务条约，与中国订了两个协约（一九一三年十一月二十三日及一九一五年五月二十五日）。于是俄政府把蒙古哈尔哈及科布多宣告自治，但受中国之保护，然实际上已被专制的俄国夺去了。外蒙古自治八年，一点甚么好结果也没有。蒙古王公不仅不去改良国民经济，并且还租借土地与外人。这是因为受了俄官吏的命令以作还偿债务之用，而蒙古人仍是一样受苦、被压迫。所以他的情形，并未改好，因为政府是专制的，人民受政府之压迫，正如从前受中国商人之欺骗掠夺一样，不过现在加入俄国商人罢了。当世界大战发生时，日本帝国主义者有机会去侵略中国；而当俄国革命时，他们又以为这是夺取蒙古的好机会。日本利用威尔逊国际联盟的口号，想在蒙古做“民族运动”，因为依照国际联盟威尔逊的条件是应当保护一切小民族的。蒙古的国民党于是就开始解放运动及蒙古各民族之联合。日本对此事帮了他们许多忙。一九一九年二月，在赤塔开了一个会议，讨论怎样联合蒙古民族去进行。然蒙古民众却不注意此次会议。当他们想派代表去赴巴里会议时，日本已经不愿做此事了，就和谢米诺夫禁止他们去赴会。不久日本帝国主义者，因帮助中国安福派的忙，就决定去夺取蒙古。安福派的征伐蒙古，果然得了极完满的结果，因为许多中国商人及富人都以为这是爱国事情，所以竭力帮助中国军队，并且因为许多蒙古人贪自己的利益，早被中国政府贿买了。因此他们和中国都护使陈毅商议后，就定一个五十四条件的协约，最重要的是取消自治，及保存中国在蒙古的封建制度。

一九一九年十月，安福派首领徐树铮将军占领库伦强迫宣告北京政府以外蒙古为中华民国行省，并且强迫蒙古军队即刻解除武装。蒙古王公所订五十四条的协约被徐树铮完全取消了，并且把起草的中国官员逮捕，驱逐出境。徐树铮于是在蒙古实行军事独裁制。中国占领哈尔哈后，蒙古爱国运动及革命运动都醒悟了，并且产生了一个蒙古国民革命党，蒙古人民于是不信他们的王公了。现在的先锋是蒙古智识阶级、小喇嘛、小王公等，这些人都是与人民有联络的。一九二〇年初，当高尔扎克（乃西比利亚的外国掠夺者）被红军击散时，正是蒙古国民革命党成立之日，这党明白真正的解放不是国际帝国主义假仁假义的帮助，也不是威尔逊的十四条所能办到的，只有由人民自己去做才行。这党宣传国民的及革命的意义，现在正利用苏维埃俄罗斯革命的经验和帮助，去实行解放蒙古的事情，因为苏维埃俄罗斯在自己的标帜上写着“联合西方东方被压迫民族推翻帝国主义压迫”之口号。一九二〇年安福派失败后，对于中国北方之势力亦随之而灭。于是日本去了一个好帮手，而第二个帮手张作霖此时的力量也还不够去夺取蒙古，如是他乃把蒙古让给俄国白军首领作一个根据地。恩琴战胜中国军队，占领库伦，杀害许多中国人、俄国人和蒙古人，烧毁乡村、庙宇，征收牲口，强迫乡民当兵，到处极残暴之能事。

国民革命党于一九二一年三月在哈尔哈北部建设一个国民政府。这政府组织自己的军队并与恩琴交战。后来恩琴攻打苏维埃时，这军队与红军一块把他打得全军覆没。当国民政府夺回恩琴所占领的哈尔哈之后，就把西蒙古的白军也消灭了。有一部分却跑到满洲去了，张作霖不但不干涉他们，并且运他们到沿海滨省去。国民革命党的责任，在完全解放蒙古经济上及政治上外国人之剥削及封建制度，规定国民之权利，增加国内之生产力，保护国家财富，扩张欧洲文化等事。国民革命党的政府得了库伦之后，因民众的援助，立刻实行许多重要法律改革，去解放蒙古人民的封建制度及专制组织，最重要的是用选举法改革自治，人民在法律上一律平等。废除杖刑，取消许多天产物的苛税，收回前封建政府蒙古自治时所租给外国的租借地。扩张王公及喇嘛的税，征收所得税，组织消费公社，最后还有国家管理法，取消喇嘛之权力及其他一切法律。这些法律都是各地代表在大会上规定的。去年十月解放了蒙古的政府与苏维埃俄罗斯缔结了一个协约，蒙古被承认为独立国。此外苏维埃政府为应蒙古国民政府的提议，允许做中蒙间巩固彼此关系的一个中间人。

这就是半成立的蒙古自由政府之大概情形。总而言之，对于现下蒙古之关系，我们应当承认：蒙古人民经过许多困难情形之后，以为若是在地球上有少数贪心者压迫多数劳动者及落后民族的国家，若是所有被压迫者没有团结力，则蒙古民族及其他民族都要遭殃了。要是被压迫民族的团结力不能巩固，及不能实际上去保护自己的利益，就是蒙古已得的自由也是不能长久的。因为蒙古民族到这个地步，经过了极困难和极好的经验，满清政府用封建制度及宗教竭力的剥削蒙古民族，蒙古于是在自己的封建制度下及向专制的俄国去求救，然而经过他们九年的统治后，把蒙古情形弄得更糟了。俄帝国政府夺了蒙古乌梁海的边境，又想去夺蒙古的库伦，及高苏戈宜湖边一带最好的部分。在俄国保护下，蒙古自治九年之存在情形既然是一样的不好，所以蒙古人民现在都说无论哪一国的守旧派都是一样的只知道压迫一桩事。所以现在蒙古人民不独视守旧的资产阶级中华民国——东方最自由的德模克拉西的国家——之夺取蒙古，为一种兽行及对于蒙古人民之好感宣告死刑，即对于其他一切帝国主义的强国或是资产阶级的共和国，都知道是一样的虎视弱小民族，一样的想压迫并剥削他们。

前美总统威尔逊民族自决的宣言，曾引起蒙古东南部国民解放的运动，这个运动的目的，就是依人种上的原则连合蒙古成一个联邦的德模克拉西的共和国。因为中日的帝国主义者专制派的压迫，这次运动却没有成功。因此现在蒙古人都知道，资产阶级所倡的民族自决，及德模克拉西主义的政策都是虚伪的。在恩琴骚乱蒙古的时候，反对他的强暴掠夺的人，男子、女子、儿童一概被他下狱烹杀。这是蒙古人民最后所受的强暴。这些都是一条极长极困苦的道路，使蒙古人民不得不醒悟，而随着指导他的蒙古国民革命党，投到第三国际赤色的旗帜之下，与苏维埃俄国结极亲密的关系。我们这个党，照党纲上看来，不但不是共产党而且不是社会党。他的职任是：从外国强暴者政治、经济上的压迫与剥削之下，从封建守旧的思想统治之下，解放蒙古人民，建设人民政权，发展生产力，提倡国民教育等等。

所以我们的党纲是极端的民主主义。然而我们并不派代表到华盛顿去，只派代表到莫斯科来。我们国家的客观的状况，就是“中世纪”一种状况；依政治史上的经验和现代政治、经济的国家的情状，使我确信：非以国际无产阶级运动为指南针不可，非和世界革命运动积极的密切联盟不可。不但我们蒙古国民革命党明了现代人类的情形，明了我们蒙古民族在人类中之地位的人已经得到此确定的方针，而且连一些明白情势的蒙古特权阶级、有产阶级，虽不是劳动人民，而能尽他们的力量帮助我们国民革命党，这在一定范围内，乃是有价值的。他们亦为民族自保的观念所驱使，知道帝国主义者必不舍他们，必定要吸取他们的膏血。

说到本大会的职任，我们国民革命党认为，本会是联络远东各民族劳工革命之伟大势力的永久积极亲切的结合。我们自己之间互相结合，并和第三国际结积极的亲密的同盟。和这反对帝国主义的世界无产阶级革命的中心相结合，一方面参与这会的个个都回内部谋革新起来；别一方面，我们国民革命党亦深信将来能获得大成功。全远东的情形本来很困难，中国里面分成许多“势力范围”，为外国资本家瓜分之期已经不远。韩国人民在日本帝国主义之下，血都快流尽了。蒙古文化最高的一部，被日本帝国的军阀所侵扰。日本一面施行侵略使全亚洲民族都恨他，所以弄到非常孤立，现在日本人无论谁也知道这层危险，日本要避免这层危险，只有彻底改造社会一条路。

所以我们“将来的奋斗”无处无时不与远东民族问题、民族解放有关系。远东民族的“再生”当然要增进革命运动的体力。

全体被压迫民族之保卫者第三国际万岁！

远东劳动者之统一与胜利万岁！

《向导》（周报）
广州向导周报社
1922 年 5、7 期
（李红权　整理）

还是赞助新蒙古罢

国涛　撰

蒙古国民革命党领袖登德布曾有一篇演说，题为《蒙古及其解放运动》，在本报第五期和第七期上发表过，算是极有价值和真切的叙述，很足以沟通中华民族和蒙古民族的亲密感情。

依他的叙述，我们明了历来清政府怎样利用蒙古王公、佛教徒和扶助中国奸商鱼肉蒙古人，俄帝国怎样侵略蒙古，后来徐树铮又怎样杀戮蒙古人。我们不要说远了，中国兵在内地十八省和胡匪在东三省奸淫掳掠，是最著名的；徐树铮统率大队边防军到蒙古去了，那还了得，肆行抢掠，任意杀戮，当然是不言而知的事实。中国奸商欺侮和愚弄蠢笨的蒙古人，更是北边人谁也知道的。蒙古民族处在和朝鲜人一样的命运，当然应该图独立自强。我们中国人也处在被列强宰制的地位，也正在要自图解脱；当然不能主张自己去鱼肉人家，还要赞助人家的独立运动才是。况且中国自己并没有力量按住蒙古，曾让俄帝国夺去一次，后来又让日本侵略家和他的爪牙恩琴在那里大肆屠杀，我们与蒙古人并没有永世不解之仇，为什么一定要使他不遭中国军阀的宰制，便遭日本人和白党的屠杀而不赞助他独立呢？

现在中国一班所谓“爱国家”，他们很仇视日本，又痛恨军阀，倒天天唱撒〔撤〕退外蒙红军，交还蒙古，我到底不明白他们还是要把蒙古人民送到日本和白党口里去，还是要给中国军阀爪〔抓〕住。这样，是鼓吹和我们同病相怜的蒙古人民供豺狼虎豹的牺牲，还为日本军阀扩张侵略势力，为我们急欲打倒的军阀谋地盘。你们不怕蒙古人民和全世界被压迫民族，误会这是中国人的卑污行为吗？不怕日本帝国主义者、俄国白党、中国军阀笑你们为他们帮忙吗？

总之，日本和他的助手张作霖及俄国白党围绕蒙古的东南面，中国军阀包住他的西南面，蒙古只有三条路好走：第一条是给日本和俄国白党做殖民地，第二条是给中国军阀做屠杀场第三条是让蒙古人民独立。蒙古是一块“不毛”的高原，经济是最原始的状况，三面环绕着强盗，要真正能独立，便非和新俄罗斯结最密切的关系不可。在蒙古这一方面，最须要与苏俄联盟；在俄罗斯那一方面，他是全世界无产阶级的祖国，是解放全世界被压迫民族的大本营，在俄罗斯本国内已解放十几种被大俄罗斯民族压迫的小民族，他又赞助土耳其等国的独立运动，已足够证明他对于弱小民族的忠诚。他与蒙古结军事同盟，驻兵库伦，保卫蒙古的独立，与蒙古结经济同盟，借款给蒙古，促进蒙古民众的经济生活；前者便是抱世界革命的过激派政府忠实保卫弱小民族，进行解放全世界的应尽义务，后者便是促进经济落后国的经济生活，造成全世界经济平衡的革命计划。这有什么大惊小怪的狂叫，说什么“占领库伦”、“经济侵略蒙古”；还受外交系和军阀的愚弄，居然把红军驻扎库伦与日军驻扎库页岛相比例，指经济合作为侵略勾当。同时却把驻扎北京城内的外国兵，和北京政府天天进行卖国借款，促成经济侵略等事实抛在脑后。还有一层，日本和英、美帝国主义者，外交系和军阀，蒙古王公和中国奸商所宣传的蒙古消息都是信不得的，我们用不着替皇帝式的活佛悲哀，也用不着替蒙古王公和中国奸商抱不平。只有一个问题，中国人是应该即刻决定的：还是让蒙古为日本、俄国白党或中国军阀的殖民地呢；还是赞美和羡慕簇新的独立蒙共古和国，称许新俄罗斯的义勇行为，而实际与蒙古人民建立亲密的关系呢？

《向导》（周刊）
广州向导周报社
1922年8期
（朱宪　整理）

蒙古王公与外国资本家的勾结

振宇　撰

《申报》十八日北京专电：威廉推勒代表坎拿大铁路公司，与蒙古某爵等订立张家口至库伦铁路借款草合同，总额四千万美金，因张库路定归商办，故蒙爵得依此与推勒接洽，作为中英商人合办方式。

苏俄援助蒙古民族的解放运动，自然要帮助他提高那半原始的经济地位。近日一些反动的报纸和通信社发布种种宣传性质的消息，说苏俄与蒙古订立了种种经济的条约，在我们看来，这倒没什么奇怪，只有这样一二蒙古王公与英美资本帝国主义者的勾结，很值得注目。因为前者是蒙古觉醒的民族——由蒙古国民革命党率领的，参看本报前数期的《蒙古及其解放运动》——与社会主义劳农共和国间志愿的结合，而后者乃是一二背叛民族利益的野心王公，与贪欲紧张的英美资本帝国主义者的无耻买卖。中国人民应当帮助正在解放的蒙古弟兄实现前者的结合，打消后者的买卖。

《向导》（周报）
广州向导周报社
1922 年 11 期
（朱宪　整理）

蒙事说略

林长民 撰

自民国成立前后，到了现在，蒙古独立者两次。我中华民国号称“五族共和”，经此变动，“五族”中岂不是少了一族？即宪法已通过二读会关于“中华民国国土”的条文也根本动摇了。这是何等重大事件。奈何我国人全不注意，听他们独立，而且听邻国越俎，真是令人愤惋！

俄国与蒙古的关系，自前清二百年来屡为我国边患，最近蒙古两次独立，也全是俄国从中作祟。俄帝国如此，便是劳农政府也何尝没有侵略野心。现在蒙古名为独立，实际上是蒙人引外援，以反抗我五族共和的民国，脱离了国内的关系，转套上了国外的羁绊。近来欧人批评俄国谓为“红党帝国主义”，此说不为无因，是我国民不可不知的。

俄国劳农政府代表巴伊开斯（Baikees）于去年来到北京，办理东清铁道及关系蒙事交涉，我国政府也曾经派过代表与他交涉数次，都无结果。我与巴氏以私人交际往来了好几次，关于蒙事，我曾以个人意见问他们何故不撤兵。巴氏答语颇怪我国纵容白党，使劳农政府时时有东顾之忧，又云中国政府对于俄国殊无诚意，这个也有他们一面的道理。近两年间贻误不浅的是张胡子，他做了蒙疆经略使，开销了国家巨帑，把蒙事全然搁置。便是俄国的形势，也本有机会可乘。当时我们不去与他谋一个解决，到了今日，俄国在欧洲渐渐得了援助和通好，对于东方却松了一口气，不必急切与我讲交情了，自然现在的交涉，不容易得手。这全是两年来迟误的缘故。

近日闻俄国又有改派代表的消息，将来蒙事或有转机，然也要看我国政府如何措置，我国民是否还要五族共和，是否对于蒙事有正当和诚恳的主张。当此内地各省自相戕杀、自相纷扰的时候，我国民恐怕是忘却边陲数万里的领土了。“德薄不能远有”，此是帝王自谦的口吻，我国民宁亦自承薄德么？现在我要先把十一年间蒙事经过的情形，略述一二，供我们国民回顾回顾。

一 辛亥年外蒙独立之情形

前清历任边吏，及理藩院人员，对于外蒙各扎萨克王公及一般蒙民，虐待勒索，无所不至，清末驻库伦办事大臣三多，侈言办理新政，虐待勒索尤甚。当时俄国正谋伸张势力于蒙古，乃勾结各扎萨克王公、蒙民以抗中国，于是各扎萨克王公中分亲俄、亲华两派。我国革命起，俄蒙乃乘机结合，亲俄首领三音诺颜汗等及活佛左右有力之喇嘛，极力怂恿活佛宣告独立，俄国接济军械、金钱，蒙古起兵驱逐三多，脱离中国关系，公推活佛即皇帝位。各部落扎萨克王公有不赞同者，多被逮捕革爵惩办。如摩尔根王及和硕旗贝子等，皆因是革职，其他亲华派之扎萨克王公皆为威力所胁，不得不屈服于独立运动之下。

二 俄蒙协约及中俄交涉

蒙古既独立，辛亥十一月，俄国乘机向清政府要求五款：（一）中政府认俄人自库伦至俄边有铁路建筑权。（二）中政府须与蒙古订约声明下列数项：甲、不在外蒙驻兵；乙、不在外蒙殖民，而蒙人自治但受办事大臣管辖。（三）中国所有治蒙主权，改隶办事大臣，中俄交涉仍由两政府协商。（四）俄饬领事官协助担保蒙人对于中国应尽之义务。（五）中国在蒙古如有改革，须先与俄国商酌。

时清季各省革命已起，清政府对于俄国要求未暇交涉。民国成立，袁总统派人劝导蒙古自行取消独立无效，蒙人昵俄益甚。元年十月，俄蒙公然订约，蒙古允许俄人扶助保守自治，编练民军，并不准中国军队入境，及中国人在蒙垦殖。又蒙古政府非经俄国政府允准，不得与中国或他外国订立有背《俄蒙协约》之新约。此外，蒙古更与俄人订立商约十七条，俄国在蒙处处皆享特别权利。

元年十一月以后，中俄开始交涉，屡经辩论，俄国始终不肯取消《俄蒙协约》。至二年五月，双方提出六项：（一）俄国承认蒙古为中国领土之一部，并担任尊崇此领土关系上中国历来所有种种权利。（二）中国担保不更动外蒙自治制度，并许其有自练军警之专有权，及拒绝非蒙古籍人殖民之权。（三）俄国担任除领署外，不在蒙设置他项官员，除领署卫队外，不派兵至外蒙。（四）中国听俄国调处，照上列各条宗旨，定对待外蒙办法大纲，中国驻蒙之官吏得自认在彼有地方官吏性质。（五）中国承认给与俄人在外蒙之商务利益（即蒙人所订商约十七条）。（六）以后俄国如与外蒙官吏协定关于改动该处制度之国际条约，须经中俄两国直接商议，并经中国政府许可，方得有效。

二年五月，政府将此六项并商务附约十七条提交国会，经累次开秘密会议，国会多数认为有损权利，不予通过。于是中俄关系遂成悬案，而俄蒙关系日日加密，我政府与蒙古方面几于无从接洽。

三　中、俄、蒙三方协约及蒙古取消独立情形

二年五月以后，中俄交涉之案停顿于国会。是年十一月，政府径向俄政府商订大纲五条：（一）俄国承认中国在蒙古之宗主权。（二）中国承认外蒙古之自治权。（三）中国允许不干涉外蒙古，不派驻兵，不办殖民。但可任命大员偕同属员暨卫队驻扎库伦，并得派专员驻蒙保护中国人民。俄国亦承认除领署卫队外，不另驻兵，不干涉外蒙内政。（四）中国声明承受俄蒙调处，依以上大纲及《俄蒙商约》，明定中国与外蒙之关系。（五）凡关于俄国及中国在外蒙之利益，暨各该处因现势发生之各问题，均另行商订。

此外，中国政府复向俄国声明四款：（一）俄国承认外蒙古土地为中国领土之一部。（二）凡关于外蒙古政治、土地交涉事宜，中国政府允与俄国政府协商，外蒙古亦得参与。（三）正文第五款随后商订事宜，当由三方面酌定地点，派委代表接洽。（四）外蒙古自治区域，应以前清驻扎库伦办事大臣、乌里雅苏台将军及科布多参赞大臣所管辖之境为限。所有确定外蒙疆域，及科布多、阿尔泰之划界，应由日后商定。

以上两项大纲及声明书，实为中、俄、蒙三方协约基础。然所谓外蒙古土地为中国领土之一部，及所谓宗主权者，中蒙关系颇不分明。民国三四年间，中国在蒙边军队屡与蒙兵冲突，战皆不利。至民国四年，俄国出任调停，卒开三方会议于恰克图。中国派毕桂芳、陈箓为专使，定三方协约，履行前年中俄所订大纲。外蒙取消独立，承认中国为宗主国，中国亦承认外蒙自治，外蒙设立自治官府。是年六月，中央派陈毅为都护使驻库伦，别设都护副使于乌里雅苏台、恰克图、科布多，但管理本区域内华商一切事件。至于外蒙内政，都护各使毫无过问之权。

四 外蒙取消自治情形

外蒙初次独立，纯系俄国怂恿，及亲俄派王公之野心。至恰克图三方协约成立，外蒙乃变独立为自治之局，俄人在蒙势力仍未少衰。欧战之后，俄国牵入旋涡，战败于外，而革命起于内，国中分裂，更无实力经营远东。外蒙亲俄派之王公失所凭借，其势力乃骤衰。从来亲华派之扎萨克王公等，因感自治种种之不利，于民国六年末，乃有取消自治之动议。而其主要原因，厥有数端：(一) 政费困难。自外蒙自治成立，设自治官府，一切政费，只有商税一项可资挹注，而入不敷出，其不足之数，勒派各旗王公负担，各旗王公更勒派其旗众，于是各旗生计日困，怨声载道。故各旗王公扎萨克，皆愿取消自治，以免负担。(二) 外债过重。外蒙自辛亥独立，曾向俄国贷借巨债，为采购军火及军费之用。此项债款，俄国以复利盘剥，已达数百万。外蒙官府无力偿还，希愿取消自治，可由中央政府为之偿债。(三) 活佛滥封官爵。外蒙各扎萨克王公承袭爵位，本有一定谱系，前清时代理藩院按例办理，从无滥越。自独立以后，活佛任意黜陟，扎萨克王公有无故革职者，或被褫夺，以封活佛戚党。故札萨克王公皆有戒心，欲取消自治，以夺活佛政权，恢复承袭谱系之制。

有以上三种原因，故一时取消自治之议，颇占势力。而活佛左右及有力喇嘛，群起反对，事遂中止。至民国七年，旧案重提，反对者乃提出种种条件以留难之。都护使陈毅极力与蒙人接洽，磋商经年，至八年夏，始定六十三条善后办法（六十三条内容当时甚秘，尚未觅得原文），为取消自治之条件。事已垂成，而徐树铮以西北筹边使名义，率军队抵库伦，悉毁弃六十三条善后办法，以武力胁外蒙官府，并圈禁陈毅，强迫蒙人签字盖印，无条件取消独立，另定办法七条（原文亦待觅）。活佛及各执政无力反抗，徐树铮遂以边功入争政权，而蒙人自是益恨中央。

五 外蒙二次独立情形

自徐树铮威胁蒙人，取消自治后，活佛左右及王公、喇嘛时谋报复，遂有少数喇嘛、王公秘密结会，思借外力，以图再举，并派员分赴蒙边，勾引俄匪。及皖直之战，徐树铮失败，活佛乘机派员勾结俄国旧党谢米诺夫部下恩琴，许以种种权利，请其率领部众攻入库伦，驱逐中国官吏。当时恩琴方驻蒙边，遂由车臣汗盟入库。民国九年十月，开始攻击，中国军队驻库者万余人，恩琴攻击屡不得逞。翌年正月，中国军队内部发生意见，前敌军士纷纷退却。陈毅时为镇抚使，首乘汽车逃遁，军士益无斗志，乃大溃。恩琴率队长驱而入，占领库伦，外蒙遂宣告二次独立。

外蒙二次独立以后，俄国旧党实盘据之，其意盖欲囊括全蒙，以新造一帝国，以反抗红党，谋恢复其势力。俄红党建都于西伯利亚者为其主义两不相容，于是赤塔政府乃出兵库伦，而莫斯科劳农政府从而助之，遂逐恩琴，占有其他。恩琴窜死，蒙古内部亦起革命，至今为新政府，红党犹驻军队，挟蒙人新党，握有实权。

六 外蒙最近之政情及军情

外蒙二次独立，蒙人仍公推活佛哲布尊丹巴为君主，组织民政府，设国务总理及内务、外交、陆军、财政、司法五部，各置总长一人，各部俱聘有俄国顾问二员。别设参议院为立法机关，现其议员皆属民党及青年会党。一切政务须经参议院议决，始分交各部办理。革命以后，民党益占势力。现任国务总理为嘉汗僧胡图克图，其人本属旧派，外蒙王公、人民多信仰之。民党利用其资望，任为总理。外交、内务、司法三部总长亦为旧派。惟陆军总长苏克巴图尔、财政总长丹僧为民党领袖、革命首魁，旧党实听指挥。

旧党、民党及青年会党，三派中以民党为最盛。青年会党为极左党，提倡过激主义，现有党员不过二百余人。

地方行政极为简单，除内务直辖外，于西库伦设置警察厅一所，管理边防检查事宜，兼理市面一切诉讼。商民入境，必经盘诘，警兵约二百余名。又于丰宁镇设地方管理司一处，管理该镇政务。交通机关及电灯、电话等业，皆官营。其技师工匠皆用俄人，管理权亦俄人操之。

独立以后，政费、军费日增，皆取给于税捐。设东西税局，改订税率，值百抽五、抽十、抽二十、五十各有差。出境之货经过之地，往往累征。营业税、人头税、红利税，名目不一，蒙民及外商皆苦之，华商多因是辍业者。

军队编制，有马、步、炮等团，内附机关枪队，均按俄国教练法操演，枪械亦为俄式。现有大炮六尊，机关枪二十余架，连珠步枪万支。本年四月间，复向俄国定购步枪二万四千支，子弹十余万。其军额总数约万人，又向各旗陆续招募，拟增民兵一万人。

七 红军驻库情形及蒙人之困苦

俄国劳农政府有代表一人驻库，管理俄人一切事务。俄军队驻在库伦者千余人，分住于各商号。初为驱逐旧党，旧党既败，俄军迄未撤退，一切食用皆取给于各商，现已移驻二里半滩地方。此项俄军极无纪律，盗窃商货，杀伤蒙民，时有所闻，即经告发，无法惩办。徒以民党倚之为重，蒙人无可如何。

民党既以俄军实力为之后盾，握有军政、民政之权，近日且有改三音诺颜汗、札萨克图汗、土谢图汗、车臣汗四部为四行省，并废活佛、札萨克王公之议。益以横征苛税，民怨沸腾，蒙人颇有内向之心。传闻札萨克图汗部内已有十一旗声明脱离库伦民政府之管辖，其事虽未征实，亦可窥其内情矣。

八　一年来我国政府对于蒙事之失着及最近俄人之态度

恩琴既败，俄红党侵据库伦，其势不可遏。实则当民国十年间，俄国劳农政府方困于欧洲之封锁，以及波兰用兵为法国所败，英俄通商协约尚未订定，其力亦未遑东顾。当初不过驱逐旧党，使其不至凭据蒙边乘机内扰而已。假使我政府明于世界大势，勇于解决，用人得当，则一介之使，即在俄都与之交涉，或其代表来京，立与议定通商，以外蒙撤兵为条件；并派有纪律军队接收库伦，加以抚恤，则俄人可以立就范围，蒙人失其后援，亦不敢无理反抗，蒙事当已早定。而乃中央计不出此，名为收抚，实则借词敷衍张作霖，荣以经略，恣其开销。张作霖亦利用经略蒙疆之名，增兵糜饷，以图内犯。迁延贻误，俄国在欧外交日有转机，蒙人勾结外援关系亦日以益密。至十年冬季，蒙事遂不可为。于是中央政府始悟收抚无效，乃决由外交手续，移京办理。并派李垣为接收库恰专使，与俄劳农政府代表巴伊开斯迭开会议。自十年十二月至今年四月，双方谈话凡五次，其结果俄代表仅允“如中政府与蒙古政府独行协议，劳农政府当作调人”。至于撤兵问题，俄代表始终支吾，以俄白党（即旧党）在中国尚有反抗红党行动为口实，不肯明白表示撤退时期。又云“必中蒙会议后，始可撤兵”，而中蒙会议复悠悠无期。最近俄人有改派代表消息，而俄政府又有仍持三方协议之意。然则我版图，我五族，根本上不发生变动耶？吾国人宜亟图之。

更有一事当补述者，我政府预备收抚之际，曾托内蒙王公派人前赴外蒙，劝导外蒙王公札萨克、胡图克图喇嘛等，令其内附。外蒙近有覆书，备述历年中政府待遇外蒙之失当，尤痛恨于徐树铮之威胁。其意仍欲中、俄、蒙三方订约，保其自治，其书甚长，未及备载。呜呼！自治云乎哉，红党帝国主义，日为之煽，其不为高丽之续者几希，况指导蒙人，开发蒙疆，尤吾国民之责，顾可以外力保障此等于独立等于割地之自治哉！

十一年七月二十六日

（转载《努力周报》13、14期）

《史地学报》（月刊）

南京高等师范史地研究会

1922年2卷1期

（李红权　整理）

外蒙善后问题

任凤宾　撰

外蒙处中国之西北，为国家之屏障。改革以来，时而内附，时而独立，要皆因应之不善，而外人得以离间其中也。自来中央对蒙之道，或以兵力慑之，或以爵禄縻〔縻〕之，然此皆合于古而未合于今也。夫穷兵黩武有时而竭，则昔之以力服者势尽则去矣；以爵禄饵者，只足欺其未开化之民，今则蒙古青年饱受教育，知识健全，视虚荣为无足重轻者不乏其人，则羁縻〔縻〕之术穷矣。况外蒙自入我国版图，清廷始以武力政策震慑控御，继以闭塞政策阻抑愚弄，徐乃开拓兼并，夷内蒙为州县，寖假而及外蒙，设施未竟，清社已墟。民国肇兴，视五族如一家，无分秦越，意至善也。而外蒙鉴于内蒙之附化，无日不欲为独立自主国，保其数百年封建之制，然当两大国之间，又无海岸线，欲求独立，必先附庸强邻，故民国初年，附俄而独立而自治，继而疑俄，遂又内附，终以民国派出大员一循前法，变本加厉，又复亲俄而独立矣。呜呼，蒙古以天富之区，足资全世界，俄人之虎视眈眈，得步进步已匪一朝一夕，我国岂能以其整理维艰而弃之乎，抑能如秦人视越之肥瘠而不动于心乎？况辅车相依、唇亡齿寒，所以必图恢复外蒙者，亦为国家久远计耳。在今日而言恢复，首当祛外蒙青年学生之疑忌，示以善意整理之诚，而去属国相待之例，举凡抚縻〔縻〕之术、开拓之谋，一切屏弃，则庶几乎可矣。请举其要而略言之。

首以实行汉蒙平等。盖蒙汉之隔绝，半以未开化外蒙人以属国自居，未明平等之真意，而有志青年鉴于驻蒙官员待遇之不能平等，故外力得乘机煽动。今宜泯除意见，汉蒙一家，化向来歧视蒙人之心，实行蒙汉联合之政策，此其一也。

次则变更漠视蒙古之政策，为积极之筹办。盖蒙古政治不良，无可讳言，经济不裕，自然之利不辟也，文化闭塞，教育不兴也。从前对蒙政策，一以放任为主义，今则同属共和之民，无坐视之理，中央有提携之责，亟宜竭力进行，代谋发达，此其二也。

而目前之最应表示及善后之最宜注意者，许其恢复原状，设汉正蒙副之办事长官，以顺蒙人治蒙之潮流。盖大势所趋，各省皆以本省人治本省事，蒙人治蒙，理亦宜然，否则蒙古青年哄争于内，邻封邪言鼓动于外，欲求外蒙一日之安亦不可得，此其三也。

蒙古对于中央以三百数十年历史关系，既深且切，果能循此三者行之，本诸公理，合于蒙情，何患人之谋我哉。虽然，现在之外蒙古，尚处于俄党势力范围之内，国家之对于收复外蒙，亦正在积极进行，无论将来或以外交或以兵力为收复之利器，而此三者既为外蒙善后之切要问题，亦即为收复外蒙古者之所当预为筹备之具。为外蒙古计，为国家计，吾人不能不殷殷致词而深望当局者加之意耳。

《国际公报》（周刊）
北京尚贤堂
1923年6期
（朱宪　整理）

记成吉思汗之西征

毕睥西　撰

我黄种人匍伏呻吟于白种人之威势下也久矣。彼碧眼虬髯儿，孰不横眉怒目，蔑视吾人，等厮养，侪马牛。然彼亦尝忆及八百年前其祖若宗宛转奔呼震骇于吾人马蹄下之日乎，而 yellow peril 之威亦慑然长留于彼心目间乎？筑鸣读史至此，不禁大快，读西洋史至此，尤不禁大呼称快。嗟呼！吾先世铁骑余威，渺乎不可复得，而吾方且呻吟憔悴于刀俎之下。环瞩神洲〔州〕赫赫，鹰瞵虎视，远缅雄风，安得不惕然兴起乎。

方蒙人之崛起沙漠也，横历中夏，西薄里海，骎骎有鲸吞全欧之势。借令长驱直入，西挞巴黎，北指英伦三岛，而徇地中海之滨，以蹂躏阿尔伯斯山之麓，全欧蹴踏，则世界大势未可知也。孰知以一纸讣告，竟埋我黄族子孙于铁蹄下。谁为为之，孰令致之，岂窝阔〈台〉之丧，乃天夺其魄耶？虽然，彼白种人方是时惴惴于我黄人之声威武力下，其事亦足以自豪矣。

今吾于叙伟大之西征以前，将一述“白种人心目中之黄祸”。迈尔氏言曰：突厥塞尔及克（seljerk Twrrk）朝权势倾衰时代，兴者为蒙古，此慓悍而不驯三〔之〕游牧民族，自襁褓依其保姆于亚洲中部及东部三草原，逐水草而居，矫健绝伦，于是诸部连衡崛起，开拓疆域，其最先著之酋长曰成吉思汗。彼以其可佈〔怖〕之皮鞭，傲然加之于人类之上，而巨万之铁骑武士，犷悍凶残，亦竞举其长剑，视被戮者若非人类然。在万蹄杂踏之中，成吉思汗身先骑士，剑槊相摩，炳炬相望。彼既南侵中国北部，于是转辔西指，先后覆土耳其斯坦及波斯，所过城邑，向为繁华都市者，一变而为荒凉瓦砾之场。其马迹所到之地，西抵窝罗思之尼泊河，南达印度河流域。而其死也，犹令四十无辜妇女从之墟墓，何其暴耶！

此广漠之领域，既以成吉思汗之丧，而传其子窝阔台之手。窝阔台者，亦雄伟，能继父志，既承袭此大份之遗产，犹慊然思所以增益之。于是东〔西〕拓地于亚洲西部，伸入欧洲腹地，在最可佈〔怖〕之二三年间（一二三八至一二四一间），骎骎乎大半欧洲沃壤为残酷之铁骑蹂躏焉（俄罗斯之大半部分及波兰、匈牙利）。同时小亚细亚一带，此最可佈〔怖〕之深创，盖永远不能恢复。而几许繁殖〔荣〕之名都，介马驰过，遂以血洗其城，今所余者，荒凉之墟墓耳（《迈耳通史》427页）。

吾人读迈氏之史，可以见当时成吉思汗西征之情形与遗留之结果矣。彼白人者，雅善自文其短，又好为欺人之谈。其疾首于蒙古人也，一则曰慓悍而不驯之游牧民，再则曰犷悍而凶残（Callous and gitless），其意固深以吾人为无人道、为野蛮也。至黄祸之称，此书不载。普鲁士人荷担肩囊，携儿女相率西窜，俄罗斯人咸手执十字架以迎吾军，此书又不载。乃至罗马教皇飞檄起十字军，无敢应者，此书亦无一语及之焉。然此为吾人快心事，吾人又安能遂忘之乎。

铁木真之崛起沙漠也，率其四子西向而征，更遣速不台、哲别二将由里海西岸，逾高加索山，袭钦察部突厥之壤，进迫阿罗思。诸侯援之，蒙古兵逆击之于黑海、一带阿速海〔阿速海一带〕，大破之。既而以他故，大掠而返。是为第一次西征，成吉思汗所经营者也。窝阔台之即位也，更遣拔都等将大举西征，经哈萨克荒原，北向屠俄罗斯之利森省，陷莫斯科、基辅，更南下，挟其余势，逼欧洲腹部。一军自匈牙利渡多恼河，一军自西俄趋波兰，入德意志，破其联军于瓦尔斯达。所向屠掠，而全欧之人，震骇逃亡于铁骑之下。此吾黄种人战胜白人之大纪念也，吾人又安得遂忘之乎！

迈氏又言曰：蒙古民族之爆发，实西洋史上一大关键，而关吾人今日乃尤甚。此民族大革命，于欧洲史上尤有重大之影响，即蒙古人实尝以权力加羁轭于东部斯拉夫人，亘三百年之久也（《迈耳通史》428 页）。

嗟乎！吾先世亦尝以权力威屈欧人于羁轭下，乃至三百年之久也。吾人今日处积弱之国势，而宛转求存于列强权力之下，闻古代之风，亦有赧然知愧而奋然兴起者乎？

《春花》（不定期）

上海青年会日校文科癸亥级

1923 年毕业纪念刊

（丁冉　整理）

民国以来的蒙古

肃清　撰

武昌起义以来，五族共和的美名词，也已经响当当地唱起来了，中华民国的好招牌也已经高耸耸的挂起来了；可是，因为这五大民族中间最大的汉民族，不自振作，让那些军阀、官僚、政客们，乌天黑地的争权夺利，闹个不休，弄得那偌大一个国家，四分五裂，民不聊生。就是□民国构成分子的蒙、藏两大区域，也受人播弄，离合无常，不能同心协力地发挥我中华民族的光彩于世界。唉！国民国民，你们如果醒了，你们对这五色国旗，作何种的感想？近来有些军阀们，于争夺之余，也曾打打电报，发发议论，做些什么收回蒙古的官样文章。可是，可以相信他们真有这个宏愿吗？哈哈！我不相信！我不相信！国民国民，这种的大事业，不是那班吃人肉的人们所能干的。国民国民，大家醒着罢。我们大家不起来把那班东西推倒，无论什么事都办不了，就是使蒙、藏同胞脱离外人的羁绊，回复真正的自由的事业，终久也是成为幻想，五色国旗，恐怕也要发生变化了。可是，我们做国民的，如果还想拯救蒙、藏的同胞，关于蒙、藏的事情，也得有个有系统的概念，方才有研究的余地。所以，我们此刻暂且先将民国以来关于蒙古的情形，简单地列纪大要，给一般国民作研究外蒙问题的一个参考。不过有几句话要声明的，就是：

（一）此处所说的蒙古问题，是单指外蒙而言。内蒙古，因为与内地各行省接近的关系，人口也比较的稠密，产业也比较的发达，民国以来，早改为热河、察哈尔、绥远三大特别区域，实已暂具行省的雏形，而且现今的地图上，已经没有内蒙古的这个名词了。

（二）蒙古问题，始终与俄国大有关系。因为蒙古人，自从清朝用了愚民政策竭力提倡黄教以来，不特人口不能蕃殖，就是他们从来所固有的勇敢之气，也完全丧失了；一面又没有吸收新的文明，以致弄到近代，成了一种愚弱可怜的状态；所以，从清朝末年以来，就不知不觉地受了野心勃勃的俄人的牢笼胁迫，乘着武昌起义国事混沌的时候，受了俄人煽惑，宣布独立。中间虽经了多少变化，对于民国，时离时合，一直到了现在，还是呻吟于俄人势力之下，不能解脱。所以，我们这篇记录，凡俄国直接间接与蒙古有关的事情，也择要载入。唉！实在讲起来，我们这篇记录，简直说是一篇中俄交涉记也可，说是一篇俄人侵略外蒙记，也没有什么不可咧。

（三）本记录既以蒙古命名，所以内面所载的事项，虽说不尽属于蒙古内部，然而不得不依蒙古对民国的关系区分时期，以便记忆。所以，我们把武昌起义以来一直到现在的蒙古，分作五个时期，就是：

甲、外蒙独立时期　自武昌起义后五十二天，即前清宣统三年十月十一日俄人诱惑库伦独立之日起，至民国四年六月七日《中俄蒙协约》成立之日止，计三年六个多月。

乙、外蒙自治时期　自民国四年六月七日《中俄蒙协约》成立之日起，至民国八年十一月二十二日北京政府允许外蒙取消自治之日止，计四年四个多月。

丙、外蒙取消自治、直隶北京政府时期　自民国八年十一月二十二日北京政府允许外蒙取消自治之日起，至民国十年二月三日俄旧党（即白党）恩琴与蒙人攻陷库伦之日止，计一年两个多月。

丁、俄旧党掌握外蒙政权时期　自民国十年二月三日俄旧党与蒙人攻陷库伦之日起，至同年七月五日远东共和国（赤塔政府）赤卫军驱去俄旧党占领库伦之日止，计四个多月。

戊、俄新党（红党）蹂躏外蒙时期　自民国十年七月五日俄新党占领库伦之日起，以迄于今日（民国十二年二月八日），计又已一年七个多月了，还不晓得到何年何月，蒙古同胞，才能脱出苦海，重见天日咧。

我们依着这五个时期，将十二年来关于蒙古的事情简单地记在下面。

甲、外蒙古独立时期

宣三十月十一日，库伦独立，辛亥国体改革，俄人乘机煽动蒙古迫驻库办事大臣三多离职，活佛宣告外蒙独立，并声言驱逐满、汉人出境。

民元一月廿四日，在北京的蒙古王公派员到外蒙劝活佛取消独立。

廿五日，大总统下令劝慰蒙、藏。

八月一日，俄兵侵入伊犁。

十三日，外交部对英、日、俄声明我国在蒙、藏的主权。

十九日，蒙兵侵入洮南府。

二十日，蒙兵攻陷科布多。

十一月九日，驻京俄使以《俄蒙协约》通告我国，该约全文如下：

第一条　帝国政府扶助蒙古，保守现已成立之自立秩序，及蒙古编练国民军，不准中国兵队入蒙境，及以华人移殖蒙地之各权利。

第二条 蒙古王及蒙古政府，准俄国属下之人及俄国商务，照旧在蒙古领土内享用此约专条所有各权利，及特种权利。其他外国人，自不能在蒙古得享权利。

第三条 如蒙古政府以为须与中国或别外国立约时，无论如何，其所订之新约，不经俄国政府允许，不能违背或变更协约及专条内外条件。

第四条 此友谊协约，自签押之日实行，两方全权将此协约俄、蒙文平行缮备两份，校对无讹，签押互换为记。

俄正一千九百一十二年十月二十一日，即蒙民公众推戴之蒙古王治理第二年季秋月二十四日，立于库伦。

廿三日，在京蒙古王公联合会通告各国，不承认《俄蒙协约》。

二年一月十日，库伦和西藏私订协约，互相认为独立帝国。

廿三日，库伦派专使到俄国，答谢俄国承认蒙古自治，且要求助其完全独立，并求代练蒙军、多给军械及互派专使等事。

四月一日，库等内攻东蒙。

十月十三日，开东蒙大会于长春。

十六日，哲里木盟内向归诚。

十一月五日，中俄关于外蒙的协商声明签字互换。计《声明文件》五条、《附件》四条，大要如下：

甲、俄国承认中国在外蒙的宗主权。

乙、中国承认外蒙的自治权。

丙、中国承认不干涉外蒙工商事宜，所以不在外蒙驻兵，不在外蒙殖民，俄国也照样不驻兵、殖民于外蒙。

丁、凡关于中俄在外蒙的利益和其他事实问题，应另行商订。

戊、外蒙自治区域，应以前清驻扎库伦办事大臣、乌理雅苏台将军和科布多参赞大臣所管辖的地方为限。

三年六月一日，库伦活佛通告各国驻京公使，谓库伦已为独立国。

九月八日，恰克图会议开始，中国代表毕桂芳、陈箓，与俄国代表米拉特、库伦代表三音诺颜，在恰克图开始会议蒙古事宜。

十一月廿五日，蒙古与俄订立《借款条约》，向俄国借款三百万卢布，以张库路北段的地方为抵押，由俄国监督借款用途。

十二月六日，外蒙与俄国订约，许俄人以建设铁路、电线之权，我国对俄提出抗议。

十七日，驻京俄使答覆我国，说：蒙古有自主的权，俄蒙订约，无通告中国政府的必要。

四年一月十日，外蒙与俄国订立《银行条约》，许俄人以莫大的权利。

三月十六日，外蒙进扰内蒙，据开鲁县属阿鲁科尔沁、东西札鲁特［赉］；附近各县，纷纷告急。

六月七日，中、俄、蒙议定条文在恰克图签字，该约计二十二条，其大要如下：

甲、外蒙承认民国二年十一月五日中俄《声明文件》及中俄互换照会。

乙、外蒙承认中国宗主权，中俄承认外蒙自治，为中华民国领土之一部。

丙、中俄承认外蒙有办理一切内政，并与各外国订立关于外蒙工商事宜条约的专权。

丁、中俄不干涉外蒙现有自治内政的制度。

戊、限制中俄驻蒙官吏的卫兵数，中国在库伦不得过二百人，俄国在库伦不得过一百五十人，中俄两国在蒙古别处地方都不得过五十人。

己、自治外蒙区域，以从前库伦办事大臣、乌理雅苏台将军、科布多参赞大臣所管的境域为限。

庚、在自治外蒙境内的恰克图、库伦、张口电线的一段，作为外蒙官产，中国在库、恰邮政机关，仍旧保存。

乙、外蒙自治时期

四年六月九日，库伦取消独立。

十二日，任徐绍桢为册封专使，往库伦册封哲布尊丹巴呼图克图为外蒙古博克多哲布尊丹巴呼图克图。

十六日，任陈箓为都护使，充驻扎库伦办事大员。

九月十日，俄人在外蒙随意采矿，我国以应遵照我国矿业条例，对俄交涉。

十一月廿二日，中俄又起外蒙交涉。

五年八月三十日，派塔旺布鲁克札勒、丹巴达尔齐为宣抚使，抚慰蒙民。

九月四日，俄干涉外蒙内政，外蒙拒之。

六年一月七日，蒙匪陷呼伦贝尔。蒙匪二千余，攻陷呼伦贝尔，焚掠全城，及黑龙江援军到后，该匪已向索伦山逃窜。

十日，驻京俄使又要求取消外蒙议员。

八月七日，任陈毅为护军使，充驻扎库伦办事大员，范其光为都护使，分充乌里雅苏台佐治员。

七年三月十日，察、绥派兵驻蒙。俄劳农党（即新党，也即俄新党）在西比利亚发难，外蒙形势颇危。库伦政府，特向驻库都护使声明，希望我国派兵保护。经政府电令绥远、察哈尔两部

〔都〕统，各派骑兵两营，出驻内外蒙交界之乌得、滂江地方，相机前进。

五月廿二日，俄党人侵入蒙古。

七月廿三日，乌理雅苏台佐理员电告界碑被拔。

十一月一日，财部与外蒙订《借款条约》。

十二月一日，中国银行与外蒙行政厅订约，在库伦设立分行。

八年五月二日，派兵镇摄蒙边。俄旧党谢米诺夫在满洲里宣告独立，自称哥萨克政府，向我国边境肆扰，我国特派李家鏊统率队伍驰赴镇摄。

六月廿四日，派徐树铮兼西北边防总司令。

八月一日，陈毅电告收复乌梁海。

四日，外蒙王公会议于库伦，反对俄旧党之劝诱外蒙独立。

十五日，俄兵进攻外蒙，外蒙派兵抵御，并由陈毅电请政府派兵往援。

九月八日，俄远东总司令谢米诺夫来奉。俄鄂穆斯克政府远东总司令谢米诺夫因就医至奉，于本日接见东三省巡阅使张作霖，有所商议，旋于十三日抵黑龙江，与督军孙烈臣会晤。

十七日，俄鄂穆斯克政府以蒙路抵借日款，我国抗议。

十八日，俄兵擅入伊犁，我国提出抗议。

十月六日，谢米诺夫侵扰蒙边。谢米诺夫率兵一千六百人至恰克图，旋侵入蒙境乌登，并图进扰库伦，陈毅电请政府拨兵防堵。

十八日，驻库办事大员电陈，外蒙请愿取消自治。

丙、外蒙取消自治、直隶北京政府时期

八年十一月廿二日，北京政府允许外蒙取消自治。

廿四日，外蒙照会俄使取消《中俄蒙条约》。外蒙于本日照会驻京俄使，声明所有前订《中俄蒙条约》及《俄蒙商约》，并中俄《声明文件》，均从此停止效力。

十二月二日，特派徐树铮为赴蒙册封专使。

廿一日，呼伦贝尔电请撤消自治。

九年一月十五日，中俄边防吃紧。俄劳农党进攻旧党鄂穆斯克政府于伊尔库次克，在中俄边境剧战，蒙古等边疆因之派兵防御。

廿八日，令准取消呼伦贝尔特别区域，并取消《中俄会订条约》。

二月五日，任命贵福为呼伦贝尔副都统，同日任命张奎武为呼伦贝尔镇守使，钟毓督办呼伦贝尔善后事宜。

十四日，派徐树铮兼张恰铁路督办。

四月三日，俄劳农政府通牒放弃在华权利。俄莫斯科劳农政府外交委员喀拉罕，遣员送致通牒于我国，请正式恢复邦交，声明放弃前俄罗斯帝国在中国之非正道的一切权利。

廿九日，国务院通电否认俄劳农政府通牒。国务院通电各省，谓："前劳农政府放弃权利的通牒，是否诚实可凭，尚属问题，须先慎重察知该政府实能代表全权，确有这种主张，我国才能迎机商榷，决不宜率尔表决承受，陷彼阴谋。"

七月一日，停付俄国赔款。

四日，开除徐树铮筹边使职，裁撤边防总司令。

廿三日，前曾停付俄国赔款，俄使抗议。

八月十五日，特任陈毅暂署西北筹边使。

廿一日，徐树铮所筹画的张恰铁路停办。

九月十日，特任陈毅为库乌科唐镇抚使。

廿三日，停止俄国驻华公使、领事等待遇。

十月廿六日，俄旧党扰乱库伦。俄旧党谢米诺夫部下，联合蒙兵二千余人，猛攻内蒙，经驻库司令等竭力抵御，一面电向北京乞援，北京当饬镇抚使陈毅，迅速赴任，并派兵援助。

十一月廿四日，俄旧党占恰克图。犯库俄党，前在库被击退，兹复乘恰克图之虚来袭，北京因镇抚使陈毅告急，当派张景惠、邹芬为援库总、副司令。

十二月十日，库伦俄旧党经我国痛剿后形势渐缓。陈毅先后电告北京政府：（一）新疆援兵已到库西；（二）库伦西〔四〕盟王公有电表白，并无与俄旧党勾结联络之事；（三）库伦等处俄党已均向库西、蒙格图、哲林等处逃窜，恰克图之俄党，已令援军兜击，不致再虞南扰，惟东蒙方面俄党，将窜扰乌尔托，应令黑省军队从速迎击，以免蔓延。

十年一月廿三日，阿年阔夫在新疆暴动。俄旧党阿年阔夫，暗向谢米诺夫勾结，在新疆古城暴动，经新督杨增新击退。

廿七日，外部提出对俄通商先决条件。

丁、外蒙在俄旧党掌握时代

十年二月三日，库伦失陷，陈毅退往恰克图。前月三十日，外蒙土匪与俄旧党恩琴攻库伦，活佛被劫。二月三日，进攻镇署，驻库办事大臣陈毅退往恰克图，库伦因此失陷。恩琴拥活佛称帝，活佛封恩为双亲王，库事大权，尽操于俄人。未几，恩率兵北攻恰克图。

二十日，驻京远东共和国代表优林，请协攻由库伦向北退去的俄旧党，我国政府拒绝。

三月七日，俄旧党福列查斯在京被捕。谢党福列查斯等四人以有联络攻库俄匪的嫌疑，在北京车站被捕。

十一日，叨林失守。三月九日，大股蒙匪结俄党围攻叨林，十一日，援库司令邹芬败往乌得，叨林失守。

十三日，乌得失守。邹芬退往乌得后，因水草缺乏，退往猴头庙，乌得因此失守。

廿二日，恰克图失守，陈毅退往满州〔洲〕里。三月十八日，俄蒙匪三千余人，围攻恰城，相持四昼夜，到了二十二日，城中粮尽，陈毅向满州〔洲〕里退却。

廿五日，科布多失守。廿五日，俄蒙党匪攻下科布多，不愿归附他们的蒙古王公纷纷逃往新疆。

卅一日，褫陈毅职，听候查办。

四月十二日，外蒙活佛派人来北京求和，请莫以兵攻库伦，并声言希望恢复自治。

十七日，驻英京劳农代表，向中国驻使要求与中国通商，我国政〔致〕电莫斯哥政府，答应他直接派委来京。

二十日，外交部招待远东共和国代表优林。新疆拘捕俄旧党阿年阔夫。

五月十六日，俄旧党谢米诺夫拟在满州〔洲〕里组织政府。谢得恩琴援助，将在满州〔洲〕里组织自立政府。

三十日，派张作霖兼蒙疆经略使。

六月廿六日，援库军克复乌什克齐拉老旗。

廿七日，劳农政府请我国会剿俄旧党。二十七日，劳农政府致牒我国，请会剿在蒙俄旧党，并声明入蒙劳农军队，一俟乱平，立即撤退。

戊、俄新党蹂躏外蒙时期

十年七月五日，俄新党占领库伦。五日，远东共和国赤卫军骑兵到库伦。六日、七日，步队、炮队陆续开到，计六千人，至今尚有四千人，因无粮台，均驻商店。声称此次来库，专为剿除白党，已得中国政府同意，但始终不准华人与内地通信，并暗中使蒙古仍旧独立。俄新党对于蒙古，原拟改革世袭制度，推翻活佛王公，后以旧习难除，因使政教分离，活佛尊号仍旧，另设民政政府，俄人顾问，操其实权。至其对于商民，横征暴敛，无所不至。

六日，政府拒绝劳农俄政府共同出兵的要求。

二十日，远东共和国政府关于白俄党事质问我国政府，质问书内容，约举于下：

一、外蒙恩琴猖獗，中政府如何处置？

二、谢米诺夫、恩琴中东路运兵，如何防止？

三、谢、恩党盘路〔踞〕满州〔洲〕里、齐齐哈尔、海拉尔，能否驱除？

四、谢、恩在华境招募党羽，能否禁止？

五、谢米诺夫在中东路及京、津、沪活动，如何遏止？

六、华境俄旧党，是否驱除？

文末复声明：远东共和政府，为军事上及政界上起见，不得不出兵进击，一俟目的达后，立将军队撤退。

九月十二日，张作霖召集蒙古王公，会议抚蒙方法。

廿五日，俄白党谢米诺夫失败后，逃于上海。

三十日，新疆与俄新党会剿俄白党，克复阿尔泰。

十月廿三日，库伦活佛陈请内向。库伦章嘉活佛，向东三省巡阅使陈库伦受俄党挟制的情形和活佛倾心内向的诚意，并言活佛此后绝对与俄人断绝关系，服从中央治化，惟恐时日历久，无所遵循，要求允许下开各条件：

（一）不废除活佛尊号。

（二）不命活佛迁移他城。

（三）维持活佛之尊严。

（四）军兴以来所用军费，由中央政府担负。

（五）此次变难，纯系受俄党迫胁，不得认活佛为肇乱魁首。

（六）活佛归化后，须与内蒙各王受同等待过〔遇〕。

（七）所借外债，中央政府须一律承认。

（八）归化后，中央政府须出相当兵力，解脱赤塔在蒙之势力。

（九）为防止外人之侵略，须在外蒙添练蒙军，军费由中央量为拨给。

（十）库伦内政，中央政府须以消〔积〕极之手段扶助，俾得逐渐改良。

以上各条，当经张使遣派左参赞李垣携京呈递府院核阅。

十一月十七日，劳农俄国代表及赤塔政府代表都到外交部亲递证书。

十一年一月十日，劳农代表第一次往外交部商交还库伦、恰克图事。

三月十一日，我国前因东俄党战复起，曾派兵到海兰泡保护侨民。本日远东共和国代表［国］以中国派兵入俄，有干涉东俄的嫌疑，要求中国撤去驻军。

四月四日，贡桑诺尔布辞职，以彦熙为蒙藏院总裁。

廿一日，蒙藏院总裁彦熙辞职，任塔旺布里甲拉继之。

五月一日，劳农政府近与蒙古私订条约，本日外交部特向劳农政府驻京代表提出抗议。

十日，裁撤蒙疆经略使。

十三日，李垣呈报，与劳农代表巴伊开斯谈判接收库事，并谓应召外蒙代表来京。

八月一日，劳农政府代表越飞到京。

廿七日，劳农代表越飞向外交部提议：（一）于长春开日俄会议以前，先开一中俄会议，解决外蒙撤去俄兵及中俄通商问题；（二）请中国派员往长春参与日俄会议。两事都经外交部拒绝，不过声明将来长春日俄会议，非经中国同意，不得议决关系中国的事项。

九月六日，新疆省长杨增新、绥远督统马福祥，因新、绥交通向须经过外蒙，自库伦政府设置苛税后，商旅停止。现拟于额济纳、阿拉善、鄂尔多斯开辟新道，请饬蒙藏院转告经过各地妥为保护。

十二日，外交部正式照会劳农俄罗斯代表，允即开议一切中俄问题。

廿二日，蒙古问题，自曹锟电请政府以高在田担任规复库伦后，接近蒙古各特别区亦相继电请政府筹备收回蒙古，陆军部特组织蒙疆善后委员会，由总长张绍曾自兼会长。

廿五日，日俄长春会议破裂。外交部函致俄代表，催撤外蒙俄军。

十月四日，外交部俄事委员会议定：（1）库、恰撤兵，俟越飞病愈即开谈判；（2）承认劳农政府，须俟库、恰撤兵问题解决后再议；（3）俄国侵犯松、黑两江航权，我预备要求五项：（甲）赔偿损失；（乙）归还扣留军械；（丙）中国军舰及商船航行不许制限；（丁）免负责舰长职；（戊）向我国道歉。

十四日，劳农俄罗斯代表答覆外交部请撤库伦俄兵之照会，表示不能即行将驻库俄兵撤去，且拒绝单独解决外蒙问题，并责中国政府袒护俄旧党。

十八日，王怀庆呈请规复库、恰并呈报俄蒙谋组合特别公司情形。

廿六日，外交部俄事委员会长刘镜人，因劳农俄罗斯代表托辞翻悔前议，原定十一月十日中俄会议开议之举不能如期进行，提出辞职。

廿八日，远东共和国答覆外交部取缔俄旧党之照会，要求：（1）带有武装窜入中国之俄旧党，应立卸去其武装；（2）凡由俄旧党卸下之武装，及取得之国家财产，皆暂行保存，列为详表，以备移交远东共和国；（3）避入中国之俄旧党，因军事上之关系，应被制止反对俄国之行动，如中国当局对俄旧党有相当之监视等；（4）为消弭战事起见，凡入中国领土之败军，应使其出境，及移交远东共和国，并证明中国有优容俄旧党之举动，提出严重抗议。

廿九日，海参威〔崴〕日军撤尽，即为赤党占领，俄旧党四千余人窜入中国哈尔滨境内，由中国卸除武装收容。

十一月六日，劳农俄罗斯代表覆外交部牒文，声明俄代表无履行一九一九年及一九二〇年宣言之义务。

九日，特派张绍曾兼蒙疆善后委员会委员长。

十五日，劳农俄罗斯代表抗议，谓中国以均等手段取缔红白两党，实属意存偏袒，应另定办法。

俄白党谢次暴夫潜入海拉尔劫抢，护路司令往击。

十九日，蒙疆善后委员会成立。

二十日，越飞通告外交部，远东共和国已与劳农政府合并，彼仍继任俄罗斯代表。

三十日，蒙古宣慰使署成立。

十二月廿一日，越飞要求速开会议。

上面所载，不过把民国以来关于外蒙的事件，略记大要，想借此引起读者诸君对于蒙古问题的兴趣罢了。至于各方面的详细情形和对外蒙应取的治本治标的办法，改日再行研究发表，并望读者诸君，大家起来想个办法。

《孤军》（月刊）

上海孤军杂志社

1923年1卷6期

（李红权　整理）

北满洲西境呼伦贝尔（一名巴尔虎）事情

斌转　译

此篇为满铁调查课嘱托俄人 J. G. Gmenewk 氏所书，Gmenewk 氏曾任 Kortchatk 政府（反过激派，即渥姆史克政府）外务部远东课主任，亲自参与呼伦贝尔交涉，于该地情形知之特详。篇中论调，深以不能扶助呼伦贝尔独立为憾，虽属片鳞断爪，已可证知此派俄人之心理。特移译之以供留心边事者之研究。

一　一般地理

呼伦贝尔在额尔古纳河及其支流海拉尔河、哈勒哈河并支流乌尔顺河流域，幅员颇广。

呼伦贝尔高地，由南方趋向北方，渐次低下，成丘陵起伏状之高原，最高处约二千英尺，西方及南方有广大之蒙古草原，北方越俄境而成山岭，一端直达额尔古纳河之支流赶河（《元史》称坚河，一作健河），东接大兴安岭之西部缓斜面。兴安岭之西方支脉，入呼伦贝尔高地，纵横分歧，将高地分为多数之溪谷。位于海拉尔北方之呼伦贝尔高地，皆系是等支脉之隆起，重叠起伏，成多数之丘陵，一方向海拉尔，他方向额尔古纳河作扇状之展开形。此等丘陵之高度，最高处不过海拔六七百英尺。唯丘脉之西南端即海拉尔、额尔古纳二河交叉之处，有名峰达莫德尔山。

山岳　除兴安岭之支脉外，全呼伦贝尔高地中，可称为山岳之峻岭甚少，唯达赖泊湖东方之霍尔卖山与排因扎赶山等可称山岭。又该湖西方之渥利庆山脉，亦有稍高之山岭，其西南端谓之白流泰山。

河流　呼伦贝尔高地之河流，有额尔古纳河及其支流海拉尔、哈勒哈二河。哈勒哈河系乌尔顺河及伊敏果勒河合流而成，是等河流，穿过高地地壳划成溪谷。溪谷之底部，常呈沼泽性之地形。

洼地　高地表面，既被河流纵横贯穿而成溪谷，并形成洼地多区，中湛咸水，而成盐湖。

湖沼　湖沼甚多，其中以达赖泊（一作俱伦泊）湖、贝尔湖为最大。雨时洼地积水，附近一带，泥泞难行。

淡水水源　呼伦贝尔之淡水水源甚少，大都自溪谷中涌出。故一遇旱魃，即全部断绝，虽涓滴亦不能得，饮水则取自地中。

土质　呼伦贝尔草原之土质，为硬质土，系粘土及砂粒所成，大部分含有盐分。

盐　旧湾仔村之南方，有平原谓之西乾家，地面皆系白色之结晶盐，厚约一寸四五分乃至七寸。

砂地　该地纯粹之细砂地甚多，其中较大之三砂区，在自海拉尔至张家口道路之两旁，此路自呼伦贝尔高地之西北横高地而赴西南，又海拉尔河之高岸，全部系冲击性沉淀所形成之砂区。伊敏果勒河之高岸，亦到处有砂地。

呼伦贝尔地方各砂地之性质，大体相同，即各砂地皆成砂丘或丘脉，土质极松，仅依丘岗上树木之根，保持其形态。此等丘岗规模不大，时断时续，有时丘陵间形成大规模之草原（并无砂地痕迹）。又岗脉被风吹塌之部分，亦属不少，惟西南之斜面，多完全无缺。此等砂岗，多依该地主力风之方向自西北走向东南。照上述情形，可证明该地之砂土，皆自亚西亚内陆之砂漠被风吹来。

土地之名称　中国人所称之呼伦贝尔区域，土人称之为巴尔虎，又黑龙江省兴安岭以西之地方，土人亦称为巴尔虎。

二　住民

呼伦贝尔之土著，系巴尔虎［特］人，在千九百十九年，其数有三万乃至四万，其种族如左：

<table>
<tr><td rowspan="2">蒙古种</td><td>蒲略脱族</td></tr>
<tr><td>渥莫脱族</td></tr>
<tr><td rowspan="3">通古斯种</td><td>索伦族</td></tr>
<tr><td>渥落窨族</td></tr>
<tr><td>独尔族</td></tr>
<tr><td colspan="2">乞布经族（此族属于何种，各学者至今尚无定论）</td></tr>
</table>

族制制度　巴尔虎之族制，分全巴尔虎为新旧二部。新巴尔虎谓之新百支，有旗部八，居民皆系蒲略脱人，大约在千七百三十五年间，由哈尔哈车臣汗盟移来。旧巴尔虎谓之富仔营，有旗部九，居民则六旗部系索伦族，二旗部系乞布经族，其余一旗部系渥莫脱族。索伦人与乞布经人，于千七百三十二年，由黑龙江齐齐哈尔县及布特哈县移来。在数百年前，即有乞布经人自哈尔哈移往齐齐哈尔。巴尔虎人与渥莫脱人，乃准哈尔占伦汗之部卒等之遗族，于千七百三十二年，被虏于满人移居于此者。每一旗部，分为三旗，唯渥莫脱部仅二旗，其内部之组织，亦与其他各旗部不同。

新巴尔虎分左右二翼，左翼谓之占古儿，右翼谓之达史昆。旧巴尔虎之八旗部，亦分左右二翼，以索伦族之四旗为左翼，乞布经族之二旗与索伦族之二旗为右翼。各翼由翼中之长老所谓乌立达者统率之，每二旗置主长一人，谓之哥儿达，或称伊基儿达。

各旗部并无单独之首领，各部之旗，由庄根所主管。呼伦贝尔各部，在满人全盛时，居民皆系驻屯之满洲旗兵，故内部之组织，全系军队式，分新旧巴尔虎为十七旗，以各色旗区别之（每色四种）。上述各种族，皆系游牧人种，其中蒲略脱人、渥莫脱人多属喇嘛教徒，其他种族，则信奉萨满教。

三　内外政治关系及中国之对巴尔虎政策

巴尔虎于千一百十二年继蒙古宣言独立，蒙人对于中国政府之反感，与巴尔虎同发端于中国政府之“严防边境”政策，及中国人之移住边境。自千九百六年中国政府实行边防政策以来，即派军队驻扎，同时增加赋税，并仿本部之行政制度，实施省县制，设道台以治之，又特定移民区域，以便汉人之移殖。千九百十九年，设立学校，以谋华语之普及。

巴尔虎人对于中央政府之种种施设，以为将灭绝彼等人种的个性，深致危惧，遂于千九百十一年九月开全族大会，提出下列之要求于中央政府：

一、取消中国官吏，将地方政权让于巴尔虎人。

二、撤退中国军队。

三、禁止汉人之移居。

中国政府对于巴尔虎人之要求，当然不能承认，但内部正在扰乱状态中，无暇顾及边陲，遂与巴尔虎人以公然反叛之好机会。

巴尔虎之革命　巴尔虎人乘中国内乱，遂揭竿起事，与驻屯之中国军队经二次小冲突后，即将中国军队及官吏驱出境外，树立新政府，并求助于俄，且要求于必要时得请俄国保护。俄国允其所请，惟力避直接援助之行动，劝巴尔虎与中国政府妥协，未见成功。其后巴尔虎遂归蒙古库伦政府，然其结果亦未能大偿所欲，仅由蒙古王滥赐无价值之勋位于巴尔虎之诸族长而已。

俄国及中国，在巴尔虎有接壤之关系，故时常发生交涉。俄国因该区为中东铁路通过之地，并有外蒙古问题之关系，极希望呼伦贝尔问题有彻底之解决，遂对中国政府提议调停。迭经交涉之结果，于千九百十五年十一月二十六日，订立关于上项问题之中俄协约。该协约之要点，为决定呼伦贝尔之自治与中央政府与巴尔虎之关系。新条约成立后，巴尔虎人胜福被任为都统，至都统以下之下级官吏，则仍系清朝之旧时人物。此项解决，双方俱得充分之满足。

巴尔虎之现状　俄国当革命时，无暇顾及东方，巴尔虎遂不得不取消自治，于是中国复得呼伦贝尔统治权，派军队驻屯，并恢复一切旧制，仅关于各种族族制上之小事，仍由巴尔虎人自主。以贵升代胜福任职都统，统率诸族。唯以前直属中央政府，今则听命于黑龙江省政府，是稍异耳。

《东北文化月报》
大连满蒙文化协会
1923年2卷10期
（马语谦　整理）

俄代表加拉亨之对华宣言

［苏联］加拉亨　撰

苏俄对华政策，原已周知，且非为新近发生之问题。当俄国苏维埃政府成立之初，吾人即详细表示对华态度，一若表示对亚洲各国政策之原则无殊。一九一九及一九二〇年，吾人业拟定对华原则，亦即吾人准备对中国及其国民建设友谊关系之原则。该两年所发表之对中国政府及国民宣言，料已遍知，此外无再可述者。余对此只能切实声明两次宣言之原则与精神，依然为俄国对华关系之原则。至于中俄两大民族亲善之利益，更不待余详述。俄国在一九一九及一九二〇年曾两次正式建议两国亲善，不幸当时皆未得中国答覆。但中国国民与政府，现已力谋促进中俄问题之解决及两大民族友谊关系之建设矣。俄国对中国所怀之旨趣甚大，但为免于误会起见，应切实声明，目前新俄对华所怀之旨趣，与俄皇时代之旨趣与要求，绝对不同。

俄皇时代之政策，乃欲收服毗连俄土之中国土地与人民。在其谋达此目的之前，毫无顾忌，且借军事与经济之力，以实行其政策。此种政策，各帝国主义国与之共同进行，损害中国国民之主权，掠夺中国之财富。

俄国劳农革命推倒俄皇政府，本完全尊重他国主权及完全抛弃侵略所得之土地与财产之基础，建设其对各国之新策，对中国之政策亦然。大中华民族，具有其本民族之文化及和平勤奋之精神，乃俄罗斯民族在亚洲最善之盟国。中俄亲善，足以保障远东之和平，只须中国国民皆尊重中俄亲善之需要，则次无从而阻碍者。但中俄双方均有多数敌人，对中俄亲善甚为顾忌，且力为阻碍亲善之实现耳。帝国主义国邦，曾欲化俄国为其殖民地，俄国历经艰难困苦之挣扎，现已脱出危机，中国则仍在挣扎之中，在其挣扎之程途上，苏俄实为其唯一之友邦。

各国对中国政策有二：其一唯苏俄采行，其次除苏俄外各国皆采行。此两政策实施之结果，若具体加以说明，可引土耳其问题述之。

外交家在近东咸指土耳其为“近东之病夫”，各帝国主义国邦咸集中其侵略旨趣于土耳其，一若其集中于中国无殊。欧洲各国为易于操纵土耳其起见，均欲土耳其无强健之政府，无有力之军队，经济不能发展，俾土耳其日趣衰弱；且用种种方法，使土耳其不能为其障碍。在彼各国，极欲土耳其病势日甚，直至不能抵抗各国之侵略。根据欧战终了时土耳其国贼签订之《绥佛尔斯条约》，已使土耳其成一徒拥空名之国邦。但土耳其之优良分子，反对是约，开始与帝国主义奋斗，俄国乃唯一赞助土耳其之国邦。当时俄国虽自身陷于困难之中，仍予土耳其以协助，结果土耳其竟操胜券，与欧洲各国缔结梦想难得之平等条约。欧洲各国前此掠夺土国人之主权，至此均迫于〈形势〉奉还土耳其，此中国国民已知之事实也。

中国之运命，与土耳其有相当之类似，惟中国较诸土耳其略为强大富庶。然各国对中国之侵略，则与对土者无殊也。彼各国咸欲中国四分五裂，内乱频仍，军力衰弱，成一不能抵抗侵凌之“病夫”。

全世界中，唯有苏维埃共和国与俄国国民，愿中国日趋强盛，能以卫护其利益与主权；唯有俄国愿“病夫”健康恢复，挺然起立而已。

中国国民领袖咸已深悉统一之必要，国中优良分子现方进行此种主张，此乃余所注意且引为满意者。欲实现此种主张，前途殊多艰阻，就中列强之帝国主义政策即其最甚者。

余知种种纷纠，皆为复杂阴谋及直接侵略所演成，其意乃在阻止统一，借内乱以图彼各国之私利，此乃中国国民最不幸者也。

中国前途虽有种种艰阻，将来终有统一强盛之时，此时，俄国国民与苏维埃共和国将视为最可庆之日。吾人之愿望，不独以吾侪革命者数十年来对俄皇政府奋斗原则为基础，且以俄国政治的旨趣为基础。

强大、集中，足以抵抗外来势力之中国，对于苏俄将为最诚信之友邦。盖中国对俄决无侵略之目的，一若目前俄国毫无侵略中国国民主权与利益之旨趣也。唯有强盛之中国，能采行光明磊落不因外强之利益或压迫而损失及本国利益之真实的国家政策。俄国所望于中国者，亦即此独立的国家政策。盖在此种状况之下，中国将能以友爱之态度，对待俄罗斯民族也。数年以来，中国政府与中国当局每月有对俄施以非友谊的措置之事实，但吾人在莫思科均知凡此种种，皆非中国国民之真正民意，而为受压迫与嗾使之结果，有时甚至系列强对俄仇视之直接侵略行动。今日余须声明者，乃外强势力对于俄国，现已减至最低限度，且无论其仍存在，无论苏俄仍受其敌视，中俄间恢复邦交亲善之良知，既如是之强，则他国亦不能从中阻碍矣。

同时余愿指明者，乃俄国对中国之旨趣，既不损及中国国民之利权，则无论如何，俄国决不轻予屏弃。余深信中国国民了解吾人对中国之与中国利权极易平等调和的真实旨趣，且知必须予以承认。余尤深信在此办法之下，中俄间决不至发生若何困难问题。

现余尚未熟识中国国内复杂情形，余决不以为解决中俄问题前途将因复杂情形发生障碍。在余来京前，在哈尔滨与奉天曾作逗留，每处对余皆有诚挚之欢迎。余曾与负责的中国政治家多人相晤，张作霖氏对余之接待，尤令余特别铭感。满洲方面及中国其他各地，已承认对俄亲善之必能。中国政府与各界，皆热望早日建设对俄关系。余曾与张作霖氏相晤数次，在谈话中曾得良好之印象，虽偶有可疑问之点，经在奉逗留数日，已有相当之消除矣。当余抵京之际，国会代表、政府当局、各界团体对余之接待，尤以学生对余之欢迎，更使余从速解决中俄关系之希望增强。最近列强因临城事件之通牒，乃其对待中国国民态度之好例。中国对此前所未闻之苛求，无论任何派别，皆一致起而抵抗，余此时深为敬服。余深信健全的国家观念，将永远抵抗扰乱中国种种之诡计，余甚愿中国有一强健之政府，使各国无一敢再以临城通牒中所载者向中国政府提出，且深信统一之结果，将使中国能有此种强健之政府。

《东方杂志》（月刊）
上海商务印书馆东方杂志社
1923年20卷19期
（丁冉　整理）

蒙古问题与治藩政策

——评《时事新报》之《外蒙古问题》

存统　撰

我们中国一般人底脑筋里，有一种莫名其妙的矛盾思想，一方面反对帝国主义，他方面自己又想做一个帝国主义者。一方面，对于英、美、法、日等资本帝国主义国家加于中国的压迫是要反抗的；他方面，汉族对于别的弱小民族也应该处于征服者的地位。本月十五日（?）《时事新报》所登的曾友豪君底《外蒙古问题》，便是一个最近的例子。

曾君原文颇长，大意可分为三段：（一）中国政府对于蒙古征服的经过；（二）“外蒙应属于中国统治”的理由；（三）此后“保守外蒙”的方法。关于第一层，没有什么可以讨论；我们所要批评的，是第二层和第三层。

据曾君所说，“中国宜完全统治外蒙古”，有三大理由：

1.“法律上”——“外蒙为中国领土数百年”，“照国际公法，一国固有的土地，除了经过宣战被敌国占住，非经条约别样规定，其主权仍旧属于固有该地的政府”。“袁世凯政府”时代，虽曾承认“外蒙为俄政府保护国”，然已为苏俄“外交部东方部主任加拉罕氏签押的宣言所放弃”，故在法律上说，“外蒙应该属于中国统治”。

2.“事实上”——“中国政府自俄人占领外蒙后，未曾放弃其主权，民国十年张作霖受命为蒙疆经略使，专负收回外蒙责任……后张绍曾及冯玉祥，亦均负有相似的委任”，故从“事实上言，外蒙亦应该属于中国统治”。

3.“国防上”——“外蒙为中国北方的保障，一经失去，不特满洲、内蒙古、新疆各属，岌岌可危，直隶、山西、陕西、甘肃及各特别区域，将受其影响”，甚至于恐那“为中国领土保障的藩属，将完全失去”，故从“国防上”说，“外蒙亦应该属于中国统治”。

大家试看，曾君所说的“中国负完全统治外蒙古”的三大理由，究竟包含着什么意义？曾君心目中的“中国”是什么？有没有包括“外蒙古”在内？曾君心目中的“外蒙古”人民，是不是与本部及满洲人民处在平等的地位？所谓“领土”，所谓“主权”，所谓“藩属”，所谓“领土保障”，究竟是些什么意义？是不是把“外蒙”看做“中国”底征服地？

自然，我们也不是说外蒙古不应该属于中国统治，也不否认外蒙古是中国底领土，尤其不反对外蒙主权属于中国。但我们所最要问的，第一是外蒙古人民底意思，第二是中国政府底基础。如果外蒙古人民（是大多数人民，不是少数活佛、王公）底真意，不愿意归中国统治，否认外蒙古为中国底领土，反对外蒙古主权属于中国，那么我们中国政府便不应该硬以什么主权者底资格去统治外蒙古。如果中国政府底基础不建筑于国土内多数人民底利益上面，政府机关归少数军阀、官僚、政客所垄断，如现在北京底曹锟政府之类，也不应该派兵、派官去统治外蒙古。

我们要根本明白：我们汉族与蒙古民族是站在平等的地位的，蒙古民族压迫汉族固然不应该，汉族压迫蒙古民族也一样地不应该。我们如果借口蒙古民族是劣等民族，应受优等的汉族统治，那么，我便没有理由可以反对欧美人统治中国了。因为欧美人正以我们汉族为劣等民族应该归他们统治呢！我们汉族以朋友的资格去帮助蒙古底进步是应该的，我们以同受帝国主义的压迫同为弱小民族的缘故，互相携手奋斗，以达共同解放之目的是应该的。但我们没有理由因它法律上应属于我们，事实上没有放弃主权，国防上有种种需要，便把它牺牲，要它做中国底藩属，要它做中国底领土保障。

第二，我们要根本明白：现在北京底曹锟政府，只是少数军阀底政府，不是多数人民底政府，我们全国人民都应该一致起来反抗，不承认它底统治；所以这样的政府，决无资格可以派兵去统治外蒙古。如果我们赞成这种与人民为敌的政府派兵去统治，便无异承认北京政府摧残人民权利自由是应该的。我们自己尚不堪军阀政府的压迫，要起来推倒军阀政府，建设真正人民的政府，何忍欢迎、赞成军阀政府派兵去统治与我们受一样压迫的蒙古平民同胞？蒙古已受了帝国主义与本地僧侣的压迫，我们何忍再加以中国军阀的压迫？况且由军阀派兵去统治蒙古，一定更要加增中蒙两地人民间底误会，伤害中蒙两地人民底感情。所以如果中国没有建设起真正人民的政府的时候，现在的北京政府是没有资格去统治蒙古的。

曾君所举的法律上、事实上、国防上三大理由，都不成为理由，都是东方式帝国主义者底理由，我们平民不能相信。由几个支配者依自己利益而定的法律与事实如果是天经地义不可变更，中国国民也不应该做国民革命的工作了。国防上的理由，也同样是岂有此理。

曾君不仅说出外蒙应归中国统治的理由，并且说出“外蒙人民也曾觉他们有做中华民国国民的必要”。好，很好，我们应该欢迎，只要是人民的。但是有什么证据呢？（一）“中国国会有蒙古的代表”；（二）“外蒙曾自请取消自治”，“有活佛遣使到京求和的消息”。还有什么？没有了！就是这些。我们且来考查一考查这两种重要的证据。

谁也知道，蒙古、西藏有代表在中国国会里是笑话。即使有一两个蒙古王公在中国国会里，但我们已经由什么参议院选举议长的风潮中知道他们连名字都不会写。我们也没有听见过他们在国会里说过什么话，更没有听见过他们曾为蒙古人民利益主张了些什么。这样的代表先生在中国国会里，我真不知道与“外蒙古人民也曾觉他们有做中华民国国民的必要”有什么关系？如果由别人指派几个非驴非马的汉人，或蒙古王公便算是蒙古人民觉到有做中华民国国民的必要，那便是中华民国国民太容易做了。何况这“中国国会”现在已经不成东西，为全国人民所一致唾弃了呢？

第二个证据，我们便要问，“请求取消自治”的是外蒙古什么人？这不待言，是外蒙古底活佛、王公了。活佛、王公被一般平民迫得没有路走，于是就想请求中国军阀替他恢复权位。中国平民，痛恨军阀的压迫，欲走解放的道路；外蒙人民，当然也是痛恨军阀的压迫，欲走解放的道路的。三多、陈毅等人派兵去镇压蒙古，蒙古人民起来反抗要求自治，乃是正当的自卫之道。现今蒙古新政府，不许活佛干涉政治，专由人民掌握一切，也是蒙古平民应采的斗争手段。

我们知道蒙古社会是有许多阶级的，最有势力、最压迫人民的便是活佛，所以新政府不许活佛干涉政治是应该的，这犹如中国政府不许满清皇帝、贵族干涉政治一样。将来国民政府成立时，并且还要剥夺军阀底政治权，不许军阀干涉政治。我们自己不愿意军阀统治，要起来推倒军阀，难道便不许蒙古平民起来推倒活佛剥夺活佛底政权吗？在号称“中华民国”的国民与政府，应该帮助蒙古平民还是蒙古贵族？活佛请求取消自治，活佛请和，都是不相干的，都不能拿来当做“蒙古人民也曾觉到有做中华民国国民的必要”的证据。

最后，我们且来考察一下曾君所提议的“保守外蒙”的妙法。据曾君底意见，“下列几项事体”是应该特别注意的：

1. “防守外蒙的军队，不可因北京政治变换而进退，须长戍该地”；

2. “速改外蒙为行省，使其政治设施，受各省同样的待遇”；

3. “励行殖边政策，运输内地剩余的人民以实空地，及奖励资本家前往开发富源”；

4. “速施行感化蒙民的教育政策”。

这四种妙法，一面可说是东方式帝国主义底治藩政策底表现，一面又可说是欧美帝国主义底殖民政策底表现。他这种办法，现在这种短见的北京军阀政府能不能实行，是另一问题，我们且不去管它，我们只就他所说的内容来批评一下。

曾君所谓“长戍该地”、所谓“改为行省”、所谓“励行殖边”、所谓“奖励开垦”、所谓“施行感化教育”，都是近代帝国主义对于弱小民族所行的普通办法。英之于印度，日之于朝鲜、台湾，美之于菲列滨，法之于安南，施行的都是同样的方法。曾君也知道“外人在内地侮辱华人”是不对的，也知道“中国受侵略主义的压迫”是应该反抗的；但他却想以同样的方法，同样的压迫加于比汉人更弱的蒙古人，你道可怪不可怪？中国自己尚不能脱帝国主义的迷梦，如何能彻底反抗外国帝国主义而达到解放的目的？这一样，我们应该自己明白。

我们应该彻底明白，蒙古人民与本部及满洲人民，经济、地理、民族、言语、风俗、习惯都不相同，我们绝无理由可以强迫蒙古人民受中国政府的统治。蒙古人民受中国政府统治，至少要在两种条件之下：（一）蒙古多数人民底愿意；（二）蒙古人民亦与其他中国民族一样，有平等地参与中央政府组织的权利。若在现状之下，中国一切被压迫的人民，都应该反对北京军阀政府派兵去“收回”蒙古以扩充其地盘。等到将来国民革命成功，国民政府成立时，蒙古平民才应该与中国平民一致，组织自由联合的中央政府共受革命的中央政府统治。

我们这种主张，并不是不尊重中国主权，并不是说蒙古、西藏都应该拱手让于列强。我们既然尊重蒙古人民底利益，反对军阀政府对于蒙古人民的压迫和统治，我们当然也反对任何列强对于蒙古的侵略和压迫。我们与蒙古人民同样的是弱小民族，所以我们应该与蒙古人民一致，结成反帝国主义的联合战线，以达弱小民族完全解放之目的。

总而言之，我们对于蒙古问题应取的态度是：

1. 承认蒙古平民底自决权，反对东方式帝国主义底治藩政策。

2. 承认蒙古人民与中国本部人民同处于帝国主义的压迫势力之下。应该携手作战，以达共同解放之目的。

3. 承认推倒帝国主义与军阀之后，蒙古民族应以平等的资格自由地与中国其他民族联合，组成自由联合的中华民国。

《评论之评论》（周刊）
上海民国日报社
1924 年 1 期
（张婷　整理）

外蒙古独立之经过与现状

郭濬黄　撰

自一九二一年俄国白党占据外蒙之后，蒙古国民党虽已驱逐巴龙恩琴，建设国民政府，然因消息不灵，又有外人从中离间之故，内地方面，乃据讹传误听，咸信外蒙已入于苏俄统治指挥之下。且传谓举兵内犯者有之；谓捕杀王公、富人，实行共产主义者亦有之；于是乎对外蒙之真相，如堕五里雾中。今中华民国既号称五族共和，兄弟之亲，而其隔膜若斯，抑何怪耶？记者遂于一九二三年六月间，借北京蒙藏学校派员前往外蒙招生之便，亲到库伦，蒙外蒙各界招待甚厚。迟至九月间始克回京，兹将亲见亲闻情形，据实写出，一面披露外蒙国民政府改造蒙古之成绩；一面打破外人从中离间之黑幕，而促进中蒙接洽之机会，此亦关心蒙古者所快睹欤！

一　外蒙独立运动之始末

外蒙之区域，南界内蒙，西南界新疆，北界西伯利亚，东北界黑龙江，其位置原与中国本部有鞭长莫及之势，其民族均属于喀尔喀一系，而共戴哲布尊丹巴胡图克图为其归向之中心，故能自成为一体，较他处蒙古颇有团结力。

自前清末年，备受疆吏之苛待，人心离散，已达极点。乃于一九一一年冬，乘中国革命之机会，喀尔喀各汗、王公、啦嘛等，密秘会集，共推哲布尊丹巴胡图克图为其君主，驱逐满清官吏，实行宣告独立，建设为蒙古帝国。

一九一五年，中、俄、蒙在恰克图开三方会议之结果，外蒙古被中俄两国承认为完全自治区域，仍戴哲布尊丹巴为博克多汗，自设自治政府以统治之。一九一九年，北京政府特任徐树铮为西北筹边使，旋将外蒙古之自治权一概取消之。一九二〇年，俄国白党之败将巴龙恩琴，率领部下，侵犯库伦，乃于一九二一年春攻破之后，驱逐中国军队，仍利用哲布尊丹巴胡图克图，恢复其君主名义，而自操纵其主权，俨然为外蒙古之皇帝矣。

晚近数十年，民族主义风靡全球以来，蒙古民族，亦受其影响，蒙古统一之呼声，已遍于蒙地各处。于是一九一九年，俄国白党谢米诺夫利用其心理，乃招集布里雅特、内外蒙古等处之蒙人代表，准其在达乌里（在满洲里之西，相距一百五十余里，为俄国边防重镇）组织蒙古民族之中央政府，暂设内部〔政〕、陆军、财政及外交四部，而统之以内阁总理，以便号召。后因不受其指挥，又自行摧残之。

同时外蒙自治政府亦被取消，于是蒙人政治上之主权，在地球上剥夺殆尽，遂引起一部分蒙人组织蒙古国民党之机缘，凡外蒙古之青年志士，与布里雅特蒙古之志士等，互相联为一体，在恰克图组成蒙古国民党本部。招集蒙古军队，于一九二一年春攻据恰克图城，建设蒙古国民临时政府，与巴龙恩琴所恢复之库伦专制政府相对而立，旋即知照苏俄，双方合力会剿，乃于一九二一年夏，进取库伦，将白党巴龙恩琴之党羽除灭之。

自此蒙古国民党员，组织正式蒙古国民政府，仍承认哲布尊丹巴胡图克图为其君主，惟限制其权利，几等于无，不过徒留其虚名，以收拾各级蒙人归附之心而已。其下设内务、陆军、财政、司法、外交五部，组成为国务院，而设国务总理以统率之。各部设总长一人，主事员一人，秘书员一人，书记员若干人。其为特别机关，直接为国务院之分子者，一曰蒙古国民党中央执行委员会，一曰蒙古革命青年党中央执行委员会，一曰学术馆，一曰审查司，一曰国民合作公司中央执行委员会。此外教育司则兼设于内务部，税务司则附属于财政部，警察司则亦属于内务部。惟尚有统治全境之军务，而操纵其大权者，厥为蒙古全军参谋部是也。其下设内防处，以防内乱之发生。

二 外蒙国民政府之最高机关

现在外蒙之国家主权，握于三大机关：一曰国务议会，系由各部之总长及其主事员，以及各机关之代表等组成之。凡关于对内对外临时发生之重大问题，均由该议会议决，即所谓外蒙国民政府之国务院是也。一曰临时国会，系由喀尔喀四部及科布多、达千里〔里干〕阿沙毕等处选出之代表组成之，凡关于立法问题均由该会议决，此即外蒙国民政府之立法机关也。一曰蒙古国民党中央执行委员会，系为蒙古国民党之本部，凡关于对内对外政治上之方针，暨关于临时发生之各种重大问题，均由该会讨论指导之，若不经其讨论指导者，虽由国务议会议决之问题，并有否认之实权。且国务总理及各部总长、各机关重要人员，应任之人员，亦由该会提出之。即按现任委员七人及其参议之分子，均系各机关重要人物。故外蒙国民政府之最高机关，虽有三处，其实操纵一切者，惟有蒙古国民党中央执行委员会而已。

三 外蒙国民政府之内治

内外蒙古之蒙人，自归附满清政府以来，即被编为扎萨克王公贵族之奴隶，凡其生命、财产、从政之所有自由权，完全剥夺之。迨至中华民国成立，虽能推翻其专制，而以保障民权为宗旨，然对于蒙古民族，则仍优待其王公贵族，而准享其受满清时代所赐之专制权。故蒙古民族，虽列于中华民国五族共和政体之下，然对于民权，则并文字上之准许尚未得之。至于外蒙古则虽于民国四年，即一九一五年，得有完全自治权，然对于内治，仍仿行帝王贵族专制制度。

自民国十年，即一九二一年，蒙古国民党建设国民政府以来，对于各机关之公署，皆订有办事规例，即对于民权问题，亦能具体研究。乃于民国十二年正月十五日，即蒙古共戴十二年冬十一月二十八日，西历一九二三年，先经临时国会及国务议会议决之后，由内务部呈请博克多汗，公布关于限制扎萨克王公及非扎萨克王公条件十四条，关于各部及沙毕等处之地方制度五十八条，其结果只留贵族之爵位俸禄，其实权则完全画归地方自治议会范围之内，将其数百年肆行生杀予夺、惟我独尊之黑暗空气，始能一扫而澄清之。其地方制度之组织，乃采取委员制，虽系王公贵族，亦不得违背其条例。

四　外蒙国民政府之军政

外蒙国民政府之军政，除由陆军部管辖其一切外，尚有参谋部为军事最高机关，设元帅一人，参谋总长一人，参谋长一人，凡军事上所有计画及其调度之实权，均由该部操纵。

现在外蒙古境内所有骑兵常备军，约有一万六千余人，其在库伦一带者，约有四千余人，其在达里干阿驻防者七百余人，其在乌得一带驻防者七百余人，此其南路之国防军也。其在散贝子旗驻防者一千余人，其在塔木斯克寺驻防者一千余人，此其东路之国防军也。其在乌里雅苏台者约有五百余人，其在科布多南境驻防者约有七百余人，此其西路之国防军也。其在恰克图一带驻防者二百余人，此其北路之国防军也。其与苏俄军事防守相应者，在达乌里一带有苏俄红军约一万余人，而与蒙古东路之国防军，只隔二百余里。其驻防于布里雅特蒙古共和国（为苏联之联邦之一，其疆土在西伯利亚之贝加尔州及依尔库次克省区域之内）之〔及〕恰克图者，约一万余人，而与库伦相距七百余里，一旦有事，颇有首尾相应之形势，此乃蒙俄军事上、地理上之关系也。其散于各部落及各旗、佐者，约有七千余人，此外已经六个月训练之预备军，亦有三万余人。

外蒙国民政府，自一九二一年成立以来，即注重训练国民军，乃在库伦设立蒙古军官学校，选入常备军内之连排长一百五十余人以教练之。至一九二三年夏，举行卒业者约有一百余人，现以重薪由莫斯科聘来骑、炮及机关枪各科之专门教练官二十余人，组织三百余人之正式军官学校，本年秋季，业已开办矣。

外蒙国民政府之军队，完全为骑兵，并设炮队、机关枪、汽车队以附之。现有之常备军一万六千余人之军马、军衣、军粮，均系官备，并且每兵每月发给津贴白银二两，作为杂费。凡征入队伍，训练六个月后，即令解回本旗，另征入其他新兵以训练之。凡其军队之口令及其军乐、军歌，亦均用蒙语、蒙音。

国民政府为防内乱起见，又设立内防处，其总机关在库伦。凡出入蒙外〔外蒙〕边界，及居住其境内者，未领护照之前，必须报知内防处，具出证人，取得执照之后，始能由相当机关领出护照，以便往来。至于出入关卡之时，亦必先经内防处所派人员搜察检点之后，始能放行。倘有形迹可疑、图谋不轨者，一经内防处查获后，即用军法处治之。

外蒙国民政府之新式军队

外蒙国民政府之国务院

五　外蒙国民政府之经济

外蒙国民政府之财政，以税务为其大宗。现在库伦税务总局，每日所收平均约计一万余两。乌里雅苏台、科布多、恰克图等二十余处税局，每月所入平均约计一万余两。此外牲畜捐所入者，每年约计二百余万两。并将其他杂项所入者合计之，每年共入约有一千余万元。

现在外蒙境内流行者，为中国之白银、银圆，及俄罗斯之金洋、银元四种。凡纸币钞票，一概无之。外蒙国民政府，拟有组织国家银行发行纸币之计划，目下尚未举办。

外蒙自一九一一年独立后，以至取消自治为止，其政府各机关之人员甚多，而各部总次长之薪俸，每月计二三百两，并且外国商旅不纳税捐，故其所入常不敷出。现因蒙古国民政府各机关之人员既少，而各部总次长之薪俸，每月只支一百二十余两，并且外国商旅，均照定章交纳税捐，故其所入足能维持其各项经费外，去岁尚余一百余万元云。

其对于国民经济方面，则设立国民合作公司，其资本为一百万元，其总公司设于库伦，凡乌里雅苏台、科布多、恰克图等二十余处，皆设有分公司，其现行之营业为商业消费社之性质。自成立以来，颇形发达。其重要分子及其指导人员，皆为国民党及青年党之人物，故其运用之机关，亦系操纵于国民政府。

库伦、恰克图间之公有田地，现由国民政府交给合作公司经营。又由内务部设立预防牛疫药水制造厂，所制药水甚佳，颇能供给各旗牛群之注射云。

外蒙古人民生计方面，现因其社会状况，尚在游牧时代，衣、食、住三项，颇为简单。又因工商、农业尚未发达之故，亦不受外来经济压迫之影响。并且自国民政府成立以来，限制其扎萨克、王公之权利，而减轻各旗人民之差役，故外蒙古人之生活状态，颇为充裕。

六　外蒙古国民政府之法治

国民政府自成立以来，对于赏罚非常认真。一九二二年蒙古国民党首领博多，即第一任国务总理兼外交总长者也。因操持过于急进，与本党同人大起冲突后，又有联络旧派推倒国民政府之嫌疑，乃被逮捕，卒赐枪毙，同时被杀者亦有十五人。一九二三年春，旧派人物八名，又因图谋不轨之案，亦被枪毙。此为外蒙国民政府施行刑法之起点。一九二三年夏，赏给尽力国民政府之元勋四人各白银一千两。此为外蒙国民政府施行赏功之起点。由此观之，足证其赏罚之明严。

其因防各机关之舞弊起见，又设有审查局，随时用暗明两法，查考各机关所办之大小事务，并有提出弹劾及查办权。若其一经查出，置诸不办，或明知情弊，徇私不问之时，又由国民党及青年党之各机关亦有提出查办权。故外蒙国民政府之各机关所有人员上自汗、王、总长，下至书记、兵卒，莫不兢兢业业，唯恐溺职，于此可见其法治精神之一斑矣。

七　外蒙古之交通

外蒙古之库伦，由张家口相距二千四百余里。现有中外商人之汽车一百余辆，来往通行。速者三四日，价可百元左右。迟者六七日，价约五十元以上。此外又有载货之牛车，运货之驼队，络绎于道。自乌得抵库伦，尚有外蒙国民政府之官驿，以便交通。自库伦达恰克图七百余里，自恰克图达布里雅特蒙古共和国之都城上乌金斯克四百余里。夏秋二季，利用色楞格河，有轮船往来通行。在库伦、恰克图之间现有汽车及牛车通行。又设有官驿，故自库伦北达西伯利亚铁路，只有一千一百余里。其对于输入欧洲之文化，亦颇有关系。

其电报政，仍以库伦为中心：其南线自乌得与中国电线相联；其北线自恰克图与苏俄相联；其东线通车臣汗部之汗府；其西线，现在敷设中。并且库伦、恰克图、乌得、车臣汗府之间，均已设置电话，以资谈话。至于公文信件，均有官驿传递。又有徐树铮镇守库伦时代所立之无线电台。凡世界各处之消息，亦常得之。

八　外蒙国民政府之教育

外蒙国民政府尚未专设教育部，就内务部特设教育科兼行其事。现在库伦设立速成国民大学一处，人数约四十余人。中学校一处，人数约六十余人，其制服均为官备。小学校三处，人数约二百余人。其设在各旗者亦有十八处，人数约八百余人。以上皆自一九二一年国民政府成立以来所倡办者也。

外蒙古之国民大学学生

外蒙古之小学校学生

国民政府之教育行政机关，除设教育科于内务部之外，又设有国家学术馆，直接为政府之一部，其作用一面搜集各种关于蒙古之古书、古物等品，为国家图书馆之筹备处，一面编纂各种蒙文图书印刷之，为国家印书馆之基础。凡关于蒙古之新旧学术文化之事业，均由该馆主持之。

外蒙古所设各级学校，由小学校以至于国民大学，均用蒙文蒙语教授之。其各种教科书，亦用蒙文编出。所用教员亦系蒙古人。凡其体操所用之口令，学生所唱之歌曲，亦系蒙语蒙音。其学生制服之形式，则参酌西洋式而自定之。

九　外蒙古之宗教

蒙古民族，本为信仰啦嘛教最诚笃之人民。满清时代，遂利用其弱点，视为愚弱蒙古民族之一种政策，故特崇其啦嘛教，尊哲布尊丹巴等胡图克图为国师。并定蒙古人民有子弟二人者，必令其一入为啦嘛以归胡图克图等管辖之。且自一九一一年外蒙古独立以后，哲布尊丹巴胡图克图，俨然为其皇帝，凡政府之一切设施，均由喇嘛操纵，以致政教合一，不分是非，其黑暗情形，较前更甚。

自一九二一年蒙古国民党建设国民政府以来，对于哲布尊丹巴胡图克图，虽认为君主，然首先规定其权限，毫无干涉政治之权力，不过拥虚名而已。其原有之商卓特巴衙门，现在只准其管理喇嘛本身之庙寺事务，业与政治完全脱离关系。其对于蒙古人民之威权，只余其信仰一部分。他若普通喇嘛，则根据政府公布之沙毕地方制度之条例，完全对于国家负义务，而非从前喇嘛教之奴隶矣。

现在外蒙古喇嘛教之大势，国民政府虽不干涉其诵经讽呗、礼拜活佛等事，然因其既失政治上之势力，又因屡经外侮之蹂躏，及国民党、青年党大声急呼，输入国民常识之结果，凡属喇嘛人，一面感生活压迫之艰难，一面受失去信仰之影响，自由散回各旗而为普通国民者渐多。此亦蒙古国民政府消极取消喇嘛教大害之一种方法也。

十　外蒙古之党派

外蒙古国民政府之建设，完全由蒙古国民党告成，故其唯一之政党，亦自属于蒙古国民党。该党不属于共产党，亦不称为社会党，只名曰蒙古国民党。其党纲大意，以民族、民〈权〉、民［权］生为宗旨，而以组织强有力之国民政府，从事建设为其达到目的之方针，此其对内之关系也。若有主义相同，意见相合之党派，则不论其为中国为俄国，皆希望互通声息，互相扶助。至于对中华民国政治上之关系，则视中华民国若何待遇而定。若中华民国范围内之各省及各民族，苟能根据民族自决之大义，采取广义的聊〔联〕邦制，而完成各族平等之精神，则蒙古国民政府，毫不反对加入其联邦。此种见解，亦用明文订于党纲条文之内，此其对外之关系也。

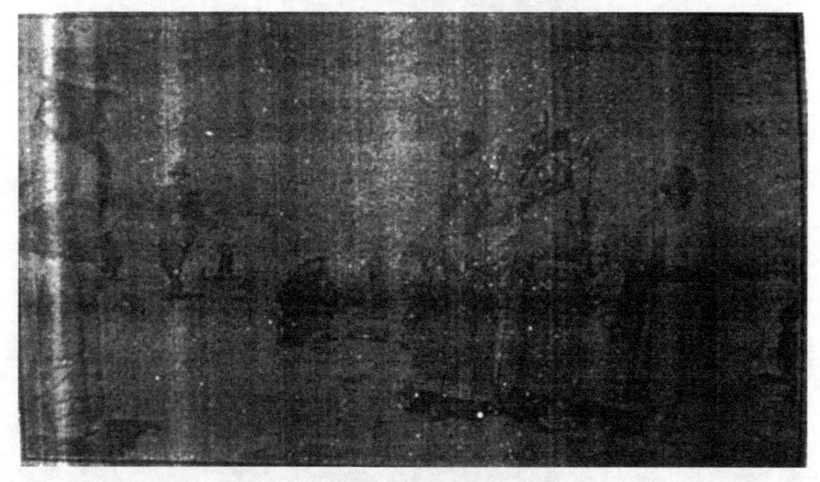

外蒙古之旧式人民

蒙古国民党之组织法，采用委员制。在库伦设立蒙古国民党中央执行委员会，直接干与国政外，凡各部落及各旗佐，皆设有分会，以促督〔督促〕各部落及各旗佐之政治设施。而中央执行委员会，每年招集全体大会一次，议决本党内部各项问题。该中央执行委员会之委员长，亦在大会中推举之。凡大会中所［通］议决之一切章程、党纲，凡属会员绝对服从之。如有违背者，一经查出之后，即由本党逐出，并剥夺其公民权而布告之。

蒙古国民党之外，尚有外蒙革命青年党，其党纲大概与国民党相同，惟其党员之年龄，不得过二十五岁者为限。并且不能直接干与国政，专注重发展青年人之知识、能力、志向，以备完成民族、民权、民生为目的，即国民党之候补党也。其组织法亦与国民党完全相同，现因其党势之发达，与国民党亦有直接参加国政之趋势，如蒙古革命青年党中央执行委员会之委员长，已加入为蒙古国民党中央执行委员会之会员，即其明证。现其在库伦及各分会之会员，共有三千余人。

外蒙古之新青年

外蒙古除国民党及青年党之外，并无第三党派。从前虽有贵族派及啦嘛派之冲突，然经一九二二年及一九二三年二次之严加惩办，又因各部总长及各机关内，均礼用汗王旧派人物，故其结果乃能融洽为一体。所谓王公旧派者，亦皆自愿入为国民党之党员。

十一　外蒙国民政府之外交

外蒙古国民政府建设后，其对于外交上第一次之胜利，即其劝告苏俄红军撤退蒙古境内是也。苏俄红军之撤退，虽出于苏俄政府采取不侵略主义之主张，然当时蒙古国民政府之内部，业已稳固，且能自任保卫地方秩序之责任而有余耳。

其第一〔二〕次外交上之胜利，则〔即〕与苏俄政府订立平等待遇之国际条约。一面被苏俄政府承认为蒙古独立国，一面蒙古国民政府亦承认苏俄为独立国。互派正式全权代表团，一驻于俄京莫斯科，一驻于外蒙之库伦，以执行其职务，而巩固两国亲善之关系云。

蒙古国民政府自成立以来，其对外发生国际关系者，只有苏俄政府。而苏俄政府，既照国际平等待遇之故，将其帝国时代所订立各种侵略条件，一概废弃之。凡旅居外蒙之俄商，皆服从蒙［蒙］古国民政府之法律，照章交纳税捐，不敢有所违抗。即如其他英、法、日、美之商人，亦必服从之。且于一九二二年，曾有俄人二名，犯刑事案，即由蒙古国民政府逮捕后，照章判决死刑，照会苏俄代表枪毙之。此蒙古国民政府不受外人领事裁判权之胜利也。

蒙古国民政府之财政，既能维持其经费，自无用借取外债。故其矿产、森林、路权、税关、邮电等项，均无抵押外人之举。且因其金融界，尚未与外人发生关系，故其经济机关，既不受外人之操纵，亦不蒙其影响。此蒙古国民政府不受外人干涉其内政之胜利也。

十二 蒙古国民政府社会文化之设施

蒙古国民政府自成立以来，即发行蒙文周刊，现已销路日广。凡〈国〉民政府所施之方针，及政治上、社会上国内国外之重要消息，均由该报纸传播之，故为外蒙古唯一舆论之代表，其作用颇有左右政局之势力。现有印刷机关两处，一为蒙古国民政府印字馆，一为俄蒙印字馆，足供印刷书报之用。

外蒙古国民大会之露天讲演

自蒙古国民政府成立以来，常利用内外各种纪念日，在广场之演讲台上，举行国民大会，讲述世界大势，以开通民智。其演讲员均为各机关之重要人物，蒙古人民之环集而听者，常有数千人。凡上自王公、啦嘛，下至妇孺、兵卒均有之。每逢一员讲完之时，群众蒙人之欢呼声，与蒙古军队之奏乐音，振动远近，发人深省焉。

自国民政府成立以来，最受蒙人之欢迎者，厥为蒙古革命青年党员所演之新戏剧：该青年党员，一面为提倡社会教育，一面为募集经费起见，用蒙文蒙语编成新旧戏剧，训练本党党员为演剧员，时常举行之。其宗旨多以描现社会上各种腐败风俗之状况，及提醒民族复兴之精神为究竟，而以指示其维新进取之途径为目的。其戏剧中如成吉斯汗之睡醒，及卖国奴之报应等，均为著名云。

外蒙古之库伦都城中，物质文化如电灯、电话等均有之。凡在各机关任事之蒙古人员宅舍内，皆已安置之。又如打电报、接电话、开汽车等职务，亦均由蒙自为之。本年夏由俄京莫斯科运到科学用品，如望远镜、显微镜、地球仪，及物理、化学试验品多种。又有关乎科学之各类影片多种，以备学校及社会教育之用。此虽末节，亦系输入物质文化之一端也。其他如中西旅馆、澡堂、饭店、戏园等亦均有之。

库伦之西洋饭店

十三　外蒙民气之澎涨

从前满清时代，将内外蒙古之人民，分为贵族、啦嘛、奴隶三大阶级。凡属奴隶人民，遇见王公则必跪而迎之，而王公之视奴隶，则亦如同牛马。即各机关中之人员，对于其上级长官，亦犹奴隶之对于王公然。惟自蒙古国民政府成立以来，一切政治组织，皆趋重于民权。凡各机关中之人员，均以职务为重，不以阶级为别。且由平民为总长及主事员者，亦多有其人。故其向来贵贱悬隔之风气，平民若奴之制度，业已破除。即如求见各机关之人员，亦颇为简易。

蒙古民族自归附满清政府事〔之〕后，既享太平日久，又受贵族之压倒〔迫〕特甚。凡关于地方之治否，政治之善恶，早已淡忘之。惟自一九一一年，屡经兵燹之涂炭，渐激其自觉心。迨至国民政府成立以来，凡政治上之主权，均由平民主持。又因国民党及青年党，大声急呼，提倡民权之故，便〔使〕蒙古群众，现已引起政治上之注意，对于国家大事，及国民大会之演讲，均为异常热心。

外蒙人自十年以来，屡经民〔外〕族军队之蹂躏，已不堪命。加以中国军队被俄国白党击退之时，将蒙人之老幼妇孺，迫入蒙古庐内，一炬焚死之；又将蒙人之妇女轮流奸死之奇辱，亦曾为之。故现在外蒙古之人民，无论其为贵族、平民，为老弱妇女，痛恨中国军队，深入骨髓，仇视之心，人皆同之。一旦若有派遣军队，压迫外蒙边境之时，势必不免发生冲突焉。

《西北半月刊》
北京中华西北协会
1924年1—5期
（李红权　整理）

反抗帝国主义和收回蒙古

——答曾友豪君之《崇拜苏俄与断送蒙古》

存统　撰

本报第一期上登有我底一篇《蒙古问题与治藩政策》，对于曾友豪君在《时事新报》上所登的《外蒙古问题》有所批评，指出他一面反对帝国主义，一面又以帝国主义者自居的矛盾思想。曾君不服，又在二十七、二十八两日的《时事新报》上做文答我，题为《崇拜苏俄〈与〉断送蒙古》，把我当做一个“卖国贼”看待，痛痛快快地教训了一番。

我很欢喜，曾君此次言论已较上一次进步，对于上次所发表的矛盾思想已不再明目张胆地辨〔辩〕护，也没有仍旧公然主张蒙古为中国底“藩属”和“领土保障”，并且还愿意同我们来一同“宣传主义”，一同来“励行国民革命”，而其态度也还算真实不欺。从这一方面看起来，曾君至少是我们底一个朋友了。

但我同时又认为有很大的遗憾，我所批评的是汉人不应该以征服者的态度对待蒙古人民，曾君所批评的是俄人不应该以征服者的态度对待蒙古人民。曾君把我们底论点都移动了，我自然是很感不快的。还有，他把什么“非孝”哪，“买向导”哪，等等不相干的事情也胡乱牵在一气，我真不明白曾君是何用意。我今正告曾君：“非孝”是我始终负责任的确信为正当的行为，但我自信我对于父母的关系至少比那些口头挂“孝”的招牌的人要好过十倍。

这一层，深望曾君以后能就事论事，不要胡牵许多“以耳代目”的不相干的事来充塞篇幅。

所以我今天仍旧认定原来的问题来批评，指出曾君一面主张反抗帝国主义，一面主张收回蒙古的思想底矛盾，反对曾君以征服者自居，以被征服者视蒙古人的主张。统观曾君底《崇拜苏俄与断送蒙古》一文，虽然洋洋数千言，除了不相干的闲话不说，说来说去，不外这点意思：

1. 蒙古是中国底领土；

2. 现在被苏俄占去；

3. 中国应该从苏俄手中收回蒙古，不论事实上的政府是孙中山或曹锟；

4. 凡是不赞成收回蒙古的，便是卖国贼；

5. 存统不赞成收回蒙古，故存统是卖国贼，与曹汝霖、吴三桂、洪承畴一样。

曾君这种主张对不对，我们姑置不说。我现在首先要请教曾君的：（一）你所说的这些话，同我批评你的话有什么关系？（二）当你提笔写此文时，也曾经想到蒙古大多数平民否？所以你这一篇文章无论如何做得聪明，要想把读者底目光移转到憎恶苏俄一方面去，然你自己底帝国主义者的态度，却时时无形流露出来，并且由此更加可以证明你底主张底矛盾谬误。

曾君很义愤填胸地反对苏俄底侵略，但他却只怕“汉人被摈至不得参政”，竭力主张汉人的军阀政府“派兵入蒙，逐去往时蹂躏满蒙的哥萨克兵”。但我要问曾君：你所痛恶的哥萨克兵是蹂躏蒙古人民的，你所赞成的曹锟、吴佩孚、冯玉祥等军阀底土匪兵是不是也要蹂躏蒙古人民的？你如果能说一声军阀底土匪兵是不会蹂躏蒙古人民的，并且从前军阀底土匪兵也没有蹂躏过蒙古人民，我便没有话说；如其不然，则在蒙古人民看来，在全中国人民的立脚点看来，去了一批哥萨克兵，来了一批北洋土匪兵，究竟有什么好处？究竟有什么两样！你既反对我“默许蒙古任俄人宰割”，你为何竟公然主张由北京军阀政府派兵去宰割蒙古呢！假使我是一个“卖国贼”，讨好外国人，你是不是一个奉迎军阀助纣为虐的“害民贼”吗〔呢〕？请你平心静气地想想，你这种主张是不是贯彻一致的？你难道真的忍心蒙古人受中国军阀底蹂躏吗？

曾君又说“极端赞成”我底“承认蒙古平民底自决权”的主张，他并且说“外蒙人民在哥萨克骑兵鱼肉之下，决不能自决”，但我要问曾君，外蒙人民在北洋军阀鱼肉之下便能自决吗？我希望曾君思想不要这样自相矛盾，并且希望曾君不要趁着一时说着高兴，什么“如狼似虎的哥萨克兵士”，什么“野心勃勃的苏俄”，信口开河起来。曾君试为蒙古人民设身处地想一想，苏俄政府与中国军阀政府，在蒙古多数平民看来，究竟哪一个是他们底朋友？《向导》周报所载的《蒙古纪事》，曾君或者不肯相信，本月十三日上海各报所译载的《字林西报》关于蒙古的独立状况（为篇幅所限，不能抄录），曾君总应该相信一半。曾君，曾君，何苦为了一时意气，竟为军阀张目呢？

曾君在上一次文章中，一则曰“藩属”，再则曰“领土保障”，又说什么“派兵长戍该地”，“励行殖边政策”，当然是一种治藩政策底表现，当然不是澈〔彻〕底反对帝国主义的人所应抱的思想，信奉社会主义的人更加不用说了。孔老夫子说得好：“己所不欲，勿施于人。”我只要问曾君一声：蒙古或其他民族拿你所说的态度对付汉族，你觉得对不对？你以为改为行省便很公平了，但你要想一想，在现状之下改为行省，除了替军阀添几个什么督军、省长等大官来压迫蒙古人民外，在蒙古人民有什么益处？况且蒙古底经济、地理等情形都与本部不同，如何便可以使它政治组织与本部一样？你这一种主张，在蒙古人民是决不欢迎的。

总之，曾君最大的谬误，最大的矛盾，便是从汉族的帝国主义的立场来主张收回蒙古，始终把蒙古民族看做被征服者，应受“我们”汉族统治，完全从汉族底利益上打算，没有把蒙古民族放在心上。即他讲到蒙古民族与汉族应该平等，亦是表面上的话。何以见得？他主张派兵入蒙，收回蒙古，始终没有提起要问蒙古多数人民底意思。只要汉族有政府存在，不管阿狗阿猫，都有权收回蒙古，都有权统治蒙古。这与那英国政府，不论是自由党组织或是保守党组织，都有权统治印度，不必问印度人民愿意不愿意一样。曾君便是主张这样的汉族的帝国主义的，主张拿这样的态度对待蒙古的。我所反对的便是曾君这一种主张。但他不敢明目张胆拥护他这一种主张，所以只得牵涉到《崇拜苏俄与断送蒙古》上面去，没头没脑地把苏俄痛骂了一个“狗血喷头”，对于中心问题却一句也不提起。这是曾君底大弱点，也是他立脚不稳的必然结果。

至于我呢，在本报第一期《蒙古问题与理藩政治》上已把我底主张态度说得很明白了，此刻用不着多说。但我可以很坦白地告诉曾君，假使苏俄政府真如你所说那样，与英、美、日、法等资本帝国主义国家没有两样，也是压迫中国一般平民的，也是压迫蒙古一般平民的，这样的苏俄，我当首先起来反对，决不会把中国出卖的（其实，谁能卖中国!），请你放心。但可惜，我找不到此种真确的材料可以证明你这种主张，我所找得的材料（即在《时事新报》上找罢）恰恰与此相反。曾君若有此种材料珍藏未发，我希望能快一点发表出来以矫正我这种谬误思想。

但我又要告诉曾君：第三国际与苏俄不是一个东西，苏俄是一个国家，第三国际是一个世界党的组织。你如果要说他们有野心，他们确是有野心，要扑灭全世界压迫阶级，造成一个全世界的无阶级的社会主义的社会。苏俄在全世界资本主义国家之中决不能永久存在，它为了自己，为了全世界被压迫阶级底解放，都不能不去联合全世界被压迫阶级一致推倒全世界压迫阶级。这是主义上的问题，此刻不必去谈它。不过苏俄虽抱此种远大的主义，但目下实际情形却不许它即行达到，所以它不能不讲实际的政策，不能不与它所反对的列强“折冲于谈笑之间”。这也是无产阶级斗争的手段，没有什么可疑的。苏俄固然十分愿意帮助中国被压迫人民从帝国主义和军阀底双重压迫中解放出来。但在中国多数人民没有自动地起来实行国民革命时，苏俄决不愿带兵到中国来替中国人越俎代庖起来。我们是主张联俄，我们承认中国被压迫人民底解放非联俄不可。但我们所说的联俄，是以中国人民自己底真实的革命势力为主干，而与苏俄联合以图中华民族之解放的；不是专靠苏俄势力来替我们谋解放的。中国人民在这全世界的大变动中自然也应该尽他所应尽的义务。

最后我要对曾君说的却是：

1. 以帝国主义者的立场来主张收回蒙古是不对；

2. 蒙古问题是要以蒙古人民为主来解决的；

3. 军阀政府不应该派兵去“收回蒙古”；

4. 自己不愿受帝国主义的压迫，便不应该以帝国主义者自居；

5. 把反抗苏俄的勇气，转向现居东交民巷为中国之太上政府的列强。

至于对一般读者呢，我亦有两〔三〕层声明：

1. 我们只反对现在军阀政府派兵去压迫蒙古平民，但我们却极希望将来有一个真正的民主的国家，包括蒙古平民在内，由全体平民组织真能代表平民利益的中央政府；

2. 中国汉族与蒙古民族同受国际帝国主义的压迫，应该结成反帝国主义的联合战线；

3. 在中国未成为真正的民主的国家以前，反对任何军阀政府派兵去镇伏蒙古，同时亦应主张俄兵退出蒙古，让蒙古人民完全独立自治；但若蒙古人民欢迎俄兵驻蒙协助时，我们便不应反对。

《评论之评论》（周刊）
上海国民日报社
1924年2期
（张婷　整理）

中华西北协会绥远分会成立详情

欧阳英　撰

一月十一日由代表庸民，在绥远道道尹公署开会，发起西北协会绥远分会事宜，是日到会者为道尹周登皞、都统署参谋长兼军务处处长赵守钰、副官长兼旗务处处长李春秀、政务厅厅长王国柱、财政厅厅长吴本植、实业厅厅长段永新、警务处处长余鼎铭、审判处处长刘毓漳、土默持〔特〕总管张学仁、塞北关监督王冠英、整理财政处处长段履庄、混成旅旅长郑金声、学务局局长郭象伋、区教育会会长赵瑞年、归绥县县长刘荫培、归绥县议会会长周尚礼、绥远道署科长马君辅、塔斯哈等，跻跻跄跄，颇极一时之盛。公推周道尹为主席，报告此次西北协会总会特派干事欧阳庸民先生来绥，组织分会之主旨，与绥区设立斯会之必要，众皆表示欢迎与赞助之意。旋由欧阳庸民演说，略谓绥远为西北的中心，关于教育、实业、交通、经济各方面，均应发展，实有成立分会之必要，敝会系结合关系西北健全分子，抱定互助主义，对于西北各地同胞，与以精神上、物质上帮助，以造成中华民国巩固之根基，鄙人深祝诸同志提携合作，努力进步，不特敝会同人深致感谢，实为西北人群无量的幸福。次由参谋长赵友琴演说，略谓西北协会以谋教育、实业、交通、经济之发展为宗旨，绥区情形，尤以交通为第一要着，交通便利，则实业之发达、文化之进展、经济之开发，皆有希望，主席提及前曾接到中华道路建设协会及内务、农商各部函商绥区建路之事，实与西北协会主张交通之旨相同，应为一致之努力，拟计画将全区分为若干干路、枝路，采兵工主义，实力进行云云。众遂决定：（一）西北协会绥远分会，暂设道尹公署为事务所；（二）公推马云亭都统为临时会长；（三）定期推选董事及各部干事；（四）设区道局，请都统遴员筹备。会毕，在道署怿园摄影以为纪念云。

一月十六日下午三时，在道尹公署开西北协会绥远分会成立大会，是日会员到者甚多，由周道尹熙民先生主席。

一、报告成立：略谓西北协会之中心，愿〔原〕在绥远，而西北事业之发展，亦当以绥远之分会为策源地。诸同志既热心发起于前，而社会强健分子，复努力进行于后。今日本会成立，诚可为西北开一新纪元也云云。

二、表决章程：遂将草拟分会简章逐条朗读，一一表决。条文如下：

中华西北协会绥远分会简章

第一条 定名 本会定名为中华西北协会绥远分会。

第二条 宗旨 本会以互助之精神，谋地方教育、实业、交通、经济之发展为宗旨。

第三条 会务 本会任务如左：

（一）研究地方教育、实业、交通、经济之实际发展方法；（二）辅助个人或机关对于地方应行开发之事项；（三）联合有关系之各团体共同进行；（四）其他关于西北事项。

第四条 会员 凡中华民国国民赞成本会宗旨者，经会员三人以上之介绍，得为本会会员。

第五条 组织 本会分董事、干事二部：

甲、董事部 特别赞助本会或与西北有特别关系者由本会推举为董事。

乙　干事部　分总务、教育、实业、交通、经济、交际、调查、宣传各科，每科设正副主任各一人，干事若干人，总务科分任文〈书〉、会计、庶务、编辑各事宜。

前项各科正副主任由会推选，任期一年但得连选连任，各科干事由各该科主任于会员中指定之。

第六条　经费　本会经费由左列各款充之：

（一）常年费，每人大洋一元；（二）自由捐，由会员自由捐助；（三）募捐，由大会通过得向各界劝募。

第七条　会期　董事部、干事部随时开会，大会每年二次，遇有必要时得开临时会议，由干事部召集之。

第八条　会址　本会设于区治，并得于重要地点设立支会。

第九条　本简章如有不适宜处由大会随时提出修正。

三、选举职员：结果如下：

会长　绥远都统马福祥。

董事　政务厅长王国柱，财政厅长吴本植，警务处长余鼎铭，审判处长刘毓漳，塞北关监督王冠英，混成旅长郑金声，第五旅长马鸿逵，烟酒公卖局长张建，土默特总管张学仁。

名誉董事　西北边防督办冯玉祥，热察绥巡阅使王怀庆，中俄交涉督办王正廷。

干事　总务科主任道尹周登皞，副主任道署科长马君辅；教育科主任学务局长郭象伋，副主任教育会会长赵瑞年；实业科主任实业厅长段永新，副主任商会副会长王大勋；交通科主任军务处长赵守钰，副主任道署科长塔斯哈；经济科主任整理财政处长段履庄，副主任商会会长邢克让；交际科主任甘肃省长高等顾问欧阳英，副主任电报局长胡百生；调查科主任归绥县长刘荫培，副主任归绥议长周尚礼；宣传科主任都统署副官长李春彦，副主任北实业报总编辑郑士汾。

四、决定会所及介绍会员：会所在道尹公署东偏，会员由各董事、干事广为介绍。

五、将来进行事业之计划：

（甲）筹办农林学校及贫儿工读园；（乙）组织农工银行及垦牧公司；（丙）建筑全区道路；（丁）普及平民教育；（戊）试办新农村。

《西北半月刊》
北京中华西北协会
1924年2期
（李红权　整理）

绥远村政会议纪要

作者不详

绥远马都统，比来对于改革政治甚具热诚，此次适值模范村主倡欧阳庸民先生抵绥过访，谈及“村政”事宜，深为嘉佩。嘱依地方习惯情形，拟一试办大纲。遂于一月十九日，召集全区文武各官吏，暨地方各法团，在都统署会议厅，开一村政会议。是日各界到者甚多，首由马都统提出试办村政意旨，略谓吾绥处西北中心，划为行政特别区域。县治既设，待举万端，而村制未行，困难叠见。欲为正本清源之计，非从村治着手不可。欧阳庸民先生创造社会事业，夙具热心。曾任山西太原县长，励精国〔图〕治，卓著循声，政绩昭然，邑誉模范。其所提倡之“模范村”主义，与“村本政治”之主张，尤为经验宏富。且办事之耐劳朴实，更堪钦佩。拟留绥襄助村政积极进行。但凡事图始甚难，仍盼大众详加讨论，总期达到圆满地位，勿以难而退，以易而忽，是所至望也云云。次由欧阳庸民君说明村政之必要，与试办之结果情形（详后）。次由政务厅长王端明先生、道尹周熙民先生、参谋长赵友琴先生、学务局局长郭炳卿先生、审判处处长刘毓漳先生、归绥县县长刘子厚先生相继发表意见，均甚恳切。兹将欧阳先生谈话与《村政大纲》录下：

国家之大，由村落所集合而成的。董子说“治天下自一乡始”，顾亭林说“人聚于乡而治，聚于城而乱”，此语很透彻治国的本源。即以泰东西先进国而论，德意志有农村小城市的经营，日本有三大模范村的提倡，皆深中政治、经济之肯窍，吾国所应当觉悟的应当创造的。鄙人素主张“村本政治”主义者。窃尝以为改良政治，和施行地方自治的起点，非以村为单位，从村制为入手不可。今之行政者，多半注重城市，而忽乡村，驰骛工商而轻农业，先办大学专门，而不讲平民教育，各省通病如此，非独绥远为然，此试办村政所以为现今之必要者也。

鄙人在山西太原任内，首先倡办一个古唐模范村，又规定村范，逐渐推行全县。其后省长以试验结果尚佳，又推行之于全省，最近考查各县所得成绩，大有一日千里之观。山西地方之平安，人民能享真正之幸福，得整理村范的力量甚多。吾绥今日虽财政艰窘，土匪未清，政治上似觉发生一种困难。然于困难之中，找出一条道路，即以编村为施政的单位，整理村范，为改造社会的先驱。坏人日渐消除减少，则良民自得乐业安居，正本清源，无逾于此。况绥区垦地之多，人民之朴实，果能因地制宜，切实做去，真能做到《王政〔制〕》“无旷土无游民”的境域，此诚可为绥远抱乐观，而具无穷之希望也。

古人尝说“民可与乐成，难与图始”，又说“虽善无征民弗从”。此次所拟《村政大纲》，纯属以简驭繁的办法，省钱易行的办法。先从最小部分、最低层办起，并不麻烦，并不费钱，并不务广而荒。只要此心放到民间，老百姓见我们所办村政是叫他有饭吃，有衣穿，有好儿子，有好邻居，没有人压迫，没有人欺负，实实在在能过太平安乐的日子，“诚心求之，如保赤子”，民未有不感而生爱，爱而生奋者也。惟是建筑一种事业，总要经过许多困难波折，方能成功。拿破仑说“难之一字，法国字典所无”，吾人亦惟有抱哥伦波航海的精神，努力进取，战胜难关，则最后之胜利力〔方〕，终归于最后之奋斗者。吾绥人民新觉路，政治新纪元，地方最大之纪念，皆以此举为权舆也。

《西北半月刊》
北京中华西北协会
1924 年 3 期
（朱宪　整理）

俄日威胁下之蒙古问题

仲嵩　撰

现在我国察哈尔、绥远、宁夏、甘肃诸省北境及新疆省东北境所衔接之一大片广漠地域，乃即数百年来与我辅车相依之蒙古地方。自民国元年及十年外蒙两次宣告独立脱离中国后，我国西北部失去天然屏藩，中国政府既无权力以去过问一切，只可听其自由而放任不管了。最近伪、蒙因边境纠纷，实行火迸；日、俄两国加入阵线争长论短，粝〔砺〕兵秣马，准备大杀一场，以决定哈尔哈地带究当谁属。我国此时似乎如忘却中东铁路最后主权为我所有一样，而忘却伪、蒙之所争者亦为我主权原来所及之地；噤若寒蝉，不发一言，抛权弃地，良可痛惜！外蒙在历史上、地理上皆与我有密切关系，我不于此时设法弥补已往缺陷，一味慎重缄默，听凭伪、蒙冲突，日、俄侵略，不惟不能再收外蒙归我版图，此后对外蒙事件之发言权，亦将随之而失。蒙古为我领土，已非一朝一夕，日俄各逞野心，使我西北藩篱尽撤，西北各省咸受重大影响。是以目前日俄在蒙古之一举一动，及蒙古之种种情形，吾人均应有确切之明了而加以认识之必要。

蒙古因有大沙漠横亘其间，故由天然之分划而成内外两部。内蒙古之热、察、绥改设行省后，与内地省制无不相同。热河陷落，内蒙王公倡请自治，中央政府特予允许，为之成立自治政务委员会，奸人已无挑拨煽惑之机，问题之严重性减小不少。而外蒙半独立状态之恶化，与日俱深，将永非我有，吾人又焉可对祖宗所遗留之大好产业，弃置不顾而甘愿作败家子耶？

查蒙古与我国发生关系甚早，为古雍、冀、幽、并、幽〔凉〕五州北境，夏时为獯鬻，周时猃狁、山戎居之。秦汉之际，匈奴尽有其地。汉末乌桓、鲜卑杂处其间。元魏时蠕蠕及库莫奚为大。隋唐属突厥，后入于回纥、延陀。宋时归契丹。不过，当时都不有蒙其名，最早所见到的，是在《唐书·室韦传》中称：室韦部落至众，有蒙兀室韦者，国傍望建河上（即今黑龙江）。其后《辽史》、《金史》中所载之“盟古”，都是“蒙古”一音之转，辽、金以来，建置都邑城郭，与内地无异。元之先曰蒙古，居西北极边，铁木真崛起，奄有天下，遂成一统，蒙古之名，就因而传遍遐迩。明初，其族阿裕实哩达喇遁归朔漠，复其故号，后称鞑靼可汗，遗种繁衍，诸部时拥众犯河套、河西、河东（西指青海，东指绥、察一带，套指阿拉山、鄂尔多斯一带）。迄明世，北陲不靖。清兴，以蒙古科尔沁部壤地相接，结婚姻。后科尔沁部为察哈尔所侵，台吉奥巴遂率其兄弟先诸蒙古来归附，清即赐以土谢图汗之号；及清既灭察哈尔，诸部相继来降，于是正其疆界，悉遵约束，有大征伐，并帅师以从。清入关后，锡以爵禄，俾得世及，设理藩以统之。清末，外蒙独立，驱逐满清全数官吏。民国八年外蒙取消独立，北京政府派任西北筹边使入库伦管理一切，后又改为库乌科唐镇抚使，管辖各部军民两政及各蒙旗事务。由此可见蒙古之与我关系之密切。

蒙古地方（指外蒙），面积为四，八八六，四三二方里，在省区中位第二。全境山脉绵亘，地势高敞，平均约高出海面四千五百尺，构成蒙古高原。虽其气候寒暑酷烈，有一部分地带，山重水枯，草木不生，而色楞格河、克鲁伦河等灌域，土极肥沃，每当春夏之际，青草平铺，绿树荫浓，乃天然之牧场。西部唐努乌梁海、科布多一带，花草繁茂，森林蓊蔚，其壤土之膏腴，又不仅足为畜牧之场而已。

至于蒙古产业，以金矿为最多，蕴蓄饶富，著称于世，盐矿亦遍地皆是。而为蒙人之惟一富源，则为畜牧，每年所产之牛乳、牛肉、羊乳、羊毛、驼毛、兽皮等，很有可观。据从前统计，外蒙输出贸易，年约一千二百万元，输入约一千八百万乃至二千一百万元。昔时贸易，多由汉民经营，今则全为俄人所夺。

蒙古与我唇齿相依，又有共存共荣之攸〔悠〕久历史关系。逊清末，受他人煽惑，宣告独立，但我亦自不能不负统驭无方之责。

当革命军兴，民国甫告成立，库伦方面王公传言，谓曾受大清恩惠二百余年，已由活佛传檄，征调四盟骑兵进京保护大清皇帝。忽活佛哲布尊丹巴呼图克图又明白宣称："满洲官员对蒙古欺凌虐待，言之痛心。内地各省既皆相继独立，脱离满洲，蒙古为保护土地、宗教起见，亦应宣布独立，以期全美。"活佛在不久就行登极礼，称"大蒙古国"，从此喀尔喀脱离了中国，接着唐努乌梁海及科布多二区，相继为俄、蒙兵攻破占据，而随之入于独立状态之中。俄国便乘机迭次要求蒙古订立密约，举凡蒙古之工商、开矿、森林、渔业、开垦、练兵、交通、银行、土地等权，悉被俄人侵蚀而去。此时蒙古独立，基因于清廷革去西藏达赖喇嘛名号，哲布尊丹巴等颇感兔死狐悲，疑惧不安；又因移民实边，侵占蒙人牧地及创办新政，责令蒙民负担一切，致引起蒙人之强烈反感，而予俄人以煽惑之绝好机会。

中国政府闻知外蒙私予〔与〕俄人订立条约，在民国元年十一月对俄提出抗议，中间几经与俄使磋商，至次年十一月始订一《中俄声明文件》，后又订《中俄蒙协约》。我国在约中所得到的，不过是无关实际的所谓"宗主权"而已，外蒙则完全成了半独立的自治国家。

欧战期间，俄国国内突爆发革命，俄属布里亚特人有侵入外蒙，募兵驻库，截断恰克图、库伦间交通之举动，外蒙深惧危亡，以俄人不足为靠，悔悟前非，于民国七年恳求中国派兵赴援。中国即准如所请，并在库伦设立西北筹边使，规划西北边防。活佛并自行撤销自治，归政中国中央，俄旧党谢米诺夫虽仍欲在蒙蛊惑把持，而其计已不得售矣。但外蒙取〈销〉自治后仅一年有余，日人又乘机煽惑，派遣熟悉蒙情游说员，携带巨款，分往蒙古各地，运动各王公，使脱离中国，又愿担任费款，接济军火，助其自治。当时谢米诺夫等复在库伦号召为乱，威劫活佛，宣布第二次独立。厥后蒙古青年结联俄远东共和政府，驱逐白俄，另成立蒙古国民政府，从此蒙古实权复入于俄人之手。

虽然蒙古独立两次，但全不是蒙人之本愿，上文已略述之，蒙人亦自认为这是无可如何之事。当民国元年二月袁世凯曾致书蒙古活佛，以为“外蒙同中华民族，数百年来，俨为一家，万无可分之理；外蒙与汉境唇齿相依，犹堂奥之于庭户，合则两利，离则两败”。哲布尊丹巴覆电云：“外蒙僻处绝域，逼近强邻；中国远隔海隅，鞭长莫及，苟不独立，何以自存？”更谓：“业经布告中外，起灭何能自由？必欲如此，请即商之邻邦。”蒙人之不能自作主张，于此可见。袁后又去电婉商，哲布尊丹巴竟答：“只以时势所迫，不得不如此耳；否则，鹿死谁手，尚难逆料。”蒙古地方受人操纵，已属昭然若揭。第二次独立后，迄今多年，其局势仍在外人把持指挥之下，所谓蒙古共和国，亦不过一傀儡耳。蒙人绝非甘愿如此。近世蒙民因不堪苏联压迫，逃亡内蒙者，约有二万人，其表示不平而暴动者，又到处皆有。

苏联经营外蒙，不遗余力。一九二四年《中俄协定》中所规定“苏联政府承认外蒙为完全中华民国之一部分，及尊重在该领土内中国之主权”之条款，早被苏联撕破而成为废纸了。苏联在蒙古之积极行动，实不能不起日本人之分外眼红，所以就有伪、蒙边境哈尔哈庙事件之发生。这或者是日俄战争前所演的序幕吧！

在这事件爆发以来，日俄双方，动员大军，静候交锋。而伪满与外蒙又欲开会谈判，决定疆土，而以谈判地点之尚未定妥，似暂在停顿之中。因蒙方欲以库伦或俄属地方为会议地点，并由俄方出席一人，以作仲裁，伪方对此绝对反对，匪特不愿在俄境举行会议，即在库伦谈判，亦所不愿，由俄方参加仲裁一层，尤难容许。在此伪蒙双方相持未下之时，日外相广忽建议将《朴资茅斯条约》第九条所规定，日俄两国，不得在高丽及西伯利亚边境驻扎军队各节，推行于“满洲国”与俄国边境。而苏联人民委员会主席摩洛托夫即对众宣称，认为不当，并谓：“日本已破坏担保中国对‘满’主权之《朴资茅斯条约》。”在《朴资茅斯条约》中原订有“除辽东半岛租借地域外，两国占领之满洲全部，同时撤兵还付中国，全属中国行政”云云。日本今日吞并了满洲，怎能不受苏联的指摘呢？不过，日本固然是破坏了《朴资茅斯条约》，俄人又何尝不是违背了《中俄协定》？俄国果真遵守《中俄协定》以“外蒙为完全中华民国之一部分”吗，又果真“尊重在该领土内中国之主权”吗，摩洛托夫何以不以责诸日本者而责诸己耶？总之，俄之操纵外蒙，日之侵吞满洲，都是违背信义，不遵条约。然而我们自己无力与人去争，又何必反唇而深责于人，本来条约就是一张黑字白纸，靠条约求保障，未免迂远而阔于事情了。

日本既将满洲全部吞下，居然又向蒙古地方寻衅，真是壮志可嘉。哈尔哈庙事件，无论伪、蒙如何拖延，终久是要解决的。但是哈尔哈附近地带，或原属满洲，抑原属蒙古，根本总是我中华民国之领土的一部，现只由俄、日、伪、蒙四者争取攘夺，我国不问不闻，好像认蒙古地方果真非我所有。蒙古为我西北数百年之屏翰，人所共喻。如果哈尔哈庙事件决解〔解决〕，不管胜利属伪或属蒙，日俄对之均各当有进一步之把握步骤，加紧侵略，我西北全部将更感受其威迫，是则对我开发西北之前途，诚有莫大之妨碍。负责任之政府当局，对此抱有何种态度？国人对此问题，又何以谋解决之道乎？

二十四，二，二十

《西北刍议》（月刊）
南京西北刍议社
1924 年 3 期
（李红权　整理）

蒙古问题争论之结局

存统　撰

我在本报第三期《革命与反革命》一文中，已经表示不愿再与《时事新报》作此种无谓的争论，而愿意“自己认个晦气”不再开口。只因从我那篇《革命与反革命》文章发表以后，更激怒了一部分“怙恶不悛”的无耻的先生们，用顶下流狠毒的手段来攻击私人，说了许多“一相〔厢〕情愿”、“白昼见鬼”的中伤话，迫得我不能不再来说几句话，希望以后有良心的人们别再这样下流无耻。

但我今天，绝对不提关于私人的话，因为在讨论一个问题中提及私人的话是最无聊的，况且一则我在本报第二期中即已对他们警告过；二则他们此种选择攻击材料的方法也太下乘了。自己有了正正堂堂的理由，何必制造私人材料来攻击？所以我今天，一则不管他们一切枝叶问题；二则专从已往所发表的文章中找出根本意思来，不再申述一点新的意思。

我们在没有说明此次争论底双方根本思想以前，第一须请大家明白的，便是此次争论底来源。我们这《评论之评论》专以评论别人底意见为目的，并非专门发表自己意见的机关，自己底意见只能附带地说及。依理，受我们评论的人，应该专替自己从前的主张辩护才对，然而现在却不然，他们对于自己从前的主张已没有勇气辩护下去，倒反“无的放矢”地来攻击我们了，这真是辩论场中新发明的妙法！

三月十五日《时事新报》登了一篇曾友豪君底《外蒙古问题》，认外蒙“为中国领土保障的藩属”，主张派北兵“长戍外蒙”，（一）不承认蒙古民族有自决权；（二）不承认蒙古与中国本部及满洲等处平等，只把它当做一种藩属（假使说承认蒙古与本部平等，试问“为中国领土保障的藩属”这句话是怎么说的?），所以才有本报第一期我那一篇《蒙古问题与治藩政策》出现，反对曾君此种对待蒙古的治藩政策，否认北京军阀政府有权派兵镇伏蒙古，指出他那汉族帝国主义的思想，劝他不要一面反对英、美、法、日等帝国主义，一面又以汉族帝国主义者自居。我当时又恐怕有别人误会，所以连忙又声明“我们这种主张，并不是不尊重中国主权，并不是说蒙古应该拱手让于列强。我们既然尊重蒙古人民底利益，反对军阀政府对于蒙古人民的压迫和统治，我们当然也反对任何列强对于蒙古的侵略和压迫”。最后，并且总结全文的意思，说：我们对于蒙古问题应取的态度是：

1. 承认蒙古平民底自决权，反对东方式帝国主义底治藩政策。

2. 承认蒙古人民与中国本部人民同处于帝国主义的压迫势力之下，应该携手作战，以达共同解放之目的。

3. 承认推倒帝国主义与军阀之后，蒙古民族以平等的资格自由地与中国其他民族联合，组成自由联合的中华民国。

依常理推测，曾君对于我批评他的话，只应有两种态度对待：（一）是自己认错，不再说话；（二）是替他自己底治藩政治辩护，驳斥我“承认蒙民自决”的主张。可是曾君全不这样，他底见解比我们普通人或没有钱进大学读书的人，特别高明，嗯喇一转，竟胡扯到什么“崇拜苏俄与断送蒙古”上面去了，对于我们所批评他的话竟有本领避开不提！我当时即认为论点已变，本可以置之不理，只因我还梦想，希望曾君是一个真实的人，即对于他避开争点不敢担〔坦〕然接战的态度，也还只作善意的解释，以为他自己已认错了。其实，事实全不这样，完全是一种狡辩！我在本报第一期上明明主张“蒙民自治”，何曾有一字涉及苏俄？这样胡扯乱牵、无中生有的绝妙战术，试问谁有能力应战？我自然只有“谨谢不敏”了！

但是我又因为曾君在《崇拜苏俄与断送蒙古》一文中，始终没有提起蒙古人民底意思，不管中国事实上政府是谁，都应该派兵收回蒙古；现在中国事实上的所谓中央政府是军阀政府，所以应该由军阀政府派兵去收回蒙古长成蒙古。所以我在本报第二期上做了一篇《反抗帝国主义与收回蒙古》一文，极力反对他此种主张，根本否认北京军阀政府有权收回蒙古，因为北京军阀政府，本来不是中华民国人民底政府，由军阀政府派兵去收回蒙古，结果一定是蹂躏蒙古人民，并且最后我还提出二层意思向读者声明：

1. “我们只反对现在军阀政府派兵压迫蒙古平民，但我们却极希望将来有一个真正的、民主的国家，包括蒙古平民在内，由全体平民组织真能代表平民利益的中央政府。”

2. “在中国未成为真正的、民主的国家以前，反对任何军阀政府派兵去镇伏蒙古，同时亦应主张俄兵退出蒙古，让蒙古人民完全独立自治。”

我这一篇《反抗帝国主义与收回蒙古》发表以后，曾友豪君不说话了，另外转出一位蓝孕欧君出来，做了一篇什么《反对亲俄派》，主张虽然与曾友豪君一样，其措辞则更加荒谬，矛盾得可笑（他大概是读过“高等”的或“特别”的原本论理学罢）。蓝君拥护北京军阀政府，格外比曾君卖力，竟说什么“反对北京当局收回外蒙便是亲俄派”，以“列强承认北京当局”为无上的光荣，所以他竟明目张胆地主张他自己所招认为“不好”的“可痛恨”的北京军阀政府派兵去蹂躏蒙人。

自从蓝君这样大胆宣言之后，我才明白他们底真意，知道这纯粹是一种反革命的宣传，所以便不与他们争论什么蒙古问题，在本报第三期上完全证明他们不过是一种反革命的运动。结果，趋势果然一天明显一天，因为北京军阀政府谁也知道是一种害民卖国的政府，拥护北京军阀政府派兵去蹂躏蒙平民，不是反革命行动是什么？此种“助纣为虐”的反革命分子不加攻击还应该攻击谁？所以我在本报第三期《革命与反革命》一文中，已改变从前希望他们“改过为善”的态度，只得词正义严地驳斥他们此种怪论了！

果然，由此更激起他们底恼怒，竟好像“全武行”了！其措辞态度，比以前更荒谬更可笑。顶有趣的，就是曾君拿孙中山先生底大帽子来压我，以为我总没得话说了，但我要请曾君看一看此次国民党全国大会底宣言，里面所讲的中山先生所讲的民族主义和民族统一是什〔怎〕么一回事。其次，要请曾君睁开眼睛看一看，中山先生所讲的“民族之统一”和“领土之统一”现在达到了没有？至于做梦看见“民族统一”、“领土完整”、“五族共和”、“五族平等”，是绝对算不得数的！中山先生正因为现在的中华民国不是真正的中华民国，他底根据三民主义来建设的中华民国并没有达到，他所领导的国民革命并没有成功，所以才不顾一切拼命为民众奋斗，领导民众向解放的道路前进。若使现在北京政府是真正中华民国人民底政府，中山先生底主义已经完全实现，则中山先生发已雪白，何苦还要否认北京政府来继续实行革命呢？曾君，曾君，元年是一时，现在又是一时，你为什么连这点道理都分不清楚呢？所谓中华民国，除了南京政府时代有点革新民主气象外，政治上何时不陷于黑暗反动的时代？中山先生及同盟会诸同志所艰难缔造的中华民国，早被北洋军阀弄得四分五裂了，你既知中山先生底主张不错，为何竟还拥护起破坏中华民国的北京军阀政府来？唉！这是什么心肝！

这次的争论，略情就是如此。其中还有几个笑话，我不妨也提出来说一说：

1. 曾君明明说蒙古是中国底藩属，蓝君起来否认，说“藩属”底字样用得不好，因为藩属与直辖领土有别。

2. 曾君“极端赞成”我底“承认蒙古民族底自决权”，而什么“记者”加的按语说“民族自决一语，是绝对不适用的”。

3. 曾、蓝二君明明主张应该由军阀派兵蹂躏蒙古，而什么“记者”又说“军阀派兵一层，我们本未主张”；

4. 曾君在《外蒙古问题》中特别郑重声明“中国不患不能收回外蒙，而患不能保守外蒙”，所以才特别提出派北兵戍守外蒙的妙计，以治藩政策专家自命，而什么“记者”又说没有主张过。

5. 什么“记者”自己在前一天报上很气愤愤地说：“何以只许赤俄有藩，而不许中国有藩呢？”完全把蒙古当作中国底藩属，但在后一天报上却又说“蒙古不是中国底藩属”。

此外笑话还多得很，我们认为与什么“记者”无直接关系，故不去说它。我希望一般读者对于我们这一次的争论，作一个公平的考察和批评，究竟他们所攻击的话是根据什么的？我们所主张的是不是合于多数被压迫人民底正义观念的？俗语说“兔死狐悲”，“物伤其类”，蒙古平民同胞受军阀底压迫，是不是我们所心痛的？

最后，我再把两方面不同的主张写在下面，结束这一次冤枉的争论：

1. 《时事新报》底主张——否认蒙古平民底自决权，一面反对苏俄驻兵蒙古，一面主张由北京军阀政府派兵去长戍蒙古（换句话说，便是蹂躏蒙古）。

2. 我们底主张——“承认蒙古平民底自决权”，在中国未成为真正的民主的国家以前，反对任何军阀政府派兵去镇伏蒙古，同时亦主张俄兵退出蒙古，让蒙古人民完全独立自治。

《评论之评论》（周刊）
上海民国日报社
1924年4期
（朱宪　整理）

绥远试办村政大纲

作者不详

（甲）划分村界，以确定界线、便利土地管辖为旨，与土地所有权毫不牵涉。村界划定后，应制界石，镌明某村地界字样，植立界线之上。嗣后凡在界内土地，均由各该本村施行管辕〔辖〕权。

（乙）规定村制，以立官治、自治互助之基础。凡一村之区域，各以本村固有之境界为标准，其编制之法，凡足五十户以上者，应设村长一人，其居民尤多者，得酌增村副。至村长副权限，一为承行政官之委托，办理传布及进行事项，一为发展地方自治及关于公益事业之事项。村内办公费用由村民依照惯例公摊之。

（丙）编查户口。责成县知事直接监督，并派专员赴各县协助切实进行，共〔其〕编查事项，查照部颁定式及《填表例言》办理。调查时，应注重人民职业及学龄儿童，以为改进村制之基础。

（丁）实行人事登记，以确定户口之准的。暂以出生、死亡、婚姻、继承、分居、迁徙、失踪七项为限，其应行登记事项，应于发生十日以内，报明村长副，以便登记，各村于每季汇报县署备查。

（戊）整理村范，以编村为施政的单位，改造社会的先驱。于户口查清后即应将村中良莠分别明确，其不良分子，则积诚警劝之，设法消除之。坏人日渐减少，则良善自得安居，此系以简驭繁之法，曾由山西太原县试办有效，而推行之于全省矣。

（己）实施村本政治。人民若无施政之活体组织，则散漫无纪，如同无串之钱。故政治起点，非从村治着手不可，兹就省费而易办者略述之：

（一）励行普及教育，以养成国民道德及生活之技能也。应行筹备事项：一、造就师资；一、调查学龄儿童；一、筹款设学；一、劝导入学；一、试行强迫制度。惟一时学款、师资，均感困难，初步办法，应参酌《北京平民教育促进会章程》办理，以幅员之广狭，户口之多寡定之，将所调查学龄儿童及年长失学者之人数，分别督促入学。教科以千字课与通俗国文为主。校址、教室，以明简为宜，不必求其美观，如借用公房公地，更可省费。教员择勤恳耐劳之人充之，采巡回教授制，按定所属校数，分配日期、时间，周行讲授。办学费用，力求节俭，由各编村自筹。

（二）注重社会教育，以培民德而开风气也。一设宣讲员，考选热诚社会、能耐劳苦之人，任为宣讲员，每县置一人，逐日下乡，周行宣讲，务以勤恳动听为主。按月经费，由县开支。二编《人民须知》。人民智识顽固，每不知政令为何物，公益为何事，宜编《人民须知》一书，内分世界、国家、社会、家庭、个人等篇，以白话浅现〔显〕为主，散发各村，由宣讲员、村长副、小学教员等，负督促及抽查人民读《人民须知》之完全责任。如此则上下精神贯彻，行政无阻隔之虞矣。

（三）试办乡村警察，以尽维持地方治安之责也。查绥区各县保安团虽已实行，而办理不当，为人诟病。究其原因，亦由未加选择、训练所致。应实行乡村警察制度，选择品格驯良、体质强壮者充当巡警，由都署拣派下级军官，赴各县切实教练，随时考核，以完成人民爱乡爱家之精神。

（四）组织息讼评议会，以利人民而厚风俗也。查各县区域辽阔，人民之赴县争讼者，每至废时失事，诚最可悲惨之事。应择要设立息讼详〔评〕议会，以村长副为会长，另由村人公推公正者数人为评议员，遇有两造争讼事件请求评议者，必主张公道，为之平息讼争，并派村范委员，随时指导考察。一村之中，能弭讼端，则成为健康安乐之社会矣。

书曰："言之非艰，行之维艰。"申公云："为政不在多言，顾力行何如耳。"村务应办之事多矣，划村界、定村制、编查户口、整理村范，其实施之初步也。而普及教育、社会教育则开通民智，以为惟〔推〕行政治之起点。他如乡村警察也，息讼评议会也，则保护人民生命财产，以巩固村之基础，为不容缓之图。若夫各项教育、实业、社会事业，则因时因地逐渐推行，期达圆满之目的。然兹事体大，试办之初，宜清查户口，慎选村长副，为第一要着。而尤在各县知事，能在村制上，用全副心力，拿出互助心、爱群心，持之以恒，行之以力，则庶乎其可也。

《西北半月刊》
北京中华西北协会
1924年4期
（朱宪　整理）

苏俄在蒙古之设施与宣言

似无意交还外蒙

作者不详

哈尔滨通讯云，昨有由外蒙旋哈者云，库伦一带，驻扎俄兵共约二万余人，于库、恰之间，并新建营房，似为长久之设备。对于蒙人甚为苛待，捐税奇重。列宁夫人于一千九百二十二年捐助卢布三百万元巨款，作为蒙教育费。现已创办蒙古小学廿七处，中学二处。俄商伊吉也心夫，近与巴图索克亲王，正办库伦至恰克图长途电话。又同喇嘛崩克楚车林创设拓殖蒙边银行，资本为一千万元。总行设在库伦，分行设在恰克图及俄国赤塔等处。并取得纸币发行权。其纸币计分四种，一元者为猪票票面，即绘画猪形，五元者为羊票票面，即绘羊形，十元为牛票票面，即绘牛形，五十元为马票票面，即绘马形。此种票币系兑换券，在库、恰等处，信用颇著。虽间有中国大洋，仍须换成此币方可零用。又有俄商别克里波，取得库、恰铁道建设权，此外如采木、采矿、牧畜、渔业等各大公司，亦各相继成立，无一非为俄人所创办。俄人对于蒙古为巨大之投资急进之经营，其目的，实欲为永久之占据云云。据库伦通讯云：苏俄新派驻蒙大使范雪里夫，已呈送国书于蒙古政府，由蒙政府总理哲伦乔治接受之。俄使率其参赞员及领事同莅止，哲伦乔治及代理总理但谋、陆长林芝诺、外长阿慕尔，均到国务院参加盛典。俄使郑重申明证书之含意，谓苏俄对蒙，一以诚意友谊为归，绝无最后目的。苏俄无时不预备其邻人达到自由文明之路，相互的友谊，必能引起经济界之进步状态。彼携有俄蒙银行计画，及俄蒙电报协约，一经批准，双方皆有利益，苏俄无时不践其诺言。惟目下为顽旧国家所包围，此种情形，亦不能全不理会。蒙人当知第二防御线，恒有预备之必要。惟在目下之时势中，蒙古亦当厚集其人民之热诚，以倾向于新时代。又谓苏俄劳动者，对于蒙古劳动者之友谊，永久不渝。苏俄在蒙古之一举一动，必先取得蒙政府之准许。目下两国间之谅解，毫无不满之处，蒙政府以诚意应合第一劳动共和国之理想，及苏维埃在亚洲人民间所宣传之理想。又谓苏俄之国家政治的政策，为确立完全之自由及真正之友谊，指导此政策者，则劳农联邦之国际委员会。吾人始终拥护弱小民族之自决，但吾人对于环境，并非闭目不观，吾人现处于一反动时期中。此种时局，非吾人所造，但使吾人不克努力前进，甚至使吾人退至第二防御线。吾可切实声言，目下情形，不许吾人说及蒙古之“独立”，所能说者，只有“自治”而已。但有一层须注意者，即“独立”与“自治”之分，仅为名而非实。譬诸中国在理论上为完全独立，在事实上则为外国资本家所控制。中国一切财政方法，皆在协约国代表监督之下。吾人当考虑生活之实在情形，倘君等能为必要之准备，则在“自治”之下所享自由，自将远胜于在“独立”之下所享者。蒙古之所需者，为使其于财政上、经济上及军事上皆臻强固，然后对于一切他国，能以平等资格发言。如是则虽仅有自治之名，而可得独立之实云云。

《西北半月刊》
北京中华西北协会
1924 年 5 期
（朱宪　整理）

国民不能容忍的中俄交涉之奇波

鹤天　撰

中俄交涉已经协定大纲，大致还妥，我们以为不日内阁可决，承认苏联，从此一帆风顺，中俄悬案，次第解决，西北许多事，也可以着手进行了。不意变生意外，忽而内阁一部分人别有怀抱，故起风浪。俄代表过于偏激，限期三日，尤奇的是忽而停止全权代表，归外交部办理，致［致］令垂成的交涉，大僵特僵，无法救药，这真是我国民不能容忍的事。

考这种情形的责任原因，我国内阁与俄国代表各居其半，而王正廷不与焉。至我国内阁所以铸此大错，演此怪状的原因，又一半是受帝国主义国家的压迫，一半是三二阁员的别有用意。虽经内阁通电声明，借口于坚持三点，及王正廷签字问题，但经王正廷迭电声明与各报纸论述，签字并不成问题。且法国的干涉与阁员中的意见，已明明白白，不可掩饰。内阁不能排除外力，屏绝私意，故起波澜，酿此奇局，所以说责任应居其半。惟俄代表不顾事实，不讲礼貌，妄电俄都，限期三日，类于最后通牒，致使通融不易，也不能不负一半责任。至王正廷办理经过情形，虽开初不能先无条件承认，为一部分人所不满，然以后协定大纲，即行承认，并先后争持，往返磋商，所定大纲，总算差强人意，其苦心确为大多数人所谅解。签证既无错误，冤被牺牲，当然不负停顿之责任。

现在我们也不问责任谁属，只要能继续进行便好。如内阁坚持三点，能使交涉得有较王正廷更好的结果，因〔固〕是我们所十兮〔分〕盼望，否则惟有照加拉罕的要求，先行承认，再开会议。若一筹莫展，天天解释疏通，求如王正廷之结果而不可得，或终至决裂更引起重大事项，那时国人对内阁二三阁员的痛愤，更不知到若何程度。然也未始非中国之福，我们且拭目以看将来。

《西北半月刊》
北京中华西北协会
1924年6期
（朱岩　整理）

中俄交涉顿挫之经过与现在

内阁与俄代表之失态　学界与疆吏之愤慨

鹤天　撰

中俄交涉，经王、加《协定大纲》，只待政府可决。不意我国内阁，不能对外一致，反各因私意，故起波澜。如某某阁员，或有妒忌私心，或有经济暗幕，或则不明大势，且甘为帝国主义法、日等国之傀儡，致令垂成之局，败于一旦，到现在大僵特僵，求会谈而不得。虽学界及疆吏，一致主张签字承认，而外交当局，悍然不顾，唯专事疏通压制，称病迁延，前途危机，不堪设想。兹将各方情形，分述如下。

一　突生波折之经过

王正廷与加拉罕所议定之《中俄协定大纲草约》，于上月十四日签证，该草约原文咨送国务院后，十五日曾交阁议讨论，顾维钧、陆锦对于该案尚多不满，力主慎重考虑，其表面上所持之理由，约有数点：（一）废弃旧约问题，俄国方面，仅允将中俄间一切条约，俄前帝国政府与蒙古及与第三者关于蒙古所缔结之条约，即日废弃。而苏俄政府与蒙古所缔结之条约，则只言有害中国主权部分，可以废弃，而其余部分则待正式会议解决，故对于此层，颇费斟酌。（二）蒙古撤兵问题，俄国虽已承认分期撤退，但附有取缔白党之责任，亦殊不妥。（三）中东铁路估价赎回之原则虽定，而如何估价则一字不提，最好能明定依铁路自身建筑费估价。（四）声明书六通，俱系关系主权而未经阁议详细讨论者，现政府对于五件表示有商量之余地，惟其中有一件，即“在中国之教堂动产及不动产，均须交还苏俄政府”。按各国教堂占土地系租借权性质，政府以此项声明书不啻承认苏俄政府在中国内地有土地所有权，设此风一开，各国援例要求，何以应付。阁议对于上述四点，再嘱王正廷与加拉罕协商，但对于估价范围，因当初并未提及，故亦未便从新提议，只得留待会议再说，而其他三点，则非坚持不可。乃十六日下午苏俄代表加拉罕竟以紧急照会送达王正廷，其原文如左：

三月十四日本代表与贵代表双方决定《中俄协定大纲草案》及其附件，现已奉到本国政府电令，着本代表即日正式签字，贵国政府至今尚无明确表示，本代表为尊重双方会议精神起见，不得不加以时间上之限制。拟请贵代表转呈贵国政府，自照会日（即十六日）起，三日以内，如贵国政府尚不表示态度，该项协定草案，应即认为无效。此项责任应由贵国负之，须至照会者。

中俄督办公署接上照会后，即晚抄送咨达国务院，该院亦即晚送呈孙宝琦，孙见事机紧急，即令通知各阁员于十七日十时召集特别阁议，公同讨论。开议后孙宝琦首先报告加拉罕照会原文毕，请大众讨论。阁员中发言最多者仍以顾维钧、陆锦为最多，次为王克敏。最后决定方针大要如左：

俄代表此项照会，迹近哀的美敦书，实违国际惯例。政府对于《协定大纲草案》，尚在慎审考虑之中，并未加以否认，及或种之表示。依两国缔约惯例而言，不能遽谓我国政府忽视此项交涉。今该代表忽来此照会，竟强我国以必从，否则将一切责任，加诸我国政府身上，实属有失国际仪态，殊为遗憾。且原《协定大纲》中未臻妥洽各点，皆为该代表对于我国主权未能十分尊重之处，如果不幸而自有决裂之事，亦应由该代表负其责任。

阁议决定后，即由秘书长王继曾拟稿咨覆中俄督办公署，中有“俄国此种态度，有失国际礼仪，殊为遗憾，交涉如有破裂，应由俄国负责”之语，措辞亦极强硬。十八晚王正廷与加拉罕会见，王陈述内阁意见，希望对于提出三点，续行磋商。加态度异常强硬，谓该国政府训令以三日为限，对于业经签字之草约，不能再有变更，今日只有可否二字，别无商酌余地。王力言困难情形，加坚持不让，谈至夜深，约再会而散。十九日为俄国限定期满之日，乃国务院对王忽发生签字问题。因上午阁议，顾维钧报告我国驻俄代表李家鏊〔鳌〕来电，知俄国认协定已经签字。由内阁以王氏未得政府决定，径行签字，实属有越职权，遂由国务院函询王正廷，一面与各省发出号电，叙述交涉经过，与所争三点之理由，以及签字问题并俄国限期之不当云云。该日阁议且并决定归外交部办理。二十日突下命令如下：

中俄交涉，关系重要，王正廷筹办以来，与俄代表意见虽渐融洽，而条款尚未确定。应责成外交部接收办理，迅与俄代表继续商议进行，以专职责。此令。

一方并发出哿电，说明归外交部办理情形。实则三点绝不十分重要，且王氏并非正式签字，不过对草约上一种签证，俄国误认为中国政府确定。我国外交当局，有意挑剔，遂以此牺牲王正廷，而中俄交涉，竟由此搁浅矣。

二　王正廷之通电

《中俄解决悬案大纲》，既经王正廷与加拉罕议定，而内阁忽翻前案，谓草案中关于撤兵、废约、交还教堂三点并未经王正延〔廷〕与内阁商议妥帖，不能签字。但王正廷发出马电，声述中俄交涉经过，则谓“三月十三日，正廷复出席阁议，报告与哈氏(即加拉罕）交涉情形，各阁员亦类多满意。但对于中俄旧约应先行废止，及外蒙撤兵条文中应将制止白党之担保，改为双方制止白党之办法两点，仍主张更改。因于是晚，与喀氏作最后之谈判，经终夜之力争，始得其同意”云云。嗣后内阁再未通电声正，可知王氏所言者确为实情，而屈在内阁矣。签字问题王氏亦有电声述。今将王正廷马、梗两电录下：

（衔略）窃正廷自十二年春，鲁案结束之时，适拜筹办中俄交涉之命，以两国缔交重任，加诸疏庸无具之身，绠短汲深，时虞陨越。顾念挽回利权，乃国民应尽义务，不得不勉竭驽钝，借效驰驱。迨苏俄政府喀代表到京，当即与商开议办法。而喀氏始意，主张先行恢复邦交，再讨论悬案。正廷以悬案先有具体之解决，斯邦交得立亲善之基础，喀氏亦不坚持。双方迭次提案，往复讨论。惟关于中东路及外蒙两问题，意见相去甚远，交涉几致停顿。嗣经正廷本公平互让之精神，复于本年二月二十五日，提出最后《大纲草案》，喀氏于三月一日，又提出最后之修正案，正廷因于二月三日将最后原案，及喀氏修正案，呈报大总统批交国务院审核训示。三月六日，国务会议时，正廷出席，说明双方提案内容。经各部签注意见，正廷当本其意见，复与喀氏协商，大体均尚容纳，惟尚有数点未肯同意。三月十三日，正廷复出席阁议，报告与喀氏交涉情形，各阁员亦类多满意。但对于中俄旧约应先行废止，及外蒙撤兵条文中应将制止白党之担保，改为双方制止白党之办法两点，仍主张更改。因于是晚，与喀氏作最后之谈判，经终夜之力争，始得其同意。正廷以案经久悬，英、义两国，既承认于先，诚恐迁延贻误，且国人亦同声主张从速解决，外察大势，内审国情，觉此案实不能再事迟疑。因即遵照大总统颁发全权证书内，有以中华民国国家名义全权商议议决之权之明文，将议定《大纲草案》，双方签证，以备呈报政府批准，正式签字。此正廷办理此案之经过情形也。正廷才疏力拙，未能将所提原案，如愿以偿，抚衷自问，良用疚心。今幸大总统明令由外交部接收办理，深望自兹以后，早结垂危之局，力挽已失之权，更得圆满之结果。此乃我国如天之福，亦正廷所馨香祷祝者也。谨布区区，伏维明鉴。王正廷。马（二十一）。印。

（衔略）窃正廷办理中俄交涉情形，业于马电内略陈梗概。惟政府号电所列争持之三点，前电意有未尽，谨用补陈如下：查第（一）点废弃《俄蒙条约》问题。王正廷亦曾本政府之意，向俄代表极力磋商。俄代表以为此项条约，并不要求中国政府承认。且云，已在《协定大纲》内明白规定承认外蒙为完全中华民国之一部分，并尊重在该领土内中国之主权，故此项条约虽不明言取消，而自然消灭。质言之，此项条约既未经中国政府许可，而外蒙又为完全中华民国领土之一部分，苏俄又须尊重在外蒙中国之主权，则此项条约之废弃且系原始无效，已不待言。而政府坚持将此项条约之废弃须规定在协定之内，反若先已承认苏俄与外蒙所订条约为有效，而今日始议废止之也。第（二）点外蒙撤兵问题。俄代表声明一俟撤兵之条件（即期限及彼此边界之安宁办法）在会议中商定后，苏联军队尽数撤退。而政府则主张改为苏联政府声明一切军队，应从速尽数撤退，其撤兵时期，及关于双方边界安宁问题，于会议中商定之。细绎此项修改文字，与原文并无出入。谓其无条件耶？则仍有时期及关于双方边界安宁问题之商定。谓其注重从速耶？则又必须商定时期及边界安宁问题后苏联始行撤兵。然则政府之所主张，不过文字上之推敲颠倒，与撤兵之缓急，实际上无丝毫影响，而与协定第五条之原文及意义，亦无何种差别也。第（二〔三〕）点移交旧俄政府教堂财产问题。查此项办法，盖因前俄关于宗教事项，属于国家行政，如建筑教堂经费，均由国库负担。苏联政府成立，亦将国内外教堂财产继续收为国家所有。今既正式恢复邦交，则按照国际惯例，所有国家财产均应移交，此乃当然之事，且系相互之行为。至政府恐他国援例要求在内地置产一节，殊为过虑。查国有教堂，惟俄国有之，各国教堂，既非国家建设，即不能援以为例。退一步言，就令各国竟援俄例而要求，则我国亦将对各国要求如此次中俄协定之例，先将领事裁判权取消，关税规定平等，租界、租借地、庚子赔款概行抛弃，旧约之损害我国主权及利益者均行废止，而各国与第三国所订之有妨害中国主权及利益之条约、协定等项一概无效。如此，各国倘真援例要求，我方且欢迎之不暇，又何必鳃鳃过虑也。此外尤有应须重言声明者，十三日阁议提出中俄旧约一概废止及双方制止白党之办法，谓系最后之修改。故正廷于该晚与俄代表作最后之谈判，经其同意后，始为议决之签证。是此项签证为表示双方议决之程度，并非正式签字，按照外交惯例，无奉命令之必要。而以上三点，则系阁员最后修改后之修改，正廷亦不惮奔走之劳，仍向俄代表作最后以后之谈判。卒未获应允，是则正廷之才疏力薄，未能尽如人意，所当向政府与国民之前抱歉者也。正廷自备员坛坫，于国权所关，颇知拥护，岂有自甘放弃，误国辱身，诚恐传闻失实，致生误会，用特声明，以昭实在，伏维垂鉴。王正廷。梗（二十三）。印。

三 苏联之照会与覆牒

三月十九日，为俄国限定答覆最后之日，加拉罕又接到该政府训令，当即发出第二次照会于顾维钧，措辞非常强硬。原文如下：

一九二三年三月二十八日，外交部照会俄国，任王正廷为中俄交涉正式代表，本年三月十四日本代表与中国政府正式代表磋商终结，并签订协定，同日誊录，以备再行签字。但中国政府对其正式代表之签字加以否认，既成之协定遂至破裂。苏联政府对上述种种，训令本代表照会贵外交总长下列五项：（一）苏联政府认其代表与中国政府正式代表之交涉已终结；（二）苏联政府坚决拒绝修改业经签字之协定；（三）警告中国政府勿自陷于不可挽救之错误，此项错误，足以影响中俄未来之互相关系；（四）本年三月十六日致中国正式代表之第一〇二号公函中所提出之期限一满，苏联政府即认十四日已签字之协定无效，并保留其对华未来条约提出条件之完全自由权；（五）期限终止后，中国政府非在无协定、无条件与苏俄政府建设正式关系之下，不能恢复交涉。须至照会者。

我国外部接上照会后，即于二十二日，提出驳覆照会，原文如下：

为照会事。接淮〔准〕贵代表月十九日觉书，内开："一九二三年三月二十八日，外交部照会俄国，任王正廷为中俄交涉正式代表，本年三月十四日本代表与中国政府正式代表磋商终结，并签订协定，同日誊录，以备再行签字。但中国政府对其正式代表之签字加以否认，既成之协定遂至破裂。苏联政府对上述种种，训令本代表与中国政府正式代表之交涉已终结”等语，诵读之下，不胜诧异。至本〈月〉十六日贵代表与王正廷博士函中所限时间，此种建议，中国政府实难办到。王正廷博士所签之协约草案，事前未得中国政府必须之赞认，故不能认此项协约即为终结，此点实须注意。且据中国政府于一九二三年十月二日给与王正廷博士之证书，不过予王正廷博士以谈判及缔结协约之权，至签字及批准，尚须由政府另定办法，始得认为发生效力。即前次予与贵代表谈判之间，贵代表明言当该协约签字之时，未曾验及王之证书，如当日有验及者，自无签字之事云云，故贵代表所云者，中国政府不能予以承认也。贵代表于本十月〔月十〕九日与王正廷博士一函，谓有某国从中作梗，破坏协约之事。中国政府诚不知有此项之干涉，即有之，中国亦将拒绝之不暇，故于此点似不必加以疑虑。总之，中俄两国间之关系，非常重要，中国政府对于恢复中俄国交之诚意，未尝稍变更，渴望早日再开谈判，以达最后之成功。兹奉本月二十日大总统命令：中俄交涉关系重要，王正廷筹办以来，与俄代表意见虽渐融洽，而条款尚未确定，应责成外交部接收办理，迅与俄代表继续商义〔议〕进行，以专职责，此令。等因。本总长谨告贵代表，本外交部现正在准候与贵代表继续谈判，庶中俄协约，得以早日终结焉。

俄代表接上照会后，又送覆文表示非先承认，无接洽余地。原文如下：

苏维埃联邦社会主义共和国全权代表加拉罕特致文于中华民国外交总长顾维钧阁下：贵总长本月二十二日之通牒，为贵国政府破坏十四日签订之协定辩护，并表示愿接续谈判，〈俾〉交涉臻于完结，其内容绝不顾及目前情况之事实及本代表十六及十九两日之节略，本代表不得不对于贵国政府应负破坏协定之责等事实，再为缕述，并重行解释。

（签字问题）（一）本代表以为其不能讨论贵国正式代表王正廷所受贵国政府委命之问题。与此问题有关系者，只有贵国政府、王正廷及贵国国民。本代表亦不能讨论贵国官员之互相关系。贵总长虽请苏联政府与风其事，本代表亦以为其政府不能加入讨论。本全权代表业与贵国政府正式代表进行交涉，并已签字于协定之初本，苏联政府及本代表亦不能讨论贵国代表有无对协定内容同意之权限，本代表更无权表示怀疑贵国代表有否取决全权。盖对贵国代表权限怀疑，与对贵总长有否提出三月二十二日通牒中之声明之权限，其谬误正相类也。贵国政府正式代表之权限，原已确实通知本代表，贵总长在一九二三年三月二十八日，即照会本代表王正廷有商议及议决之权，准此则王正廷确有签名于协定初本，以表示双方商议完结及义〔议〕决之权，贵总长对此已加以承认。北京内阁之拒绝承认其全权代表之签字，即与否认总统委其代表以全权之命令无异。故在形式上，十四日签订之协定绝无不法之点，贵国政府对之只有可否之权，贵总长对此问题之解释，不趋于使其明了，而只使其愈趋混乱不明而已。

（责任问题）（二）本代表三月二十日致中国代表限期三日之公函，贵总长如以为时间太捉〔促〕，对于协定草案不能从长讨论，以决定可否，则尚有可以谅解之处。惟据贵总长三月二十二日之照会，并未言明中国政府是否同意该项协定，于此可知中国政府系拒该项协定无疑，盖因中国对于三日期间限制，并未向本代表提出延长之意。中国政府欲以此为理由，将此项破坏协定之责任，推在苏联政府，实际则破坏协定之责任，完全在中国政府，无论如何，本代表不能任受也。

（干涉问题）（三）贵总长否认任何强国干涉中俄协定，

本代表认为与有所掩饰。列强压迫北京内阁，且压迫贵国之与财政有关系者尤甚，事实无须详述。现只提出三月十二日之法国通牒，即足证明事实之所在。法国公使通牒之目的，至少有所供献于中俄之缔结协定，此点贵总长当予同意也。本代表希望贵趋〔总〕长从各文件中，得知法国之抗议，毫无法理根据，及道胜银行对中东铁路绝无主权。道胜银行在贵国之存在，悬挂法国国旗，此乃彼不逞之徒，借法国政府保护攫取中国支银之结果。一九二〇年，该行尚致函贵国交通部，表示中东路事宜只与中俄两国有关系，斯时该行已在巴黎宣言悬挂法旗，只此一层，已足指明事实矣。本代表绝不知与中东路无涉之法国有干预路事之权限，十二日之法国通牒，决非为保护法国利益，只为法国帝国主义直接袭击苏联之常态耳。其对于中国国民利益主权，亦予同样之打击，自然不顾及矣。贵总长不顾法国干政之事实，否认有任何强国阻碍中俄协定，本代表对此，殊为惊异。贵总长声明贵国决不许列强干预其外交政策，本代表对此项声明，深为满意。然本代表必须指出贵国政府对俄政策，向即依从列强政策，此乃世人所知，无须援引证据者也。

（限期问题）（四）远在苏维埃政府全权代表抵京之初，苏维埃政府即主张先恢复正式邦交，再商议缔约。但当本代表与贵国政府正式代表交换意见之际，则与上项主张绝相违反。五年来协同帝国主义列强尽力浸〔侵〕害苏维埃政府之贵国政府，力争恢复对俄邦交之时期问题，且对于两国之接近，造成种种纠纷。当本代表与王正廷交涉之时，贵国政府借口莫思科政府不肯议定未来条约之原则，争执对俄邦交恢复问题，此事以是大明。本代表为使此问题易于解决计，允以同时恢复邦交为条件，与贵国缔结协定。但本代表不得不声明此举为本代表之错误，盖贵国政府并不感谢本代表之让步也。贵国政府不顾其曾允许签订协定，不顾此协定业已满足中国国民之利益，以为可破坏此协定，以延搁两国邦外〔交〕之恢复。三日期限，只备贵国得以批准十四日签订之协定，并非予贵国以迁延解决此重大历史事件之机会。苏联政府敢谓若其不提出期限，贵国政府势必将此问题长此搁置，若苏联政府再允继续磋商，中俄协定必仍归失败，且将再延搁数年，北京内［此］阁之作为固如是也。贵国政府否认十四日之协定，且直至今日，贵国外交部对于协定之批准尚无表示，结果已使中俄形势，退回至苏联政府提出之主张，即苏联政府初与贵国政府代表王正廷交涉时之主张。

（内容问题）（五）三月十四日签订之协定，以公正、平等、容让以及尊军〔重〕中国国民主权而论，实为前所未见。贵国与他国间，借历史的机会，与他国订约，一若俄国革命所造成者，实以此协定为嚆矢。若谓贵国政府之拒绝此协定，乃因其损及贵国利益，此层绝无承认之理由。破坏举国称许之协定者，唯彼与贵国利益不容之外来压力而已。苏联政府因此对于贵总长表示贵国政府认中俄关系极为重要及亟愿与苏联恢复邦交之宣言，不能承认。本代表只能表示其对于贵国政府仍不知中俄邦交之重要，深抱遗憾。

（再议问题）（六）至于贵总长通知准备接续商议一层，因三月十四日中俄商议业已完结，且是日签订之协定已否由北京内阁批准，贵部尚未照会本代表，故苏联政府认中俄问题，惟有出于另行开始交涉之一途。本代表不得不宣言绝对拒绝接续商议，此层当三月十九日与贵总长晤谈时，贵总〈长〉业已得知。同时本代表应声明若贵总长及贵国政府果有与苏联政府交涉之诚意及坚决之愿望，则在目前情况下，首先须立行恢复两国正式邦交，待此步实现后，贵总长在通牒中所声明业已准备开始之商议，方有进行之余地云云。

四　各团体之愤概〔慨〕与主张

自中俄交涉破裂，平日主张无条件承认之各团体皆极为不满，北京教育会、北京国立八校教职员联席会议、中华教育改进社、北京青年国民俱乐部、民权运动大同盟、北京各团体联合会、马克思学说研究会、国立北京大学学生干事会、中俄协进会九团体特发布正式宣言，反抗法、美压迫，催迫无条件承认苏俄，其文如下：

中俄两国，边境接连一万多里，对于侵略的列强，双方利害又很相同，在互助的关系上，应当结为兄弟般亲密的盟联，这种需要的迫切，早为我国民之多数所了悉，且远在五年之前——当各民间团体踊跃答谢苏俄宣言的时候，就充分的表示了；去年北京各界热烈的欢迎加拉罕，日前各团体及北大教授对外交当局之声请，莫不一致主张立即无条件的承认苏俄，尤明显的表示国民坚决之公意，但是对外代表人民的北京当局是怎样呢？事实告诉我们：当局的对俄政策，从来是依遵列强之指示，毫不顾念人民之公意，五年来，以如是态度阻碍中俄亲交的建立，今又以如是态度将双方稍可接近之局面破坏了！

俄国自革命以来，所具反帝国主义及援助弱小民族之性质，没有一日不在可与我国携手的情形之中；一九一九年对华宣言发表之后，就是第一次绝好机会，此宣言所给予我国的权利，是在我国国际史为空前的，是任何帝国主义国家所不能给予的，不幸北京当局既不知审世界的趋势，又不欲顺从全国之民心，以为劳农政府覆灭在即，方惟恐落后的一致与日、法等国为反俄之行动，对于邻邦之友声，置之不答。我们那时自然很曲谅当局，以为中国外交家之头脑，哪能责其有独立的见地，确信俄之不败而毅然与之携手？及到去年加拉罕来华，时在苏俄存在已达六年，统一国内及内政、外交明显的进步之外，同时加氏又屡次表明对华两宣言之有效，这又是我国与苏俄携手的第二次绝好机会。我们以为当局此时可以却除一切疑惧，与国民对苏俄共其信赖，将毅然与之建立亲交的关系了。然而当局仍持态暧昧，举棋不定；我们那时犹可为当局曲谅，以为强国未承认苏俄之前，率先与俄国建立亲善，非我国外交家之魄力所能胜任。但是这些所可令北京当局据为推委与畏缩之理由，在英、意承认俄国之后，便完全失其效用了。然而在英、意承认俄国之后，北京当局对于苏俄的态度又是怎样呢？

国民所要的，是立即无条件的承认苏俄，成立亲交的关系，共抗帝国主义；北京当局却追步帝国主义国家之丑行，以市侩论斤较两之需索，为两国亲善友好之卖价。然若是苟利双方之接近，我国民自可默尔容忍，以观其成，初不意北京当局颟顸昏愦，竟使中俄关系有如日来之恶化！

北京当局今次之所以对于王、加已签字之中俄协定，忽持反汗的态度，表面似出于卫护国权之见地；其实真正原因乃在于外力压迫及当局私利之争执。法使对于中东路利益之抗议，及本月十四日日、美两使对于内阁之"警告"，外力干涉于是乃造成今日中俄交涉间严重情形了！夫中俄关系，何等重要，我国当局不但不能以独立见地，考量本国最大利益，今反容受第三方面国家之干涉，且借之以达个人之阴私，此等辱国营私之现象，宁为我国民所忍睹，而不思有以纠正之耶？

今日之事，最后惟一之希望，惟在于国民之努力。吾人特请我全国同胞，各地团体，速起运动，用其势力以：

（一）反抗帝国主义对于中国外交之压迫；

（二）督促政府立即无条件承认苏俄！

北京大学教授因回复中俄国交事件中断亦发出宣言，表示警告当局及要求俄代表保持原协定为正式会议根据。其原文如次：

吾人以中俄两国，疆土毗连，有历史的关系，兼以两国民族同受帝国主义、资本主义者之压迫，又同为新造之共和国家，根本上有相互提携之必要。况俄国于一千九百十九年及一千九百二十年两次宣言，对我一反旧俄侵略之主义，而建立平等之原则，复于吾人所求于列强而不得之治外法权、退还庚子赔款等皆不待吾人之要求而毅然撤销与抛弃，以示其实践两次宣言之精神。吾人初以我国办理外交者，必能鉴于已往与帝国主义或资本主义者交涉之苦痛，急与此良友之新俄，共同开一外交之新纪元。待之又待之，一年复一年，未见我国办理外交者，有若何之举动，犹以为或因俄国内部，尚有俶扰，循国际之惯例，不敢轻与然诺。上年以来，吾人始知我国办理外交者，所虑实异是，而新俄联邦已成，国基已固，回复两国之交，不能复任其迁延，以致坐误吾国之福利，于是本我国民之天职，起而督促我国之办理外交者。往者既尝一再致书于顾君维钧、王君正廷，促其本国民之诚意，察舆论之趋向，弗谈条件而立行宣布回复两国国交。二君者，或有书函之答覆，或为当面之答覆，皆于同人之意见，认为适当，徒为审慎计，须先有相当之谅解，大体之协定。同人为顾全责任，虽不能满意，而犹委曲容忍。方冀中俄国交计日而复矣，乃我国操持政柄者，无远大之目光，办理外交者无独立之精神，既锱称而铢较，复朝四而暮三，不顾舆论之从违，悍然举已成之协定而破坏之，吾人推求责任所在，实不能为操持政柄及办理外交者恕。吾人今本国民之天职，及平昔之主张，郑重告于国人曰：

回复中俄国交事件，虽不幸而中断，吾人仍誓以最短时期，俾之实现，以利吾国家。除一方警告我国办理外交者，立为无条件之宣告承认，一方要求俄代表仍行保持十三日之协定为中俄正式会议之根据外，特此宣言。

前日学生联合会开会讨论此事，并决议致函警告顾维钧，促其醒悟。兹闻此函已经发出，其原文如下：

少川先生大鉴：敬启者，先生办理中国外交历有年所，在中国外交界中，为首屈一指。自华府会议以来，声望尤著，中外同钦。吾侪方庆中国外交之得其人矣，讵知事有出人意料之外者。迩者，中俄交涉，功败垂成，将使苏俄甘心还予之各种权利，断送于倾俄之间，有口皆碑，责在先生与王、吴之流，窃以民八曹、陆、章卖国之行为，亦不过如是，此敝会对于先生处此，深为痛恶，并盼诸公有以自觉，俾中俄外交之早日恢复也。先议大纲，然后承认苏联，敝会对之已大满意。今大纲已定，经双方代表正式签字，而又反口，吾人纵置国家之权利于不顾，独不能维持中国国际之信用乎？内听一二不肖政客之指使，外受法、美各国之播弄，致失外交独立之精神，并以贻误国是，此敝会深为中国外交前途忧，更为先生惜也。倘先生犹执迷不悟，则敝会一息尚存，誓必力争，赵家楼故事可为殷鉴，伏望先生察之。

北京学生联合会，又于二十八日，在北京大学开紧急会议。到会者，有北大、师大、美专、女高、平大、中大、法大等四十余校代表，议决于二十九日下午二时全体学生游行示威，且赴铁狮子胡同顾维钧宅请愿承认苏俄。讵被军警侦悉，至二十九日上午，厂甸及汉花园各处，警察队、保安队、侦缉队数百余人，环伺北大、师大两校门口。下午一时，各校男女大上学生到者甚众，下午二时三十分，北大第一队有一千四百余人准备出发，军警即上前干涉。师大之第二队有二千余人，甫整队出门，被军警拦阻。一时灰尘蔽天，石块乱飞，小学生呼号之声，震动屋瓦。学生单独出门，必经搜索，同时南池子各处，均有军警把守。北大方面军警既众，将该校园围得水泄不通，学生在操场齐集后，本拟冲围而出，其时军警愈聚愈众，步队、马队、自行车队往来巡逻，窥察动静。且有督察长、署长等乘坐汽车，在场指挥。沙滩、汉花园一带，已人山人海，拥挤异常。学生以即冲出校门，亦万难达游行目的，当议决四五人为一队，携带传单，赴南北池子一带散布，如有机会，则齐集天安门，再开游行大会。故下午三时，南池子有许多学生纷纷发布传单，惟因军警干涉，故终未得在天安门聚会。

五 各疆吏之态度

交涉停顿后，洛吴连电政府，主张即照议决之协定签字。据各报发表，已来电五六次，苏齐、鄂萧等，亦均有电到京，主张与吴相同。今将吴之巧、哿、个、漾四电原文录下：

（第一电）（衔略）中俄交涉延搁，迄未解决。昨阅《中俄解决悬案大纲》，暨《暂行管理中东铁路》两协定草案印件，得悉此问题已略有结束。详绎草案各条，大体均尚妥适，不悖平等相互之精神，仰见我大总统德威远届。钧轴诸公以自动为原则，本不必有所瞻顾，以为进退，况各国已有实行于前，我国更无所踌躇于后。环顾国内政见，即有参差，对外本无歧异，既已无损国权，勿论在朝在野，当不致更有异议，伏恳当机立断，将原订各条件，早日妥为缔定，以利国交，而敦睦谊。抑佩孚犹有言者，外交最重时机，时机一至，稍纵即逝。以此次对俄交涉而论，中东路一项，在先俄方本宣称无代价交还，外蒙撤兵及边境各问题，迟速先后之间，亦有难易损益之不同，今既得相当公平结果，往者已不必说，来者犹可直追，此协定既为解决一切之根据，我之徭瑟〔毖〕绸缪，方自此始，岂容再事稽延，至蹈前辙。如解决悬案五、七两条，关于撤兵、划界诸事，政府亟应先自准备材料，详加研究，以为临时因应不匮之资，似亦此协定缔结后所必须注意者也。管见如此，谨电奉陈，统候鉴择。吴佩孚。巧。印。

（第二电）急。北京大总统钧鉴，孙总理、顾总长、王督办均鉴：昌密。巧电计达。中俄交涉，久延不决，致生波折，并闻有破裂之说，曷胜惊异。此事关系国信、国权至巨，深望毅力主持，仍本原旨，将协定即行签定，勿扰浮誉。无任盼祷。吴佩孚。咿。印。

（第三电）急。北京大总统钧鉴，孙总理、顾总长、王督办均鉴：昌宁〔密〕。巧、咿两电计达。中俄交涉，垂成忽变，举国皇然。斯事议论，一亘二三年之久，已往多少机会，皆已错过，今兹协定，幸尚维持公平，自外交政策言之，亦仅为桑榆之收耳，倘并此而不急起直追，一误再误，坐令国信、国权，堕地无余，外交当轴，责无旁贷，其何以自解于国人？佩孚为顾全国家利害、名誉计，不问主办此事者之为何人，但能将此千钧一发之外交，不再令交臂失去，贻将来国际上之大不利，皆所馨香崇祷者也。现在谈判虽停顿，挽救犹非甚难，务请毅然决然，将《协定大纲》，即于〔与〕签字，以维国交，而宏远谋。事机紧迫，不暇择言，轻渎之辞，伏希谅纳，并乞先予赐覆，以慰悬悬。临电不胜翘切待命之至。吴佩孚。个。印。

（第四电）急。北京国务院、外交部鉴：院号电敬悉。足征审慎周详之意。中俄问题，关系过重，讨论不厌求精，曾于巧、哿、个三电，略贡刍荛，计邀注察。查院电开示：《俄蒙条约》一项，以协定内未载明取消字样，为抵触中国主权。细绎《协定大纲》第五条，苏联政府承认外蒙为完全中华民国之一部分，及尊重在该领土内中国之主权，则认蒙古为独立国之《俄蒙条约》，即已当然消灭。况《俄蒙条约》中国始终未子〔予〕承认，若于协定见诸文字，即不啻间接先承诺该约为有效，此应还加讨论者一也。外蒙撤兵问题，内政颇有关连，本须兼顾事实，以求两全，俄代表既允声明于正式会议决定办法之后，尽数撤退，理想、事实，亦尚可谓平妥。政府拟改之字句，亦谓期限、办法于正式会议中商定，可见《协定大纲》之规定，与政府之主张，完全相合，条文意义，亦无丝毫轩轻〔轾〕。若谓以条件之商妥与否，为撤兵之标准，恐将来纠葛，诚有可虑之处。但《协定大纲》第五条中之条件二字，本系期限、办法之解释，政府拟改之字句中，亦明载期限及边境安宁问题字样，同未免除条约之拘束，文字似犹费解，究竟颠倒字句，能否变更内容，尚待考虑，此应还加讨论者二也。俄国教堂及不动产交还俄政府一节，《协定大纲》中，并未载明。即使俄代表十分坚决，亦属国际应有之惯例。证以我国发还战败国德国财产，犹未以过，况有教堂及不动产于我国者，本非仅俄国，似亦更无援例不援例之可言，此应还加讨论者三也。从来国际谈判，文件之繁夥，奚止百倍于私人商行为，商务性质之私人合同，往返磋商，每于未尽妥帖之文件上，及字句改窜之间，签名以昭信实。准此以绳，两方代表之签名草案，自不得以最后之正式手续论。俄代表执此而以限期相挟，礼貌、手续，两俱失态，政府自有法促其反省。惟为推敲文字中无关轻重之点，而引起停顿，权衡得失，可惜孰甚，此应还加讨论者四也。海通以来，我国对外所订约章，类皆丧权辱国，无可为讳，今对俄协定，若谓尽美尽善，诚不免犹有缺憾。然衡之已往，已为开未有之先例。揆之目前，更属不可再失之良机。诚能及时运用，其挽回中华民国利权、荣誉不在少。此所谓失之东隅，收之桑榆者也。外交事件，须内审国情，外瞻环境。反顾远东形势，不寒而栗，我不自谋，人有先我为之者，起而代我处分，噬脐于后，其将何及，想亦诸公所能洞察者。诸公以现条件为不满足，不敢即谓非是，但诸公能否必将来可取得较此更优越之条件，收折冲樽俎之全功。且诸公更能否经此顿挫，不致引起意外纠纷，而成一误再误之局，此尤诸公所宜负责审加三思者也。谨抒愚虑，伫盼采纳。临电无任迫切待命之至。吴佩孚。漾（二十三日）。

六　《中俄解决悬案大纲协定》及《中东路管理大纲协定》

王、加协定草案，各报虽有纪载，然均非原文，且辞句出入甚多。近由华俄通信社将该原文〈披露〉如下：

中华民国、苏维埃社会联邦共和国愿将彼此平日邦交恢复，协定解决两国间悬案大纲，为此派定全权代表如左：

大中华民国大总统特派王正廷，大苏维埃社会联邦共和国中央执行委员会特派里甫尼克哈乐维士·加拉罕(Lev mikhailov-itch karakhan)，两全权代表将所奉全权证书，互相校阅，均属妥洽，议定各条如左：

第一条　本协定签字后，两缔约国之平日使领关系，应即恢复。

中国政府允许设法将前俄使领馆舍移交苏联政府。

第二条　两缔约国政府允于本协定签字之后一个月内，举行会议，按照后列各条之规定商订一切悬案之详细办法，予以施行。此项详细办法，应从速完竣。但无论如何，至迟不得过自前项会议开始之日起六个月。

第三条 两缔约国政府同意在前条所定会议中，将中国政府与前俄帝国政府所订立之一切公约、条约、协定、议定书及合同等项，概行废止，另本平等相互之原则，暨一九一九与一九二十两年苏联政府各宣言之精神，重订条约、协定等项。

第四条 苏联政府根据其政策及一九一九与一九二十两年宣言，声明前俄帝国政府与第三者所订立之一切条约、协定等项，有妨碍中国主权及利益者，概为无效。中国政府同时声明中国与第三者所订立之一切条约、协定等项之有妨碍苏联政府主权及利益者，概为无效。

两缔约国政府声明嗣后无论何方政府，不订立有损害他缔约国主权及利益之条约及协定。

第五条 苏联政府承认外蒙为完全中华民国之一部分，及尊重在该领士〔土〕内中国之主权。苏联政府声明一俟蒙古撤兵之条件（即期限及彼此边界利益与安全之办法）在本协定第二条所定会议中商定后，即将苏联军队由蒙古尽数撤退。

第六条 两缔约国政府互相担任在各该国境内，不准有为国谋反对对方政府而成立之各种机关或团体之存在及举动，并允诺彼此不为与对方国公共秩序社会组织相反对之宣传。

第七条 两缔约国政府充〔允〕在本协定第二条所定会议中，将彼此疆界重行划定，在疆界未行划定以前，允仍维持现有疆界。

第八条 两缔约国政府允将两国边界江湖及他种流域上之航行问题，按照平等相互之原则，在前条所定之会议中规定之。

第九条　两缔约国政府允在前条所定之会议中，根据下开原则，将中东铁路问题解决：

一、两缔约国政府声明中东铁路纯系商业性质，并声明除该路本身营业事务直辖于该路外，所有关系中国国家及地方主权之各项事务，如司法，民政，军务，警务，政市，税务，地亩（除铁路自用地皮外）等，概由中国官府办理。

二、苏联政府允诺以中国资本赎回中东铁路及该路所属一切财产，并允诺将该路一切股票债票移归中国。

三、两缔约国政府允在本协定第二条所定会议中解决赎路之款额及条件暨移交东路之手续。

四、苏联政府担任对于中东铁路在一九一七年三月九日革命以前所有股东持债票者，及债权人，负一切完全责任。

五、两缔约政府承认对于中东铁路之前途，只能由中俄两国取决，不许第三者干涉。

六、两缔约国政府允在本条第三项所规定事项未经解决以前，特行规定暂行管理中东铁路办法。

七、在本协定第二条所定之会议未将中东铁路各项事宜解决以前，两国政府根据一八九六年俄历八月二十七日西历九月八日所订中俄合办东省铁路合同所有之权利与本协定及暂行管理中东铁路协定中国主权不相抵触者，仍为有效。

第十条　苏联政府允予抛弃前俄政府在中国境内根据各种条约协定章程等所得之一切租界租地贸易圈及兵营等之特权及特许。

第十一条　苏联政府允予抛弃俄国部分之庚子赔款。

第十二条　苏联政府允诺取消治外法权及领事裁判权。

第十三条　两缔约国政府允在本协定第二条所定之会议中，订立商约时，将两缔约国关税税则，采取平等相互主义，同时协定。

第十四条　两缔约国允在前条所定之会议中讨论赔偿损失之要求。

第十五条　本协定自签字日起，即生效力。为此两全权将本协定英文两份，各签字盖印。

一千九百二十四年三月十四日订于北京

（加拉罕及王正廷之全部签字）

又中东铁路暂行管理大纲协定案，前经王督办与加拉罕签定草约，外间所传皆系由英文译稿，兹觅得中文原稿，如下：

根据悬案协定大纲第九条第四项之规定，在会议中，未将关于中东铁路问题解决办法商定以前，特缔订一种暂行管理大纲协定：

（一）理事会为中东铁路一切事务（用人行政在内）之议决机关，设理事十人，中俄各五人，总办一人（理事长）由华理事充在〔任〕，副总办二人（即副理事长）由中俄理事各一人允〔充〕任之。

（二）监事局担任管理路警及其他维持该路治安之事务，设监事五人，华二人，俄三人，由五人中选举之，但以华籍为限。

（三）管理局执行关于营业方面之一切事务，设局长一，俄人，副局长二，中俄各一，局长之下设处长、副处长。

（四）理事由中俄两国派遣，不限于股东。

（五）理事之法定人数为七，所有一切取决，必须七人之全体同意方能有执行之效力。

（六）理事会遇有中俄理事投票之数相等时，理事会长除应有议决权外，并有加入取决之权。

（七）理事会华俄理事争议不决时，由两国政府用外交方法解决之。

（八）中国政府将来赎回该路之后，对于该路动产不动产，应负保护之责。

（九）旧有公司章程，依悬案协定所定之原则修正之。

（十）一九二〇年十月二日所订《管理东省铁路续订合同》，与本协定不相抵触者，均为有效。

（十一）所有该路华俄人员，均应秉公支配，其详细办法，于会议中商定之，本协定自签字日起，即生效力。中国政府将来赎回该路后，即由两国政府声明取销此项协定。

七　现在之情形

自明令将交涉归外部办理后，顾维钧兴高采烈，以为目的已达。不料俄方异常强硬，非恢复邦交，或签字已签证之协定，不与顾谈。

十九日顾派某秘书往访加拉罕，约其于即日下午会见。加答覆谓如为中俄问题，则有全权代表不必与外交总长谈判。如为他事，则无余暇商量。语气甚硬，盖加之对顾甚不满也。二十八日又派外部常与俄国代表团来往之某秘书走访加拉罕，陈述顾极愿与加晤谈，适值偶染感冒，可否请加到铁狮子胡同一谈，加首先诘问该秘书谓，顾维钧对于王加签定之协定，是否可以签字。如顾以为中俄问题，只须换一代表即可赓续开议，则误会甚大。当由该秘书归告顾维钧，顾又嘱其答覆加拉罕谓彼意仍拟从协定内容讨论。加答协定内容绝对不能再讨论，如不先恢复邦交，则其磋商皆属无从着手。如最后谓由秘书传达意见，终难有结果，请顾以正式公文答覆三月二十五日之照会。该秘书又以电话报告顾维钧，顾对于先复邦交一层，仍持反对，但谓如可会谈，则诸事似可减少许多困难。加以顾之答覆不能满意，遂拒绝与顾会见。顾、加之间，似绝对无磋商余地矣。一方顾又令我国驻俄代表李家鏊，在莫斯科与俄外长交涉，不意李家鏊往访俄国外交总长翟趣林，谓奉中国政府命令，愿与翟氏谈论苏俄政府对蒙古问题所持之意向，及所拟蒙俄间条约之取缔事宜。翟答称此种问题以及其他交涉，须由北京俄国代表办理。翟又谓中国必须签定协定后，方能谈及其他谈判。翟并谓中国不承认本国代表签字一节，将来或致引起最重要之问题，中国对之不能不负责任云云。

现在顾氏无法，且感于各方之反对，天天称病，恐有不得不下台之势。在顾氏个人弄巧反拙，固所当然，惟交涉从此停顿，或更生引起内外重大事项，真吾国之大不幸也！

《西北半月刊》
北京中华西北协会
1924年6期
（朱宪　整理）

评政府在《中俄协定》中所争之三点

童蒙正　撰

中俄自筹备交涉以来，差不多有一年多了，其间经过几许的波折，两方才议决协定大纲十五条。细绎协定的内容，大致总算还合于平等相互的原则；若以我国和各国历年以来所订的条约而论，这回总算是比较差强人意的了！如收回领事裁判权，关税平等，取消租界、租借地等等，算是我国向外国收回这种权利的第一遭。因此，我们对于这个协定，也大致表示赞成。不料协定正议妥的时候，政府诸公忽然表示不满，并借口中俄督办王正廷越权签字（?）收归外交部接办，开了几次特别阁议，居然下了如下的一条命令：

> 中俄交涉，关系重要，王正廷筹办以来，与俄代表意见虽渐渐融洽，而条款尚未确定，应责成外交部接收办理，迅与俄代表继续商议进行，以专职责，此令。

这条命令骤然看来，实在有点莫名其妙，既然王正廷筹办以来与俄代表意见虽渐渐融洽而条款尚未确定，何以又要责成外交部接收办理？这话在情理上通得过去吗？这且不评它，单就国务院号电中所争论的三点来下个评论。

一、苏俄与外蒙所订条约的废弃问题　这条的争论就是：政府方面，要在协定内载明苏蒙密约立时废弃，而王正廷方面，则以为协定第四条、第五条内所载，足以证明取消苏蒙密约，无须再载明的必要。我以为这话，还不是这样说法，苏蒙密约并不在废弃不废弃的问题，而在根本上认他存在不存在的问题。以国际法上缔结条约能力说来说，就是对于缔结条约者的资格问题——凡有完全独立主权的国家，一方为国际团体间的一员，只要不违反于国际公法以上，都可任意和他国缔结通商、修好、交通以及其他各种政略上、行政上、经济上的条约，丝毫没有限制的；同时并可参列各种国际会议，和各国签订共同的协约。若是没有独立主权国的资格呢，那就不能行使这种权利。明白的说：就是被保护的国家，或合同构成的国家，或宗主权的国家，或联邦的一州，或统一国的一省，和他之政治的团体，皆自始没有缔结条约之权，这是公法上最普通的一条原则。无论哪强国和哪弱国交涉，终不能破出这个法则的。外蒙是我国的领土，历史上不说，就目前而论，还有满蒙经略使、西北边防督办来辖治他，那末，自然就是中国领土的一部了。既是中国领土的一部——即等于统一国的一省一样，那它有和他国缔结条约的资格吗？它所订的私约，在国际法上能发生效力的吗？譬如说：山东和日本订约，把青岛割了它，试问我们承认不承认他有效？国际法上定这条原则，无非保护一国主权，防止他国的诈骗、压迫，如其是：统一国的一省，联邦的一州，和它国所订条约为有效，那末，强国无论在边境上的他国领土用点欺诈手段，或是用兵力压迫，实行它的侵略政策了。所以这条以缔结条约的资格来审识，是极平等的规定。

有人说：外蒙已是独立了，早经宣布自治，和中国脱离关系了，不能以一省一州来比较。但试问外蒙既是独立了，藏蒙〔蒙藏〕院蒙古议员在北京又是干些什么？它的独立如何独法？又是经过哪国的承认？既然对中国没有明白的表示，又没有经过任何国的承认，那末，这个外蒙仍是中国领土的一部。作〈为〉领土一部的外蒙，能够和他国缔结条约吗？自然没有的了！既然没有，那一九二二年苏蒙密约，根本上也就无效了。苏俄在外蒙设立专使，驻兵库伦，是侵略中国的领土，应当出兵驱逐。那末，现在政府，又要在协定内载明《苏蒙协定》立时废弃的字样，岂不是自相矛盾，倒反证它是存在、还有效力的吗？如果俄政府再问一问：苏俄密约有效没有？试问政府如何回答？如说是没有效，那协定何以要载明？如说是有效，那要立时废弃，自〔至〕少非有个条件不可！因为苏蒙条约，就无异苏俄已得的权利。政府诸公想想！硬要力争一个无效的密约，究竟是见解到哪一点呢？何况协定内载明："苏联政府承认外蒙为完全中华民国之一部分，及尊重在该领土内中国之主权……"已经足够证明外蒙为中国的领土，其他有不利的条约，自然认为无效，以后就在我国政府有没有这个力量去保护这块领土。政府诸公仅在协定字义上，吹毛求疵、画蛇添足，这是我们不能同情政府所争的第一点。

二、外蒙撤兵问题　这条的争论，就是政府方面要求俄国撤兵，协定内不要载有"条件"二字，因为苏俄撤兵是应当的，不能以"条件"二字来说；而王正廷方面，则以为这并不算得条件，这是表示期限及彼此边界利益安全的办法。我以为这一条，政府也没有可争的问题，外蒙既然是我国的领土，苏俄自然没有驻兵的权利，要求他撤兵，是权利所在；不过苏俄驻兵外蒙的理由，是防止白党，假使中国政府能担保白党不在〔以〕外蒙作根据地，来反抗苏俄，苏俄自然不能借口来驻兵。我们不管苏俄驻兵外蒙是不是纯粹这个意思；然而外蒙既是中国的领土，白党自然不能来占据，中国应当加以驱逐，本无须苏俄动兵的必要；就因为中国不能防止，所以劳驾他出兵来防止，这个责任又要怪在哪一方呢？现在中国要求苏俄撤兵，那他自然要提出边界安宁的办法来，这又算得什么条件不条件？何况他已注明边界定有安宁办法，就全数撤兵呢？中国政府如有力量，即刻派兵前去收回，那末，即使说有条件，也没有力了。总之，外蒙既是中国的领土，任何国不能来侵犯，如有来犯的，尽可以兵力驱逐出境。如苏俄占据库伦，显然是侵略我国领土，竟可开十万二十万兵去打他一仗，驱逐他出境，又何必在协定上争一不相干的“条件”二字呢？更何况协定上已载有苏俄撤兵的保障呢？这是我们对于政府吹毛求疵不能同情的第二点。

三、俄国教堂财产问题　这条的争论，就是政府方面表示不能发还俄国教堂财产，因恐将后他国援例要求；而王正廷方面，则以为这是相互的利益，按国际公例，凡两国恢复邦交后，各该国国家财产，理应各行归还。我以为这是很小的问题，万不可以此而闹到中俄破裂。政府如能争到，固是很好；不过以国际法上说，这是两方相互的利益，如果我国在俄国有教堂财产，也应得发还。然而这终是一个小小问题，平心来讲；德国是战败国，和我恢复邦交，所有德国财产，统统发还，苏俄是对等国，又是他的国家财产，照国际公例，也应发还，不能说这就〈是〉我国损失主权。至于恐怕各国援例一节呢，那末，我们请他援例协定好咧！领事裁判权收回，关税平等，收回租界、租借地，倒是非常欢迎，比较发还教堂财产，总所得权利来得多哩！这是我们不能同情政府在枝节上争执，以防〔妨〕碍大体的第三点。

总上三点来看，我们对于这个协定所规定的这三点不能说是损害国权，政府所争论的，并不能较协定所规定的为有利益，因此，我们不能不承认政府是吹毛求疵，无诚意来办中俄交涉。如果因此中俄破裂，政府要负误国之责，尤其是身当其冲的顾外长要负大部分的责任。

政府更有不能避免责备的：中俄交涉，何等重大，俄国虽有一九一九年、一九二〇年的宣言，放弃侵略中国一切的利权；然而自苏俄建设以来，他所行的政略，和在国际上的行动，处处违反他所论社会主义的精神，我们早就料到俄国没有改变对外的方针的——如一九二二年的外蒙密约，然而我国国内一部分学者，竟然也受他的愚弄，唱起无条件的承认苏俄，并请政府以诚待人，发表一篇宣言，总加上一二十个帝国主义、资本主义、社会主义等名词，喂！苏俄是以诚待人的吗？这种梦快快醒来吧！而政府诸公，对于这种重大事件，并没有表示一种政略，就是一年来阁议上，也没有正式讨论过一次（现在是例外），身当其冲的外交总长顾维钧，居然也“视若无事”，这种内阁够得上谈责任内阁制吗？王正廷是政府派的，政府应当授他策略进行交涉；现政府既然没有一种主张，而王正廷居然也办了“不辱受命”的协定大纲，我们不能说他是不称职，在王氏也对得住政府、国家了。哪晓得到协定议妥的时候，而政府诸公尽在字义上括来括去不肯签字，弄得加拉罕放下一个哀的美敦书，限三日批准，否则协定作为无效，竟把中国体面倒无余地。加拉罕这种态度，固然万分的不当，而政府受了侮辱，又不能据理答覆，连夜所办的只是撤消中俄督办，收归外交部接办。加拉罕看破此层，也更加强硬，竟提出非先承认不能接续开会议，弄到如此大僵特僵的局面，政府诸公，搬下石头来压在自己的背脊，试问现在有什么办法？国家大事，不是儿戏的，顾维钧既然能取消中俄督办，收归自己办理，应当更多争些权利回来；如果依旧签王正廷所办的协定，那还有什么脸见国人，国家受这次大侮辱，这是顾外长顾维钧要负大部分责任的。如果中俄会议因此破裂，我国失却收回权利的如此好机会，这误国的罪名，又是加在哪位身上，还请政府诸公三思！

还有一句话要说的：我们并不是以为这个协定就十分的满意；不过政府所争的三点，认为与主权上没有多大的利益。

如果因争此三点，而会议破裂，反不如就照此协定签字为是。一国和他国订条约，固然要谨慎，放大眼光，不失主权为主；却也不能不酌量自己的地位和能力，一味的妄想，也是不成的。何况国际上交涉，由不得你如此急进呢？我们对于《中俄协定》，大致表示赞成，也就是这个意思。然而争回主权终究是还须在实力上下工夫啊！

《西北半月刊》
北京中华西北协会
1924年6期
（李红权　整理）

中俄交涉商榷书

王葆真　撰

中俄交涉，突然破裂，有不能挽回之势，究其责任谁归？得失何在？此非我国人猛然省觉，速即以自动的善意承认俄国，恢复邦交，恐交涉从此停顿，更难善后。将来国际变化，曷堪设想，心所谓危，缄然难安，窃愿与吾国人一商榷之。

（一）交涉的性质　吾人评论中俄交涉，当先解析中俄交涉的性质，其与向来外交案件差别之要点何在？按苏俄依据一九一九年及一九二〇年两次宣言，为中俄交涉原则，完全以自动的精神，放弃前俄侵略的利权，而别无取求利权于中国者。此较之中国加入协约战团，又经国民多少牺牲，多少运动，所求于巴黎会议、华府会议所不得者，而苏俄则出于自动的完全交还，彼此比较，孰为善意，孰为恶意，三尺童子，类能辨之。试观《协定大纲》，十九皆利我者，我不过承认苏俄为友国而已。此次交涉直无所谓交涉，俨若我为三人，只管接收礼单，苏俄代表，来送贵重礼物，所求者延客入席而已。

顾苏俄何以送礼于中国乎？彼雄跨欧亚，全境统一，拥兵百万，指挥如意，非弱而畏我也。自英、伊承认邦交，巩固满蒙，通商贸易自由，非更有取求于我也，乃本其立国主义与外交政策，而欲亲交于我耳。非必亲交于政府，而欲亲交于我国民耳。方一九一九年、一九二〇年发来交还利权之宣言时，中国政府，乃蔑弃之，仇视之，以为苏俄且败，是口惠耳。然苏俄政府不以中国政府不受宣言自行撤销者，非无可借口也，非有可顾忌也，诚本其不侵略主义，而欲亲交于我国民耳。今次协定各条，非其被动的屈伏使然也，乃属善意的礼让使然也。倘若政府当局，少具智慧，知己知彼，谅解其善意，明白其性质，虑其不敢望之于英、法、日、美者，何故容易得之于苏俄，当能欣然接纳，款宴嘉宾，不至挑剔延宕，必怒客而后已也。

（二）限期的通牒　俄代表因十四日王督办签证之协定政府无意批准，即于十六日有转致政府限期三日之通牒。查通牒要点有三：一则声明协定签字之时效；二则解除彼方所负之义务，并保留提议之自由；三则声明不负交涉破裂之责任而已。盖协定草约，必须诚意共守，两国相交，贵乎机会均等。若一方汲汲相待，静候约束，一方漫漫推求，任意可否；一方以送礼的善意久立门外，一方似收租的恶眼相加，傲居座上，安有能忍受者乎？故苏俄通牒之来，实当局使之然也。正如仆人不晓事，慢待嘉宾，若更回护仆人，则来宾惟有仓皇辞去而已。

（三）协定的条件　《中俄协定》十五条，一本于平等相互主义为原则，举凡前俄不平等条约，一律废止，治外法权，庚子赔款，以及税关租界，驻兵航行之特殊权利，悉皆放弃，开国际平等之先河。蒙古交还，东路赎回，原则亦已大定，详细办法，俟会议商订，即可施行。似此条件，十九皆利于我，中外通商以来，得未曾有。姑无论本协定之分量、价值如何，试问英、法、日、美、伊、荷、比诸国，岂有继俄而起，订立为此之协定者乎？试问税关税则，谁操主权，制我死命，有能令我自由者乎？三年前法国出兵南俄，战败而还，论其兵力，不及苏俄远甚，何以庚子赔款法人必索金佛，以威力迫我者，政府则屈从之；以善意遇我者，政府则蔑视之，虽曰国际交涉，只讲利害，有强权，无公理，为问政府强权何在？若复不讲公理，尚可国乎？

（四）号电的理由　俄约功败垂成，舆论激昂，疆吏责言，政府乃发出号电，期骗国民，以掩饰其失败之形迹。倘国人不察，蹈于外交的恶习，为一致对外的盲从，以此对强暴之国可也，以此对善意之苏俄，是误入歧途，愈趋将愈远耳。号电所言三事，皆不足为交涉决裂之理由：

（甲）《俄蒙协约》问题，苏俄既承认外蒙为中国之一部，申之以尊重中国之主权，是交还外蒙，已到分际，《俄蒙协约》，虽不言取消，几与取消无异也。譬如夫妇结婚，不言居室生子，其事其理，自属当然者矣。外蒙昔遭白党之祸乱，中国政府，将士莫肯派兵救援，苏俄乃进击贼众，拯救蒙民，中国政府，又不遣使犒劳，一任外蒙自生自长，联俄独立。而苏俄因以辅助弱小民族为主义标榜者，与外蒙发生感情上密切之关系，匪一日矣。今乃责其明白宣布断绝交谊，寻常人情，犹不能堪，况堂堂苏俄，独不与弱小民族愿〔顾〕全信义与体面乎？故中国欲以开明的政治，共和的精神，融洽蒙族，复合为一，则外蒙固中国主权之所及也，亦苏俄之所承认也。若必欲苏俄此时声明取消蒙约，与弱小民族以难堪，此事理之所必不能也。当局坐昧事机，自寻死路，于人何尤，此不成得理由者一也。

（乙）蒙古撤兵问题，苏俄撤退驻蒙古军队，既有宣言为根据，复有协定之规定，在原则上更无致碍之必要。且已商及撤兵期限，与边境安宁办法矣，是原则上应即撤兵，已在先决中也。而又退到应撤不应撤之讨论，如此交涉，何能进步。均之主张撤兵期限，及安宁办法，由会议中商订之，是所争之实质效用，完全相同，仅不过在文字上吹毛求疵耳，此又不成为交涉决裂之理由也。

（丙）教堂财产问题，此事更不必顾虑，王儒堂梗电已言之，此非主要条件，更不成为交涉决裂之理由也。

按号电所举三项，皆不成为交涉破裂之理由，或政府观察错误，而认为必争之理由；或别有用心，而借此以为遁词，要之，交涉破裂，当局对于国民断不能不负其错误之责任也明矣。

（五）错误的责任　交涉决裂之原因，所闻颇复杂，吾人只就本案直接相关者，以为论据，觉当局之错误，约分数项：一、不了解中俄交涉的性质，故多方挑剔，致伤感情。二、不认识《中俄协定》的价值，故错过机会，无所爱惜。三、不注意中、俄、蒙关系的真相，乃〔及〕其分际，故要求过当，距虽〔离〕愈远。四、不顾虑交涉决裂后的损失，故争闹意见，牺牲外交。中国当局，具此四种错误之观念，故交涉决裂，当局应负其责任。

（六）宣言的酬答　吾人主张自动的承认苏俄，在去年二月提出国会，改善中俄外交一案，已具言其意。今则中俄交涉，几至无可挽回之时，俄代表二次通牒，又声明非俟两国重建正式国际关系之下，不能议及其他协定及条件。决裂已至于此，然则中俄交涉，遂将停顿乎？窃观两〔俄〕国一九一九年、一九二〇年两次宣言，其表示好意于我国者久矣，我固未尝有一宣言以报之也。今交涉停顿，不便开议之时，彼既有两次之向我宣言，我亦无妨向彼酬答，即根据其宣言之原则，不必更俟要求，而自动承认苏俄为友邦，恢复两国之国交。是虽无条件，与有条件相若也，虽无协定，而协定之精神在也。彼以善意的无条件的宣言而来，我亦以善意的无条件的宣言而答之，一酬答之间，而邦交复，会议开，则前日之协定条件，根据于平等相互主义之原则，谅亦不至大有出入也。否则哓哓争辩，感情愈伤，或经年不决，损害愈重，或兵戈相见，两败俱伤，既非国民之意，又非两国之福。纵令取还蒙地，占有东路，而国际异势，得不偿失，非上计也。谨陈管见，愿国人有以促政府之觉醒！

十三年三月二十三日

《西北半月刊》
北京中华西北协会
1924 年 6 期
（李红菊　整理）

俄国外交与蒙古问题

作者不详

（上略）中国政府对于此次协定中所最注意之点，即《俄蒙密约》问题。喜〔嘉〕拉亨对于此点之意见，以为就事实言，只须中国承认苏俄，一切事项无一不可在未来之会议中充量解决，从法律言，协定既规定外蒙为中国领士〔土〕之一部，则《俄蒙密约》，当然不复实行，故不同意于今日之《大纲协定》积极明示，使俄国对外之意思表示，有自批其昔日错误之嫌。此类见解，吾人亦当有一部分之谅解，惟不敢取以为信者，即证之已往之事实耳。当《俄蒙密约》签定之后，俄国驻蒙大使与外蒙总理会晤时之声言，曾谓“蒙古于一九一九年丧失独立，受制于中国之赎〔黩〕武主义，又失恰克图三方协约所许之权利。一九二零年受俄白党恩琴之扰乱，幸民党政府成立，推倒中国及恩琴之控制，又得苏俄赞助，蒙古遂获自由，乃与苏俄政府订结一九二二年之条约”。又复立说俄蒙银行计画及《俄蒙电报协约》之重要，可以使两国财政、经济及军事皆臻强固，并期对于一切他国，增进蒙古之平等发言资格，则所谓一九一九及一九二零年之际，非即苏俄对于我国为两次宣言之日乎，其承认外蒙之独立资格，与之订结条约，互易驻使，又适在其两次宣言之后，则俄国对华与对蒙之外交，俨然分途并进，在俄蒙约一日未经明示其无效之前，将何从保证俄国未来之外交方针，决然受中俄协定之拘束耶。况苏俄驻蒙大使当送交其证书时之声言中有云：

> 吾人可切实声言，目下情形，不许吾人说及蒙古之独立，所能说者，只有自治而已，但有一层须注意者，即独立与自治之分，仅为名而非实，譬诸中国，在理论上为完全独立，在事实上则为外国资本家所控制，中国一切财政方法，皆在协约国代表监督之下。齐趣林曾论布加利亚，谓彼于一九零九年处土耳其主权之下，但当时所享自由，实际上远胜于现在。盖独立不当注重外表，吾人当考虑生活之实在情形。倘外蒙能为必要之准备，则在自治之所享有与独立时固无殊。齐趣林在莫斯科送余启行时有言，寄语蒙古政府，俄罗斯未尝在彼之背面有所活动，今后亦将如是，蒙古人民乃俄国自己运命及将来地位之唯一判断者，质言之，即俄国将以蒙古之失败，为其自己失败之试验耳。

细索其词意之所关切者，一方在激发外蒙之独立能力，而诋毁我国之独立现状，一方取譬于一九零九年保加利亚之实况，欲保留俄国眼线下之蒙古自治而已。是俄人对于蒙古之态度，在此片言只句之间，已不啻宣泄殆尽。吾人夙昔以为俄国之革命，为人类之革命，其眼中久不应更有国界，所同情者惟一般被压迫民族之苦脑〔恼〕也。然征之于最近事实，彼固未尝不自奋力于国界死线之下，彼所弄之外交手腕，如惑诱，如威胁之事，亦恒表暴于国际交涉之间，与其他国家所为吾人厌恶者初无少异，即如此次中俄交涉之陷于破裂，在我国一部人见之，或以为其势已趋于若何之严重，而在嘉拉亨发最后之限期照会以后，复连发二次之决绝声明，似对于此种局势之造成，若不甚顾虑然者，其症结所在，非即在争执蒙古问题之一点耶？吾人于此因回忆当日俄日会议往迹，如大连，如长春，如东京之三度会议，均于双方主张大致谅解，行将及于最后时期，每因细节而皆陷于决裂，则中俄交涉之

趋此境地，征之越飞当日之态度，与今日之嘉拉亨，直无异为俄国外交写实，其前后取径如在一辙耳。(下略)

录《益世报》社论

《西北半月刊》
北京中华西北协会
1924年6期
(萨如拉　整理)

中俄交涉中之外蒙撤兵与中东路问题

录《顺天时报》社论

作者不详

（上略）中俄交涉中之难题，以中东铁路与外蒙撤兵两案为中心，此吾人当时所指摘者也。现在关于此问题，或谓两国代表之间，已为数度讨论，结果双方意见，已归一致，或谓尚未妥协。但由吾人之意见观之，此二问题，两国代表，无论如何协议，或发见任何结论，终与实际问题不相干与也。中国主张外蒙为中国领土，此属当然之事，非惟俄国对此承认，即世界各国，亦无一反对中国之主张者。然由实际上观之，蒙古果有中国领土之实与否，实属问题，盖中国政府，对于外蒙，实际上是否实行其统治权，对于外蒙诸王，能否使其悦服，中国警察，有否维持外蒙之治安，中国兵力，有否排斥外国武力之实力，凡此均属问题，因实际的政治，不能及于外蒙，故外蒙诸王，或宣言独立，或与俄国订立条约，或为白党所盘据，或为赤党所侵入。今假定赤军实行撤退，此后中国有否保护该地方之实力，实属疑问也。由实际上观之，外蒙非独立国，非中国领土，又非俄国领土也，其实状，颇形暧昧，故要求撤兵或承认撤兵，均属无用之论也，无论其若何决定，结局必仍归于实力者之占领，此不待智者而后知也。俄国因谙此理，故将承认撤兵，中国亦谙此理，故不得不疑俄国真意之所在，因怀疑甚深而踌躇而迁延，此为当然之途径耳。

中东铁路问题，由实际上论之，与法、美及其他各国有极复杂之关系，不依各国共同之力，恐终难决定也。今欲单由中、俄二国之意思而决定之，不过根据于空理而已，仅以地域为中国领土而建设者为俄国之故，而欲由二国决定之，乃无视实际与历史之论，虽假定能依此而决定，亦不过纸上之决定耳，实际上仍无解决之实也。因二国之间，徒事空论而轻视事实，所以当此问题将欲实现之时，而遭一大障碍也（按此段原论者别有用意——记者）。循是观之，关于此二大问题，虽附于任何条件，然结果不过排列几行文字而已，于事实无补也。换言之，关于外蒙之中、俄、蒙三角关系，中东铁路之中、俄及其他列国之多角关系，仍依然如故也。果尔，则如斯承认者与无条件承认何异耶，故中国若有无条件承认之决心，或虽无条件亦可承认之决意，不然中俄交涉，终无结束之理也。（下略）

《西北半月刊》
北京中华西北协会
1924年6期
（朱宪　整理）

日人又诱蒙古喇嘛到东了

鹤天　撰

日本是现在各帝国主义国家中，对中国侵略野心最大的：夺台湾，想得朝鲜；并朝鲜，想占满蒙；南满实际上已占去了，无日不思伸手到东蒙。十余年来，调查研究，不遗余力，关于蒙古的著作不下一百多种，明暗调查的人，更不计其数了。再进一步，就是联络蒙古喇嘛、王公，暗中诱惑，使渐离中国而亲日本。民国七年和八年四月初间，由日本支那浪人田中舍身等，两次假佛教联合会名义，引诱蒙古喇嘛到日，实则即该国外务省（外交部）的命令，一切费用，都由外务省供给。当时我国留学生，看破日人的阴谋可怕，假开会欢迎的名，对喇嘛百般开导，说明日人的阴谋野心，喇嘛也稍有所觉。日人大不高兴，和中国留学生几起冲突。友人龚德柏君，便是当时排日有名的健将。现在田中舍身等又以日本佛教联合会名义，招清〔请〕巴林王府西大庙长老萨巴雅尔等十四人，到日本京都留学，期限三年，是较从前短时间游历，更进一步。中国留学生，也无由阻挠劝告，日人得自此纵容诱惑，徐徐欺骗，使无知无识之各喇嘛，渐入其彀中而不觉，前途的祸患危险，较苏俄为尤甚。前门的虎未去，后门的狼又来，望我国人赶快注意，望蒙古王公赶快觉悟。

《西北半月刊》
北京中华西北协会
1924年7期
（朱宪　整理）

日人又唆蒙古喇嘛到东了

[illegible]

日本是现在各帝国主义国家中，对中国侵略野心最大的[illegible]

经营外蒙之我见

田德三　撰

凡事贵乎实行，不在多言。国人遇事专尚空谈，并不实作，以故外人讥之为虚伪，为因循，诚不诬也。兹当中俄议复邦交之时，仅就外蒙事件，略述所见，以供留心边土者之参考。

外蒙为我国领土，已数百年于兹矣。其土地之广，物产之富，环球皆知，若使外人经营，则凡百事业，俱臻发达，虽不能与英、美、德、法诸国相比，然较之其他小国，诚有过之而无不及。谁知迄今数百年，蒙古仍是荒凉蛮野，依然作上古时代之生活，所谓人类文明之幸福，丝毫未曾享受，此固是蒙人之不幸，抑亦中国人之耻辱也。

前清对于蒙古，纯用愚民政策，并不从政治方面设施。所以宣统三年，外蒙受俄人煽惑，宣告独立。民国成立，屡劝取消，曾不之应，将欲以武力解决，俄国又出而干涉。始而强我与之订约，要求承认外蒙自治，并限制我国在蒙设官、驻兵及殖民等事；继而又与外蒙缔约，承认蒙古之永久自治，并出兵助蒙，驱逐我国侨民及驻在军队，保证俄人在蒙各种之权利。自此以后，我国在外蒙，不过徒有统治之虚名，而俄国则于财政及军事，反握有监督之实权，此诚国人最痛心之事也。

及至民国六年，外蒙因自独立以来，日受俄人之剥削，已渐有觉悟。加以欧战频年，俄几不国，其轻厌俄人之心，日益滋甚。

翌年俄国赤党又侵入恰克图边界，蒙人异常惊慌，自觉其力不足对付，又见中国兵力日加，汽车运输，甚为迅速，于八年复取消自治，归向中央，是诚我国经营外蒙最好之机会。设使当时执政者立即停止内争，而以全力谋外蒙之更新，则今日虽不能有多大之效果，然已粗具规模。从此脚踏实地，一步一步往前去作，我敢断再过十年，外蒙状况，必大有可观。孰知比时当道仍采前清之虚縻〔羁縻〕办法，并不从根本上着手，而且内争不息，时过境迁，外蒙事件，又无人过问，斯真令人可叹而又可恨者也！

迨至十一年，苏俄又与外蒙私订密约，并承认外蒙为独立国家，交换驻使，缔结政治的及经济的重要条约，此固是苏俄仍不脱帝政时代侵略之野心，其实亦由我国放弃不理之所招。此次中俄交涉即照王、加协定签字，争回权利，亦为不少，然必着实经营，始可永保无虞。不然，数年之后，安知俄人不复借口攘夺。所以吾人对于外蒙不患不能收回，而患收回不能保守。兹将经营外蒙最要之点，分为四项，述之如下：

（一）利便交通　治国要道，首在交通，譬之人身，血脉流通，斯身体壮健，交通利便，则百业发达。张、恰铁道，为经营蒙古第一要事。现时既无款可筹，即借债修筑，亦无不可。在铁路未修成以前，可将现有汽车，大加扩充，改为官商合办，减轻运价，严定规则，既可便利商民，又能运输军队，此亦现时补救之一法也。

（二）派兵驻防　外蒙反覆无常，非有重兵常川驻守，不足以资镇慑。但中央政治，时有变迁，驻蒙军队，不宜因此而调动，所需饷项，以现时财政之状况而言，须规定由关余、盐余项下按月发放，以安其心。惟向来赴蒙队伍，蛮横已极，欺压蒙民，大招恶感，兹宜择其军纪严明者派遣之，庶免骚扰而生反响。

（三）改设行省　外蒙地处边陲，与俄接壤，只因我国历来视作化外，不讲改革之道，以致地荒人野，外人利其愚昧，多方煽惑。民国以来，忽而独立，忽而取消，长此以往，危险堪虞。为今之计，莫若改为行省，譬如东三省因改省而各业发达，民智渐开，又如新疆亦因改省而回族进化，此皆彰明较著者。深愿政府对于外蒙亦从速改省，以固边防而保疆土。

（四）移民垦荒　内地患人满，西北患土旷，人满则乱，土旷则弱，连年内地祸乱不已，边疆时生问题，即其明证。所以吾人主张移内地无业之民，而垦西北荒芜之地，既可抒内地人满之患，又能使边疆无旷土之虞，于国于民，两有裨益，是在当局者之早为筹画也。

以上四项关系经营外蒙，至为重要。我国如放弃外蒙则已，否则须将上述四项，次第实行，庶可免外人之侵略。不然，徒对外主张权利之收回，而收回以后，仍置于不闻不问之列，则外蒙之权利，不久仍为窥伺不息之俄人所得。现今之争，可谓多事，吾人甚望朝野上下，合力经营，勿争一时之意气，须求永远之保守，则国家幸甚，蒙人幸甚。

《西北半月刊》
北京中华西北协会
1924 年 7 期
（李红权　整理）

请政府注意唐努乌梁海

唐努乌梁海盟长之呼吁

作者不详

蒙古王公对于中俄交涉，十分注意，唐努乌梁海参赞公署驻京办公处，转请政府维护边土，务将唐努乌梁海提出会议，兹录该参赞黄成埒江电于后。

（衔略）据唐努乌梁海副盟长达克丹函称：唐地延袤二千余里，北与俄壤相接，形势险要，为外蒙屏障。民十白赤俄军，先后侵入库、恰，外蒙独立，唐地遂孤悬边徼，与内地隔绝。出产丰富，俄蒙均所垂涎，俄人诱胁，危急万分。丹生长斯土，受国厚恩，本爱国爱乡之心，激发人民，竭诚内向，死守以固边陲，迭经逾越艰险，上通情报，迄未得命。顷闻中俄交涉正紧，务请政府垂念边圉，寸土不可让人，将唐努乌梁海特别注意，勿效前此恰克图三方会议故事，将我漏遗，免贻噬脐之侮，幸甚，祷甚等语。查此次中俄交涉，成埒亦赞成无条件的承认苏俄。惟中俄亲善，障碍不除，终恐难得永久之和平。谨就管见所及，一沥陈之。外蒙地方范围之解释，中俄观念，向不相同。中国所谓之外蒙，系包括唐努而言，俄人则反是。现彼以屡次交涉，我国并未提出唐努字样，以我放弃，意存蒙混，竟将唐努全境在地图上改变颜色，认为俄国领土。所以民九改订镇抚使官制时，不曰外蒙镇抚使，而必曰库乌科唐镇抚使者，几经审慎，用意至深。又最近俄蒙订立私约，外蒙曾提出唐努归蒙之要求，俄人予以拒绝。司马之心，已可概见。此次对俄交涉务必亟将唐努特别提出，郑重声明，以免事后纠葛，业经成埒呈明政府，反覆陈说在案。及观中俄协定大纲草案，竟于此一字未提。俄人观念，既如上述，恐唐努富庶土地，及其忠顺人民，非复我有矣。此中俄亲善障碍之一也。复查苏俄对于外蒙野心，虽非全袭帝俄时代政策，然观其行事，每令我欲谓其非含有帝国主义而不能。即如外蒙初次独立，正在中俄国交未破之时，而帝国政府助之，曰应蒙人之请求也。外蒙二次独立，正在苏俄一九一九、一九二十两次宣言之后，俄人又从而助之，亦曰应蒙人请求也。乃嘉拉亨无以自解于其二次宣言也，一则曰，我国当时两次俱无答覆，意谓我无答覆，彼即可任意占我外蒙者。不知两次宣言，为该苏俄立国根本主义，昭告于世界者，既已信誓旦旦，则不问人之相与答覆否，其自身断不可违犯主义，而为欺人之举。再则曰，苏俄无利外蒙土地之心，试问俄蒙密约，所得外蒙利益之谓何？又何以〔异〕于帝制时代，已经失效之中俄旧约，均可放弃，而独于苏俄与外蒙一切私约，深闭固拒，不肯提议撤销乎？抑更有不可解者，关于外蒙撤兵，嘉拉亨既声言外蒙所驻俄兵，不过二百余人，此朝撤而夕退可耳，何必分期撤退，如此之难，是否有诚意也？其尤为离奇者，要求我保证白党，不再入蒙活动，为其撤兵条件。须知我库伦失守，系丧于白党之手，其时我兵在恰，正拟反功〔攻〕，尚不难于规复。而赤俄联合少数蒙人，攻我恰克图，名城夷毁，改名阿拉坦布拉克，从此恰克图三字，即不复见于俄蒙官文书矣。又将我恰克图商民，运注〔往〕欧俄苦作，死亡殆半，此种情形，均在其两次宣言以后，事实俱在，无容讳饰。是白党固赤俄之政敌，亦我之仇雠也。在理我断不能优容白党在蒙活动，彰彰明甚。乃苏俄尚如此廑虑，要我保证〈免〉其后患，而于我外蒙之内乱，则百计助长之。复宣于世曰，是出于蒙古之请求也。信如其言，试问外蒙撤兵之后，苏俄能保证其不再受蒙人请求否？否则虽撤销俄蒙私约，而中俄亲善，仍难实见。此中俄亲善障碍之二也。然此犹其显著者也，尚有隐患方长，为世人所未知者。即先由俄属布里雅特蒙族，迫胁外蒙，倡言蒙族统一主义，欲联合所有蒙族地方，建一大蒙古国。此种实情，国人或未深知。即观前日，外蒙民党首领巴丹增，受俄人主动来京，宣言外蒙认苏俄为东方民族之解散者；又嘉拉亨对于近日俄蒙密约，不肯撤销各情，即可确见。诚恐外蒙撤兵之后，我国接收之时，即蒙族统一国家主义暴现之日，危险实不堪言。所以此次中俄交涉，非将撤销俄蒙一切私约，及俄人保证，不再受外蒙请求，并唐努为我完全领土各节，订明于大纲之中，则国家对于外蒙，不能旰食矣。此中俄亲善障碍之三也。伏查此次中俄交涉，关于外蒙事项，事前并未征询外蒙意见，究竟外交解决之后，接收外蒙之时，中蒙之间，有无疑义争持，成埒不敢深论。惟兹据该副盟长函称各节，人民倾诚内向，不可与外蒙视同一律，实当重视。谨揭出俄蒙现时密结实情之为和平亲善障碍各端，正告当局，正告国人。当此一发千钧之际，尚希一致主张，维护领土主权，以谋中俄真正之亲善，永久之和平，则国家幸甚，蒙古幸甚，唐努人民幸甚。并附唐努乌梁海详图，加具说略，即乞察核。唐努乌梁海参赞黄成埒。江。印

《西北半月刊》
北京中华西北协会
1924年7期
（丁冉　整理）

蒙古王公会议

鹤天　撰

蒙古因开化较迟，积习过深，应兴应革的事特别繁多。乃中国政府向不注意，蒙古王公也不商筹进行方法，所以数百年来，依然毫无进步。近日因蒙人知识渐进，蒙古王公，也大半觉悟。如此次蒙古王公会议，讨论蒙古应兴应革的种种事项，足征各王公注意蒙事，热心改进。所提议案，或关于振兴教育、实业，或关于改革弊政恶习。如提议限制充当喇嘛，内蒙古自行设省等关系尤大。惟听说各王公对此两案，反对的不少，想因习惯思想太深之故。试思奖励喇嘛，是前清对蒙族灭种的政策，于蒙民有百害而无一利。自建行省，蒙人可取得自治权，不受被治的压迫，所得权利自由更大。即各王公，虽一时失去虚衔，却可水〔永〕久得点〔享〕实权，也是有利无害。想各王公多明达者，绝不至见近见小，而失去远大。这次会统〔议〕结果，一定有很好的希望，我不禁代表注意西北的同人，恭祝这王公会议的成功。

《西北半月刊》
北京中华西北协会
1924 年 8 期
（朱宪　整理）

实行收回外蒙之困难

作者不详

收回外蒙问题，为中俄交涉中之一大要点，即使外交上可以胜利，俄国可无问题，然中央果否能实行收蒙，颇有研究之价值。兹据某军事家之谈话云：俄军在外蒙者，仅至库伦以北为止，确查实数，不过数百。既被占领数载，俄人苟力所能及，或确有野心，则早已席卷内外蒙归入俄国版图。惟其力不能及，纵抱野心，亦只蚕食一部分。故撤兵问题，并不为难。我国如何派兵前往接收，则确为难事。库伦地方由恰克图前去，不过八百里，沿途水草丰茂，粮食供给充裕，若以汽车，则二日可达，且交通便利，接济甚易，尤便于行军。若由张家口前去，东路二千四百里，西路二千八百余里，沿途一带沙漠，水草全无，且元时所设台站，以便行人者，民国元、二年间，乌梁〔得〕以南者，均被蒙人拆毁，行军至速须廿余日始达库伦，孤军深入，实为大忌。加以自民国以还，奉张对蒙即经营不遗余力，倘俄军撤退，如由奉张接收，则由海拉尔或恰克图前去，行军至便。奉张自程在恰克图地方，有铁甲汽车五百辆，足以运兵，输送军队军需，皆甚便利。倘由中央派兵前去接收，如未得奉张同意，奉张纵不出面反抗，然由张家口至库伦二三千里，在沙漠行军，只要蒙人不供给饮水，已足置军队于死地。即幸而开抵库伦，若奉张引一枝兵，由恰克图南下抄之，则以地形上之关系，及沿途地势之关系，与夫后方之接济较之，库伦至速由张家口须二十余日始有接济，恰克图则有中东路可利用，仅数日而大队援兵已来，难易之数，不言而喻。故将来接收办法，实大可研究云。

《西北半月刊》
北京中华西北协会
1924 年 8 期
（丁冉　整理）

中俄交涉停顿中之异闻

蒙古发现大金矿　外人录〔谓〕加拉罕变更态度与此有关

作者不详

四月二十八日上海《泰晤士报》载一至可注意之消息。该报北京通信谓俄人近在蒙古发现一大金矿，俄代表加拉罕对中俄交涉变更态度，即与此事有关，而北京当局亦同时得有此项报告云云。兹译该文如下。

布党探察团近在蒙古发现巨量之金矿，其面积与阿拉斯加金矿相同。苏俄政府，秘不令外间知晓此事，于苏俄代表加拉罕所以突然变更态度，与内阁不批准中俄协定，而致交涉停顿之原因，颇足为似当之证明。今日（四月二十八）政府中之要人，讨论发现金矿事件，即曾表示此项意见。当金矿发现之后，苏俄政府，因欲守秘，故亦未通知加拉罕，及王、加所订草约提交国务院之前数日，加方及知。而此时中国方面，据秘密报告，亦已知此事。外间并传俄国所以不肯取消俄、蒙间条约，亦即因此。如加拉罕威吓中国能成功，中国允其存留俄、蒙间原来之关系，则俄人自可仍如驱逐恩琴以后，继续开发外蒙，侵害中国之主权，于此更可以证明者。加拉罕现在恢复两国邦交之倾向，似不如一月前之切，加视谈判之成功与否，似无所异趣。莫斯科政府之欲守金矿秘密，似不失为一因。盖中俄交涉纵然成功，而对于此点，亦决不肯放弃。俄人自占据蒙古以后，所得不少，蒙古之牛及各物，运往俄国者颇多，苟无中国之干涉，俄人自可自由开展蒙古之矿产，然则奚必尊重中国之主权。使馆方面对此亦具有同样疑问，佥以为俄国因蒙古之富源，远出从前意想之外，现在恐非仅凭一纸协定，所肯交还。加拉罕所称在蒙红军，仅有百人，实则此仅就库伦之卫兵言之，其散布蒙古各处及保护布党探察团之红军，并不在内。莫斯科既与蒙古王订立条约，并交换外交代表，库伦早完全在红军统治之下。加拉罕在北京之行动，极为奸诈，故即未受加氏津贴之中国报纸，亦因加之被摈而攻击政府。加氏不但如此，即于阁员之间，亦曾施其手腕。当王、加草约提付阁员之前一日，王克敏曾至道胜银行，其原因外间未及知。当日晤王正廷，即语王，谓渠可断言为交涉将停顿之朕兆云云。加氏之语果不爽。次日阁议席上，讨论王、加草约时，王克敏果极力反对，赞同陆锦之主张，因此反对，内阁遂未批准草约。据传俄国在蒙发现金矿，亦曾提及，但加之奸诈，无论至如何程度，而加不渴望交涉成功，殆为世人所熟知。加之不愿阁议，其借口之点极微，于此更可见中国有订约之诚意，而莫斯科政府则无之也云云。

《西北半月刊》
北京中华西北协会
1924年8期
（李红权　整理）

蒙古王公会议议案

德色赖拖布等　提议

一　内蒙古自行设省案
（德色赖托布等四人提议）

为提议内蒙古依据《宪法》自行设省事。窃近数百年来，吾蒙族权利剥夺殆尽，若不急图恢复，则天演劣败，将不能自存于世。故不揣愚陋，拟设行省，以为挽救之方。倘能多数之同意，则蒙族之幸，实国家之幸也。自《宪法》公布，全国腾欢，其第十二章列举规定省自治之权利甚优，蒙古地方因不名为省，故不得享有同等之权利。然有改建行省之依据，不可不急起直追之也。查《宪法》第一百三十四条云：未设行省、已设县之地方，适用本章之规定。又第一百三十五条云：内外蒙古、西藏、青海，因地方人民之公意，得划分为省县两级，适用本章各规定，但未设省县以前，其行政制度，以法律定之。据以上各条观之，是吾内蒙地方能否设省，惟视人民公意为转移。公意曰设，斯设之矣。查内蒙凡六盟，除锡林郭勒一盟外，其余五盟概已设县，是已取得宪法上省之资格矣。有此资格，犹未享其实权者，尚缺人民之公意耳。蒙古人民之公意寄托于王公，王公之公意，即人民公意之表现，此人之所公认者也。然默察吾辈王公之意，对于设省，犹多有怀疑者，故外间时有蒙古王公阻挠设省之谣。本爵亦系王公之一分子，实不反对设省，所反对者，强夺吾之土地、人民、政权，而为俘虏式之设省耳。今之恒言曰“鲁人治鲁，晋人治晋”，其他各省，亦莫不众口一词。可见自治潮流，趋势如此，非法外之行动，更非少数人之私意也。奈何独对于蒙人，必改其词曰某人治蒙，某人治蒙而限制其自治，则何说耶，岂蒙族独不平等耶？夫他人思欲治蒙，而限制其自治，犹可说也；若身为蒙人，而不欲自治，则其百思不得其解矣。故欲恢复政权，须先力求自治，求自治，须自行改设行省。此本爵提议之原因也。

疑者曰：“省县为两级制，盟旗亦两级制，皆分疆划界之名词也。名虽不同，实际相同，何必强同其名，而废弃吾蒙固有之制度耶？”曰：两级制虽同，而《宪法》上之保障则不同。曰省曰县，为《宪法》之所有，有则根据《宪法》，足资保障。曰盟曰旗，为《宪法》之所无，无则稍有变故，即入危境，危而后悔，则已晚矣。试设一喻以明之。王公之扎萨克，译为汉语，即行政官也，实际上则毫无行政之权。若因名实不符而争之，不但行政权不能得，人且笑其为愚。若改其名曰县长，则无待于争。凡《宪法》上规定县之职权，莫不从而归之。此理甚明，疑者可以已矣。疑者曰：“扎萨克何以能改称县长欤？”曰：改设行省资格条件俱已完备，仅缺公意一条，前已言之矣。今若得多数之同意，改盟之名称为省之名称，改旗之名称为县之名称，其一盟之长，当然为一省之长，一旗之长当然为一县之长。仅改两个字之名称，其势甚顺且易，然而一转移间，则有《宪法》为之保障矣。先取得《宪法》上之名称，则《宪法》上之实权，自然归之，何乐而不为乎？疑者曰：“扎萨克世袭罔替，县长限有任期，以一任之县长，易累世之扎萨克，是丧失权利也。奚可哉！”曰：扎萨克，官也，王公，爵也，有世袭之爵，而无世袭之官，犹前清肃亲王曾兼民政部尚书，其尚书不能世袭，明矣。蒙古扎萨克，并无非王公不能兼领之明条，不过蒙古习惯，乐受其旗主之管辖。他之治人〔人治之〕，则不甘［故］心，〈故〉必以扎萨克属袭旗主，相沿既久而袭王公之爵者，并扎萨克亦附带袭之云尔。然则之〔扎〕萨克本非世袭，而竟袭之，若改其名曰县长，实际上仍属相同。只要民心不改，习惯不更，舍旗主将无所属也，何丧失权利之有？不然，本爵新受扎萨克，与他人累世多年厌弃已久者不同，方且爱之护之之不暇，岂甘自寻危途，断送去之，然后快于心欤？况乎先发制人，尚有权利可以交换，若延至势穷被迫，出于被动，则悔无及矣。疑者曰："县长以人才为前提，与扎萨克之不问贤否，世袭相承者不同。扎萨克中固多贤达，倘有年龄不足，废疾精神病等缺陷，将奈之何？"曰：此第二步之问题，最易解决。以上各项缺陷，各选举法均有明白之规定，届时则以其协理代理之，或由参事会负责，均无不可。设省大体解决之后，其枝节关系，颇有从容商榷之余地也。兹际内蒙王公在京会议，正解决地方问题之良好机会，谨将内蒙急应自行设省，依据宪法，执行宪法所付与之自治职权，提出议案。是否有当，敬乞大会公决。

〈二〉变通比丁旧例编查蒙旗户口案（蒙藏院提议）（未通过）

一件　为重申比丁旧例，加以变通，另行编查蒙旗户口，以利庶政施行事。窃国有与立，土地、人民、政事三者而已。凡地方之安危，政治之良窳，端视乎人民为转移。故编户审丁，实与行政诸要端大有关系。蒙旗旧有比丁之制，乃箭丁多寡之版籍。查前清《理藩部则例》，载有每一百五十丁为一佐领，遇比丁之年，核计丁数，五〔佐〕领亦因之增减，隐瞒丁口，该管旗公王及协理、参佐等，俱有应得处分等语，实寓兵法部勒之精意，蒙旗视为大典。溯自国体改革，本院虽仍沿旧例办理，而施行已视若具文。且服兵役为国民应尽之义务，宪法既订有专条，亟应另行编订，以重军制。况议员选举之调查，初等教育之进行，与夫租税、自治等事项，均非由调查户口入手不为功。本院前以蒙旗向事游牧，逐水草而居，迁徙靡定，户口之编查，匪若内地之邻屋比栉，易于办理。近数年来，内六盟强半设治开垦，所有居民，率由游牧变为土著。人情安土重迁，编订户口，自较昔时易于着手。兹为实查蒙旗户口增减情形起见，拟于户籍法未颁行以前，参照内地调查户口办法，将蒙旗比丁，扩而充之，改为户籍册。每年开始时，印发调查户籍表册，照会各盟长，转饬属旗扎萨克，就该管旗内所有户口、男女、姓名、居里、年岁、职业，以及男子如系壮丁，隶于某佐领属下，逐一详确查明，纳比丁于户口册中，按表填载。其有非蒙民而移居蒙地乐业者，亦宜一并列入，不得疏漏隐瞒。各蒙旗之仓庄头，有愿披甲当差者，仍按旧例，由该庄头取具甘保各结，报由本院备案。每届呈报之时，由该管扎萨克于表册内驻〔注〕明于某年月日，已呈院核准，为本旗壮丁字样。如有隐瞒或虚报丁口情事发生，一经查出，仍照旧例惩处。至各旗佐领之增减，须视是项表册壮丁数目以为衡，尤宜另为说明，以资考核。其生死、迁徙等事，应由各民户随时具报，该管旗署另表填写，并详载事由，每届月终，各该扎萨克呈报盟长一次，年终由盟长汇集全盟之户籍表册，备文呈院，以备日后举行教育、征兵。自治之初步，所有变通比丁旧例，编查蒙旗户口缘由，合行提请公决。

《西北半月刊》
北京中华西北协会
1924年9、11期
（李红权 整理）

中俄邦交恢复后之外蒙接收问题

作者不详

接收外蒙人选问题，群主张冯玉祥最宜

中俄国交，既已恢复，接收外蒙之筹备，自为急不容缓之图，前闻曹锟方面，对于接收外蒙之人选问题，认为现任热察绥巡阅使王怀庆，与西北边防督办冯玉祥，就实力与任务言之，接收外蒙，当然非此二人莫属。据云，当时曾电商洛吴，询此二人中，究以谁最合宜，闻近日阁员中又有建议于曹锟者，认为此举以冯军最为相宜：（一）运输力厚，仅汽车即有百辆之多；（二）其他行军设备完善，兵士亦颇守纪律，似为最宜。

又闻洛吴日前与使署重要职员，开一谈话会，讨论中俄时局之前途，洛吴席间表示意见，略称，中俄协约既已签订，则两国间之悬案自可早日解决。问题中之最关重要，则为外蒙交还中国一事。外蒙土地辽广，出产丰厚，惟居民鲜少，将来中国必须选派干练真实之政治家，办理接收土地以及其他各项事宜。据他方面传出消息，及由蒙古来华之外国商贾声称，蒙民与北京政府存有一种误会，如欲解除此种误会，必须觅一孚众望之执政者，以为办理接收外蒙事务委员之首领，此人非冯玉祥督办莫属，因冯使与中外各方面，感情均甚良好。冯氏对于此职，果能表示允就，

将来定可收得良好结果。中国经过种种困难，卒得与俄谋得协和，此事大有裨益于两国者实非浅鲜，中央政府如能选派冯氏办理接收外蒙事宜，则将来定收美满结果而无疑，因冯氏不惟精于军事学识，并为良好之政治家云。

发行张库内债之建议

某社云，接收外蒙在即，故近来交部与陆部会同勘查张库路线，进行颇为迅速。兹闻某局长，向交通当局有所建议，主张发行张库铁路内债五百万元，以资先铺路基，俟路基款项有把握时，再采办材料，惟闻交部原来计画，颇有出入，且此项债票，亦难保不入外人之手，故交通当局能否容纳此项计画，尚未可知云。

参部赶办外蒙详图

▲发津贴二千元

据确息，外蒙地处边陲，情形隔膜，院方以接收在即，昨特饬参谋部迅即详绘外蒙地图五十份，以为接收之用，并以该部经费，积欠过久，办事寥寥，遂饬财政部赶拨支票二千元，为办理此项出力人员之特别津贴云。

将开中蒙会议

莫斯科四日东方电　蒙古代理公使曰，中蒙间，现虽有经济的关系，然政治的关系，并无丝毫之存在，一切当由俄国居中，开中蒙会议以解决之，蒙古政府及国民，当于中蒙会议，极力主张维持蒙古现状云云。

关于收蒙之方方意见

中俄邦交，既已恢复，外蒙交还之期，当已非遥，而我国收蒙计划，实为不容暂缓之要图。于是各方面纷纷向政府建议，并请及〔即〕速进行。闻某方面日昨亦来一电，条陈收蒙意见，主张取怀柔主义，请政府不必派遣重兵，以免中外猜疑。且蒙人内向之心，犹未泯灭，加以柔抚，不难得众云云。并闻政府当局以兹事体大，关系甚巨，必先统筹全局，兼策万全，故拟先设一收蒙筹备委员会，以便讨论接收办法云。又闻政府方面，昨接新疆督军杨增新来电，自陈愿任接收科布多事宜。原电略称，中俄协定签字，接收外蒙，为期不远，科布多一带，应遵照前议，由新疆接收，新军已整装待发，中央何日收蒙，新军亦当同时收科云云。并闻新督准备收科，已非一日，当加拉罕来京之时，即将军队编妥，现在饷械等项，亦已筹措全备，确有倚马待发之概云。

《西北半月刊》
北京中华西北协会
1924年11期
（朱宪　整理）

马福祥对中俄会议之条陈

马福祥　撰

公政昨接绥远都统马福祥来电，条陈对于中俄会议之意见如左：

敬陈者：窃维库伦纷扰，俑使邻邦，数载相持，无从解决。前此那亲王彦图条陈外交、蒙古、兵事三项办法，福祥亦曾就当时情形，略舒意见，谓规复外蒙，固须恃外交之折冲，尤重有军事之准备，均咨呈国务院有案。今则《中俄协约》，业经签定，国际平等，趋重协和，俄既承认撤兵，情异势迁，在军事进行，但期足以填防，已不尚乎作战，是此后会议所应注重者，全为协约之条件问题及收复后之善后问题，简言之，即一为对外关系，一为对内关系而已。绥远毗连蒙境，数年商务、民生，所受库争之痛苦，至深且巨，福祥忝负绥辑民蒙之责，惩前毖后，苟有所见，未敢默然，除派员届时赴会，共同筹议外，谨贡刍荛，用备采择。

（甲）对外关系：（一）国界——查协定第七条，既明载两国政府，允于会议中，将疆界加意勘查云，此实予我以明定国界及恢复旧界之良好机会，会议开幕，似宜首先提出。从前珲春、伊犁所立各界约，种种谬误之点，迅速厘定办法，另为组织中俄勘查国界委员会，征之文献，考之界碑，以及边氓、遗老所流传，一一与俄派委员按经纬度，确为订正，庶百年来横被侵略之疆土，得庆金〔全〕瓯，沦于异域之人民，复归祖国，实一劳永逸之至计，即令多费时日，多糜款项，似不宜因困难而稍存放弃者也。（二）路权——中东铁路在我领土中，且为我东北部之命脉，路权一日不赎回，即国权一日不完满。窃以为会议开幕，即宜根据协定各条并援胶济路五年备资赎回办法，定一最短期限赎回自办，庶能完两国相互对等之精神，且可杜列强干涉远东之口实。（三）赔偿损害——俄国自政变后，我商民贸易俄疆者，生命财产，所受种种损失，难以数计，即就绥、察两区大盛魁、锦泰亨两号言之，所受损失，亦数百万，其他商号因倒闭歇业者，不计数十百家。今两国既重行修好通商，若全不将各种损失要求赔偿，是我商民决不蒙政府之保护，与我国商业前途，国家富力，均受莫大之影响。又俄帖之行使于我国者，自经乱后，价益低落，我国人因之倾家荡产者不知凡几，窃以为会议以前，宜由我国组织一调查对俄贸易委员会，凡商民贸易损失及现时国内所存俄帖数目，准其据实呈明汇案，照请俄使如数赔偿，并要求对于俄帖表示兑现办法，庶使国际贸易精神，得为一振。

（乙）对内关系：（一）收复不在多兵而在得人。民国以来，库佛旋附旋叛，固由外人之挑拨，而我国所派大员，抚驭无方，寝〔浸〕成驱爵驱鱼之势，无可讳言。今苏俄既承认于会议后全数撤退军队，如我国复以重兵前往填防，施以压迫，则蒙人势必大起惊疑，仍不能坚其内附之意，似宜先选廉明公正蒙汉大员各一人，轻骑前往，妥为宣传，俾知中央对于五族，一视同仁之旨。并预为接洽收复各项办法，然后遴派常驻大员，酌带军队前往填防，庶无惊扰扞格之虑。（二）经营不在压制而在怀柔。我国对蒙政策，其失败在始而怀柔，继而压迫，前后矛盾，威德两乖，此次协定，俄人既纯取相互平等主义，复承认无条件之撤兵，苟收复经营，不于兴养立教、通商惠工诸端，悉心规画，图利蒙民，则彼号拥新军三万之青年、国民诸党，既无教权可以束缚，复染

“赤化”而益恣睢，使专恃兵力以为镇摄，殆无从得而安辑之。窃以为此时厚集重兵于外蒙，无论财力有所不给，设遇有变，援应不灵，恐又将八九年间覆车之续，为今之计，似宜纯用怀柔主义，因其固有之习惯，导以同化之新机，如垦、牧、林、矿等，使之趋重，逐渐改良而扩充之，一面取步步为营之势，先以开张、库交通为唯一着手办法，盖铁轨所到之处，即兵力已到之处，张、库一线，能速观成，即外蒙全不驻兵，必无反侧，可断言也。以上所言，明知知识肤浅，不免挂一漏万之讥，所冀山海高深，得纳土壤细流之助，事关国家兴替，生民安危，苟蒙垂察而甄择之，曷胜幸甚。马福祥叩。

《西北半月刊》
北京中华西北协会
1924 年 12 期
（李红权　整理）

关于接收外蒙

作者不详

一　中央之计画——用步步为营办法增兵，筑汽车路以利交通

关于接收外蒙问题，疆吏之主张，及蒙人之意向，本刊业已纪载，兹闻府方对于此事，前曾交由军事参、陆两处，会同外、农、交、陆、参等部，开收蒙筹备会，详加讨论，以资集思广益。该会对此曾经多次之讨论，已拟就接收手续三项呈府，特将其内容要点分述如下：（一）开辟交通，拟于京绥路向内蒙两套推广汽车路，就昔日徐树铮计画，冀达宁夏、哈密为目的，以凭南倚长城，北连外蒙，其间计一万里以内，均可活动通行。（二）接收方法，拟用步步为营办法，由内地派定第一批接收军队，仅先移兵驻张家口，面〔而〕于口北增驻一批，即由乌、滂间向北移动，其别军队，由张至库沿线掩护，自左右两线进行，既不觉有大军北赴，亦可立定基本军，自一次至数次增兵，皆在显著形势，外蒙即可接收。（三）经费，今拟将分别门类，择要者逐渐进行，如邮电、实业、教育、农政、开垦，则视前列之成绩，以定实行军民同进之规程，其经费陆续筹画，无须立时筹拨巨款云。

二　洛方之计画——防务上准备为五项，善后问题分为六种

据闻洛吴最近关于接收外蒙筹办善后，拟就规模，业与府院函电协商。其内容如下：（一）根据《中俄协定》第五条，苏俄政府承认外蒙为完全中华民国之一部分，将外蒙俄军从速撤退，并依照在第一条所定会议中讨论撤退俄军手续，惟在未正式会议前，须与加拉罕接洽，双方均须有此准备。（二）规定接防国军数额，及分防时经过区域之招待方法，预防长途行军，发生困难。（三）预定国军在外蒙分防地点，出〔由〕参谋部准备外蒙详图与说帖，分给各防军队，俾有遵循。（四）注意俄蒙画界问题，在未接防前，应向莫政府提出办理。（五）俄军撤退后，先由特别区抽派得力军队分防库、恰，以免内地军队一时不能开到时，再出问题。以上为防务上之准备，至关于善后，亦提出六项方针：（一）恢复库伦都护使，并添蒙防总司令及支队司令各官职。（二）筹设垦务局、学务局、清丈局、善后局、国道筹备处各机关。（三）筹修库张铁路及各处支路。（四）中央扩充蒙事委员会以专责成。（五）选派大员赴外蒙宣慰青年党，取消蒙新政府。（六）改订外蒙官制，优待外蒙王公。中央对此非常注意云。

三　冯督办条陈并征询各机关意见

当局对于收复蒙古办法，约分两点：（一）究竟应否以武力收复，（二）抑以和平方法劝导蒙民，使之幡然归向政府。首当要冲之西北边防督办冯玉祥氏，日前曾向政府为极详晰之条陈，现闻府方仍力主审慎，以此事关系者，内而参谋、陆军、内务各部，

及蒙藏院、军事处、参陆办事处，外省疆吏，如东三省、新疆，则尤有极密切之关系，故除将冯氏条陈分交关系各机关详加考量外，一面仍拟俟征询关系各省疆吏之具体意见后，再决定适当之应付之办法云。

《西北半月刊》
北京中华西北文化促进会
1924 年 12 期
（李红权 整理）

监视蒙人行动

作者不详

外蒙外交当局巴音多尔济，乘中俄邦交甫经恢复后，即突然来京，关于外蒙事宜，拟在京内有所运动，因此颇招政府当道之所忌，乃于昨日训令京畿卫戍总司令王懋宣将军警各机关，对于巴氏一切行动，务应严密注意侦查，以凭核办云。

《西北半月刊》
北京中华西北协会
1924 年 13 期
（丁冉　整理）

外蒙以独立国自居

电询中央以何种地位待蒙
未表示前拒绝派员会商

作者不详

外蒙独立，久未取消。自《中俄协定》成立，我国对于外蒙，既有完全主权，政府即拟趁此时机，早将蒙事解决，前次特派唐在礼前往宣慰，借以解释一切误会。彼时以外蒙态度，究竟如何，不可不预为刺探，曾由中央致电外蒙政府要人车林多尔济等，以示修好之意，迄今两月之久，尚无信息，中央正在怀疑，昨日忽接车林多尔济等回电，语极倔强，至谓中蒙修好，本极赞成，惟中政府究以何种地位待遇我蒙，请用正式公文表示后，始行派员来蒙，直接与蒙政府接洽云云。似此车林多尔济等，实不啻以独立国家自居，不知中央政府，果如何应付耳。该项原电甚长，兹并将大意节录如下：

（上略）我蒙自治，前被中国逆党徐树铮劫夺，嗣经俄白党巴论多尔呢蹂躏，糜烂地方，蒙众难堪，涂炭之苦，已达极点。所幸我蒙民党勃兴，招集民军，扫除敌氛，成立蒙政府，迄今已逾三载，倒悬之苦，渐次以解。此种情形，谅中政府已在洞鉴之中。此际欲复中蒙旧好，虽为至要之图，然中政府以何待遇我蒙，尚未表示明显，无论派何人来蒙，已难成盟，应请用正式公文表明待遇后，究竟应否派员来蒙，临时始可决定，刻下尚无派员会商之必要。且自此已后，中政府有对蒙接洽事宜，不必由某等以个人名义转达，应请直接向蒙政府接洽，以符手续，是为至要。车林多尔济敬叩。

《西北半月刊》
北京中华西北协会
1924年15期
（丁冉　整理）

蒙古议会决议亲俄

作者不详

莫斯科三日东方电　蒙古议会，关于外交问题，决议排除压迫弱小民族之帝国主义国，努力与苏维埃联盟，谋政治、经济的接近云。

库伦亲俄色彩趋浓厚

莫斯科十日东方电　库伦电讯，蒙古国民党中央委员会选举之结果，十名中，关系世界共产党之亲俄派，有六名当选云。

外蒙向俄商购械

▲外部已再电李代表向俄交涉

中美社云，外交部因日前得奉天省署之公文，谓据探报，外蒙驻苏俄之代表丹曾氏，近因外蒙编练炮队，特向俄国某方面，订购野战炮四十五尊，以供新募之车臣汗、土谢图、札萨克各部落蒙古炮队之用。并谓此项野战炮，现有即日运蒙之消息，应请设法阻止云云。故特于前日致电驻俄代表李家鏊，请其切实向俄政府交涉，务达就近阻止之目的，兹觅录合同之大要如下：

（一）博尼瑶野夫（俄商名）等，以一八九一年列民敦氏小枪二万枝，售与外蒙政府，每枝枪各附子弹一千发，及刺刀、皮带、修理器具，并其他应用物品。

（二）每枪一枝，作价华币七十三元，在恰克图交货。

（三）初次交易，须交现款，此后交货时，再订交款日期，并可通用外蒙政府债票，一次交枪一千枝至一千五百枝。

（四）外蒙政府得于订合同后二十日内，派员到恰克图为第一次之交易。

（五）本合同自盖印签字之日起，以六十日为限，须全部交割清楚。

（六）倘遇天灾地变，不能为力之时，经双方合意，尚可延期。

（七）本合同二份，外蒙政府存一份，博尼瑶野夫存一份。

（八）本合同须由双方严守秘密。

此外并闻现双方业已开始履行合同，至该合同之签订，系由博、丹二人于十一月二十八日在莫斯科签字。签字之第二日（即二十九日），博氏曾偕同丹曾之随员某，前赴伊尔库次克，提取存械，并已运新式列民敦马步枪七百六十枝，旧式枪四百枝，子弹二十四万二千八百发，前往恰克图。此外尚有野炮一门，炮弹二百个，炸弹五千二百个，系博氏赠送与外蒙政府者云。

外蒙派使问题

▲俄政府讽令外蒙代表回蒙

中俄协定告成，迄今虽已多日，但俄政府则仍承认外蒙有派代表驻扎俄都之权，显有违背条约之嫌。因此外交部曾密电驻俄代表李家鏊，令其向俄政府质问外蒙究以何种资格，派遣驻俄之代表，俄政府又究以何种关系，而承认其有派遣代表之权。意在要求俄国否认外蒙有派遣代表驻俄之权，现闻李家鏊昨已来电报告外部，谓俄政府现已表示不容外蒙代表再驻俄京之意，业已讽令自行退出俄京，大约不日本问题即可完全解决云。

蒙古议会致电翟趣林
（十一月称俄蒙为兄弟的国家）

莫斯科十三日电　蒙古国民议会致电翟趣林氏，略谓革命的蒙古国民，令俄蒙两国兄弟的同盟更加巩固。将政权收归自己手下，驱逐蒙古王公及外国压迫者，是为十月革命之结果，而苏维埃联盟之兄弟的援助，令人尤为难忘，爰举阁下及加里宁为名誉议长，用表友好的同情云。

唐努乌梁海确已独立

▲杨增新请示办法

唐努乌梁海独立之说，早有所传。杨增新昨来一电，谓确系事实，并谓苏俄政府已派使赴唐，请政府向驻京俄使严重交涉。兹节录杨氏来电如左：

（上略）顷据探报，唐努乌梁海，宣告独立，脱离外蒙，确系事实。俄政府除表示赞成外，并派大使赴乌梁海调查一切。此事关系我国甚巨，务祈速与驻京苏联公使严重交涉，关于应付方法，并祈示遵。（下略）

收复外蒙问题

俄军撤退已无问题　外蒙政府大起恐慌

中俄会议中之收复外蒙问题，王正廷与加拉罕间，已有相当谅解。闻加氏对于驻蒙乏〔之〕残留俄国军队，允于明年四月以前一律撤退，届时由中国派兵接防。惟外蒙政府，对于中央方面，现尚抱怀疑态度，王正廷接任外长后，虽曾以私人名义，致电车尔多尔济，详述中央对蒙之意见，迄未得车氏覆电。近以会期已迫，王氏拟于会议竣事后，由中央遴派专员，随军赴蒙，与蒙政府妥为接洽云。

又一消息，蒙政府因中俄会议行将开幕，现大起恐慌。驻赤塔总领事张玮，昨有急电到京，报告外蒙政府派陆军总长丹曾、外交副长海沁萨克，带随员八名，专车赴莫斯科。闻系协商对付中俄会议之方法，请加注意云云。我国政府接到该电，认为关系颇巨，曾于二十二日致电驻俄代表李家鏊，谓据驻赤塔张总领事电称，外蒙政府派代表丹曾等赴莫斯科，行踪诡秘，恐与中俄会议有关，就近密查究竟，从速电覆云。

美考古队又来华

鼍卵已售一枚

亚洲考古队第三队前由蒙古戈壁沙漠获得一千万年鼍卵化石二十五枚，运美出售一节，业志前报。兹据该考古队主任安竹士声称，现已售出一枚，价五千元。买主高尔格氏，拟将此卵送入纽约韩米敦高尔格博物院展览。考古队得此五千元之代价，故再行来华，作第四次之考查。此次所需经费约二十五万元，所余之鼍卵如再售去数枚，不难筹足十万之数。安氏并携带无线电机一份，以便与外界通消息云。

政府以武力解决蒙事

▲已令杨增新相机进兵
▲请俄政府俄兵勿参战

中美社云，据最确消息，此间执政府因迭接杨增新及其他各方面之报告，知蒙古军现已准备侵袭科布多等处，且有要求与俄军合组联军之说，恐此时不采取严厉之手段，或贻将来不可收拾之忧。故已决计实行以武力为后盾之政策，现除由执政府密电杨增新令即下令动员，相机迎击蒙军外，并已由外交部急电驻俄代表李家鏊，令将蒙军图扰科布多等处及政府不得已采用严厉手段之经过，通知俄政府。并请俄政府即行电令驻库伦之俄军官，饬其约束所部军队勿令加入蒙军作战，并声明倘有加入作战者，则遇有不幸事件发生，中国政府即不能负任何责任云云。

班禅赴五台度年

后藏活佛班禅额尔德尼，行抵西安后，因京局变动，未能直捷入京，现决定由陕赴晋，在五台度年，并便中展拜清世祖之遗像，俟来岁春暖，再行莅京觐见。昨闻晋督阎锡山，曾有咸电一则到京，报告迎护班氏情形，原文如下：

文电敬悉，班禅入京取道晋省，已派河东、冀宁两道尹接待护送，谨覆。阎锡山叩。咸印。

班禅通电弭兵

后藏活佛班禅额尔德尼，行抵西安后，鉴于时局纷乱，祸起萧墙，特于艳日发出通电一则，促请国人停止战争，共保和平，原文如下：

（衔略）共和布政，五族归仁，布岭萨川，同隶禹甸。此次由藏入觐，跋涉艰巨，行抵西安，时越两稔。比闻政局变更，全国震撼，段公出肩重任，明诰革新。中道闻风，同深欢幸。惟款款愚悃，有不能已于言者。我国风雨飘摇之际，正危急存亡之秋，亟应速息内争，力图上理。乃者烽烟未靖，风鹤频惊。同室操戈，既贻煮豆燃萁之诮；渔人伺利，将成摘瓜抱蔓之忧。若唇亡而齿自寒，皮不存而毛将焉附。非惟中原锦绣，同蹈陆沉；且虞边塞藩篱，亦供刀俎。怵心焦虑，惶悚滋深。自维身受国封，与同休戚。年来受外界之激刺，沿途感闾里之萧条，知战祸不可再延，元气亟宜休养。所望彻底觉悟，务保和平，免阋墙之纷争，谋根本之建设，俾共和真相，广履重藩；劫后残黎，稍苏喘息。谨当虔奉馨香，同祝国祚于无既矣。再，刻暂驻陕垣，拟取道晋省，入京展觐，特先抒忱，诸维谅察。班禅额尔德尼。艳印。

熊希龄劝班禅来京

班禅抵西安后，即有电到京，主张和平解决大局，闻熊希龄昨有电覆班禅，劝其即日来京参政，其原电探录如下：

西安班禅大师慧鉴：艳电奉悉，法驾西安，适逢政变，震旦众生，苦恼无量。乃蒙慈音嘉被，感荷无穷。昔罗什东征，亦遭姚秦丧乱，艰难迍折，卒弘大法于禹域。刻值合肥秉政，强藩引退，海内喁喁，渐有升承之望，尚企振锡遄飞，速临燕邸，共筹救度，无任钦迟。熊希龄叩。元（十三日）。

《西北半月刊》

北京中华西北协会

1924 年 18 期

（李红菊　整理）

日本侵略蒙古之急进

游历……观察……联络活佛
布教……绘图……皆有作用

作者不详

日本通信云，日本之传统政策，对吾满蒙之从事侵略，由来久矣。自四洮铁道告成，而入蒙捷径以开，蚕食吾土，不遗余力。蒙地移民增殖日甚，时以宣传佛教为名，使浪人冒充教徒，潜入蒙疆，多方煽惑，并勾引蒙古活佛，到日游历，年必数次。每当活佛到东时，日本朝野上下，曲意款洽，利其无知，乘机诱惑，而不许其〈与〉吾国侨日人士通往来，此中用意，不问可知。主其事者，为日本所谓"日蒙佛教联合会"，及著名浪人佐佐木安五郎，即自号"蒙古王"者也。自美国移民法施行后，日人侵蒙之思想更炽，如大谷光畅等，且著书论日本此后之移民地，除中国以外莫属，而尤以蒙古为最适。该佛教联合会，则聘多数善操蒙语之浪人，潜赴蒙古内地，或调查蒙古现状，或测绘蒙疆地图，或勾引活佛东去，利诱威吓，曲尽其妙。表面则饰饲〔词〕布教，冀以迎合蒙人心理，而政府挟侵略政策以从其后。最近更由清浦经通者出而作大规模之侵略运动，组织"蒙古视察团"，派遣视察队，先后入蒙。第一批先发队于月初，由门司出发，共计十五人，其中皆为熟悉蒙古情形，时往来于蒙地者，而以佛教联合会之红藤富江其人为最。此人善蒙语，多与蒙古活佛相识，年来赴日游历之活佛，皆为其所领导也。第二批于本月十日午后六时由东京出发，共计六十人，清浦前首相之子在焉。该视察团之组织内容甚宏大，网罗政党、资本家、商人、俄〔佛〕教徒、浪人等，而以政府为背景。蒙古王佐佐木安五郎，即此中活动最力之一人。清浦前首相，乃贵族院议员中之健者，其子出而组织侵蒙团体，人皆知为乃父所授意，故各界从之者如云，其声势之浩大，财力之雄厚，迥非常团体所可比拟。该视察团进行计画，第一步以视察为名，陆续派遣视察队入蒙，分股活动，凡可以结蒙人之欢心者，竭全力以从之，而以宣传蒙古自治为前提。盖日人常倡满蒙原非中国领土一说，此等论调，时见于东京之《外交时报》中。复次则择蒙地中重要区域，投资经营各种事业，如在俄境之北萨林然，关于视察费及经营事业等费，皆由视察团担任。观此则日人对于侵略蒙古之急进情形，可以窥其大概矣。夫日人侵蒙之所以急进者，一方面固因被排于美后，欲以蒙古为其移民之根据地，所谓以邻为壑也；一方面则以中俄条约已明定蒙古为中国领土之一，现在乘中俄会议尚未开始，政府犹未派员收蒙之时，实为侵略之机会，舍此不图，时不再来，因而冥行暗素〔索〕，急进不已也。

《西北半月刊》

北京中华西北协会

1924年19期

（李红权　整理）

中俄协定签字后之蒙古问题

独秀　撰

停顿日久之《中俄协定》，忽于五月卅一日正式签字，其中有无特因，我们不必推敲，我们所要讨论的是今后蒙古问题。

在中俄国交上论起来，俄国撤退驻蒙兵，承认蒙古是中国之领土，都是应该的，但在数年来努力建设的外蒙自治政府而论，便有问题了。

第一不幸是中国犹在极横暴不法的军阀统治之下，决不会有丝毫尊重蒙民自治的观念，他们如果实行派兵收蒙，所派的兵无论是直方或是奉方，都一定要重演参战军焚杀淫掠故事，可怜素受中国军队凌虐的库伦市民，才平安了数年，现在又要重逢浩劫，这是何等不幸！

第二不幸是蒙古民族中还有与平民对抗的旧势力王公、喇嘛等特本〔权〕阶级存在，这些守旧的特权阶级，本来愤恨新得政权的平民新党，权〔本〕来天天在那里做中国军阀扶助他们复辟的梦，现在他们的梦却真有实现的希望，这件事不但是蒙古现代政治进化史上一大关键，并且是蒙古现代文化史上一大关键。

在《中俄协定》签字之后，蒙古民族中新起的平民阶级，如何能够继续支持他们数年来新的政治、新的文化之建设，而不为王公喇嘛等和中国军阀相勾结的旧势力所倾覆，中国及俄国有理想的平民，对于这件事似乎都不能对岸观火！

《向导》（周报）
广州向导周报社
1924 年 68 期
（訾茹　整理）

美国侵略与蒙古独立

独秀　撰

据上海《字林西报》“库伦通信”说，蒙古政府对于耶稣教徒已下令驱逐出境，所宣布驱逐之理由：（一）瑞典教士到蒙，未得蒙古政府之许可。（二）该教士未得允许，即进行建筑学校，宣传教旨，并分布小册子于蒙古军士及人民，坚称蒙古政府系无上帝。（三）瑞典教士与在华之美国青年会及张家口美领事沙克平民接近，沙氏为煽动革命反对现政府之著名人物。（四）在库伦传教之教士，皆受赖森氏之保护。赖森氏系中政府蒙藏院之顾问。（五）该教士等之建筑物，虽为农业及传教基础，但理想上有使教士等系军事侦探之嫌，且耶教徒冯玉祥有预备征蒙之讯，盖不能不疑及该教士。

在这一段新闻中，可以看出美国在远东全部侵略形势一个缩影：

第一，我们看出后来而更急进的在中国之美国帝国主义，毫不掩饰的向中国三路进攻。第一路是以哈尔滨为中心的北满；第二路是以重庆为中心的四川；第三路便是以张库线为中心的蒙古。美国想垄断张库汽车路，他们的领事和商人时常逞强恃势威吓张家口的官商。

由张家口扩充他们的势力到库伦，也是张家口美领事一手办理——煽动蒙民反对不利于美国的现政府。

第二，我们可以看出美国侵略中国，到处都以耶教徒青年会为先锋；对蒙古也是这样，而且有一个教徒冯玉祥做他们更有力的工具。教徒冯玉祥、王正廷等，久有攘夺热、察、绥三区及库伦为他们地盘的野心。他们不但恃有军队，且恃有美国经济的后援。近来北京政府主张收蒙，在直系的地盘野心之外，还有冯玉祥的特别野心。

第三，我们看出帝国主义的美国要和军阀而兼教徒的冯玉祥勾结起来，□吞张、库，这是蒙古平民和中国平民共同的灾害，应共同起来反对帝国主义的美国耶教徒及北洋军阀。目前的扼要运动，还是反抗北洋军阀派兵收蒙。因为此时库伦虽有美商，而大批的商人和领事、教士，必须得着北京军阀政府收蒙的机会，才能如潮的涌入蒙古。在这一点，以前我们还不便自由说话，因为有一班短视的人们，一见我们主张蒙古独立，便疑心到是为苏俄保藩。现在俄国对蒙的关系已由《中俄协定》说清楚，我们便可以无所顾忌的大呼：尊重蒙古民族的独立自治，反对北京政府派兵收蒙。在蒙古独立军反抗北京收蒙军时，我们便应该尽力予以精神上、物质上的援助。这才是我们正正堂堂的民族主义，不是以一民族压迫他民族的勾当。

《向导》（周报）

广州向导周报社

1924 年 75 期

（张婷　整理）

洛吴对内蒙之新政策

镜湖　撰

今年春，北京伪政府下令召集内蒙古六盟王公及各旗代表会议。召集内蒙会议的起源是：军阀洛吴借着宪法成立，欲扩充地盘并巩固势力在内蒙地域。会议中重要议案即是将未分县的蒙地，此后全分为县，又准内蒙每旗召兵一千名，编为陆军。同时这一群王公亦想借军阀的威力，维持自己的地位，保守"塔不郎"的权利。所以张文竟然主张所分县的各县县长，由各旗王公兼任。此时不明真像的蒙人，已预备一切，将着手施行。

内蒙民族分贵族、奴民两种，奴民占大多数，受的待遇，实在与未解放以前的黑奴相同。但此次内蒙会议，他们决不想以人类平等的原则，取消奴民不平等的待遇，纯是军阀利用内蒙，欲以四十九旗的兵，制服外蒙并包围奉张，为他们杀敌。王公亦利用军阀，压制奴民。这正所谓狼狈为奸，一班奴民作了他们的牺牲品。望内蒙同胞，从速觉悟，不要忍受非人类的生活，当快与军阀及王公奋斗，夺回自己应有的权利。

《向导》（周报）
广州向导周报社
1924年75期
（丁冉　整理）

蒙古独立问题

玄庐　撰

"五族共和"，是推倒满清时国体、政体革命底标语，意义极是——数目却弄错了。中国现在领土内的民族，汉、满、蒙、回、藏五族之外，还有许多苗、蛮、夷、瑶、猓猡……之类的小民族，这些小民族，断不该屏诸域外，不与同共和。即此可见五色旗代表五族，很是一张错误的标帜。可是我们不该因为标语在数字上错了，连中华民族（包含国内一切民族而言）应该自由联合经营共和国家的意义都抛弃。

中华民族，在民族间所处什么地位？是人都知道处于国际帝国主义压迫下的民族，压迫下的民族所要求者，第一步就是解放。解放不是求祷压迫者来解放我们，是被压迫者用自己的力量来反抗压迫，最理想的解放，是中华民族结合成为一个团体，齐心并力，朝我们有系统、有步骤的共同目的，积极的组织我们底国家，以反抗国际帝国主义底压迫。但是现在的状况，外面既受国际帝国主义底高压，内部又受帝国主义者发纵指使的军阀底蹂躏，犹之全军被围，敌压于外而奸发于内，截断了一切系统，急切没有实际上联结的可能的形势。在这截断的包围形势中，其中任何一部队，只要能够突围而出，足可裂破全军底死气而展开战斗底新机。蒙古独立，正是被国际帝国主义重困中一支首先冲开血路的围军。我们比较围层更厚的部队，即腾不出手来援助蒙古，只

〔至〕少也该替蒙古发一声喊壮声威。

不料国内竟有引我国族安于死地的报纸，一面掩住国民底眼目，不许国民看见目的敌的国际帝国主义，一面教唆军阀，派兵入蒙古去妨碍蒙古底独立！

"赞成北京政府接收蒙古的人，是受了军阀政府运动费在那里宣传，是军阀政府底洋钱说话"，这种替帝国主义爪牙充喉舌的，在我们围军的民族中，绝对不愿有这样奸细，除非死心塌地甘做帝国主义者底奴才的，才惯受洋钱的指挥，——否则，就是公然主张"军阀派兵收蒙古"也只是母胎里带来的认识错误。

凡是不认识共和是什么，不认识中华民族是怎讲的，当然不会认识"中华民族自由结合经营共和国家"底意义。开始就把辛亥革命认为汉族取满族以一族专制诸族之地位而代之的，当然把蒙古民族，认作被治的民族，放在被征服者底地位。同时把蒙古底土地、矿产、森林、牲畜、仓廪和各种生产工具都认为汉族的财产。由这样一个错误的认识，演出许多错误的行为，筹边使、经略使种种的名目，派兵镇慑的主张，都是认识错误底结果。这一种错，不是民国纪元后产生的，是纪元前几千年遗下来的传统观念。死抱这种观念，不用说许多小民族，还踏在被国际帝国主义所践踏者底靴脚底下，蒙古、藏部、回部，也是一样地遭汉族传统观念作践之中，不过脚力没观念的范围大，只是想踏要踏而不能完全践踏罢了。戴这副头脑的，一听到"蒙古独立"，斗然惊觉空想的脚底下有一个蒙古要扒起来，便大声疾呼地"派兵！派兵！派兵镇压"！不但不想到派兵的是中国的什么机关？这种机关里是何等样人？这何等样人底背后又有何种磨牙吮血的强国紧尾着兵队到蒙古？尤其想不到这种行为，直接更增加蒙古底恐怖而形成根本上的分离，间接就影响到回、藏发生恐怖而形成分离。这难道是认识错误者底主张派兵镇压蒙古所愿意的结果吗？以自己不愿被帝国主义压迫的，倒反替帝国主义者充先驱去压迫正在挣扎中的小兄弟，压迫不了，不单是蒙古之幸，果真被压迫住了，那不单是蒙古之不幸。

即使把中国国族最理想的解放搁开一边，单讲策略，我们要蒙古同肩任被国际帝国主义压迫的重担子，也只能用实际的援助，抹淡历史上的恐怖而联络虚伪的感情，或者蒙古被感情蒙住了也安然处于帝国主义压迫下而无辞！可是我们在被压迫民族底责任上，是否永远甘隶于国际帝国主义金制的蹄铁底下的？敢信中华民族，断没有甘为奴底决心。那么，蒙古独立，正是中华民族对于国际帝国主义大呼解放底先声，在我们不单该和之以空虚的声援，竟直应该给蒙古实际的援助，可是现在关内外底形势，有什么实力可以援助蒙古呢？窃据北京的曹酋和北洋正系军阀，他们正计算如何利用诱惑蒙古少数的王公，如何分配护赃的武力出口去，如何借此抨击苏俄底外交，如何诬蔑中国国民党员，来干些取媚帝国主义者的勾当，哪里配得上说什么援助蒙古？真个要援助蒙古独立，配援助蒙古独立，还只有觉悟我们是同样被国际帝国主义压迫的国民，还只仗自力斩断历史上传统观念的优秀国民。

我们国民底援助蒙古，不是讲什么感情，不是弄什么外交上的鬼祟，我们只是在中华民族利害关系上，认清楚蒙古独立是有利于中华民族在国际帝国主义压迫下解放底运动。

《民国日报·觉悟》（日刊）
上海民国日报馆
1924年4月15日
（朱宪　整理）

民国十三年来外蒙古经过情形及感想

——在本年中华教育改进社讲演

黄成垿　撰

本年中华教育改进社，在南京开第三届年会，添设蒙古教育组，邀集边事专家讨论蒙古教育问题，并展览蒙古生活物品，成绩甚佳，不胜为蒙古前途庆幸。今日承邀成垿讲演蒙古问题，在座诸位先生，热心蒙古的事情，来此听我讲演，我是非常佩服，非常荣幸的。我想诸位心理，在今日《中俄协定大纲》签字之下，对于蒙古问题，自然是抱乐观的居多，可是民国十三年来至于今日之蒙古，就我个人所亲身经历的看来，没有一件事、一个时候，不是悲观的，不是血泪的。鄙人今把十三年来蒙古经过的概况，讲给诸位一听，自然也就可以知道了。

要讲民国十三年来的蒙古，不能不略说一说已往及满清时代的蒙古。蒙古在我国历史上，无论哪个时代，没有不认为国家重大问题，煞费政治家、军事家脑筋去研究的，也没有哪个时代，能研究出一个恰好的道理来，将蒙古与腹地精神上联成一体，实质上形成一家的，即有之，亦不过偶然出于利害共同的现象，一瞥而已。独有满清一代，对于治蒙方法，虽不无可訾之处，然其大体上，确是做到了蒙古与国家在精神上联成一体，实质上形成的地位。所以清代二百余年，蒙古相安，国家也就大受其利，终满清之世，其关系可谓无间矣。

清代何以能将蒙古做到这样的地位呢？诸君要知道这不是一句空话所能做到的，也不是一方面感情作用，所能做到如此之久的，实由于清代与蒙古，认为彼此“利害相关”、“休戚与共”之故。今试略举其一二重要的实例言之。前清未入关时，内蒙古各旗，苦于察哈尔林丹汗之乱，不能安枕，先后投附于满清，满清为其讨平之，复劳来安辑之，所以内蒙科尔沁等旗，后来为之出力行间，东征西讨，功绩独多。在咸、同之世，内乱猝起，内蒙伟人僧格林沁尤为建树奇功，而前清复与蒙古，代有姻娅，此其关系之亲密，是人所知道的。可是今日虽变五族共和，不独是我与蒙古尚无“利害共同”关系，而汉蒙互通婚姻一层，事实上是很少的，这也是关系不能接近之一原因。至前清统一外蒙，本在入关之后。康、乾间，外蒙有准噶尔之乱，各部落几于全体覆没，于是外蒙人民，款塞内附，清政府为之安置于内蒙多伦一带，给地游牧，俾遂其生，一面亲统大军，与准酋历战数十年，始将外蒙平完，令各部落迁还故土。其时外蒙的伟人策凌忠心力战，项〔功〕绩甚多，而其智勇，尤为准噶尔所畏服。前清对于外蒙，此种“存亡与共”的关系，是历史上很显著的，也是人人所知道的。而论者或以为前清统御蒙古，纯以王公封爵、喇嘛宗教，而羁縻之、柔弱之，是则皮相之谈。要知满蒙间，若无真正存亡与共之精神，岂能以羁縻政策，智取术驭，如此之久，此种持论，不惟清代前哲不服，吾恐蒙人谓其历代祖先，皆为被羁縻之人，亦必不甘服也。

有清季世，子孙渐渐忘了与蒙古“休戚相同”的关系，对于蒙古所行之事，也就无关痛痒，这个时候的情形，倒与持羁縻说者，不差甚么了。加以所用驻蒙官吏，尽是阘茸无能之满僚，在中央政治舞台，不能立足者，彼辈一到蒙古，皆抱发财的思想，其贪婪凌虐手段，无所不用其极，毫不顾念蒙人甘苦，蒙人衔恨刺骨，早已离德离心，不似从前“休戚相同”的观念，而清廷仍不知也。两间既有裂痕，当然经不得“外患”、“内忧”之来乘，于是蒙人一方感于俄人的煽诱，一方利用内地革命的机会，遂于辛亥冬间，外蒙古也就对于清廷宣告独立了。这是民国前外蒙的情形，狼〔很〕可以为我们今日借鉴的。

至民国以来，外蒙古经过的情形，可以分几个时期来说。

一、民元至民四　民元的时候，外蒙已是独立的状况，其时外蒙闻知民国成立，虽曰五族共和，而外蒙人民，对于前清“休戚相关”的观念，既已扫地无余，对于民国，不惟尚无“利害相同”的观念，且觉有“利害相反”之感想，以为与民国对立，恐不能容其独立之存在也。正在疑惧之际，我中央政府，于元、二年间，以内蒙赞成共和，外蒙仍然独立，虽由绥、察方面进兵，欲以武力取消其独立，其时俄人在帝制极盛时代，对于外蒙，夙抱极大野心，于是利用外蒙攻下我科布多城镇之机会，大肆鼓惑，一方面恫吓蒙古，谓中国政府，因你外蒙杀死汉人太多，将有大不利于蒙古，行见蒙族灭绝之无日，如外蒙果予俄人以利益，俄人可供给枪械，代为训练蒙兵，以抵抗中国，而成一蒙古“独立国家”。外蒙人士，不明真相，竟为其说所欣动，虽知联俄，亦是有害，然为目前存亡计，权其轻重缓急，不惜与俄人订立《商务专条》，而俄人遂攫取外蒙之精髓以去。外蒙既得俄人助力，于是我征蒙之军，不易得手，政府觉悟武力不足以服蒙，又知俄人为外蒙所倚赖，就想从外交上着手，以资解决。其时俄人因在外蒙新得《商务专条》之利益，正欲得我政府之承认，于其《俄蒙商务专条》签字后，不到一个月的光阴，俄人即又乘此机会，向我外交当局声明，以承认此项《商务专条》，交换“疏通外蒙取消独立”。俄人信义如此，假如我政府当时能烛照其奸，拒绝俄人之调停，一面为外蒙仗义执言，保存利权，反对此项《商务专条》，则中蒙两方，一经揭穿俄人诡计，消除自己的误会，彼时外蒙则将感我之不暇，何至甘心外向，不出一二年，外蒙问题，亦就可满意的解决了。我今一再反复申明此节者，就是请同人知道蒙古，断不是愿意牺牲利益，白白的送与俄国，以图与我一逞者，不过于中俄之间，两害相权取其轻罢了。我与外蒙既均入俄人彀中，乃于民国四年，中、俄、蒙各派代表在恰克图开“三方会议”，俄人操纵其间，百端干涉，中俄代表，均无如之何，遂议订协约二十二条。其要点是：俄国与外蒙承认蒙古为中国领土之一部，并尊重中国在外蒙的“宗主权”。中国在外蒙地方，除驻库“办事大员”等额定卫队外，不许驻兵。外蒙取消独立，中俄均承认其“自治”并不干涉其内政。同时订明一九一二年十月二十一日之《俄蒙商务专条》，继续有效。照此协约内容观之，是中国收回外蒙，有其名无其实，外蒙原欲确定其独立，而适得其反，但俄人所得《俄蒙商务专条》上的各种利益，确是很实在的。俄人之计，固然狠狡，而吾人甘受其愚，至今不悟，岂不可叹吗！

二、民四至民八　民四《中俄蒙协约》既已签字，根据该约，我须派“驻扎库伦办事大员”一员，其余乌、科等处，各派“佐理员”一员，政府为接收外蒙便利，并确保协约实施起见，所以第一任的“驻库办事大员”，就派的是陈箓（即中、俄、蒙三方协约签字之一人）。谁知陈箓到库就职后，俄人无履行条约诚意，发生许多困难问题，其支节问题，姑不具论，最要紧的是唐努乌梁海。唐努乌梁海地方，东西横广二千余里，南北纵长一千余里，地沃产丰，宜猎宜牧宜耕，位于极边，为外蒙西北屏蔽，在国防上很占重要的，于外蒙关系之大，可想而知。往日属于“乌里雅苏台将军”管辖，我国凡称外蒙，向系包括唐努乌梁海而言，故中、俄、蒙三方协约，仅言“外蒙”二字，就未列举唐努乌梁海，讵俄人意在吞没该地，在前清时，往往有私移界碑之事。至此竟谓外蒙，只有四部落，若唐努乌梁海，不能认为外蒙范围之内，故作不同之解释，百端争执。是时乌里雅苏台佐理员陈毅，身当其任，鉴于唐努人心内向，国家领土之不可丧失，亟谋恢复，适陈箓内调外交次长，主持于内，陈毅继任驻库办事大员，主持于外，而外蒙官府，因三方协约，已觉悟俄人野心，又感于中央与外蒙“利害共同”关系，乃派出蒙兵与中央驻军，同力合作，险阻艰难，几经挫折，始将该地收复。是役也，鄙人奉陈大员之命，率军参与其事，与俄人转战山谷间，几于丧失身命，今日思之，遂于此发生两感想：（一）俄人狡诈百出，对于外蒙野心，未尝一日稍戢，无论帝俄及苏俄，其野心亦无稍异。今日《中俄协定大纲》，虽已签字，其关于外蒙问题，若国人不以全力作外交当局之后盾，恐不能如是简单的解决也。（二）可见外蒙非绝对的不与我同力合作，但以“利害相同”为前提，试问国内今日之谈蒙事者，果有此觉悟而顾念“蒙人利害”否？无怪乎蒙人之深畏而远避之也。鄙见对于外蒙，若从其“利害”着想，待之如一家人，不言收复，而外蒙自来合作，否则恐无收复之望，假定以武力屈服之，亦不能收复其心也。此点切盼国人注意者也。

三、民八至民十　唐努乌梁海收复以后，蒙人一方恐怖俄人复仇，一方内部里又有些问题，经陈大员毅提倡劝导，蒙人情愿“撤销自治”，受命中央，双方订定六十三条（内容从略），陈大员命鄙人赍回北京，请政府鉴核公布。不想彼时“官制”突更，“西北筹边使”实行职权，与“驻库办事大员”职务上，不免冲突，于是陈毅连带去职。当事者沿袭历史上对蒙心理，并不顾全蒙人意见，亦不尊重蒙人的利益，视外蒙如“征服地”，勒令蒙人无条件的“撤销自治”。蒙人处于强力之下，虽为形式上之服从，然而蒙古对于中央，又复为貌合神离，遂发生民十之奇变。

〈四、〉民十至现在　外蒙撤销自治，本是双方同意的，忽变为片面独断的，在不知蒙情的看来，以为外蒙可以力服，自蒙古实地上说，可是外蒙二次独立的造因。蒙人感于二年来外蒙增加内地军队以后，所受的苦痛太深，所以在民九夏天，西北筹边使召集外蒙大会时候，已经派人迎请俄人帮助，反抗中央。中央驻蒙军队，业与外蒙发生战事，陈毅适于此时前往就“库乌科唐镇抚使”之职，而俄国红白两党，亦正在战征的时候，蒙人不明白俄国的情形，一方既请白党，一方又请红党，白党距库较近，所以首先攻库，其首领便是巴龙翁格尔。那时中国驻蒙军队，退至恰克图，预备会合我国驻叨林的军队，收复库伦，此时红党乘机竟将恰克图华官华兵，一并驱逐，屠灭恰城，又将该处华商押送至西伯利亚一带作苦工，至今尚有未回的。鄙人前年因事到俄，被拘在伊尔古斯克地方下狱，见其中无辜的华人被囚者，多半系恰城商人。在后红党又煽惑蒙古“青年派”，以铲除白党、改革政治名义，共同出兵进库，同时又将中国的恰克图，改名阿拉坦布拉克，既把白党驱逐，蒙古内部情形，又发生变动，一般旧派人物，大半都被排斥，其重要执政的人，全都换上亲俄派的“青年党”了。中央派在外蒙的官吏、军队，全数被逐，外蒙古遂又入于独立态度，以至于今。诸位试想，此次外蒙独立从中鼓动的是否俄人，此次中俄交涉，苏俄尚有要求我方保证白党，不再在蒙古境内为政治活动，为其撤兵于外蒙之条件的意思，其实彼之迭次助长我外蒙的乱事，确是不可掩盖的。

十三年来蒙事经过大概的情形，上面已经说了。总之重要症结所在，外蒙之视中央，情如秦越，甘心弃我而亲俄者，必我之待蒙有不如俄者在也。他姑不论，民国以来，对于外蒙，毫无一定方针，此为失败之真因。例如“外蒙官制”一章，始为“驻库办事大员”（此系根据三方协约的名称），忽另派一“西北筹边使”，骈枝其间，继又改为“镇抚使”、“蒙疆经略使”等等，即此“官制”一端，足见政府对于蒙事始终举棋不定。鄙人就历年所经历，发生许多的感想，于今择要的谨为述之。

一、国人对于蒙事，应有彻底的觉悟，销去彼此“隔阂”与“误会”。在几百年以前的时候，因为民族间的关系，内地人对于蒙古往往有些轻视的意思，事实俱在，毋庸讳言。在古代民族相残的时候，这种观念，对不对也不用说了。到了今日五族共和，成为一个国家，便是五族一家，这种轻视的观念，万不能丝毫存在。但是过去的十二年，国人这些观念，总没有完全的退净。例如从事蒙古的人，无论是军事家或政治家，以至军人、贩夫、走卒，一到了蒙古地方，就觉了不得了，自视如大国人民，视蒙人如野蛮人，处处欺凌，恰如甲午以后，日本人看待中国人的样子。现时日本人倒觉悟了，对于中国人倡言亲善，主张“共存共荣”，不似从前种种自大欺人的了。彼外国人尚知如此，况蒙人为我五族共和之一，极应互相提携，岂可自相轻侮，自相猜视吗？吾人对于蒙古，既是感情“隔阂”，所以蒙古对于五族共和，总是很疏远的，很冷淡的。试观日本以强迫取得我国“二十一条”之后，吾人痛心疾首，举国上下奔走呼号，其实“二十一条”内容，关于丧失内蒙古利权很大，而蒙人并无如何之感想，这固然是蒙人的弱点，然彼非置切肤之利害于不顾也。缘蒙古视日本政府与中国政府，有无差别，尚在疑问之间，长此“隔阂”、“误会”，岂五族共和之福？销泯此种“隔阂”与“误会”，不能望之于不懂蒙情之人，要之我教育界同人，不能辞其责也。再者，国人入蒙，受了种种教训，总是漫不经心，所以办理蒙事，毫无长进，仍然一误再误。例如对蒙用兵，失败以后，不是归咎“地理不熟”，便是委过“风沙太厉”，至于蒙人有过人的特点，总是不说。换一句话来讲，就是内地人在蒙古的失败，是地理上的关系，不是人力上的关系。不知民元征蒙古的时候，内地竭热、察、绥三区和东三省等处的兵力，总计不下十数万人之多，蒙古出兵不过八千人左右（鄙人在外蒙陆军部实地调查其册档所知），便把内地军队，打个东奔西逃。古人云“知己知彼，百战百胜”，我们对于蒙古，既不知己，又不知彼，总是抱着彼几百年前的观念，去对付蒙古，这是根本上的错误。我如今总括说一句话，蒙古既是五族之一，内地人根本上不应岐〔歧〕视他，蒙古人很有相当的优点，卓越的人才，尤且不能一笔抹倒。

二、汉蒙间利益太不平均，国家对于蒙古，应维持其利益，并予以确实保障。

十三年来，总说是五族共和，但是五族共和这句话，不是一句空的，是要真实的作去，究竟国家给了蒙古什么利益，蒙古得的利益，到底和别族平等不平等，国家已否给了他切实的保障没有，差不多十三年来，一点也没办。例如全国最高执政的“国务员”，十三年来就没有一个蒙古人，蒙古一般人的参政机会，绝对不和别族一样，其参众两院议员名额，被“非蒙古人”占去很多，又被“冒牌的假蒙古人”占去不少，真正蒙古人，却居少数，像这样的权利既不平等，感情不能亲密，空口说五族共和，谁能相信。一般人总说蒙古人不懂汉文汉语，当然不能参政，姑不论蒙人通晓汉文汉语的实在不少，就是全体不懂汉文汉语，他既为五族共和之分子，又有其单行之语言文字，当然不能因此侵夺蒙人参政的利益。民族间的情势，如此悬殊，想要外蒙古跟国家发生极亲密的关系，并且令蒙人出死力来爱国，岂不是痴人说梦吗。所以鄙人主张，今后国家对于蒙古，应当本诸“五族共和”的精神，在政治上暨任何方面，给蒙古人跟别族平等的利益，并且在宪法上，给他切实的保障。诸位如不凭信，试想鄙人上述的前清对于蒙古先后关系，与蒙人对于前清忠实先后不同的情形，可就明白过半了，或是请到内蒙最近的地方，如热、察、绥等处调查调查，替蒙人设想，现在汉蒙间的利益，到底是什么样的现象，那末，鄙人的主张，自然就不烦言而解了。

三、蒙古的交通问题，如无切实而且适当的解决，蒙事简直的没有办法。

蒙古交通不便，其唯一的天然障碍，就是内外蒙古间的“沙漠地带”（即瀚海），自东斜亘于西南，东西约长二千余里，横绝南北，为内外蒙天然界线。该地水草甚少，居民更稀，风沙时起，为交通上绝大的阻碍，政治、军事、经济等等，无不受其影响，这是人人知道的，但是总不去设法解决，不知是甚么意思。须知“沙漠问题”一日不解决，即“外蒙问题”一日没有办法，解除“沙漠问题”，只有“修筑铁路”之一法，这也是人人知道的。前清末季，本有修筑“张库”、“库恰”铁路之议，后来有人说“张库”的利益，没有“京绥”的利益大，于是改修“京绥”铁路，而“张库”间的交通，依然没有解决，究竟利益孰大，不能仅就“经济”一面言之。外蒙僻在北徼，处处又与俄为邻，故外蒙交通，对于国防上、军事上、政治上须有重大的注意。再依军事家的计画，即以武力收复外蒙，关于军队军需之运输，恐竭边地驼马，不足供运送一二旅人之用，欲免去沙漠之困碍，则外蒙铁路之建筑，尤为刻不容缓。至于建筑费，我想各国退还的“庚子赔款”，为数是很多，国人都主张将此款作为全国“教育基金”，“教育基金”固然是很重的，依鄙见最好是在这笔款子里面，提取一部分修筑蒙古铁路，有了四通八达的铁路，蒙古诸事自然容易解决，将来就用铁路的余利，作“教育的基金”，并可源源不绝，似此双方兼顾，一举两得，岂不是绝妙的好法子。不过修筑蒙古的铁路，总要适合蒙古的情形，不要因欲福蒙，反而祸蒙，一般人主张的“张库”，鄙人微有异议，另日发表，现在限于时间，只可姑且从略罢了。以上所说的，是鄙人感想中的一部分，限于时间，姑且告一结束。惟所说之最要紧的铁路，国人视之如其他地方相同，故不能单独积极的先修，其实他处铁路不修，不过宝藏俟后人启发而已，与政治、领土上无若何关系，若外蒙铁路不修，试问此大好领土，如何得保？此节务望全国知识阶级的人士注意，我想也就不难办到了。今后国人对于蒙事，须按照上述三点，彻底改善，尤须全国人士泯去内争，一致对外，为当事者之后盾。最低限度，亦必若我教育界今日所开的全国教育大会的状况，超脱于政争之外，为全国一致（不分南北）之运动，蒙事前途，庶其有豸。若仅以“外交”为解决维〔唯〕一无二之办法，并诿其责于外交当局之一二人，毫无实力为之援助，能否获效，实不敢必。即幸而胜利，全国淡焉忘之，不幸而失败，则举国责难于其后，殊失“国民外交”精神（库伦往事，莫不如此，言之痛心）。鄙人于役蒙事，岁逾十稔，想说的话是很多，可惜不擅长讲演，欠圆通之处，自觉很多，还求诸位的教正和批评。

《东北文化月报》
大连满蒙文化协会
1924年3卷9期
（朱宪 整理）

崇拜帝国主义与压迫蒙古

——对于曾、施争论的批评

李春蕃　撰

一

我最近读了曾友豪底《外蒙古问题》和《崇拜苏俄与断送蒙古》，与施存统底《蒙古问题与治藩政策》，发见出他们二人底立点不同，而又发见曾君有许多误解的地方。我这篇论文，就是要：（一）比较他们两人立足点底差异；（二）对于这两个差异的立足点，加以评论；（三）纠正曾君底误解。

他们两人所争论的还有许多枝叶问题，我以为一讨论及枝叶问题，就免不了支离。况且，设若立足点一被推翻，所发生的枝叶问题，自然也不成立了！所以，我完全注重他俩底立足点。

二

帝国主义和社会主义，不论在什么地方，都是互相水火的。这一次曾、施的争论，也不过是这两种主义底冲突之一种表现吧！

国际共产主义者，都主张民族自决。承认一切民族，都有权利可以决定他们一民族底运命，不管这民族是大是小。它若要和他民族联合，就与他民族联合。它若要独立，组织一个独立的国家，就宣布独立。其他民族，绝对不能干涉，应该让它自决。我们对于蒙古，也是这样。蒙古应否属于中国统治，完全是靠着外蒙古人民是否愿意与中国联合。这是施君底立足点。

可是，帝国主义者对于民族自决底权利，完全不管，所晓得的，只是“弱肉强食”。他们对于各民族间的关系，完全是以竞争方法，使中小的和落后的民族，为巨大的民族所统治。换一句话说，就是强者压迫弱者底神圣的权利。不管弱小民族底意见怎样，强者若利害所关，就可派兵去占领它底领土。占了几年，国际公法就承认这民族应该属于强者，保证那强者永久占有弱者，强者在事实上若不放弃，弱者就应属于强者底统治了！这是曾君底立足点。

他俩底立足点底差异，是：一主张民族自决，一主张弱小民族不能自决。他俩底立足点不同，所说的话，就无怪互相反对了！

三

曾君主张蒙古应属于中国统治之三大帝国主义式的理由，都对于“正义”，完全不合！

朝鲜底自决，我想稍有良心的人，都不会反对，而相信自决是合乎“正义”的。可是，日本却可以仿着曾君底论调说：“朝鲜在法律上，应该属于大日本统治之下，因为‘照国际公法，一国固有的土地，除了经过宣战被敌国占住，非经条约别样的规定，其主权仍旧属于固有该地的政府’，而朝鲜属日本已几十年了！在事实上朝鲜总督和日兵，未尝舍弃朝鲜。在国防上，朝鲜又为抵御俄国的要地，所以，朝鲜应该永远属于日本。”这从曾君看起来，一定是不错的。可是，在“正义”上有些讲不通吧！中国若据曾君所主张的三大理由去统治蒙古，和日本之统治朝鲜有什么分别？不是一样地违背“正义”吗！

再从伦理上着想。我们中国现在受外国帝国主义所压迫，中国人民都觉得不满意，时时刻刻，想法自强，站起来推翻外人在华的一切权力。我们既不愿受人压迫，为什么又要不管三七二十一地派兵去压迫蒙古人呢？孔子说“己所不欲，勿施于人”，何况曾君是一个“爱敌如己”的基督徒呢！

四

帝国主义者底诡计真多呀！

在《崇拜苏俄与断送蒙古》，曾君忽然“极端赞成”蒙古平民底自决权。骤看，好像是与他在《外蒙古问题》所主张的帝国主义矛盾。可是，详细一看，才晓得曾君底“一贯”！

曾君承认在暴力下的自决，不是真的自决；所以，他说：“外蒙人民在哥萨克骑兵鱼肉之下，决不能自决。”因而主张“派兵入蒙，逐去往时蹂躏满蒙的哥萨克兵”。笑话！外蒙人民在哥萨克骑兵鱼肉之下，不能自决，在中国骑兵压迫之下，就能自决吗？这是哪一种逻辑？

呵！我晓得了！曾君所“极端赞成”的蒙古平民底自决权，就是在中国暴力下的自决！这真是施行帝国主义的一种“自欺欺人”的正义的手段！

五

主张蒙古民族自决，反对中国不管蒙古愿意不愿意就派兵去“戍”蒙古，并不就是崇拜苏俄，并不就是将蒙古断送。可是曾君却看不到！

曾君误解施君主张蒙古民族自决，就是要断送蒙古与苏俄；所以做了一篇什么话的《崇拜苏俄与断送蒙古》，极力主观地攻击施君。但施君那篇《蒙古问题与治藩政策》，并没有一句说将蒙古断送给苏俄。施君对于蒙古问题所取的态度，是：（一）蒙古平民自决；（二）蒙古人民与中国本部人民携手对外国帝国主义作战；（三）帝国主义推倒后自由地与中国其他民族联合。试问，这是不是“崇拜苏俄与断送蒙古”？难道“携手”和“自由联合”底意义是“断送”吗？曾君底“杜撰”，未免太过吧！

我看不出施君因崇拜苏俄而断送蒙古，但发见曾君因崇拜帝国主义而要压迫蒙古。所以，将《崇拜帝国主义与压迫蒙古》来做我这篇文底标题，以表示曾君底主张。

六

总之，我们对于蒙古问题，应该抱定“民族自决”的态度。蒙古是否属于中国统治之下，中国应否派兵往“戍”蒙古，完全以“蒙古民族是否情愿与中国联合”来解决。不能说“蒙古属于中国已几百年，中国未放弃蒙古和蒙古为北方屏藩，所以，蒙古应属中国统治，中国应该派兵去压迫他们”。我们切勿陷于曾君那种“一方面反对帝国主义，他方面又想做一个帝国主义者”的莫名其妙的矛盾！

末了，曾君若再有所论请勿再“杜撰”，勿再在枝叶问题上讨论，而证出（一）帝国主义是合乎正义的，民族自决是背乎正义的；若曾君不能，则请证出（二）不顾蒙古民意怎样而硬派兵去压迫他们的行动，不是帝国主义的行动；若再不能，则请他解释（三）“自己不愿受人压迫而却要压迫比我们弱小的民族”这矛盾的思想，是合乎公义。设若都不能，请勿“顾而言他”吧！

《民国日报·觉悟》（日刊）
上海民国日报馆
1924年4卷2期
（朱宪　整理）

收蒙问题又热闹起来了

大山　撰

中俄交涉停顿后，颇有人主张："派军队先行接收外蒙。俟事实解决，再与俄方磋商修改协定条款。"同时更有人宣传："外蒙俄兵现在只有千余，中国派兵接收，可谓正当其时。"加以陆军总长陆锦，是对于中俄交涉倡言"三不可"的三阁员之一，现在看得交涉弄僵，不得不倡言武力收蒙；再加以各武人及蒙古王公的摇旗呐喊，于是出兵蒙古的声浪，一时甚嚣尘上了。

关于出兵蒙古的事件，因噪得热闹，所以传说的计画也多，但大约不外下列几种：

一、蒙兵接收外蒙。内蒙阿拉善王塔旺布里甲拉因请兵援蒙事到洛阳，吴佩孚令招蒙兵两旅备用；该王于四月九日谒曹锟，曹嘱即回阿拉善，慎选蒙兵，准备接收外蒙。蒙藏院总裁贡桑诺尔布也于这时召集内蒙六盟王公来京，准备开一蒙事会议。这大约都可目为"蒙兵接收外蒙"计画的进行。惟这所谓蒙兵接收外蒙，是以内蒙军队辅助中国军队进行收蒙，与某一派人"蒙人治蒙"主张中的蒙兵治蒙颇有不同。

二、北京的三路收蒙计画。陆军总长陆锦依据四月初上的阁议所决定，曾召西北边防督办冯玉祥、热察绥巡阅使王怀庆及三特区都统、将领张锡元、马福祥、谭庆林等开一次联席会议，拟定王怀庆所率第十三师由东开经棚、林西、多伦一带；同时察、绥两区各选一师劲旅由西直开库伦；而以冯玉祥任中路，编三个混成旅，充游击之用。这便是所传三路收蒙的计画，惟这计画的决定，当待征求洛阳方面的同意。

三、洛阳的大举收蒙。四月中旬间吴佩孚寿辰的重要军事会议中，除川、湘、粤军事的讨论外，蒙古军事亦在讨论之列，吴并电邀曾驻蒙境的高在田、褚其祥两人前往，以备咨询。闻吴氏的计画，比北京方面的计画规模较大，大约由直隶、山东、河南及邻蒙的山西、陕西、新疆各省各拨一师或一旅之众，编成大军，以冯玉祥任总司令，以王廷桢、胡景翼任左右副司令率领入蒙。

四、奉直合兵收蒙。上项计画纵使十分可用，对俄对蒙都无可虑，而对于以蒙古为势力范围的关外反直派张作霖，却不能无所顾虑。倘大军前进后，关外军队或就近由满洲里（即海拉尔或称呼伦贝尔）先取库、恰，则援蒙军将致徒劳无功；或从后方断援蒙军后路，则援蒙军前后受敌，将不战而溃。所以北京方面为顾到此层，及欲借此促成奉直联合起见，颇拟与奉方合作收蒙，其计画为直方面由热、察、绥三区进兵攻库伦，而奉军则由满州〔洲〕里进扼库伦后方。事成之后，以内蒙东四盟及外蒙车臣汗、土谢图汗两部归奉，由北京任张作霖为东北经略使去管辖；以内蒙西四盟及外蒙三音诺颜、札萨克图两部归直，以冯玉祥用西北经略使名义去管辖。

以上各项计画，将来究竟哪一种可实行，现在殊难说定。此外更有徐树铮将被起用率兵前往收蒙的一种传说，则离事实太远，实行的可能性更缺乏了。

军事贵能知己知彼，然后方能致胜，我国单方面的收蒙计画既如上述，然则俄国将怎样呢？我们不可不知：

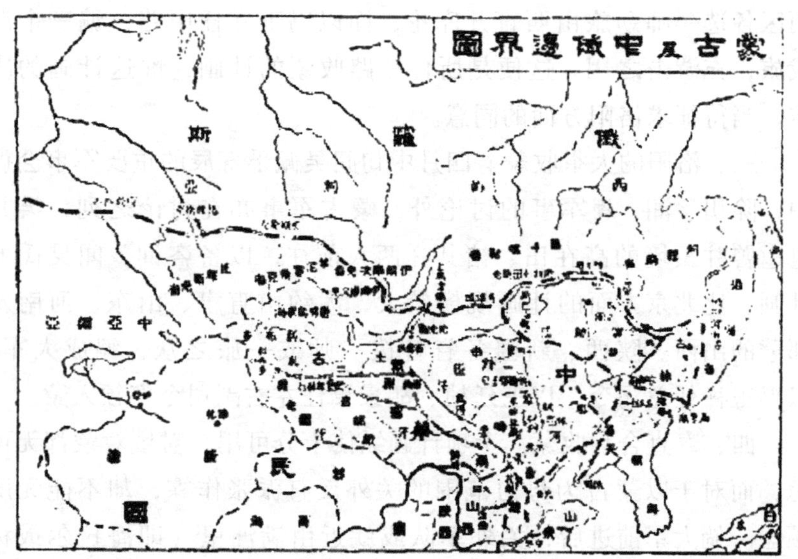

俄蒙交通比华蒙为便，我国从张家口赴库，东路二千四百里，西路二千八百里，沿途沙漠，驿站多毁，进行不利。满洲里一路，计程两日，较为便利，但该地实俄国势力范围，与其视为华蒙通道，不如视为俄蒙通道。此外，俄蒙有库、恰汽车道，平常每日往来六次，交通极便，一旦有事，更可扩充。俄兵在库伦虽不多，调集却极便。况且中俄、中日交涉紧急时，俄兵已有动员风说，北俄军队多移赤塔，事先已有准备，何致让中国军队先入库伦呢？

依上述形势，中国于中俄交涉中豫调军队为将来依约接收库、恰的准备则可；若真欲与俄人兵戎相见，则尚欠有些准备。军人非不知此，近来吴佩孚拟先调查俄兵在库情形，冯玉祥愿率部拱卫京师，都是非常聪明的表示。三特区都统、将领虽不能推诿，却欲借以要索军饷，惟在京外蒙王公，及曾受命而未能到任的科布多、乌梁海、库伦、恰克图等长官，于无聊中乘机纷纷上书请兵，则颇足热闹一时。

蒙古为中华五族之一，当然归入中国版图；即《中俄协定》

中俄国代表也认蒙古为中国领土，不敢即有永久侵占的表示。惟蒙古已受“赤化”，无论如何断难解脱。王公贵族在蒙古的失势，又是无法挽救。中国的官僚们，无聊中散布种种空气，军人未有地盘的，更想据而有之，这是无论于中国于蒙古都无益处的。我们不要骛于收回蒙古的空名，置这些内幕于不问！

《东方杂志》（月刊）
上海商务印书馆东方杂志社
1924年21卷8期
（丁冉　整理）

关于中俄交涉的重要公文及舆论

作者不详

甲　苏俄对华的三次宣言

一　一九一九年苏俄致中国国民及南北政府宣言

当此苏维埃军队既扑灭恃外国枪械、金钱援助之反革命暴君之高尔扎军，乘胜进至西伯利亚与该地革命的国民联合之际，苏俄政府国民委员议会特致下列之友爱宣言于中国全国国民：

苏俄及其苏维埃军队，经两年之奋斗与空前之努力以后，越乌拉岭而东进，并无扰乱、奴民、侵地之心，凡西伯利亚农民、工人，现皆知之。苏俄自外国枪械与金钱之羁束中解放被压迫的东方各民族，就中以援助中国国民为最著。吾人不独援助劳动阶级，并兼助中国国民。兹将一九一七年十月大革命以来吾人曾宣言而被彼或受欧美日收买之报纸所隐瞒者，再度敬告于中国国民。

劳农政府自一九一七年十月取得政权后，即向全世界各民族提议建设真正永久之和平；此之谓和平，须以放弃侵得之异国土地、金钱，以及解放借武力克服之异国民族为本。凡世界各民族，无论大小、地带、独立或被迫而附属于他国，均应享有其内部生活中之完全自由；任何政府，皆不应强迫他民族为其属国。

劳农政府旋复宣言废止一切〈与〉中、日及其昔日之联盟国所订之秘密条约。盖俄皇政府及其联盟国，借此等条约，诱迫兼施，羁束东方民族，尤以对中国为最甚，至其利益，则尽为俄国资本家、地主及将领所得也。劳农政府且已向中国政府建议开始谈判，进行废止一八九六年之条约，一九〇一年之北京草约及一九〇七年至一九一六年间与日本所订之一切和约，将俄皇政府自行掠取或与日本及联盟国共同侵夺者，概行交还中国国民。此项谈判之进行，直至一九一八年三月，协约国遂突起扼制北京政府之咽喉，撒散金钱，贿使北京官吏及中国报纸，强迫中国政府与劳农政府断绝一切关系，未待中东铁路移交于中国国民，日本及协约国即自行夺取该路，进兵侵略西伯利亚，甚至强迫中国军队援助此空前之非法劫掳行动，而中国国民、工人、农民，对于欧、美、日匪兵侵入东三省及西伯利亚之原因，则甚至漠然不知也。

现劳农政府，再促中国国民醒悟，劳农政府已将俄皇政府自中国东三省及其他各部夺得之一切战利品，任该地人民自行决定其处于何政府之治内，及籍隶何国。

劳农政府放弃庚子赔款之俄国部分，吾人对此所以不得不再三宣言者，因据所得报告，知此项赔款，虽经吾人放弃，然仍被协约国提取，用之以充北京前俄皇使臣及驻华各地俄皇领事之挥霍。此辈俄皇仆役，久已失其权限，然仍固守原职，借日本及协约国之揭〔掩〕护，继续欺骗中国国民，中国国民应洵〔洞〕悉此中真相，且应视为骗徒，逐之境外。

劳农政府放弃一切特别权利，及在中国境内之俄国贸易区，俄国官员、僧徒、传教士此后不得干预中国事务，如有犯罪行为，应依法受地方法庭审判，除中国国民之权力与法庭外，中国境内不容有其他之权力与法庭存在。

除以上各项要点外，劳农政府尚拟与中国国民之适当全权代表，对中国国民磋商缔结条约及谈判其他一切问题，冀一举而扫尽俄国各前政府与日本及协约国对华所施之种种侵略与不平之行动。

劳农政府深知协约国及日本必竭力阻碍俄国工人、农民之呼声，使中国国民不知欲交回被掠权利于中国国民，必须首先扫尽在东三省及西伯利亚拥权之匪党，故劳农政府将宣言送达中国国民之时，遣赤军越乌拉岭而东，援助西伯利亚工人及农民为自由而战争，使其脱离高尔扎匪党及其盟国日本之缚束。

如中国国民愿取得自由，一若俄国国民之有今日，并愿免蹈使中国成为第二高丽或印度之《凡尔赛条约》所赐之命运，则愿其了解足作其在因国家自由而奋斗中之联盟与兄弟者，舍俄国工人、农民及其赤军而莫属。

劳农政府今向中国国民政府，请中国国民从速与吾人建设正式邦交，并立遣代表与吾军相会。

苏俄代理外交国民委员长加拉亨①签字

一九一九年七月二十五日莫思科

本社按：上列宣言，曾载于一九一九年八月二十日全俄中央执行委员会正式机关政府公报第九八八号内。

（华俄通讯社译本）

二　一九二〇年苏俄外交国民委员会致中国外交部通牒

前此一年，即一九一九年七月二十五日，俄罗斯社会主义联邦苏维埃共和国外交国民委员会，曾向中国国民及南北政府发表宣言，表示将前俄皇政府与中国所订协约概行废弃，并将俄皇政府

① 后文又作“加拉罕”。——整理者注

及俄国资产阶级强行掠夺所得者，尽行交还中国国民，请中国政府与苏俄进行正式会议，冀得建设友谊关系。

现吾人已悉此项宣言业经中国政府接到，中国国民各阶级各团体皆表示至诚，认中国应立与吾人开始磋商，以谋建设中俄间友谊关系。

中国政府已任张中将希〔斯〕麐，率领军事外交代表团来莫思科，吾人对中国代表团之抵莫思科，深为欢迎，并希望借与中国代表直接磋商，得建设中俄共同利益之互相了解。中俄两国为共同之利益，并无若何不能解决之问题存在。吾人对此致〔至〕为满意。吾人已悟中俄国民之仇敌，方从事阻碍中俄之接近与建设友谊关系，盖彼知我两大民族友好及互相援助，将使中国强盛，外国不能再若今日之羁束及掠夺中国国民也。

不幸中俄速谋建设友谊关系之前途中，尚有障碍在焉。中国代表团能确信苏俄对于中国之笃诚与友谊态度，但该代表团至今仍未接有适当训令，使其有进行解决两民族正式友谊关系之全权。

苏俄外交国民委员会，因深惜两国接近之延搁，双方政治上及商务上之重要利益不能实现，故极愿赞助及促成两民族之友好，特行宣明苏俄必确守一九一九年七月二十五日苏俄政府宣言所定之各项原则，且将根据之以缔结中俄友谊条约。

兹为中俄两国幸福计，本外交国民委员会认为应将下列条约之要点，向中国外交部提出，以引伸前次宣言内之原则：

一、俄罗斯社会主义联邦苏维埃共和国政府，宣言所有俄国各前政府与中国所缔结之条约皆属无效，放弃侵占所得之中国领土及中国境内之俄国租界，并将俄皇政府及俄国资产阶级掠自中国者，皆无报酬的永久归还中国。

二、两共和国政府立行采取种种必须之办法，建设有秩序之贸易及经济关系，随即根据使两缔约国得为最惠国之原则缔结专约。

三、中国政府表示实践下列各项：（一）不予俄国反革命的个人或团体以赞助，不容其在中国境内有所活动；（二）当签订此约时，须将留在中国境内之反抗苏俄军队及团体，解除武装，特别拘留，并引渡于苏俄政府，且将其武装、供给品、财产交付于苏俄政府；（三）苏俄政府对背叛及反抗中国之个人及团体，亦负同等之责任。

四、凡居住中国之俄国居民皆服从中国境内现行之各种法律及条例，不得享有任何治外法权，居住俄国之中国居民，皆服从苏俄境内现行之各种法律及条例。

五、中国政府表示实践下列措置：本约签订后，中国政府立行与彼未经苏俄政府委任，而自命为俄国外交领事、代表者断绝关系，并逐之境外，将中国境内属于俄国之公使、领事房产、档库及其他财产，移交于苏俄政府。

六、中国因拳匪乱事交付之任何赔偿，若中国政府无论如何，不因前俄领事或任何他人以及俄国各种团体提出之非法要求，由此款项下拨交彼辈，则苏俄政府愿放弃之。

七、本约签订后，中俄两国应立行互相恢复外交及领事、代表。

八、中俄两国政府，对于经营中东铁路办法中，关于苏俄对该路之需用，允订专约，当订此约时，除中俄外，远东共和国亦得加入。

苏俄外交国民委员会将上列协商之各点，作为主要条款，将来可与中国代表本此以友谊之态度进行磋商，如中国政府为共同利益计，对此有须修改之点，亦可加入改正。

中俄两大民族间之关系，非上列之协约所能尽述，两国代表此后尚须解决商务、国境、铁路、税关及其他等问题，并另订专约。

苏俄方面将多方尽力，以建设两国之亲密友谊，并希望中国政府亦具有同一诚笃迅速之建议，俾能早日进行缔结友好之条约。

苏俄代理外交国民委员长加拉亨

一九二〇年九月二十七日，莫思科，第六三七三二号

（华俄通讯社译本）

三 一九二三年加拉亨对华宣言

苏俄对华政策，原已周知，且非为新近发生之问题。当俄国苏维埃政府成立之初，吾人即详细表示对华态度，一若表示对亚洲各国政策之原则无殊。一九一九及一九二〇年，吾人业拟定对华原则，亦即吾人准备对中国及其国民建设友谊关系之原则。该两年所发表之对中国政府及国民宣言，料已遍知，此外无再可述者，余对此只能切实声明两次宣言之原则与精神，依然为俄国对华关系之原则。至于中俄两大民族亲善之利益，更不待余详述。俄国在一九一九及一九二〇年曾两次正式建议两国亲善，不幸当时皆未得中国答覆。但中国国民与政府，现已力谋促进中俄问题之解决及两大民族友谊关系之建设矣。俄国对中国所怀之旨趣甚大，但为免于误会起见，应切实声明，目前新俄对华所怀之旨趣与俄皇时代之旨趣与要求，绝对不同。

俄皇时代之政策，乃欲收服毗连俄土之中国土地与人民。在其谋达此目的之前，毫无顾忌，且借军事与经济之力，以实行其政策。此种政策，各帝国主义国与之共同进行，损害中国国民之主权，掠夺中国之财富。

俄国劳农革命推倒俄皇政府，本完全尊重他国主权及完全抛弃侵略所得之土地与财产之基础，建设其对各国之新策，对中国之政策亦然。大中华民族，具有其本民族之文化及和平勤奋之精神，乃俄罗斯民族在亚洲最善之盟国。中俄亲善，足以保障远东之和

平，只须中国国民皆尊重中俄亲善之需要，则次无从而阻碍者。但中俄双方均有多数敌人，对中俄亲善甚为顾忌，且力为阻碍亲善之实现耳。帝国主义国邦，曾欲化俄国为其殖民地，俄国历经艰难困苦之挣扎，现已脱出危机，中国现仍在挣扎之中，在其挣扎之程途上，苏俄实为其唯一之友邦。

各国对中国政策有二：其一唯苏俄采行，其次除苏俄外各国皆采行。此两政策实施之结果，若具体加以说明，可引土耳其问题述之。

外交家在近东咸指土耳其为“近东之病夫”，各帝国主义国邦咸集中其侵略旨趣于土耳其，一若其集中于中国无殊。欧洲各国为易于操纵土耳其起见，均欲土耳其无强健之政府，无有力之军队，经济不能发展，俾土耳其日趋衰弱；且用种种方法，使土耳其不能为其障碍。在彼各国，极欲土耳其病势日甚，直至不能抵抗各国之侵略。根据欧战终了时土耳其国贼签订之《绥佛尔斯条约》，已使土耳其成一徒拥空名之国邦。但土耳其之优良分子，反对是约，开始与帝国主义奋斗，俄国乃唯一赞助土耳其之国邦。当时俄国虽自身陷于困难之中，仍予土耳其以协助，结果土耳其竟操胜券，与欧洲各国缔结梦想难得之平等条约。欧洲各国前此掠夺土国人之主权，至此均迫于〈形势〉奉还土耳其，此中国国民已知之事实也。

中国之运命，与土耳其有相当之类似，惟中国较诸土耳其略为强大富庶。然各国对中国之侵略，则与对土者无殊也。彼各国咸欲中国四分五裂，内乱频仍，军力衰弱，成一不能抵抗侵凌之“病夫”。

全世界中，唯有苏维埃共和国与俄国国民，愿中国日趋强盛，能以卫护其利益与主权；唯有俄国愿“病夫”健康恢复，挺然起立而已。

中国国民领袖咸已深悉统一之必要，国中优良分子现方进行此种主张，此乃余所注意且引为满意者。欲实现此种主张，前途殊多艰阻，就中列强之帝国主义政策即其最甚者。

余知种种纷纠，皆为复杂阴谋及直接侵略所演成，其意乃在阻止统一，借内乱以图彼各国之私利，此乃中国国民最不幸者也。

中国前途虽有种种艰阻，将来终有统一强盛之时，此时，俄国国民与苏维埃共和国将视为最可庆之日。吾人之愿望，不独以吾侪革命者数十年来对俄皇政府奋斗原则为基础，且以俄国政治的旨趣为基础。

强大、集中，足以抵抗外来势力之中国，对于苏俄将为最诚信之友邦。盖中国对俄决无侵略之目的，一若目前俄国毫无侵略中国国民主权与利益之旨趣也。唯有强盛之中国，能采行光明磊落不因外强之利益或压迫而损失及本国利益之真实的国家政策。俄国所望于中国者，亦即此独立的国家政策。盖在此种状况之下，中国将能以友爱之态度，对待俄罗斯民族也。数年以来，中国政府与中国当局每月有对俄施以非友谊的措置之事实，但吾人在莫思科均知凡此种种，皆非中国国民之真正民意，而为受压迫与嗾使之结果，有时甚至系列强对俄仇视之直接侵略行动。今日余须声明者，乃外强势力对于俄国，现已减至最低限度，且无论其仍存在，无论苏俄仍受其敌视，中俄间恢复邦交亲善之良知，既如是之强，则他国亦不能从中阻碍矣。

同时余愿指明者，乃俄国对中国之旨趣，既不损及中国国民之利权，则无论如何，俄国决不轻予屏弃。余深信中国国民了解吾人对中国之与中国利权极易平等调和的真实旨趣，且知必须予以承认。余尤深信在此办法之下，中俄间决不至发生若何困难问题。

现余尚未熟识中国国内复杂情形，余决不以为解决中俄问题前途将因复杂情形发生障碍。在余来京前，在哈尔滨与奉天曾作逗留，每处对余皆有诚挚之欢迎。余曾与负责的中国政治家多人相晤，张作霖氏对余之接待，尤令余特别铭感。满洲方面及中国其他各地，已承认对俄亲善之必能。中国政府与各界，皆热望早日建设对俄关系。余曾与张作霖氏相晤数次，在谈话中曾得良好之印象，虽偶有可疑问之点，经在奉逗留数日，已有相当之消除矣。当余抵京之际，国会代表、政府当局、各界团体对余之接待，尤以学生对余之欢迎，更使余从速解决中俄关系之希望增强。最近列强因临城事件之通牒，乃其对待中国国民态度之好例。中国对此前所未闻之苛求，无论任何派别，皆一致起而抵抗，余此时深为敬服。余深信健全的国家观念，将永远抵抗扰乱中国种种之诡计，余甚愿中国有一强健之政府，使各国无一敢再以临城通牒中所载者向中国政府提出，且深信统一之结果，将使中国能有此种强健之政府。

（按）上录三篇宣言，除第三篇系去年国内各报所普通登载外，其第一、二两篇都系去年十二月间华俄通讯社所再译发表者，与从前国内报纸所登颇有出入。就中第二篇只是文字上之不同，实质上尚并无差别。至第一篇于则〔则于〕第五节放弃俄皇政府所得战利尚〔品〕与第六节放弃庚子赔款中间，在从前国内报纸译文品〔尚〕有放弃中东铁路一节，而华俄通讯社稿中则付之缺如。至是否该社有意弄此狡诡，抑或牒文原本如此，吾人殊不得而知，现在姑为补出原文如下：

劳农政府愿将中国中东铁路及租让之一切矿产、森林、金产及他种产业，由俄皇政府与克伦斯基政府及霍尔瓦特、谢米诺夫、高而恰克等贼徒与从前俄国军官、商人及资本家等侵占得来者，一概无条件归还中国，毫不索偿。

乙　王正廷、加拉亨所订的两种草约及七项附件

一　解决中俄悬案大纲协定草案

中华民国，苏维埃社会主义联邦共和国，愿将彼此平日邦交恢复，协定两国间悬案大纲，为此派定全权代表如左：

大中华民国大总统特派王正廷，大苏维埃社会主义联邦共和国中央执行委员会特派里甫尼克·哈乐维士·加拉罕，两全权代表将所奉全权证书，互相校阅，均属妥洽，议定各条如左：

第一条　本协定签字后，两缔约国之平日使领关系，应即恢复。

中国政府允许设法将前俄使领馆舍移交苏联政府。

第二条　两缔约国政府允于本协定签字之后一个月内，举行会议，按照后列各条之规定商订一切悬案之详细办法，予以施行，此项详细办法，应从速完竣，但无论如何，至迟不得过自前项会议开始之日起六个月。

第三条　两缔约国政府同意在前条所定会议中，将中国政府与前俄帝国政府所订立之一切公约、条约、协定、议定书及合同等项，概行废止，另本平等相互之原则，暨一九一九与一九二〇年苏联政府各宣言之精神，重订条约、协定等项。

第四条　苏联政府根据其政策及一九一九与一九二〇两年宣言，声明前俄帝国政府与第三者所订立之一切条约、协定等项，有妨碍中国主权及利益者，概为无效。中国政府同时声明中国与第三者所订立之一切条约、协定等项，有妨碍苏联政府主权及利益者，概为无效。

两缔约国政府声明嗣后无论何方政府，不订立有损害他缔约国

主权及利益之条约及协定。

第五条 苏联政府承认外蒙为完全中华民国之一部分，及尊重在该领土内中国之主权，苏联政府声明一俟蒙古撤兵之条件（即期限及彼此边界利益与安全之办法）在本协定第二条所定会议中商定后，即将苏联军队由蒙古尽数撤退。

第六条 两缔约国政府互相担任各该国境内，不准有为国〔图〕谋反对对方政府而成立之各种机关或团体之存在及举动，并允诺彼此不为对方国公共秩序、社会组织相反对之宣传。

第七条 两缔约国政府允在本协定第二条所定会议中，将彼此疆界重行划定，在疆界未行划定以前，允仍维持现有疆界。

第八条 两缔约国政府允将两国边界江湖及他种流域上之航行问题，按照平等相互之原则，在前条所定之会议中规定之。

第九条 两缔约国政府允在前条所定之会议中，根据下开原则，将中东铁路问题解决：

（一）两缔约国政府声明中东铁路纯系商业性质，并声明除该路本身营业事务直辖于该路外，所有关系中国国家及地方主权之各项事务，如司法、民政、车务、警务、市政、税务、地亩（除铁路自用地皮外）等，概由中国官府办理。

（二）苏联政府允诺［以］中国〈以〉资本赎回中东铁路及该路所属一切财产，并允诺将该路一切股票债票移归中国。

（三）两缔约国政府允在本协定第二条所定会议中解决赎路之款额及条件暨移交中东路之手续。

（四）苏联政府担任对于中东铁路在一九一七年三月九日革命以前所有股东、持债票者及债权人，负一〈切〉完全责任。

（五）两缔约〈国〉政府承认对于中东铁路之前途，只能由中俄两国取〔解〕决，不许第三者干涉。

（六）两缔约国政府允在本条第三项所规定事项未经解决以

前，特行规定《暂行管理中东铁路办法》。

（七）在本协定第二条所定之会议未将中东铁路各项事宜解决以前，两国政府根据俄历一八九六年八月二十七日即西历一八九六年九月八日所订《中俄合办东省铁路合同》所有之权利与本协定暂行管理中东铁路协定暨中国主权不相抵触者，仍为有效。

第十条　苏联政府允予抛弃前俄政府在中国境内根据各种条约、协定、章程等所得之一切租界、租地、贸易圈及兵营等之特权及特许。

第十一条　苏联政府允予抛弃俄国部分之庚子赔款。

第十二条　苏联政府允诺取销治外法权及领事裁判权。

第十三条　两缔约国政府允在本协定第二条所定之会议中，订立商约时，将两缔约国关税税则，采取平等相互主义，同时协定。

第十四条　两缔约国允在前条所定之会议中讨论赔偿损失之要求。

第十五条　本协定自签字日起，即生效力。

为此两全权将本协定英文两份，各签字盖印。

一千九百二十四年三月十四日订于北京（加拉亨及王正廷之全部签字）

二　暂行管理中东铁路协定草案

（一）本铁路设理事会，为议决机关，置理事十人，由中俄两国政府各选派理事五人组织之。理事会推举〈华〉理事一人为督办即理事长，俄理事一人为会办即副理事长，由各该政府核准。理事之法定人数，以七人为至少之数，所有一切取决，须得六人以上之同意，方可有执行之效力，理事会一切事务，由督、会办直接管理之，督、会办有事故时，由理事会另举理事代行职务。（督办由华理事代理，会办由俄理事代理。）

（二）本铁路设监察局，由监察五人组织之，华监察二人，由中国政府委派，俄监察三人，由苏联政府委派，局长由华监察中选举之。

（三）本铁路设管理局，置局长一人，由俄人充任，副局长二人，华俄各一，均由理事会委派，由各该政府核准，局长、副局长之职务，由理事会规定之。

（四）本铁路之处长、副处长，由理事会委派之，如处长为华人时，副处长须用俄人，处长为俄人时，副处长须用华人。

（五）本铁路各级人员之任用，原则上规定由中俄两国人民平均充任。（彼此交换信函以便解释第五条之意义。）

（六）理事会商议路务不能解决时，呈报中俄两国政府，由外交方法解决。

（七）本铁路之预算、决算，由理事会通过后交由理事会及监察局联席会议核准。

（八）本铁路所有实利，由理事会公议保管，在本铁路根本办法未经解决以前，不得动用。（所谓实利者，系《中东铁路公司章程》第十七款所规定之实利。）

（九）理事会应将前俄政府于一八九六年十二月四日批准之《中东铁路公司章程》，按照本协定及《解决中俄悬案大纲协定》之主旨，从速改订完竣，但无论如何，至迟不得过自理事会开办之日起六个月以内，其未改定完竣以前，该章程与本协定及《解决中俄悬案大纲协定》不相抵触，暨不妨碍于中国主权者，仍为有效。

（十）将来中东铁路根本办法解决时，本协定即行取销。

（十一）本协定自签字日起即生效力。

三 中俄协定草案之附件

中俄协定草案以外之王、加间声明书，为此次中俄交涉忽起变化之重要文件，兹据津报所载全文，共计七件，补录于左。

▲声明书一

中华民国政府声明，于签订一千九百二十四年三月日《中俄解决悬案大纲协定》后，立即设法将属于苏联政府在中国北京及他处俄国教堂之不动产与动产，移交苏联政府，如此种财产，已经非法或不正当手续处置者，中国政府无论如何，应用何种方法恢复，并移交苏联政府，在此种财产未经移交以前，中国政府应派特别守卫保护之。为此两国政府全权代表将本声明英文两份各签字盖印，以昭信守。一千九百二十四年三月日订于北京。

（此次因照协约，只有教堂得在内地置产，若移交俄政府，恐日后易生交涉，故拟商议俟大会中提议。）

▲声明书二

中华民国政府与苏维埃社会主义联邦共和国政府同意，按照一九二四年三月日《中俄解决悬案大纲协定》第二条之规定，在大会内议定适宜条款，以期苏联人民因该协定第十二条而取消治外法权与领事裁判权后之地位，有所准则，然无论如何，苏联人民应完全受中国法律之辖，合并声明，为此两国全权代表将本声明书英文两份各签字盖印，以昭信守。一千九百二十四年三月日订于北京。

▲声明书三

中华民国政府与苏维埃社会主义联邦共和国政府，业于一千九百二十四年三月日签订《中俄解决悬案大纲协定》，现经同意解释本日所签《暂行管理中东铁路协定》第五条所规定，中华民国人民及苏维埃社会主义联邦共和国人民平均分配充任之原则如下：

此项原则之适用，不得解作以撤换现在俄籍人［民］负〔员〕为实行该原则唯一之意。再，双方了解，所有各项位置，应准两缔约国人民平均充任，不得对于何方人民表示区别待遇，且各项位置，应照谋事者之能力、技术及教育资格补充，为此两国政府全权代表将本声明英文两份，各签字盖印，以昭信守。一千九百二十四年三月日订于北京。

▲声明书四

中华民国政府，与苏维埃社会主义联邦共和国政府声明，一俟一千九百二十四年三月日《中俄解决悬案大纲协定》签字之后，彼此应立将前俄帝国政府与中国所有之一切不动产及动产，在各该国境者互相交还；并彼此将此项应行交还产业，开列清单，送交各该政府办理。为此两国政府全权代表将本声明书英文两份，各签字盖印，以昭信守。一千九百二十四年三月日订于北京。

▲致苏联代表加拉罕函一

径启者，查本国与贵国所订之《解决悬案大纲协定》，业于本日经双方签字，兹代表本国政府声明，本国政府为两国友谊关系起见，当将现在本国军警机关任用之前俄帝国人民，停止职务，因恐此项人民之存留，与其动作，危及苏联国家之安全，倘承将此项人民开列清单，移送本国政府，自当伤〔饬〕知关系各机关采取必须手续也。此致加代表。

▲致苏联代表加拉罕函二

径启者，查关于庚子赔款之俄国部分余款，贵国政府业已根据本日鄙人与执事签定之《中俄解决悬案大纲协定》第十六条宣告抛弃，兹鄙人特代表本国政府声明如左：（一）中国政府为提倡教育起见，拟将此项赔款全部用作教育基金，惟以前业经备抵指定用途之部分，不在此限。（二）本国政府拟设立一特别委员会，委员三名，其中一名归苏联政府委派。（三）该委员会应共同专管此项基金。此致加代表。

▲议定书

苏维埃社会主义联邦共和国政府于签定一千九百二十四年三月日所订《中俄解决悬案大纲协定》时，声明如左：因该协定第三条内载“两缔约国政府同意在前条所定会议中，将中国政府与前俄帝国政府所订立之一切公约、条约、协定、议定书及合同等项，概行废止，另本平等相互之原则，暨一九一九与〈一九〉二〇两年苏联政府各宣言之精神，重订条约、协定等项”等语，现经同意，在新条约、协定等项未经订定以前，所有以前公约、条约、协定、议定书、合同等项，概不施行，为此两国政府全权代表，将本议定书英文两份各签字盖印，以昭信守。西历一千九百二十四年三月日订于北京。

丙　交涉破裂中中俄往来公文

一　三月十六日加拉亨致王正廷限日签字紧急照会

王正廷博士台鉴：本年三月十四日晨，鄙人与阁下代表中俄政府签字于重建两国正式关系之协定，并拟于是日签字于缮清之约文，以代业经签字之初本。阁下签字后，贵国政府决定不认可阁下之签字，并不许阁下签字于缮清之约文。本代表因此照会阁下，并请转达贵国政府，本代表对于贵国政府批准阁下与鄙人已签字之协定，愿待候三日，由本日起计算，期满后，该协定对鄙人即不能约束。同时鄙人并代表本国政府照会贵国政府，交涉破裂及协定失败，其责任应由贵国政府单独负之，一切随此而生之结果，其责亦在贵国政府。须至照会者。

二 三月十九日加拉亨致外交部照会

一九二三年三月二十八日，外交部照会俄国，任王正廷为中俄交涉正式代表。本年三月十四日，本代表与中国政府正式代表磋商终结，并签订协定，同日誊录，以备再行签字。但中国政府对其正式代表之签字，加以否认，既成之协定遂至破裂。苏联政府对上述种种，训令本代表照会贵外交总长下列五项：（一）苏联政府认其代表与中国政府正式代表之交涉，已终结；（二）苏联政府坚决拒绝修改业经签字之协定；（三）警告中国政府勿自陷于不可挽救之错误，此项错误，足以影响中俄未来之互相关系；（四）本年三月十六日致中国正式代表之第一〇二号公函中所提出之期限一满，苏联政府即认十四日已签字之协定无效，并保留其对华未来条约提出条件之完全自由权；（五）期限终止后，中国政府非在无协定、无条件与苏俄政府建设正式关系之下，不能恢复交涉。须至照会者。

三 加拉亨对王正廷重要声明

按：加拉亨第一次紧急照会，十七日阁议决定方针，令王正廷以“草约商议未毕”为理由转答俄代表，而声明交涉破裂责任应由俄国负之。王答加公文未见宣布，加氏答覆则如下：

王正廷博士台鉴：十八日尊函内容，含有贵国内阁之答覆，兹再覆贵国政府，请为转达。贵国内阁在其答覆中，既置〈已〉成局面于不顾，故试将事实列后：

（一）本月十四日晨，磋商终结，双方签字于既成之协定，并愿于是日誊录签字，贵国内阁则认磋商尚未终结，此只能以贵国内阁未知实情解释之。

（二）贵国内阁以诚恳态度，解释其欲修改十四日业经签字之协定，但磋商业经终结，协定亦已签字，而贵国内阁尚欲讨论既成之协定，此适足以证明贵国内阁不诚恳及缺乏友好诚意。此项政策，只能因不求任何结果而发。

（三）苏联政府以为此项政策，背后伏有欲破坏既成协定及两国交涉之政治作用，中国政府对外政策，以列强之政策是从，尤以对俄国为最甚，此为人所共知者。总统命令即其好例。若谓中国已终止追随列强政策，实无可信之理由。不论如何，无正式公文以为证。现贵国政府否认其正式代表之签字，乃受上述政治作用所操纵，事实昭彰。交涉进行数星期之久，贵国代表对一切磋商均甚满意，交涉经过，皆已向贵国内阁报告，此可由来函证知。故贵国政府对于交涉实情，知之至为详尽。贵代表行动，亦完全得贵国政府准许，乃于十二日行将签字之际，法国忽致严重压迫警告于贵国政府，交涉遂被根本推翻。中俄交涉所以陷于目前之局面，法国通牒为其原因，事实俱在，无可改〔置〕辩。法国以外，其他数强国对贵国亦有所警告，惟不若敌视吾人最甚之法国，敢公然压迫贵国耳。

（四）贵国政府欲在协定中，将一切问题完全解决，此层绝对不能容纳。盖如是则签订协定后一月内举行之会议将无所用矣。十四日所签订之协定事实上只为未来会议立一基础。苏维埃政府对此协定，认为尚未解决，或解决而不满意之点，可提出数十。但其希望，则尚在会议中予以整理。反之，此协定予贵国国家利益以十分满足，其程度决非任何他强国所愿为。若任何第三强国，肯依此协定十分之一尊重贵国主权及国民要求，贵国政府必欣然感谢也。

（五）贵国内阁以阻碍邦交责诸苏联，并认苏联提出三日期限有违昔日宣言，应严重反驳。但实际上，苏维埃政府远在一九一九及一九二〇年，已向中国在原则上表示友好，十四日所签订之协定，业将前者各原则完全表示。贵国政府则欲夺取俄国之自由与独立，以及推翻苏维埃政府，对于苏维埃政府之通好，报以攻打俄民，其对于苏维埃政府，实无责问之道义与权限。贵国政府为赞助帝国主义强国扑灭苏俄及援助白党之政府，直至今日，尚容白党居住满州〔洲〕境内，许其扰乱俄边。苏联对于贵国政府之罪恶，从未引而责诸贵国国民。对华宣言发出五载后，苏联仍在协定中履行前言，苏联屡次向贵国提议亲善，时逾五年，贵国国民亦极同情，贵国政府皆置之不顾。贵国政府为略取得指摘苏维埃政府态度阻碍邦交之权限起见，须先自表白其以往五年种种敌视行动之无罪。

（六）苏维埃政府得签订协定消息后，对之异常欣悦。此项消息传布全国，莫不以被侵略压迫之大中国国民与俄国国民携手之日，从此兆始为庆事。但协定被敌视中俄亲善者所破坏之消息继至，俄国国民对此之愤懑，一若其前者之欣悦，当其闻悉中国政府取消交涉结果，造成两国邦交之障碍，莫不为之震怒。贵国政府只须将协定与其他强国与贵国所订之条约比较，即无不满意之理由可言，然贵国政府对于琐细问题，注意特甚，对于既成立各约之重要点，反无所表示。苏联将其领事裁判权，关于租借之特殊权限与利益，以及庚子赔款，概行放弃。反之贵国在凡尔赛及华盛顿会议中，对以上种种缚束力谋摆脱而无效，只此一端，已足证知。华盛顿会议对于治外法权问题，允组织委员团从事讨论，直至今日，因法国之反对，该团尚未成立，所订协定中，更未顾及贵国此项权利。列强强迫贵国所负之义务中，以关于关税之条约为最甚，此种压迫，足以灭绝贵国工业，保护及促进国家经济之确定关税权，亦被外人所夺，同时并将一切重要财源供献于各国。华盛顿会议中，列强允许增高贵国关税，至今尚未履行所言。本月十四日签订之协定，苏联对关税及商务等一项，谢绝压迫贵国，建立平等及容让之原则。贵国政府对蒙古境内白党不加取缔，苏联始迫于入蒙。然在协定中，则确定尊重贵国主权，并愿候在正式会议中，确定期限及取得保证时，立行撤兵。对于中东铁路，苏联所给与贵国政府者甚大，贵国政府对之亦已满足，然对此项则无所表示。苏联政府力谋除去俄国时代对华种种罪恶，现已见诸事实。贵国政府对于苏联之尊重贵国及对贵国国民之友爱态度，理应接受与感谢，不料竟拒绝所订协定，且决然否认代表贵国签订协定之正式代表。此种前所未闻之行动发现后，苏联政府以苏联已忍耐五载，最近切实交换意见，复费时六月，认为不能再行忍耐。苏联力谋迎合贵国政府，俾其易于接受友爱之协定，复舍弃立行及无条件恢复正式邦交为会议先决条件之要求，但贵国政府对此绝未注意，苏联政府所以迫于在一九二四年三月十六日公函中以明了及确定之态度处置此问题，上述种种即其原因。

兹代表苏联政府，声明下列四项，以确定本代表一九二四年三月十六日之照会：（一）本代表与贵国政府正式代表之磋商，业于三月十四日完结，故苏联政府拒绝修改业经签字之协定；（二）十六日公函中所提出之三日期限满期后，苏联政府即不受十四日所签订协定中各项之约束，并保留其对于未来中俄条约之完全自由；（三）苏联政府愿警告贵国政府，此后贵国政府非在无条件、无协定与苏联政府建设正式关系之下，不能恢复交涉；（四）苏联政府警告贵国政府勿陷于不可挽救之错误，以及担负破坏既成协定之重责。此等错误，不能与中俄未来之关系无影响。顺颂台绥。加拉罕启。

四　三月二十二日外交部覆加拉亨照会

为照会事：接准贵代表本月十九日觉书内开："一九二三年三月二十八日，外交部照会俄国，任王正廷为中俄交涉正式代表。

本年三月十四日，本代表与中国政府正式代表磋商终结，并签订协定，同日誊录以备再行签字。但中国政府对其正式代表之签字，加以否认，既成之协定遂至破裂。苏联政府对上述种种，训令本代表与中国政府正式代表之交涉已终结”等语，诵读之下，不胜诧异。至本月十六日贵代表与王正廷博士函中所限时间，此种建议，中国政府实难办到。王正廷博士所签之协约草案，事前未得中国政府必须之赞认，故不能认此项协约即为终结，此点实须注意。且据中国政府于一九二三年十月二日给与王正廷博士之证书，不过予王正廷博士以谈判及缔结协约之权，至签字及批准，尚须由政府另定办法，始得认为发生效力。即前次予与贵代表谈判之间，贵代表明言当该协约签字之时，未曾验及王之证书，如当日有验及者，自无签字之事云云，故贵代表所云者，中国政府不能予以承认也。贵代表于本月十九日与王正廷博士一函，谓有某国从中作梗，破坏协约之事。中国政府诚不知有此项之干涉，即有之，中国亦将拒绝之不暇，故于此点似不必加以疑虑。总之，中俄两国间之关系，非常重要，中国政府对于恢复中俄国交之诚意，未尝稍变更，渴望早日再开谈判，以达最后之成功。兹奉本月二十日大总统命令：中俄交涉，关系重要，王正廷筹办以来，与俄代表意见虽渐融洽，而条款尚未确定，应责成外交部接收办理，与俄代表继续商议进行，以转〔专〕职责，此令，等因。本总长谨告贵代表，本外交部现正在准〔祇〕候与贵代表继续谈判，庶中俄协约，得以早日终结焉。

五　三月二十五日加拉亨非先承认不能续议照会

苏维埃联邦社会主义共和国全权代表加拉亨特致文于中华民国外交总长顾维钧阁下：贵总长本月二十二日之通牒，为贵国政府破坏十四日签订之协定辩护，并表示愿接续谈判，〈使〉交涉臻于完善，其内容绝不顾及目前情状之事实及本代表十六及十九两日之节略，本代表不得不对于贵国政府应负破坏协定之责等事实，再为缕述，并重行解释。

（签字问题）

（一）本代表以为其不能讨论贵国正式代表王正廷所受贵国政府委命之问题，与此问题有关系者，只有贵国政府、王正廷及贵国国民。本代表亦不能讨论贵国官员之互相关系。贵总长虽请苏联政府与闻其事，本代表亦以为其政府不能加入讨论。本全权代表业与贵国政府正式代表进行交涉，并已签字于协定之初本，苏联政府及本代表亦不能讨论贵国代表有无对协定内容同意之权限。本代表更无权表示怀疑贵国代表有否取决全权。盖对贵国代表权限怀疑，与对贵总长有否提出三月二十二日通牒中之声明之权限，其谬误正相类也。贵国政府正式代表之权限，原已确实通知本代表，贵总长在一九二三年三月二十八日，即照会本代表王正廷有商议及议决之权，准此，则王正廷确有签名于协定初本，以表示双方商议完结及议决之权，贵总长对此已加以承认。北京内阁之拒绝承认其全权代表之签字，即与否认总统委其代表以全权之命令无异，故在形式上，十四日签订之协定绝无不法之点，贵国政府对之只有可否之权。贵总长对此问题之解释，不趋于使其明了，而只使其愈趋混乱不明而已。

（责任问题）

（二）本代表三月二十一日致中国代表限期三日之公函，贵总长如以为时间太局促，对于协定草案不能从长讨论，以决定可否，则尚有可以谅解之处。惟据贵总长三月二十二日之照会，并未言明中国政府是否同意该项协定，于此可知中国政府系拒该项协定无疑。盖因中国对于三日期间限制，并未向本代表提出延长之意，中国政府欲以此为理由，将此项破坏协定之责任，推在苏联政府，实际则破坏协定之责任，完全在中国政府，无论如何，本代表不能任受也。

（干涉问题）

（三）贵总长否认任何强国干涉中俄协定，本代表认为与有所掩饰。列强压迫北京内阁，且压迫贵国之与财政有关系者尤甚。事实无须详述，现只提出三月十二日之法国通牒，即足证明事实之所在。法国公使通牒之目的，至少有所供献于中俄之缔结协定，此点贵总长当予同意也。本代表希望贵总长从各文件中，得知法国之抗议，毫无法理根据，及道胜银行对中东铁路绝无主权。道胜银行在贵国之存在，悬挂法国国旗，此乃彼不逞之徒，借法国政府保护攫取中国支〔之〕银之结果。一九二〇年，该行尚致函贵国交通部，表示中东路事宜，只与中俄两国有关系，斯时该行已在巴黎宣言悬挂法旗，只此一层，已足指明事实矣。本代表绝不知与中东路无涉之法国有干预路事之权限，十二日之法国通牒，决非为保护法国利益，只为法国帝国主义直接袭击苏联之常态耳。其对于中国国民利益、主权，亦予同样之打击，自然不顾及矣。贵总长不顾法国干政之事实，否认有任何强国〈妨〉碍中俄协定，本代表对此，殊为惊异。贵总长声明贵国决不许列强干预其外交政策，本代表对此项声明，深为满意，然本代表必须指出贵国政府对俄政策，此乃世人所知，无须援引证据者也。

（限期问题）

（四）远在苏维埃政府全权代表抵京之初，苏维埃政府，即主张先恢复正式邦交，再商议缔约。但当本代表与贵国政府正式代表交换意见之际，则与上项主张绝相违反。五年来协同帝国主义列强尽力侵害苏维埃政府之贵国政府，力争恢复对俄邦交之时期问题，且对于两国之接近，造成种种纠纷。当本代表与王正廷交涉之时，贵国政府借口莫斯科政府不肯议定未来条约之原则，争执对俄邦交恢复问题，此事以是大明。本代表为使此问题易于解决计，允以同时恢复邦交为条件，与贵国缔约协定，但本代表不得不声明此举为本代表之错误，盖贵国政府并不感谢本代表之让步也。贵国政府不顾其曾允许签订协定，不顾此协定业已满足中国国民之利益，以为可破坏此协定，以延搁两国邦外〔交〕之恢复，三日期限，只备贵国得以批准十四日签订之协定，并非予贵国以迁延解决此重大历史事件之机会。苏联政府敢谓若其不提出期限，贵国政府势必将此问题长此搁置；若苏联政府再允继续磋商，中俄协定必仍归失败，且将再延搁数年，北京内阁之作为，固如是也。贵国政府否认十四日之协定，且直至今日，贵国外交部对于协定之批准尚无表示，结果已使中俄形势，退回至苏联政府提出之主张，即苏联政府初与贵国政府代表王正廷交涉时之主张。

（内容问题）

（五）三月十四日签订之协定，以公正、平等、容让以及尊重中国国民主权而论，实为前所未见。贵国与他国间，借历史的机会与他国订约，一若俄国革命所造成者，实以此协定为嚆矢。若谓贵国政府拒绝此协定，乃因其损及贵国利益，此层绝无承认之理由。破坏举国称许之协定者，唯彼与贵国利益不容之外来压力而已；苏联政府因此对于贵总长表示贵国政府认中俄关系极为重要及亟愿与苏联恢复邦交之宣言，不能承认，本代表只能表示其对于贵国政府仍不知中俄邦交之重要，深抱遗憾。

（再议问题）

（六）至于贵总长通知准备接续商议一层，因三月十四日中俄商议业已完结，且是日签订之协定已否由北京内阁批准，贵部尚未照会本代表，故苏联政府认中俄问题，惟有出于另行开始交涉之一途，本代表不得不宣言绝对拒绝接续商议。此层当三月十九日与贵总长晤谈时，贵总长业已得知。同时本代表应声明：若贵总长及贵国政府果有与苏联政府交涉之诚意及坚决之愿望，则在目前情况之下，首先须立行［政］恢复两国正式邦交，待此步实现后，贵总长在通牒中所声明业已准备开始之商议，方有进行之余地。……

六 四月一日外交部覆加拉亨坚持所争三点照会

接准贵代表三月二十五日节略，内开各节，业经阅悉。查贵代表对中政府，极愿早日恢复两国邦交之诚意，有未能深解者，或因有各种之误会，兹于奉覆之际，特先为指陈之：

（一）关于中国代表权限一节，本部并无引起贵代表牵入讨论之意；所应请注意者，贵代表与中国代表签字草约之预稿，系依据本部上年三月二十八日节略。惟该节略内只称奉大总统令，特派王正廷筹办中俄交涉事宜，并无可使贵代表臆定中国代表有签字之权。贵代表来略所称三月十四日签字之文件，系草约预稿，中政府可予以采纳或拒绝之，诚属适当之论；本部对于贵代表不允修改预稿之意见，则不能苟同。中国代表以签字而结束协商，并未得有许可，贵代表现已知之。倘借口协商业已终了，坚拒续商，则贵代表似有意利用协商时所发生意外之事，而不欲尽力免除解决中俄关系前途之任何障碍也。再，王督办与贵代表协商性质，原系非正式谈判，因贵代表曾一再坚持避去一切正式协商，可见中政府主张更为充分。

（二）贵代表节略称，限期三日签定一节，为促成中俄邦交起见，并无阻碍解决此案之意，本部可表赞同；惟贵代表既已限期签订于前，复又归咎中国不要求展期于后，实深诧异。中政府以为贵代表限期签订之举，实有未当，盖双方会议，共图恢复友好邦交，而一方以期限加诸他方，迹近恫吓，殊属创见。中政府所以不欲要求展期者，即因不能承认贵代表有可以任何期限加诸中政府之权。

（三）贵代表所称有他国出而阻挠中俄恢复邦交一节，与本案毫不相涉。中政府不能与贵代表论及中国对他国之关系，业于前节略声明，中政府对中俄协商方针，不容任何外力干涉也。

（四）本部兹欲声明：中政府并未否认任何正式缔结之协定，关于所签之件，贵代表曾认为协定草案之预稿，倘贵代表不允商议修正，使完成该约，而回复王督办谈判以前之原状，则可证明负延宕之责者为苏俄，非中政府也。

（五）草约预稿内〈有〉关各项修正之点予以贯彻，中政府即可准备核准签定：

（甲）协定预稿第四条第二项，关于苏联义务殊欠规定，因中政府虽声明所有中国与第三者缔结条约、协定等，凡有碍苏联主权或利益者，一概无效，而关于同样原则之苏联义务，则仅限于废止前俄帝国时代与第三者所订之条约、协定等而已。至俄国改政后，凡俄与第三者所订有妨害中国主权及利益之条约、协定等，则毫未提及，按照相互平等之旨，两国政府俱应有同样之声明，此点原与苏俄两次宣言方针相符，贵代表不能坚持异议。

（乙）外蒙撤兵问题，苏联应负有较为详切之责任，虽详细办法可于将来会议中协商，而撤兵一节，不应作为条件。换言之，即该项文字应行修改，以表明并无违反领土主权不可侵犯之原则。

（丙）苏联现尚未将在华教堂产业之面积、性质、数目、地点等必需之说明，提交中政府，故关于移交该项教堂产业于苏联之换文，应暂缓办，俟将来会议中详细讨论。查外国政府及人民在中国内地购置土地，向所不许，当然有从长计议之必要。

以上三点，中政府愿与贵代表商榷，俾得圆满解决，如贵代表果有建立中俄邦交诚意，中政府可深信贵代表当予同意，倘贵代表以为修改协定预稿，有更大困难，则中政府本和平精神及早复邦交之素愿，亦可同意，将此项修正之点，于协定签订时以换文行之。

（六）至先复邦交一节，中政府请贵代表注意草约预稿第一条，业经规定中俄使领关系，应即恢复云云，该项草约，俟修正完竣，并经双方代表正式签字后，则贵代表所希望及中政府所乐观成者，均已达到，盖谋复邦交，原非最后之目的，主要之点，在建设两国友谊巩固之新基。如中政府所认为极重要之三点，贵代表能充分考量，或将预稿修正，或附加换文，则现时该项草约预稿，即可作为基础，以资解决。特此略覆。

丁　交涉破裂中国内自相争执的公文

一　王正廷三月二十一日报告交涉经过

窃正廷自十二年春鲁案结束之时，适拜筹办中俄交涉之命，以两国缔交重任，加诸疏庸无具之身，绠〔绠〕短汲深，时虞陨越。顾念挽回国权，乃国民应尽义务，不得不勉竭驽钝，借效驰驱。迨苏俄政府加代表到京，当即与商开议办法，而加氏始意，主张先行恢复邦交，再讨论悬案；正廷以悬案先有具体之解决，斯邦交亦得立亲善之基础；加氏亦不坚持，遂双方迭次提案，往复讨论。惟关于中东路及外蒙两问题，意见相去甚远，交涉几致停顿。嗣经正廷本公平互让之精神，提出最后大纲草案，加氏于三月一日又提出最后之修正案，正廷因于三月三日将最后原案及加氏之修正案呈报大总统，批交国务院审核训示。三月六日国务会议时，正廷出席，说明双方提案内容，经各部签注意见，正廷当本其意见，复与加氏协商，大体均尚容纳，惟尚有数点，未能同意。三月十三日，正廷复出席阁议，报告与加氏交涉情形，各阁员亦类多满意；但对于中俄旧约应先行废止，及外蒙撤兵条文中应将制止白党之担保，改为双方制止白党之办法，两点仍主张更改，因于是晚与加氏作最后之谈判，经终夜之力争，始得其同意。正廷以案经久悬，英、意两国既承认于先，诚恐迁延贻误；且国人亦同认主张从速解决，外察大势，内审国情，觉此案实不能再事迟疑，因即遵照大总统颁发全权证书，内有以中华民国国家名义全权商议议决之权之明文，将议定大纲草案双方签证，以备呈报政府批准，正式签字，此正廷办理此案之经过情形也。正廷才疏力拙，不能将所提原案，如愿以偿，抚衷自问，良用疚心。今幸大总统用明令，由外交部接收办理，深望自兹以后，早结垂危之局，力挽已失之权，更得圆满之结果，此乃我国如天之福，亦正廷所馨香祷祝者也。谨布区区，伏维明鉴。王正廷马。

二　国务院三月二十日报告中俄交涉争点通电

中俄交涉事，迭经王督办与加拉罕代表磋商，拟有《中俄解决悬案大纲》，及《暂行管理中东路协定》各项草案，呈报政府审核。连日阁议详加讨论，如废止旧约，重订新约，取消治外法权，收回租界，抛弃庚子赔款，关税平等各节，业已双方同意；而他各条，凡经政府认为可允照办者，即经修正规定。现所争论之点，如：（一）俄蒙所订各项协约，政府主张在协定内载明立时废止，俄代表仅允将俄帝国政府与第三者所订条约等有伤中国主权者废止之，而于苏俄与外蒙所订之条约等，不肯明白取消。查苏俄与外蒙所订条约，系认外蒙为独立国，且外蒙在俄派有驻使，此实与尊重中国主权一语相抵触，关系不可谓不巨。（二）撤退外蒙俄军问题，政府主张即行撤退，俄代表仅允声明一俟蒙古撤兵之条件（即限期及制止白党之办法）在会议中确定后，始尽数撤退。

嗣政府拟改为声明一切军队应尽数撤退，其撤兵期限及关于双方边界之安宁问题，于会议中商定之；因俄军入蒙原系侵损吾国主权之举，原则上似应即允撤退，若以条件之商妥与否为撤兵之标准，将来转多纠葛。（三）俄代表要求用换文载明在中国境内俄国教堂不动产等，须移交俄国政府等语，政府因恐将来他国援例要求在内地置产，诸多窒碍，认为未妥。以上三点，迭经阁议修正，交由王督办切商加氏，是彼此尚在磋商之中，而十四日双方代表径将各项协定草案与附件等，一并签名，王督办事先并未奉有命令签字，两日后始询据王督办称系属底稿，先行画稿，静候政府批准，方能签定正约，认为与签字有别；而俄代表竟认为双方业已签字，不能再有更动，于十六日致函王督办，限期三日，候中国政府承认该项草案，否则对于该协定所规定各节，不受若何拘束，如因〈此〉交涉决裂，发生事故，应由中国政府负责等语。经王督办特呈政府，复经阁议以关系最要各点，政府方切盼修正，俄代表忽有限期承认协定草案之来函，实深骇异。此项来函政府当然不能承认，设因此交涉决裂，发生事故，应由俄政府负责，咨复王督办，转覆俄代表，特将此案经过情形，先行摘要电闻，余续达。国务院，号印。

三 王正廷三月二十三日对国务院号电自辩通电

窃正廷办理中俄交涉情形，业于马电内略陈梗概。惟政府号电所列争持之三点，前电意有未尽，谨用补陈如下：查第（一）点废弃俄蒙条约问题，正廷亦曾本政府之意，向俄代表极力磋商。俄代表以为此项条约，并不要求中国政府承认。且云已在《协定大纲》内明白规定承认外蒙为完全中华民国之一部分，并尊重在该领土内中国之主权，故此项条约虽不明言取消，而自然消灭。质言之，此项条约既未经中国政府许可，而外蒙又为完全中华民国领土之一部分，苏俄又须尊重在外蒙中国之主权，则此项条约之废弃且系原始无效，已不待言。而政府坚持将此项条约之废弃须规定在协定之内，反若先已承认苏俄与外蒙所订条约为有效，而今日始议废止之也。第（二）点外蒙撤兵问题，俄代表声明一俟撤兵之条件（即期限及彼此边界之安宁办法）在会议中商定后，苏联军队尽数撤退，而政府则主张改为苏联政府声明一切军队，应从速尽数撤退，其撤兵时期，及关于双方边界安宁问题，于会议中商定之。细绎此项修改文字，与原文并无出入。谓其无条件耶？则仍有时期及关于双方边界安宁问题之商定。谓其注重从速耶？则又必须商定时期及边界安宁问题后苏联始行撤兵。然则政府之所主张，不过文字上之推敲颠倒，与撤兵之缓急，实际上无丝毫影响，而与协定第五条之原文及意义，亦无何种之差别也。第（三）点移交旧俄政府教堂财产问题，查此项办法，盖因前俄关于宗教事项，属于国家行政，如建筑教堂经费，均由国库负担，苏联政府成立，亦将国内外教堂财产继续收为国家所有，今既正式恢复邦交，则按照国际惯例，所有国家财产均应移交，此乃当然之事，且系相互之行为。至政府恐他国援例要求在内地置产一节，殊为过虑。查国有教堂，俄国有之，各国教堂，既非国家建设，即不能援以为例。退一步言，就令各国竟援俄例而要求，则我国亦将对各国要求，如此次中俄协定之例，先将领事裁判权取消，关税规定平等，租界、租借地、庚子赔款概行抛弃，旧约之损害我国主权及利益者均行废止；而各国与第三国所订之有妨害中国主权及利益之条约、协定等项一概无效。如此，各国倘真援例要求，我方且欢迎之不暇，又何必鳃鳃过虑也。此外尤有应须重言声明者，十三日阁议提出中俄旧约一概废止及双方制止白党之办法，谓系最后之修改，故正廷于该晚与俄代表作最后之谈判，经其同意后，始为议决之签证。是此项签证为表示双方议决之程度，并非正式签字。按照外交惯例，无奉命令之必要。而以上三点，则系阁员最后修改后之修改，正廷亦不惮奔走之劳，仍向俄代表作最后以后之谈判。卒未获应允，是则正廷之才疏力薄，未能尽如人意，所当向政府与国民之前抱歉者也。正廷自备员坛坫，于国权所关，颇知拥护，岂有自甘放弃，误国辱身。诚恐传闻失实，致生误会，用特声明，以昭实在。伏维垂鉴，王正廷，梗印。

四　王正廷的第三次通电——覆各省的最后通电

窃正廷办理中俄交涉，所有经过情形，及与政府相异之点，业有马、梗二电，略陈梗概。辱承各省军民长官、地方公团迭电奖饰，慰劳有加，环诵再三，感惭交并。慨念吾国外交上之耻辱，祸害莫大于领事裁判权及关税不平等二事。盖于中国领土之内，不受吾国权之支配，而国内人民反不能与外国侨民受同等之待遇，是吾国之所谓独立者，亦徒拥其虚名耳。此次苏俄建造新邦，揭橥解放压迫民族，拥护平等人权主义，爰有一九一九及一九二〇两年之宣言，愿将吾国被前俄所侵略有损主权、利益之件，悉行抛弃。我乃坐失事机，人与不取，东隅已逝，言之痛心。然此次与俄代表所议决之《大纲协定》，即建筑于此基础之上。领事裁判权既得收回，而关税亦依平等相互规定，举前次吾国上下竭精敝神所不能得之于华府会议者，今竟得之于苏俄。倘于此时能当机立断，早定大计，未必不足补收桑榆之效，且可以苏俄为例，进而向世界各国共除在华之压迫，重建平等之邦交，致我国于完全独立地位，则此举关系之大，非特中俄两国邦交之恢复，抑亦吾国解除世界压迫之枢机。吾国于此即稍有牺牲，犹当暂忍一时，以易此空前国际上之大利，而况废止旧约，外蒙归我主权，中东铁路又复公平规定，余如退还庚子赔款及抛弃租界等项，均与吾国以重大利益，殊无丝毫损失之可言乎？而政府诸公不放远大眼光，务斤斤于小节，修正条款既一再而三，最后三项，又无端而至。卒以正廷才能疏浅，德不足以服邻邦，诚不足以回枢府，功亏一篑，事败垂成，致廷与诸僚友经年心血，尽付东流，而国家将得之权利，亦陷于未定之天，此则廷所椎心饮泣，仰天叹息唏嘘而不能自已者也。顾廷束发受书，稍知大义，鞠躬尽瘁，乃其素心。此后虽在摈废之余，仍切涓埃之报，惟希庙堂谟画，急起直追，以国家为前提，期艰难之共济，力挽利权，益臻完满，使廷得以江湖樗散，坐观坛坫荣光，虽功不自我而成，而国已实蒙其利，私衷感幸，莫可言宣。将朝野上下之讴歌颂祷者，尤无尽时也。荷蒙明教，再布区区，临电依依，不尽欲言。王正廷叩。

五　吴佩孚的第四电

吴佩孚为主张中俄协定应速签字者，自交涉破裂后，十八日即电国务院速签协定。以后迭电国务院，至二十六日止，发电六次之多。惟各电除主张签字外，并无如何议论。此为第四电，系对国务院号电而发者。文字较长，录之可见一斑。又各省军人亦多响应吴氏，主张大略不出此电范围，兹不录。

急。北京国务院、外交部鉴：院号电敬悉，足征审慎周详之意。中俄问题，关系过重，讨论不厌求精，曾于巧、帮、个三电，略贡刍荛，计邀注察。查院电开示，俄蒙条约一项，以协定内未载明取消字样，为抵触中国主权。细绎《协定大纲》第五条，“苏联政府承认外蒙为完全中华民国之一部分，及尊重在该领土内中国之主权”，则认蒙古为独立国之俄蒙条约，即已当然消灭。况俄蒙条约中国始终未予承认，若于协定中见诸文字，即不啻间接先承诺该约为有效，此应还加讨论者一也。外蒙撤兵问题，内政颇有关连。本须兼顾事实，以求两全。俄代表既允声明于正式会议决定办法之后，尽数撤退，理想事实，亦尚可谓平妥。政府拟改之字句，亦谓期限办法，于正式会议中商定，可见《协定大纲》之规定，与政府之主张，完全相合，条文意义，亦无丝毫轩轾。若谓以条件之商妥与否，为撤兵之标准，恐将来纠葛诚有可虑之处。但《协定大纲》第五条中之条件二字，本系期限办法之解释，政府拟改之字句中，亦明载期限及边境安宁问题字样，同未免除条约之拘束，文字似犹费解。究竟颠倒字句，能否变更内容，尚待考虑。此应还加讨论者二也。俄国教堂及不动产，交还俄政府一节，《协定大纲》中，并未载明。即使俄代表十分坚决，亦属国际应有之惯例。证以我国发还战败国德国财产，犹未以过，况有教堂及不动产于我国者，本仅俄国，似亦更无援例不援例之可言。此应还加讨论者三也。从来国际谈判，文件之繁夥，奚止百倍于私人商行为。商务性质之私人合同，往返磋商，每于未尽妥帖之文件上，及字句改窜之间，签名以昭信实。准此以绳，两方代表之签名草案，自不得以最后之正式手续论。俄代表执此而以限期相挟，礼貌、手续，两俱失态，政府自有法促其反省。惟为推敲文字中无关轻重之点，而引起停顿，权衡得失，可惜孰甚。此应还加讨论者四也。海通以来，我国对外所订约章，类皆丧权辱国，无可为讳，今对俄协定，若谓尽美尽善，诚不免犹有缺憾。然衡之已往，已为开未有之先例。揆之目前，更属不可再失之良机。诚能及时运用，其挽回中华民国利权、荣誉犹不在少。此所谓失之东隅，收之桑榆者也。外交条件，须内审国情，外瞻环境，反顾远东形势，不寒而栗。我不自谋，人有先我为之者，起而代我处分，噬脐于后，其将何及，想亦诸公所能洞察者。诸公以现条件为不满足，不敢即谓非是，但诸公能否必将来可取得较此更优越之条件，收折冲樽俎之全功；且诸公更能否经此顿挫不致引起意外纠纷，而成一误再误之局，此尤诸公所宜负责审加三思者也。谨抒愚虑，伫盼采纳，临电无任迫切待命之至。吴佩孚，漾。

戊　学界代表舆论的宣言

一　中华教育改进社等九团体主张无条件承认宣言

中俄两国，边境接连一万多里，对于侵略的列强，双方利害又很相同，在互助的关系上，应当结为兄弟般亲密的联盟。这种需要的迫切，早为我国民之多数所了悉；且远在五年之前——当各民间团体踊跃答谢苏俄宣言的时候，就充分的表示了。去年北京各界热烈欢迎加拉罕，日前各团体及北大教授对外交当局之声请，莫不一致主张立即无条件的承认苏俄，尤明显的表示国民坚决之公意。但是对外代表人民的北京当局是怎样呢？事实告诉我们，当局的对俄政策，从来是依遵列强之指示，毫不顾念人民之公意，五年来，以如是态度阻碍中俄亲交的建立，今又以如是态度，将双方稍可接近之局面破坏了。

俄国自革命以来，所具反帝国主义及援助弱小民族之性质，没有一日不在可与我国携手的情形之中。一九一九年对华宣言发表之后，就是第一次绝好机会。此宣言所给予我国的权利，是在我国国际史为空前的，是任何帝国主义国家所不能给予的。不幸北京当局既不知审世界的趋势，又不欲顺从全国之民心，以为劳农政府覆灭在即，惟恐落后的一致与日、法等国为反俄之行动，对于邻邦之友声，置之不答。我们那时自然很曲谅当局，以为中国外交家之头脑，哪能责其有独立的见地，确信俄之不败而毅然与之携手。及到去年加拉罕来华时，在苏俄存在已达六年统一国内及内政外交明显的进步之外，同时加氏又屡次表明对华两宣言之有效，这又是我国与苏俄携手的第二次绝好机会。我们以为当局此时可以却除一切疑惧，与国民对苏俄共其信赖，将毅然与之建立亲交的关系了。然而当局仍持态暧昧，举棋不定。我们那时犹可为当局曲谅，以为强国未承认苏俄之前，率先与俄国建立亲善，非我国外交家之魄力所能胜任。但是这些所可令北京当局据为推委与畏缩之理由，在英、意承认俄国之后，便完全失其效用了。然而在英、意承认俄国之后，北京当局对于苏俄的态度又是怎样呢？

国民所要的，是立即无条件的承认苏俄，成立亲交的关系，共抗帝国主义；北京当局却追步帝国主义国家之丑行，以市侩论斤较两之需索，为两国亲善友好之卖价，然若是苟利双方之接近，我国民自可默尔容忍以观其成，初不意北京当局颟顸昏愦，竟使中俄关系有如日来之恶化。

北京当局今次之所以对于王、加已签名之中俄协定，忽持反汗的态度，表面似出于卫护国权之见地，其实真正原因，乃在于外力压迫及当局私利之争执。法使对于中东路利益之抗议，及本月十四日日、美两使对于内阁之“警告”，外力干涉，于是乃造成今日中俄交涉间最严重情形了。夫中俄关系，何等重要；我国当局不但不能以独立见地，考量本国最大利益，今反容受第三方面国家之干涉，且借之以达个人之阴私，此等辱国营私之现象，宁为我国民所忍睹而不思有以纠正之耶？

今日之事，最后唯一之希望，惟在于国民之努力，吾人特请我全国同胞，各地团体速起运动，用其势力以：

（一）反抗帝国主义对于中国外交之压迫；

（二）督促政府立即无条件承认苏俄。

二　北京大学教授因回覆中俄国交事件中断所发宣言

吾人以中俄两国，疆土毗连，有历史的关系，兼以两国民族同受帝国主义、资本主义者之压迫，又同为新造之共和国家，根本上有相互提携之必要；况俄国于一千九百十九年及一千九百二十年两次宣言，对我一反旧俄侵略之主义，而建立平等之原则，复于吾人所求于列强而不得之治外法权、退还庚子赔款等，皆不待吾人之要求而毅然撤销与抛弃，以示其实践两次宣言之精神。吾人初以我国办理外交者，必能鉴于已往与帝国主义或资本主义者交涉之苦痛，急与此良友之新俄，共同开一外交之新纪元。待之又待之，一年复一年，未见我国办理外交者，有若何之举动，犹以为或因俄国内部尚有俶扰，循国际之惯例，不敢轻与然诺。上年以来，吾人始知我国办理外交者，所虑实异是，即新俄联邦已成，国基已固，回复两国邦交，不能复任其迁延，以致坐误吾国之福利；于是本我国民之天职，起而督促我国之办理外交者，往者既尝一再致书于顾君维钧、王君正廷，促其本国民之诚意，察舆论之趋向，弗谈条件而立行宣布回复两国国交。二君者，或有书函之答覆，或为当面之答覆，皆于同人之意见，认为适当；徒为审慎计，须先有相当之谅解，大体之协定。同人为顾全责任，虽不能满意，而犹委曲容忍，方冀中俄国交计日而复矣。乃我国操持政柄者无远大之目光，办理外交者，无独立之精神，既錙称而铢较，复朝四而暮三，不顾舆论之从违，悍然举已成之协定而破坏之。吾人推求责任所在，实不能为操持政柄及办理外交者恕。吾人今本国民之天职及平昔之主张，郑重告于国人曰：回复中俄国交事件，虽不幸而中断，吾人仍誓以最短时期，俾之实现，以利吾国家。除一方警告我国办理外交者，立为无条件之宣告承认；一方要求俄代表仍行保持十三日之协定为中俄正式会议之根据外，特此宣言。

三　北京师范大学等四校的声明

近日北京各报，纷载北京学生对于中俄交涉之态度：一曰少数学生不明真相，故意与北京政府为难；再曰学生因崇拜共产主义，故主张无条件承认苏俄。至三月二十九日示威运动发生后，各报对于学生界一变其平日表示同情之态度，而为攻击之情势；甚至谓学生联合会受苏俄及倒阁派之运动，为我国外交上留一污点云云：此种冷酷之批评，几使学生界人格扫地无余，言之痛心。敝校等自参加北京学生联合会，素持稳健态度，凡会中建一议，通一案，必再三考虑，不敢苟且，盖恐疏忽，至损及人格与信用也。此次示威运动在学联会通过时，颇费周折，结果以一面警告北京政府，一面责备苏俄为议案。并通知各校及各团体，同时执行。不料举行示威之日，中有其他团体，发出传单，内容与学联会议决案之精神，大相违背。社会未明真相，遂视为全体学生界之公意，加以抨击。敝校等枉受谰言，不能缄默，故特将学联会对于中俄交涉，屡次开会之情形，明白宣布如下：

自中俄交涉破裂消息传出，学联会中乃有提出警告北京内阁及顾维钧案，并有主张即时举行示威运动者；敝校等则坚持中俄两方，均应加警告，佥谓主义是主义，国际是国际，共产主义，吾人应表同情，若论国际，则不能顾及利害。查此次中俄会议之破裂，北京政府，固负有相当之责任，而俄人态度之欠光明，亦使吾人不能满意者也。盖北京内阁不将关于协定应提出之条件，早日议定，及至签字时始觉不对而反悔，是外交无一定之政策而视同儿戏也。王正廷早知阁员意见纷歧，阁议提出三项意见，责令续商，而彼竟于未妥协前擅自签证，至生波折，尤为可恨。至北京内阁及代表之错误，谓为因私人利益及受列强之压迫，吾人实不能无疑，此北京当局应加警告者也。然加拉罕既系和平主义国家之代表，且欲与我国推诚相见，则应有公平示让之精神，何至认王正廷之签证草约为正式签字，北京内阁尚未经正式讨论，即以类似哀的美敦书之照会，迫我服从，此种帝国主义之外交方式，既违反其和平之精神，复失国际交涉之礼仪，更应负破裂会议之责任。且苏俄业已于一九一九、一九二〇两次宣言中，一再声明放弃侵略中国之种种利权，而此次协定中又承认蒙古为我国完全领土，则一九二二之俄蒙密约，自应赶速宣布无效。然苏俄始终拒绝，是不愿履行宣言，已可概见。至于外蒙驻军，本系侵略我国主权，理应无条件即时撤退。今附以条件，且须待正式会议时解决，居心何在？若谓系防御白党，则我国民自当设法，极力防止，不能任人代庖，致损国权。俄人教堂，其在我国者，就我国现在政体论，当系租界性质，不能认为俄国产业。凡此种种，足征苏俄殊无诚意，且自犯侵略弱小民族之嫌，此亦当警告者。两方争论极久，结果表决警告北京当局，并劝告苏俄，此种情形，已载各报，无庸申述。及至交涉愈行紧急，中俄两国各走极端，学联会认为有示威之必要，于是通过示威运动案，并于三月廿三晚，在某校开会讨论示威运动之标准。当时一部分代表，主张完全向北京当局示威；敝校等则竭力主张中俄两方同时告警，其理由略与前同，争辩异常激烈，且历五小时之久，至半夜始决定一议案。文曰：

> 本会联合北京各团体，作示威运动，警告北京内阁及顾维钧，并劝告苏俄履行一九一九及一九二〇两次宣言，本其和平之主旨，与我国推诚赓续会议。

观此议决案，则学联会对于中俄交涉之态度，当益明了，而敝校等之态度，尤可不言而喻。关于无条件承认苏俄一层，敝校等主张促其实践两次宣言，然后吾人即无再加以条件之要求而承认之也。举行示威运动之前晚，学联会又讨论本会所发表之宣言，几经修改，对于中俄两方，本议决案之精神，同时责备，已见二十九日《晨报》所载之学联会宣言。综而言之，敝校对于中俄交涉态度，实为督责北京当局，警告苏俄代表，促成外交，保重国权，是敝校等持公平主张，固始终未曾或变也。北京师大、工大、女高师、美专学生会同叩，四月一日。

四　三月二十九日北京晨报所载的一段学联会宣言

（上略）现中俄交涉，已势成骑虎，中政府办理不善，固咎不容辞；而俄代表三日限期答覆之要求，亦失国际之礼仪；而外蒙密约之保留，亦使吾人不能无遗憾之处，且俄国教堂地产之坚持，吾人亦不能十分满意也。本会为两国邦交计，为中俄国民实行亲善携手计，进而为世界和平计，不能不郑重宣言曰：

中国政府宜尊重国民之意旨，从速与俄代表继续谈判，务使中俄问题早日解决；而俄代表亦当知中国国民之公意，所谓无条件承认苏俄者，实要苏俄实践一九一九、一九二〇两次之宣言，无须中国人之要求，中国政府亦不必提出条约而承认苏俄也。尚希望俄代表千万不可误会者，吾人对中国之督促，并非为俄人之后援，乃希望中俄两国早日恢复邦交，而两国国民早日得亲善携手之利益也。

*　*　*　*　*

以上把关于这次中俄交涉的重要公文，已都搜罗载录，舆论方面，有学界的四种宣言，已可以代表，所以日报上赞成与反对的种种论文，可以不为转载。中俄交涉现虽停顿，总有解决的一日，上面所录，就时间方面言，虽不免稍嫌陈旧；而于将来的参考，则颇有相当的价值。

《东方杂志》（月刊）
上海商务印书馆东方杂志社
1924年21卷8、9期
（李红权　整理）

日本人口中的蒙古

作者不详

蒙古的惨剧，很像埃及的惨剧。埃及本来是一个强大的自立国家，后来被英国征服，就成了他的附属国了。不过现在他们又将国权争回来，恢复了他们独立国的状态了。吾们希望蒙古，亦能这样，蒙古的爱国志士，近来亦是这样想。不过他们现在不是痴心妄想要去征服世界了，他们但望得能脱离北京、莫司科、东京的管辖，就已经心满意足了。

成吉思罕（Geneghis）及忽必烈（Khoblai）的时候，蒙古曾经将东方的各国都征服了，俄罗斯的大半，也成了他的藩属，就是英国、法国，亦差不多要被他波及了。当时蒙古的兵，是天下闻名的，各基督教的国家，听了他的威名没有一个不惊骇万状的，欧洲所以不受蒙古的侵略，并不是因为蒙古兵士的失败，实在因为他们的将领死了，所以手下的人，就四分五裂，情势渐渐的衰弱了。到了后来，他们边疆，就一天的小一天，就是中国，亦反叛起来，另外建设了一个朝廷。

现在的蒙古，真正是可怜得很，他的人民，受了迷信，及无智识的束缚，在戈壁沙漠一带的地方，游行无定的寻他们的生活，他们的情形，仿佛是像亚伯拉罕（Abraham）从前在亚细亚州〔洲〕一部游牧的情形。蒙古人的财产，不是拿金银计算的，他们所看重的，就是牛、羊、马三种，在近水的地方，有青草的所在他们就竖起了羊毛毡的幕帐，停留着过活了。一直要待到牧草吃完，他们方才动身去寻新地。差不多三分之一的蒙古人，是喇嘛教的僧徒；喇嘛教是佛教的一种，在蒙古是很有势力的。蒙古的主宰，就是喇嘛教的活佛，他算是释迦的化身呢。

蒙古人民，从强国而变为弱国，到了现在无声无臭的地步，内中是有二个理由：吾们从浮面看起来，以为蒙古的失败，是因为他们掌政者争讧的缘故，不晓得实在的理由，是因为蒙古人族〔种〕优美的性格，已经是消灭了。蒙古顶好的人民，是从前已经在战场上为国捐躯了，现在所存的，无非是柔弱的人种。就是有几个刚勇的男子，不曾身死沙场的，亦是从了安逸奢侈的一途，渐渐将他的精力，消磨完了。蒙古人种衰弱的第二个理由，是完全从理想上得来的。地质学家，曾经在蒙古考察过的，以为蒙古的土地，数百年来，是常常向上升的，就是到了现在，也不曾停止，因为土地上升的缘故，所以气候，常常要变动，从前的腴地巨河，现今已变成了高山峻岭了，这新生的境地，是不宜于养成强盛民族的。

蒙古于二百年前，虽则已经脱离了中国的管辖，但是中国是常想蚕食，在一九一一年中国革命的时候，蒙古就宣告独立了。俄国因为要中国与西比利亚不起冲突，又因为妒忌日本在满洲的势力，所以毛遂自荐的出来做调解人。四年之后，俄、蒙、华三国的条约，就成立了，这个条约，是承认蒙古在中国管辖下面，有自治的权力。

一九一七年，俄国发生了内乱，中国就违背了条约，带兵去取了库伦（Urga），就算将蒙古征服了。当这个时候俄国白党的领袖司登堡（Baron Urgernvon Sternburg）从西比利亚被逐到蒙古来了，司登堡是生性残忍的，所以他一到了蒙古，血战屠戮，是没一天没有的，直到一九二一年，他方才将华人逐去，重新恢复了库伦，将库伦做了大本营，他就起始与西比利亚的红党战争，后来被红党打败，弃库伦而逃走了。

西比利亚的兵，就进了库伦，后来莫司科的兵，亦来了，蒙古民国，就此因之产生。活佛仍旧是傀儡式的主宰，蒙古人占了各种重要的官职，但是政府的各部都有一个俄国红党的顾问。国家行政的实权，其实是都在这一班顾问的手里。政府征税是非常的重，所以反对的很多，后来莫司科调了陆白司该（Lubarsky）来管理蒙古的事情，他接了手，蒙古政治上、经济上，比从前是好得多了。

蒙古的失御是中国人极痛心的事，所以他们就想了好多恢复的计划，不过总是毫无结果。莫司科常常宣布他无意并吞蒙古，他们所望的，是蒙古的独立；他们的兵，是可以撤退的，不过蒙古要担保着不将他的地方，作反对俄国红党的举动。俄国所惧者，并非是中国在蒙古的势力，实在是日本在蒙古的势力。

蒙古的人，固然不要再做中国的藩属，不过他亦不要受俄国或日本的节制。他们大部分的人，以为中国是他们的公敌，所以赞成服从俄国，这不过是希望俄国待他较好罢了。蒙古的袒华派及袒俄的宣言，都是一样的。他们说："我们要我国的独立，我们情愿恢复我们一九一五年的自主地步，与中国成联盟的友邦，并且要中国、俄国担保我们的自主权。"

译自 The Trans Pacific

《兴华报》（周刊）
上海华美书局
1924年21卷13期
（丁冉　整理）

收蒙问题

运炎　撰

中华教育改进社今年年议会议决对蒙古教育的四项方针：(一)养成蒙人五族共和公民资格。(二)培植蒙贤治蒙。(三)保持蒙古民族之独立性，并发展其优点。(四)依据现在生活状况，图谋适应社会之需要。这四项实是五族共和精神结合的要点，也便是收蒙治蒙的根本政策。现在政府又欲收服外蒙，果尔，则似也应该采取类似此项方针，以为根本的图谋，否则虽有雄兵，也难以武力征服，即使暂能屈就范围，也难永保我有。我们只要试一观察中、俄、蒙三方面的关系，便可明白了。溯自日俄战争以后，日本承认俄国经营内外蒙古，俄国承认日本经营南满、内蒙。两国相互密约，不啻势成瓜分！迨至一九一一年，我国革命，蒙古也宣告独立，翌年俄蒙缔结条约，俄国承认了蒙古政府，蒙古重要机关，并聘任俄人为高等顾问。一九一三年又要求中国不得在蒙古殖民，不得干涉民政，这些要求，中国迫于俄国的恫吓，都一一的允许，中国在蒙古的经济上、政治上的势力，于是便完全扫除，所存的仅一宗主权的空名而已！

迨至一九一七年，俄国革命，内乱不已，何暇顾及外蒙？经营外蒙的深谋，遂遭顿挫。其时我国亦想乘机收复，不料国内多事，未克实行。现在《中俄协定大纲》告成，内有承认外蒙为中国完全领土的一部，并尊重在该领土内中国之主权字样，这又是天假之机。这便是国内近来盛唱收复外蒙的由来。但我以为如欲真正收复外蒙，总得从收复蒙人之心下手！向来中国对付蒙古，没有一宣〔贯〕政策，派到蒙古去的官吏，又都抱着括地皮的主义，往蒙古去的汉人，也少有讲道德的，只一味吸收蒙人的财源，结果自然不能见好于蒙人，无怪他们一心外向啊。所以俄蒙接近以后，蒙人中颇有亲俄派的。现在中俄协定的大纲虽已告成，俄国已不是昔日的俄国，蒙古也不是昔日的蒙古，但若我们不改弦更张，以诚爱相待，实行助蒙的政策，使其自动的与我同化，而徒靠俄国抛弃条约上的特权，便以为心满意足，彼此庆幸，岂非自欺欺人！甚或迷信武力，从事征蒙，更岂能望其心悦诚服，永远隶属我的版图呢？

《兴华报》（周刊）
上海华美书局
1924 年 21 卷 30 期
（朱宪　整理）

察区蒙旗事务单行条例

作者不详

第一条　蒙人与汉人一律平等。

第二条　各旗群台翼生计、随缺地亩应由该管官厅切实保护，不准奸民蒙领盗垦。

第三条　各旗群寺庙香火养赡地亩应由该管官厅切实保护，不准人民侵占。

第四条　蒙人宗教信仰任其自由。

第五条　蒙人私产如牛、羊、马群及领垦地亩应由地方官厅切实保护，并促进改良。

第六条　蒙人欲入何县籍贯听其自便，该管官厅及所在居民不得歧视。

第七条　蒙人因公私事务往来旗县及出入本口者踵趾相接，凡沿途军警团防应相机保护，以柔远人。

第八条　蒙古官民因办理公务已领护照者应由守口关卡迅予查验放行，其他各征收局所不得设词盘查，妄肆需索。

第九条　蒙人往来携带寻常食物，各经征关局宁可稍示宽大，不可迹近苛扰。

第十条　蒙人往来驮运物品除必须缴纳税捐者，应即照章征收税款，迅予掣给税票放行外，不得有丝毫浮收情事。

第十一条　蒙人携带物品除经第一关卡完纳税捐外，其他沿途局卡须随时查验放行，不得借词刁难，勒索重征。

第十二条　蒙人对于一切新章政令习焉不察，每年春秋两季相率进口，如查有违犯警章、税则者，应由各主管机关饬属随时指示条款，解说劝导，俾令心悦诚服，自知改悔，不可疾言厉色，骤施惩罚，致滋疑虑。

第十三条　蒙人与汉人因事涉讼，应侦察一切，俾明真相，不可偏听一面之词，据为信谳。

第十四条　蒙汉人民于口外庙会集场互市，或来口买卖牲畜、物品，俱应按照市价公平交易，不得诳骗蒙商，操纵物价。

第十五条　近年旗群人民多有舍弃游牧从事农业，其附近居民应本行者让路、耕者让畔之义，亲仁善邻，和好敦睦，不得有仇邻侵界情事。

第十六条　蒙人自旗来口，远道跋涉，往返匪易，汉人待之应亲爱如兄弟，不可稍涉轻蔑，贻讥远人。

第十七条　蒙人乘坐火车时，铁路人员应按购票之等次妥为安置坐位，不得施以无礼行为。

第十八条　本条例自公布之日施行。

《察哈尔实业月刊》
张家口察哈尔实业厅
1925 年 1 期
（朱宪　整理）

察哈尔之政治

警察　吏治　财政

作者不详

整顿警察之成绩

察区警察厅在张家口上堡，与都署仅隔一道，共分四区，警兵约有五百余名，老弱不齐，精神萎靡。宋式桢厅长到任不久，即自往各区点名，汰弱留强，每名增薪一元，以资鼓励，且时常下夜查岗，故近来兵士站岗、巡逻均甚勤奋，旧历年前，亦无明伙〔火〕路截〔劫〕窃盗等事发生。至厅内职员，刻亦全换制服，办公钟点，较前增多，今后如能到底不懈，其成绩必更有可观也。

整顿吏治之通令

察哈尔都统张之江，到任以来，锐意革新政治，刻已通令各县局调查地方积弊，详拟改革计画。其训令云：为令行事：查察防自改政区以来，已逾十年之久，迭经变故，官吏频更，政基既未巩固，庶政复鲜推行。本都统奉命来兹，适承凋敝之后，政教失序，百废待兴。欲期刷新政治，必先廓清积弊，而整顿设施，尤须因地制宜。各县局知事、局长，久官边徼，熟悉情形，对于地方一切行政，如教育、实业、司法、财政，以及礼化、风俗各要政，自能研究有素，何者宜兴，何者宜革，何者宜急进，何者宜缓图，应仰各该知事、局长，切实详细策画，分别胪陈，以备酌核施行，总期切实可行，毋涉空泛为要。除分令外，合令该知事、局长限文到五日内，仰即遵办，具覆勿延。切切此令。

整顿财政之办法

察区财政，除赋税常供外，每年收入，以统捐为大宗。惟是行之有年，弊窦丛生，收入短绌，难济要需。新任财政厅过厅长莅任后，对于此项捐务，力图整顿，既由厅遴派稽查，分头调查，复令行各统捐局长，详晰条陈，关于应兴应革事件，罔不立予施行，期臻完善。并宣布方针，财政以公开为本，用人以贤能为先，化除私见，一秉大公。似此广益集思，周咨博访，行见察区财政，必当日有起色。兹将训令、布告所列办法，详列如左：

(一）训令　照得统捐为本区地方收入大宗，军政两费，于兹取给。迩来本区支出浩繁，财政困难，已达极点，而统捐收数，乃竟有减无增。推原其故，实缘弊端之日滋，抑亦办理之未善。设不亟谋整顿，将何以裕收入而济要需。查统捐各项中最关重要者，厥唯斗捐一项。收数以斗捐为最巨，积弊以斗捐为最深，盖斗捐沿从前之习惯，多被操纵于斗纪之手。遇有买卖粮石，粮商意图漏税，则贿通斗纪而求其隐瞒。斗纪志在得财，则勾结粮商而为之匿报，甚至串通各局不肖司巡，营私舞弊，狐鼠凭肆，狼狈为奸，遂使公家之税收暗受无形之损失。此为收数短绌之一原因而亟待廓清者也。复查本区统捐，现经举办者，虽已达七项之多，然应办而未办者，仍属不少。且七项之中，各县亦未一律奉行。又查车牌一项，沽源独未办理，多伦虽经开办，只以蒙旗杂处，种种窒碍，迄今未能照章普通抽收。历来承办捐务人员，大都畏难苟安，习为玩愒，对于已办之捐，既不肯认真办理，对于未办之捐，复不肯实心兴办，坐误因循，以致捐务毫无起色。此为收数短绌之又一原因而亟待整理者也。本厅长职司财政，负筹画军政各费之责，值此库空如洗衣之际，自应力谋收入，增加整顿，统捐尤属刻不容缓。惟兹事体大，端绪颇繁，倘措施稍有不当，即推行难期尽利。惟以莅任伊始，于地方状况，犹多隔膜，诚恐智虑或有未周，闭户造车，有乖途辙。各该局长身亲捐务，闻见较真，其中利弊情形，平时当有考查，亟应博访周咨，以收集思广益之效。除分令外，合行令仰该局长遵照文内事理，将各该局现办情形，并关于捐务应兴应革事件，如积弊宜如何廓清，税源宜如何开拓，已办之捐宜如何维持，未办之捐宜如何兴办，以及办理发生窒碍者宜如何变通，一一悉心体察，条陈所见，用备采择施行。统限于令到十日内呈覆，毋得视为具文，是为至要。切切此令。（十四年一月）

（二）布告　为布告事，照得本区七项统捐，开办有年，所有规定章程，均应认真遵守，而日久玩生，机诈百出。迭据访闻各种情弊，或由各商任意蒙混，或由员役互结营私，利己害公，损失捐款，通年收入，影响实多。若不严定规条，厉行整顿，则纪纲堕废，何以资政费而济饷需。本厅长莅任以来，见闻较确，锐意湔除积习。尤必言出法随，除令行各属统捐局切实办理，并分途派员严密稽查外，为此示仰各该商民人等，一体周知，并将应行禁止各条分别列后，务宜恪加遵守，毋蹈愆尤。倘有不肖之徒复行干犯，定即从严惩办，决不姑宽。切切此布。

计开：

一、斗牙逐日报告收入，粮石多不即领捐票，但于账内书欠票字样。此乃互相通融，为弊窦之所从出，嗣后应由捐局随时登记，并随时发票由该行领取收执，加意保存，以备调查。其报单式样规则俟规定后刊发遵用。

一、各商报货纳捐应候领票，如该局员司故意留难，延不发给，准即指名禀告，设有诬告者，亦应反坐。

一、各斗行多于收货纳捐，另立私账，其数目不同，预为匿报手续防备调查，嗣后应将簿据底账随时交由稽查员查对，逐一加盖骑缝图记，不得再有隐匿行为，致干究办。

一、各局卡有经征货物并不给票者，亦有商人不愿领票者，及给票而货票不符者，皆由奸商与员役勾通，共同取巧，如经查出，定将该局该商同加重惩。

一、各属车捐有数车领一牌照者，有数家领一牌照者，有甲等车领乙等牌照、乙等车领丙等牌照者，有仅领车牌或仅领执照者，有由捐局私发实报捐，按章办理，如经查有隐漏舞弊情事，定即从重罚办。

一、口外道路纷歧，最易绕越，各奸商为避免纳税计，往往不惮窎远。现经分派稽查，严加杜绝，如经查有前项情事，除照章罚办外，并斟酌轻重，或将货物充公，断难幸免。

《西北周刊（京报附设之第七种周刊）》
北京京报社
1925 年 1 期
（李红权　整理）

绥远特约通讯

李都统之治绩　哥老会之猖狂

作者不详

军政之大议会　一月三十一日上午十一时，李都统集合政务、财政、教育、实业各厅长，归绥道道尹、本署参谋长、秘书长、审判厅长，及各课课长等，开第一次军政大会，讨论一切进行。首由李都统主席演讲，略谓本都统到任伊始，诸政尚未就绪，关于行政、司法，及财政、税务各事宜，均须积极筹划，力图改进，但一人之智识有限，全区之政务甚繁，必须群策群力，共同讨论，以期洞彻利弊，斟酌整理，庶免操切过当，扞格难行之弊。故今日邀集诸位来署，为初次之会议，嗣后定为每星期六上午十一时会议一次，就便议订会议简章，印刷通传，但本日应须提议进行者，约有数端：（一）各机关应自行设立义务学校，由教育厅长负责提倡，切实查考；（二）设立平民工厂，由实业厅长筹划进行；（三）编订《绥远月刊》，由教育厅长主办；（四）筹办苗圃，由实业厅韩厅长主办。此外尚有应行严禁者数端：（一）随本都统来绥人员，如查有吸食或贩卖烟土者，处死刑；（二）革除弊端，以杀止杀，凡有私吞公款、收受贿赂者，每洋一元，监禁一月，过三十元者，处以死刑云云。演毕，邓道尹提议，应极力保护外人，以重邦交；贾厅长提议，应通令各县知事，奖励良民，协同剿匪；邓厅长提议，征收人员，营私舞弊者，应严惩初犯，以儆效尤各等语。演毕散会云云。

匪首之枪决 绥远近年匪盗充盈，党类甚夥，其中势力最大，能为全绥土匪之中坚者，厥惟哥老会。而哥老会中之著名首领，又为杨万贞氏，外号小五阳，平日左右匪势，独执牛耳，呼朋引类，纵横塞北，无敢撄其锋者。前自李鸣钟到任，分防痛剿，已渐敛迹，近复将该首领杨氏擒获，于前日在绥远新城执行枪决，枭示军民，余匪闻风，逐渐星散，不日可告肃清云。

《西北周刊（京报附设之第七种周刊）》
北京京报社
1925 年 1 期
（丁冉　整理）

察绥军民两政之进行

憨庸　撰

严禁会匪与清乡　绥远李都统布告云：照得本都统前以各县局发生一种哥老会，以离奇之名目，济盗匪之行为，若不严行查禁，长此扰乱，必至贻害人民，何堪设想，曾经颁发布告，严行禁止在案。刻下大军所至，人民均可自由，为此再行布告仰尔人民等一体知悉，迅速互相劝勉，早为脱离，未入会者，束身自爱，已入会者，及早回头。当日或为势力所迫，或为利诱，种种不得已之苦衷，及以前入会困难情形，如能改过自新，愿作良民，本都统无不曲予原谅，准尔照常安业，不追既往。倘仍执迷不悟，一经查出，国法俱在，定行严拿惩办，决不姑宽，其各懔遵。

又严令云，为令遵事：照得正本端在清源，安良必先除暴。绥区匪患频仍，民生雕敝，疮痍满目，元气久亏，现虽遣派大军分投剿办，大股土匪，业经击散，而零星匪党，犹恐潜踪匿迹，贻害闾阎，若不及早筹办清乡，设法补救，人民将何以堪，本都统向以保民救民为怀，前当下车伊始，曾经颁发布告，并通令各县局，各就地方情形，妥拟清乡办法，呈覆核夺在案。现在呈报到署者，尚属寥寥，若俟报齐再行核办，未免迟延。况盗匪一日不靖，即人民一日不安，亟应提前举办，以期早日廊〔廓〕清盗源，而安民业。兹经拟定《清乡办法》十条，克日施行，除分令外，合亟检同《清乡办法》暨布告随令颁发，仰该知事、局长，迅即遵照本署厘定办法，切实进行，认真办理，并将办理情形，随时具报查核。倘有敷衍因循奉行不力各情事，该知事、局长考成所在，本都统亦难稍为姑宽也。

整顿税务之会议　绥远财政紊乱已极，自李都统接任以来，力图整顿，铲除旧弊，务使涓滴归公，丝毫不苟。闻由邓厅长主席，招集方策诸君，在财政厅连日开会，共商整顿办法，将来税务前途，必大有可观也。

各机关一律发薪　各机关职员薪水，向来不能按月期发，故职员生计困难，因之弊窦从生。闻本月各机关薪水，已于日昨一律发放云。

练习知事人才　察哈尔兴和道尹丁春膏，久任县知事，深悉情形，以县知事责重事繁，一人之精神才力，万难周到，特于都统署政务会议提议，由道尹召集本区候补人员面加考试，拔取真才，委充各县局总务科长，以资历练，嗣后非经此阶级，不得为县知事，免以人民生命财产为试验品。业经会议通过，现已出示令候补人员于阳历二月二十四至二十七日上午十二点钟以前，赴道尹公署报名，呈递履历，开明住址，听候传集考试。此种办法，既可体恤候补人员，磨炼人才，又可杜绝请请〔托〕奔竞之风。从前县知事用人不当，官亲劣幕狼狈为奸，县知事因而受累，身败名裂者，实不乏人，以后总务科长由道尹考委，于县知事亦大有裨益云。

蒙王晋见都统　李都统到绥以来，对于西北经营，极为重视，各蒙王自本月二十五日起，轮流晋见，除述风土人情，借以联络感情，并备有土产礼物，以表诚意。李都统亦极欢然迎迓，礼貌优隆，各赠像片一张，物品数色，以资酬答云云。

裁撤〔撤〕印花分处　包头为绥远巨镇，商业繁盛，烟户稠密，虽隶萨县管辖，而地处冲要，离城颇远，于十一年八月间，经前绥远财长，呈准设立印花办事分处。开办未久，而包头之设治局，亦复相继成立，因此印花之发行，由该分处与设治局长共同办理，以致事无专属，责无专司，不免彼此放任推诿，反无切实整顿之希望，更耗许多经费。近自新财长到任，亲赴包头考察情形，以该分处若不取销，则责任旁落，难期畅旺，因即毅然呈请李都统及财政部，将分处裁撤，以节糜费，而专责成云云。

《西北周刊（京报附设之第七种周刊）》
北京京报社
1925 年 3 期
（丁冉　整理）

察绥新政之实录

戆　等撰

移民垦荒　李都统到绥后，对于移民垦荒，积极注意。现于大佘台等四五处地方，预备分别烧砖，修筑寨堡，设立垦务局，以便开辟荒芜，一俟略具规模，即改垦务局为设治局，再改设治局为县治云云。

严禁鸦片　绥远素号产烟区域。本地人民无分男妇老少，莫不癖嗜鸦片，加以近年当局诸公借此收税筹饷，视为莫大之利源，名虽寓禁于征，实则无异劝种，以致乡村旷野，半产烟苗。李都统任事以来，查悉情形，屡次出示严禁，并责成各属知事，共同负责，务在净绝根株，乡民如有玩视禁令，再种一苗，即行依法枪毙。至现在有瘾之人，仍劝令设法戒脱，以免受其毒害云云。

交代限制　绥远吏治之坏，莫如交代不清。自改革以后，各县知事，大抵五日京兆，对于经手一切款目，多有前后四五任尚未交代清楚者。在本人，或死或去，下落难寻，当道亦复视为固然，不加深究。新任李都统与财政厅长邓哲熙君，对于此事，异常注意，现已严令各知事，嗣后如有交代不清，不得擅离县境，一切均照中央颁布之交代条例，切实遵行云。

（以上戆）

考核吏治　察哈尔兴和道尹丁春膏，为整顿吏治起见，特于政务会议提议，拟设考核吏治委员会，已经会议通过，都统核准，即以丁道尹为正委员长，范政务厅长为副委员长，交涉员、财政、教育、实业各厅、警务处长、三关监督等，均为委员，凡察区行政、司法、征收各官吏之良否，均由该考会核奖惩云。

犯赃条例　又丁道尹因《官吏犯赃治罪条例》系民国十年三月廿九日公布，其实效原定为三年至十三年三月廿九日，已经期满，不能适用，特会同范政务厅长呈请都统，电请中央，将前项条例，再行适用一年，抑或参酌条例意旨，另定察哈尔官吏犯赃治罪单行章程，以资应用而肃官常云。

（以上庸）

保护游历　察都统张之江氏，近以外人游历日繁，特令各县局转饬警团，对于外人游历，务须格外注意，照约妥为保护云云。

不扣车驼　察都统张之江氏，近日发出通令，特饬各县局严禁擅扣车驼，免滋扰累，并布告商民照常输运云云。

豁免货捐　察都统张之江，近据警务处呈，为警察经费全恃铺捐及各种附捐以资维持，拟请将零星货捐，一概豁免，俾裕穷民，借免苛扰，随批准如呈备案云。

（以上廉）

矿务佳讯　察区矿产颇多，因无人提倡，故从事矿业者，非因资本不充，废于一篑，即以矿权争执，聚讼连年。近闻实业厅长龚柏龄，力筹整顿，除将连年未决之旧案逐件清理外，其于本区未经开采之矿，拟即积极设法开采。兹闻该厅长近在张北县集沙坝觅得煤矿一所，已派员详细调查，煤质虽不甚佳，而煤量极为丰富，现正筹画开采方法，从事进行，想不日即可观厥成矣。

（吏）

财厅三令　察财厅（一）令：各局主任、稽查人等，博访民间舆论，口碑有可行者，随时条陈本厅长，无不细心容纳。（二）

令：托河县[①]清源局主任孟广山，公文漏字，虽非重大，究属粗心，记过一次，以观后效。（三）令各局嗣后新旧接替，应照中央颁布之交代条例，切实遵行，不准逾限不交，遗漏不列，倘有错误，无论款项多少，均归新任赔垫。

（记）

轮班巡视　李都统任事以来，对于吏治、财政、教育、实业及地方应办各事务，积极整顿，不遗余力。仍恐各属阳奉阴违，不能切实遵办，近复令委各厅道分班巡视，亲切考查，并饬令务将详细情形，据实报告，以便分别政绩优劣，严加奖惩。其有应兴应革事件，亦当随时呈请整顿。计第一班巡视为归绥道道尹及烟酒公卖事务局局长等二人，曾经考查完毕，将归第二班规定之财政厅长及塞北关监督继续出巡云云。

公买公卖　吾国自改革以还，军队横行，南北一致，绥远从驻军队，每与商民交易，名给半价，实则一钱不给，货物到手，即匆匆径去，商民蹙额痛心，无可告诉。近自李都统到任，军民往来交易，均系照数给钱，并无争执还价、赊欠等项情弊。

（以上戆）

职业教育　张都统令教厅云，查职业教育与民生极有关系，亟应筹画进行，不容稍缓。嗣后对于全区各校，务须竭力提倡，逐渐推行，期收实效而利民生。合再令行该厅仰即并案查照办理，仍将所拟改良教育计画，呈候核夺。

（廉）

清洁街道　张埠自经兵变后，墙垣倾倒，满街秽土，凄凉境况，不堪寓目。近日以来，警厅整顿街道，不遗余力，雇用清道夫三四十名，添制〔置〕拉土车十余辆。每日由卫生队长督饬拉

① 原文如此。——整理者注

运，如能坚持不懈，则察区街道不难整齐云。

天足剪发　察区僻处边塞，风俗鄙陋，男女之带辫缠足者，到处皆是。昨在街巷见有警察厅白话布告，对于缠足蓄发之害，指陈甚为透彻。想费〔自〕此布告之后，人民必有一番觉悟云。

修理通桥　通桥为上下堡交通之咽喉，关系张埠，颇为重要。去夏山洪暴发，桥之两端，尽行冲坏。当时以木板暂为修补，使交通不致断绝，惟木性不坚，经重载大车日夜通行其上，又将朽坏，日昨已由市政筹备处，会同警察厅，开工修补矣。

（以上T）

整顿驮捐　察区向有驮捐一项，收数虽属寥寥，而每月经费颇巨。过厅长到任后，对此捐务，非常注意，乃访闻去岁下半年仅共收洋三千余元，若再按月发给经费，尚亏洋数百元，实属不成事体。除余前任已将七、八两月经费发放外，其余四个月经费，遂即扣支，如数解交都署，以示惩戒。并闻自本年一月起，该项驮捐经费已减为月支二百七十元云。

《西北周刊（京报附设之第七种周刊）》
北京京报社
1925年4期
（李红权　整理）

口北调查记

孙国镇　撰

口北旧称荒寒之区，内地人类能道之，咸目之为不毛之野，俗民有“宁向南走一千，不向北走一砖”之谚，以故塞外情形，绝鲜知者。边境之人，大多负贩之流，识见狭小，虽语焉而不得其详，即间有前往考查者，亦仅过眼昙花，聊觇大概。文人之记载，非得诸传闻，即横加臆断，从未有苦下身段、亲身阅历者，坐是真象如何，仍莫明究竟。国内君子，咸目为苦事，遂多不加注意。近年以来，边疆多故，我不自谋，人将代庖，国人始恍然于口北之重要，年年国防，岁岁筹边，仍因情形疏隔，无法进行。记者于本年正月间，随军来口外，日与土人游，暇并亲往各处调查，耳闻目见，颇多观感，虽为时甚暂，未能观其全豹，而泚笔所及，俱系真情，或可作留心西北者之参证。诸君作报告观，视为平常之通信可耳。

口北地域辽阔，为张家口、杀虎口、独石口、古北口、喜峰口以外之通称，凡内外蒙、三特区胥属之。兹篇所记，多侧重于察区，以其他边远各处，非记者亲眼所见，及耳闻认为真确者，不敢冒加臆断也，兹分别述之。

甲　地势

由张家口北出大境门，西北行四十里，过汗诺坝，坝高约四五千尺，为出口第一高峰。行人至此，颇感困难，交通不便，此为第一障碍。由此渐低下，更五十里至张北县，过此则一片平原，西北通库伦，三千里路程，汽车凡五日可达，东北至多伦，则仅需十小时，土质强硬，地势平坦，为天然之汽车路，诚能利而用之，更修筑铁道，则于军事上、商业上，均补益匪浅。中间虽沙漠横隔，然铁路不过一日程，虽间有丘陵起伏，然均坡度甚低，并不妨碍车行。地广而饶，草肥而深，沃野千里，耕牧咸宜，并非如古传所谓"黄沙万里无人烟"也。

一、山脉　凡分二大干。1. 为昆仑山，在内蒙古——即三特区及哲里木盟——由西而东，凡祁连山、阿拉善山（即贺兰山)、阴山、兴安岭皆属此三〔山〕脉，其分支为乌哈那哈达、阿拉克隆拉、巴克丁、狼居胥、色尔腾、虾蟆、大衍、毛金、明安等山，蔓延于黄河两岸及三特区各处，而以雪山及巴克丁山为最高，最高峰到达一万一千六百尺。2. 为阿尔泰山，在外蒙古境，凡唐努山、杭爱山、肯特山山脉皆属之，其分支为察而古特依、库而格集、额尔齐特、鄂尔伯吉、都兰哈拉、巴彦集鲁克、额鲁赫特、巴哈葛札尔、兴安察必达克沁等山，蔓延于科布多、唐努乌梁海及喀尔喀四部，而以布拉汉山、萨颜山、为次玛哈拉山等为最高，最高峰由八千二百尺至九千尺。

二、河流　口北地势高而天气亢旱，故河流绝少。其在内蒙者，为河套、西喇木伦河、老哈河及阴山两麓间诸水，在外蒙古者，为克鲁伦河、敖嫩河、鄂兰坤河、图拉河、科布多河、额尔齐斯河诸水，然以季候寒而天气亢，除河套外，多无水利之可言。

三、湖泊　口北湖泊甚多，大抵因环万山中，地势低下，泉潴而成，或以沙漠干燥，河流涸顿而成。其在内蒙古，最著者为达里泊，在察区之西林郭勒盟阿巴哈左翼旗地方，周围百余里，产鱼族、水禽甚富。吉兰泰池，在绥远之伊克昭盟西阿拉善旗地方，周围百余里，产盐甚富。其次如搜集鄂泊、台布拉克湖、差达母泊、布穆巴泊等，周围数十里不等。在外蒙境最著者，为车臣汗部之欠里池，周围四百余里，科布多之慈母湖，周围四百余里。此外胡尔罕鄂伦贝、鄂罗克、锡拉布里都等，均称巨泊。

乙 气候

口北区域广阔（包三特区内外蒙言），南起北纬三十七度，北至北纬五十二度十分，适在温带与寒带之间，又兼地势峻高，平均超过海面约在四千尺，故气候不免稍寒冷，冬季长而夏季短，冬苦寒而春多风。十月即结冰，四月冰始解，五月始播种，九月即收获，除夏季外，春、秋、冬三季皆须着皮衣。然亦因山脉之向背及地势之高低而不同，如阿拉善平原，于十月中旬气尚未尽，一逾哈那那林乌拉山，寒气即酷烈，俄属西北利亚十二月始雪，而此则十一月初旬即雨雪，俄顷之间竟积至数尺。又因人烟之稠密，农、工、商业之发达亦时有变迁，如沿内地已开垦各县，近数年温度均逐渐增高，此常住张家口等处者类能言之。总之，西北非绝对寒冷之地，将来若交通便利，人民繁多，未始不可化穷乡为富庶，变苦寒为温和，况寒冷之地，其气候清爽，其人体易壮，朔北自古称劲族，固不得以寒冷而非之也。

丙 物产

物产以牲畜为大宗，植物类次之，矿物则甚多，试分述之于下。

A 牲畜　口北地域辽阔，遍野青草，故牧畜最宜，蒙民生计，胥仰赖之，问其贫富，则以牲畜多寡对。畜有驼、马、牛、羊、驴、骡之属，而以马、牛、羊、骆驼四者为大宗。他区产额不可考，兹专就察哈尔言之：

（一）马，体小善走，强健多力，每年产额约四十二万五千头；

（二）牛，分食肉、食豣〔乳〕二种，每年产额约三十二万五千头；

（三）羊，分青羊、山羊、黄羊三种，每年产额约七十七万头；

（四）骆驼，为塞北之特产，性耐劳，能载重，能数日不饮不食，其使用之期，由八岁至八十岁，其负重之力，以四百斤至五百斤为率，口外之运输胥利用之，察区每年产额约一千三百五十头。

以上仅就生产本身之数目言，若更就皮毛骨角言，亦为附属品之大宗，惜近来畜养无方，听其自然，不加讲求，致种子日劣，孳生日绌，将来若稍加研究，加以人工之改良，产额当不止此数也。

B 农产　口北本为蒙旗地，蒙人逐水草而居，古称行国，本无农产之可言，自近年延〔沿〕边渐为汉人所移居，始有农产物发生，察哈尔之油麦、胡麻、山芋，绥远之麦、小米、豆类，均为大宗。

C 矿产　口外矿产最富，库伦、乌里雅苏台、阿尔泰一带，遍地皆金沙，淘取最易，需资无多。近俄人开采者有九处，岁可得四百万之夥。此外梧桐之金矿，承平之银矿，四道沟之铜矿，札萨克图旗之野马吐陶来克等山，达尔罕旗西北之五金矿，札赉特旗景星山、平山之煤矿，均甚称富饶。其在察区者，亦五矿杂出，已由小规模开采者，有张北县之土木路及殿门口煤矿两处：

（一）土木路在县城西凡一百里，其地开掘者有三家：一为奉天法库门人李国盈君，土质有烟煤，前清末年创办，机器掘，人工运，创办时资本十万元，现在每日销数为一千余元；二为本地人赵炳文君，石质无烟煤，资本五万元，宣统年创办，每日产额为二百元；三为北京人吴少卿君，资本十万元，已歇业。

（二）殿门口在县城东南，凡四十里，本质黄色煤，开掘者有丁某、刘某等数家，每日销数为十余元、三二十元不等，均行销于商都、兴和等附近各县，惜因运输难，不知讲求，故无起色。

D 盐池　口外产盐区域最多，约而言之，计有二区：

（一）在察哈尔所属之锡林郭勒盟乌珠穆沁旗地方，出量甚富，多运销东三省及京、津一带，谓之蒙盐。

（二）在绥远伊克昭蒙之阿拉善旗吉兰泰地方，产盐最富，色泽纯洁，多运销归、包、宁夏地方，谓之吉盐。

除以上所列各项外，其猎产之狼、豹、熊、鹿、狐、貉、雕、獾、兔、黄牛、野豕、貂鼠、灰鼠、海龙、猞猁等，哲理木盟札萨克图等处之碱，札萨克图、镇国公、札赉特、乌珠穆沁、札鲁特诸旗之森林，以及毛毡、绒毡、奶饼、奶油、奶茶、奶酒，均为出产之大宗，以限于篇幅，不备录。

丁　风俗及人民生活状况

予今述口北之风俗，予不能不叹清政之失策，北方素称劲旅，其人则强悍，其地则广大，因其势而利导之，施之以汉族之语言及文化，不惟吴越一家，可为北方之屏蔽，且于内地之经济，实业商务亦大有补助。乃计不出此，谬施怀柔政策，采弱种主义，致使感情日塞，自撤藩篱，除近边诸地为内地人所移居者不计外，其大漠南北仍保持其以前状态，而毫无进步，兹分述之。

一、住居　已开治县局，则住房屋，蒙人则住蒙古包，随季候、水草而移居。包之外面用毛毡紧裹，里面之墙为两交之细杆，里面之顶用木杆排列，底铺牛皮及毛毡，包上有小口，可出气，内中陈设亦有木柜及火盆等物。一家大小全聚于一包，王公大家亦间有房屋者，惟不多睹耳。

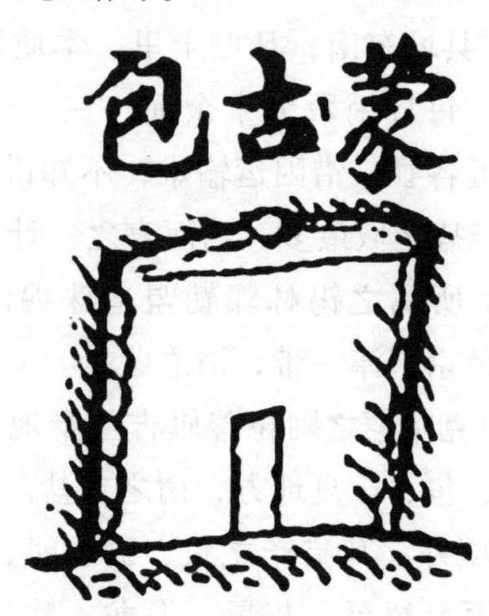

二、饮食　近内地各区，产油麦、山芋蛋、高梁〔粱〕、小米等，汉人多食之，白麦则惟富家食之。蒙人则食牛羊肉、奶郛〔乳〕、奶油等，冬日亦间以牛羊易油麦食之，终年不洗澡，数月不洗脸，因水少及天冷之故也。

三、宗教　口北人多迷信，除佛教最胜，最普通，人人信仰，家家供奉，到处庙宇，喇嘛握有无上大权不计外，并崇奉多神主义，居民所常供者，如牛神、马神、门神、井神等，不计其数，视灶神为一家之主。庚子年后，天主教侵入，居民亦颇有信仰者，新教则颇寥寥。

四、教育　口北民智未开，识字者绝少，察、绥各县属，往往有二三百里内并无一学校，蒙旗各地勿论矣。张北县城内有高等小学校一所，四乡有国民小学校约三四十所，平均每校相隔约三四十里，有粗识字之教员一，学生数个，即此已为察属文化最胜之区，其他可知矣。

五、服制　口外男女均着羊毛大皮袄、窄袖长褂、羊皮裤，蒙人妇女则蓄辫二条，垂于左右，饰以珊瑚、真珠，耳悬圈环，手套钏镯等，已嫁者则蓄辫惟一，头戴珊瑚、银板，以别处女，仍系百年以前装束也。

六、葬礼、婚礼　除汉人仍随内地风俗外，蒙人葬礼有三种：一埋葬，与内地同，王公、盟长多行之；二火葬，举火烧之，再焚骨制饼形而纳诸灵塔以收藏之，富家多行之；三弃葬，弃于山野，任野兽啄食之。婚礼则由喇嘛选定日期届时由新郎家备马数匹，到新妇家将新妇抢去。女比男约长三四岁至四五岁，普通十五六岁即成婚，聘礼普通为马二匹，牛二头，羊二十头。离婚甚易，纳妾、姘妇等甚多，不甚讲求贞操也。

戊　本团来口北后之状况

予等于正月间来张北，其时甚寒冷，风裹雪飘飘下，俄顷深数尺，穿双重大毛皮袄，犹觉寒气侵骨。询之土人云，此尚非真冷，十一二月间较此更甚。兹将一切情形，分别叙述之。

A 军情　可分为三段：（一）张诚德之收复。张诚德绰号夜猫子，以其地理熟，好在夜中走道。后招安编为张北警察保安队队长，缉贼捕盗，颇著成效。本年正月间，张北县警察所新任所长刘淮，以其不易驾驭，撤其差，并禁押之，欲易之一私亲，乃看守不慎，竟令逸脱，其部下亦跟随遁去。都统以该队平素在地方办事甚好不无微劳，不欲过事吹求，恐贻地方害，派参议王某，会同本团许骧云团长，设法收复，约半月竣事编为张康游击队，仍以该队长为队长，此系二月十五日以前也。（二）荣匪、白匪之痛剿。荣三点、白三阎王，为热、察著名之巨匪，有众约二千人，于今岁新正攻破独石口，所获颇不赀。近忽出现于多伦、沽源一带，居民多苦之，都统初意颇欲收编，以苏民困，乃该匪等欲望甚奢，不易就范，遂决计痛剿。以多伦丁镇守使攻其北，宣化谭镇守使攻其东，第一混成旅攻其西，本团攻其南，而该匪等甚狡黠，闻大军至，即连夜逃窜，此系二月下旬事也。（三）清乡之实施。匪患既肃清，为正本清源计，乃议及清乡，都统署限三月竣事，由三月一日起，至五月三十日止，分察属为三区，各区均设正副司令以专责成，本团防地属中区，以察区第一混成旅旅长魏福晋任司令，许团长骧云副之，此事现在正着手进行。

B 社会服务　予等来口北未久，兼军事倥偬，致社会服务多未暇进行，惟所办之义务小学，颇可资谈助，其经过情形，亦颇饶兴趣。缘口北民智甚低，久受历来驻防军队所欺压，畏军人如虎，已视为惯例，予等颇感觉不便，思借学校以接近，使其了解军民之关系，俾知军队非尽属可畏，此为设立义务学校之起因一。又因张北县地域辽阔，幅员约四五百里，而学校甚寥寥，乡间有数十里不见一识字之人，城内虽有一小学校，而三月中旬尚未见开学，以故城内除予等军队之外，绝不闻有读书声。予等颇引以为憾，思就此机会设法提倡之，并拟于校内附设一通俗演讲所，于提高地方人民程度，或不无小补，此为予等设立义务学校之起因二。由此二起因，予等随决志进行，由团长许骧云出款若干，作购买书籍纸笔费，恐学生不易招，又托地方机关及绅商代设法劝导，而十余日竟毫无效果。予等不得已，乃挨户劝导，舌敝唇焦，始收得学生十人，于三月十二日勉强开学。阅者，口北教育之情形，甚可借此参得大半矣。

己 结论

予今述口北之调查毕，予愿有一言为诸君奉告，即口北之地，口北之物产，口北之形势，在在均足以经营。口北地域辽阔，行旅困难，故经营之首要在交通，而修筑平库铁路为第一。其次则张多，其次则包宁。又因地广人稀，故经营之次要在移民，先之以察、绥，继之则蒙旗。其他如屯垦，如开渠，如设置银行，如研究土壤，如提倡植林，均为经营之要图。而最急最要者尤莫过于妥派干员先为精密之调查。闻乌梁海、科布多等处，均土质饶沃，蕴藏甚富，设有精确之考核，详细之计划，则利源所在，投资者自兴，自不虞财政之困难。上帝如与机缘，则记者不才，颇愿躬任斯役，作调查之先驱也。

十四年三月十四日于张北

《西北周刊（京报附设之第七种周刊）》
北京京报社
1925 年 7、8 期
（李红权　整理）

收抚蒙古与开发西北之管见

傅师说　撰

一　引子

政潮、军事，变幻无常，匪患兵灾，疮痍满目，此即中华民国过去十三年之陈迹，吾人可一言以蔽之，曰不堪回首。因此而生之裁兵废督问题也、联省自治问题也，名目繁多，不胜枚举，类皆纸上谈兵，无补实际，宣言不行，徒费唇舌而已。若今日之西北问题，又高唱入云矣，然仍不能逃表面之吹嘘。作报〔根〕本之解决，是亦提倡者虽具热忱，附和者未明真相，致多隔靴搔痒之谈，了无对症发药之论。鄙久居西北，对于西北之情形，虽不能知之详尽，但大关节目，尚略知梗概，故不揣冒昧，写成斯篇，聊供关心西北及蒙古问题者，以资参考，如蒙赐教，无任荣幸。

二　蒙古与西北之关系

西北之亟待开发，夫尽人而知之矣，以故海内远见之士，莫不奋臂高呼，竭力提倡，以为吾国之发展在是，富强在是，但其所主张之先事移民垦荒焉，扩充教育焉，意见不同，互有出入。管见所及，以为开发西北之先决问题，不在移垦，不在教育，而在收抚蒙古，蒙古若能收抚，西北问题自可迎刃而解矣。遥溯蒙古为我国患，自古已然，而历代皆莫如之何。洎满清入关，为息事宁人计，不得已而用羁縻政策，求一时之安谧，然犹未能使其不为患。迨民国肇造，五族共和，蒙人始有内附之倾向，第不数年，惑于赤俄之煽诱，遂有独立建国之妄动，政府以剿之不得其人，抚之难使其服，因亦置诸不问，弃若敝屣矣。夫西北诸省区，与蒙古犬牙相错，地域毗连，若蒙患不除，一有骚动，首当其冲，波及内地，亦有莫大之隐忧，更遑论西北之开发哉。然则研究西北问题，宜最先解决者，厥为免除蒙患，而免除蒙患之法，舍收抚外，别无良策，质言之，收抚蒙古，实为开发西北之终南捷径，若不此之图，务事表面吹求，吾未见其可也。

三　收抚蒙古之机会与方法

齐人有言曰，虽有智慧，不如乘势，虽有镃基，不如待时，此正可为今日谈收抚蒙古之指针也。盖蒙人散处朔方，知识少，迷信深，交通既极困难，语言复形扞格，若使人四出劝导，以为收抚之准备，则势有所不能，或实施教育，以期同化，亦事实感不便，故蒙古之收抚，乃一最急需而最困难之问题也。今既得遇良机，岂可袖手不理，任其逸逝，时机不可失，尽在今日，若能乘机作收抚之预备，必可得水到渠成之利，奏事半功倍之效。厥机为何？即内外蒙人来京之拜班禅，及锡呼图大佛之晋京也。迩来尘嚣溷浊之都门，通衢僻巷，莫不有蒙人之足迹，政府若能于此时广设招待所，优礼蒙人，使其沾濡民国之实惠，减轻彼此之隔膜，再请班禅于蒙人拜见之时，明白劝谕以五族共和之真谛，倾心内向之利益，务使其心领神会，意念在斯，再将此种意旨印成蒙文传单，发散于蒙人，使其妥为保存，永久不忘，俟锡呼图大佛来京后，再以此意剀切劝导诸蒙人，益坚其信仰之心。盖因蒙人之信仰班禅，敬长活佛，较之孝子之于其亲为尤甚，故教之立，莫敢或行，教之死，莫敢或生，言无不听，听无不行，观其不远千里而来，亦可见其心之诚也。且来京之蒙人，大都蒙人中之优秀分子，非显官，即豪富，贫苦者敢谓其不足什之一，若能使此等人深悉国家之组织，与国民之责任，以及自身亦为国民之一分子，应如何戮力同心，跻我国于富强之域之道，迨归旗后，必能远近传播，使蒙民对于中华之国情，皆了然于心目中，夫如是，纵不即行收抚，亦必有相率内附之佳兆矣。

四　蒙古收抚后之边防

蒙人皆倾心内附后，已失陷之库伦，必可挽救，已“赤化”之蒙民，亦能回首。至对付政策，宜宽猛相济，并于此时广设学校，施以浅易教育，灌输知识，使其爱戴活佛之心，潜移默化，转而爱戴国家。而最要者，务使其有国家之观念，因国家之观念既深，爱国之心亦与之俱增，若当国家多事之秋，必能尽其全力，以作卫护。吾国若能得此数百万强悍健儿，实施屯垦，加以训练，使之卫护国家，则西北之边防，东北之外患，可以高枕无忧矣。

五　蒙古收抚后之西北

蒙古与西北之关系，已如前述，蒙古既经收抚，边防又形巩固，是即西北之隐患扫除，发展有望矣。匪特此也，即全国亦将蒙莫大之利。吾国之出口物，素以皮毛、粮食，而西北诸省区实为皮毛、粮食之最富出产地。若能于此殚精竭虑，注重改良，不数年后，产量必可倍增，利源于焉开辟。若再振地千里，移民垦荒，其发展则更无量矣。谓吾国之富源在是，实无不可。

六　开发西北应注意之数事

开发西北之先决问题，既经解决，开发时之设施，亦须注意。西北诸省区，僻处边陲，风气固陋，知识幼稚，无庸讳言，即居处亦极散漫，了无共同协作之精神，以致水旱兵匪之灾，惟有切齿忍受而已，遇水旱无预防之法，对兵匪无抵抗之力，历来所受之痛苦损失，有非楮墨所能形容者。开发西北之时，对此难题，亦须加以研究，以备从事改善，否则必为开发西北之一大障碍。兹将鄙见所及之数事，胪陈于左。

（甲）规定农田与组合农村

我国农田之散漫，曾为白得斐博士（Dr. K. L. Butterfield）所道及，即此一端，已足为组合农村之大障碍。故欲组合农村，必先规定农田，其已开放之地无论矣，当此开发西北，从事垦荒之始，规划农田，至轻举易办之事也。假使农田规定之后，各因地位权利之关系，组合农村，自能收事半功倍之效。然则何贵乎有农村，及农村之组合，固尽人皆知，毋庸赘述矣。

（乙）实施农业教育之需要

一地方之发展与否，恒视其教育之程度而定，今欲于民智谫陋之西北，开拓发展，普通教育之亟宜实施，固不待言，而最需要者，则为农业教育。盖以西北一带，地旷人稀，荒凉遍野，除农耕、畜牧外，无别业，即今后开发西北亦必注重于此。设能广设农业学校，教之以树艺五谷之道，防患未然之术，薰陶濡染，自可渐著成效。此不过仅就童子而言，若成人则可用通俗讲演之方式，以灌输农业之普通知识，使农民学理与经验相参，新法与旧制并用，结果之美善，可断言也。

（丙）组织企业之利益

（1）农业银行　西北农民，素称贫乞〔乏〕，每至青黄不接之时，多受挖肉补疮之苦，即今后垦荒之移民，其困穷想更有甚于此者。为救济农民及流通农民之金融计，农业银行之设立，乃刻不容缓之事也。

（2）种子贩卖所　农民之知识既极浅薄，欲望其自身改良农作物，实为不可能之事，故宜设种子贩卖所，运输各地之佳良种子，以使农民购买，再请专门技师，立场试验，何者优，何者劣，取舍既定，推广不难，农民沾惠，行见其无涯矣。

（3）种畜交换处　西北之宜于畜牧，为任何人所不能否认者，但墨守旧法，不事改良，决难望其进步，是则种畜交换处，又亟待筹设者也，俟成立后，将试验所得之新杂种，广为流传，互相交换，十年后必有成效可观。

（4）农具租赁社　中国农民所有之农耕操作，不问巨细，皆以手工或粗笨之器具为之，不知假机械之力。尤甚者为西北农民。故劳力多而收效少，实为农业发展上之一大厄运。今欲开发地域广袤之西北，运用机器，最为适宜，但每种机器，如垦荒机、刈禾机等，价值皆极昂贵，非中小农家所能购办，贫苦者更不待言。若有此项企业之组织，不特□于农民，抑且有利公司，诚一举而两善备也。上述之企业组织，乃开发西北当务之急，不可不三注意者也。

（丁）乡勇之训练

农村既经组成，防御外侮侵入之乡勇，不可不急加训练，以作未雨之绸缪。但此种乡勇，虽与绥、察两区现在民团之名目似相同，而性质则迥异。考绥、察两区之民团，乃变相之丘八耳，无怪其仍为农民患。今后西北之乡勇，宜力矫此弊，采寓兵于农之政策，凡农民之成人，皆有当兵之义务，于农暇之时，勤恳训练，难〔若〕遇外侮之来，必能奋发其团结之精神，与自卫之能力，以抵抗之。此项虽为后起之事，然亦为最重要之事，开发西北者，实不能不注意及之。

七　结尾

蒙古收抚，西北开发，既□千万方里之地域，复辟不可数计之富源，断东西外人觊觎之心，绝帝国主义侵略之念。富源开，国本立，贫弱之遗憾，可以挽回，国际之地位，因而巩固，发扬我民族之精神在是举，富强我国家之基础亦在是举，关心蒙古及西北问题者，其亦可以少留意焉。

一九二五，四，七，农大

《西北周刊（京报附设之第七种周刊）》
北京京报社
1925年10期
（丁冉　整理）

对于察哈尔区会移治之我见

域民　撰

一　移治与统治

察区统治范围，为九县、二局、八旗、三群及内蒙之锡林格勒盟十旗。幅员之广，颉颃内地行省，只以交通阻隔，地阔人稀之故，区会不得已借治张垣，各机关亦麇集于此，遂为察区行政之中枢，不过一时迁就之计，信非久远之图也。第回顾察区设治以来，已十越寒暑。西部京绥铁路成，西四旗之荒田完全放垦，耕作亦比较发生，汉蒙杂处之势成。所谓正红、厢〔镶〕红、正黄、厢〔镶〕蓝各旗，亦皆隶属于丰、集、陶、凉各县之下，蒙人虽不谙耕种，然至此亦习于务农矣。东四旗以交通梗塞之关系，放荒未丰，蒙人尚多逐水草迁移，从事于牧畜，不事耕种。正白、厢〔镶〕白、正蓝、厢〔镶〕黄各旗以及太仆寺左右翼、商都、明安牧场，汉人住居尚少，土地亦大部荒芜。蒙古包到处散在，通晓汉语之蒙人，殊不多观。东西各旗所以如此相异者，交通固不无关系，而行政中枢远在张垣之一隅，未能向北部发展，失却统治之力，亦实为主要之原因。内八旗大部尚未同化，遑论锡蒙各旗，论者每谓察属之内蒙各旗，最为顽固不化，此为谋统治全区便利起见，须急谋移治者一也。

二 移治与进化

我国人文会萃之域，每随政治中心为转移，除通商大埠华洋贸易特殊影响于地方外，各行省之精华，几全萃于省垣一隅。盖行政中枢之地，人众往来频繁，凡百设施，亦因之益求完备，故虽荒凉之小县，一经辟为省会，则人文蔚起，街市繁昌矣。欧美之开辟新域，经营属地，咸察其地方情形而为种种之布置者，非无故也。察区地处边陲，人智幼稚，尤以蒙人梗顽不化，惟旧习是尚，以自绝于进化之途，使西北膏腴之地，尽行废弃。不事经营，历千余年无少变异，二十世纪尚余部落时代游牧之民族，殊无自解于五族共和一语也。然欲谋开发之道，首在施以相当之教化。实际上锡盟各旗，其近者亦在五六百里之遥，欲有所为，恐亦鞭长莫及。惟有迁移行政中枢，使文化逐渐向北普及，汉蒙杂处，蒙人虽顽固自守，当亦易于潜移默化，而甘心受教矣。至社会之进化，更为自然之律。察区未借治张垣以前，不过直属之万全一隅，与多伦相较，尚有未逮。倘以此精华向北迁移，则前途之发达，当亦犹今日之张垣。此为促成人类社会进化计，须急谋移治者二也。

三 移治与开垦

察区为未辟之域，开垦视为第一急务。然开垦联带移民，本区设治以来，固未尝实行移民。只以内地人稠地狭之故，直、晋一带之农民，相率出关置地，从事耕种，亦不过因生计交迫而出此。复以无相当之保护，多不敢携眷长居，农时来此，收获复归，为流动之农民。故开垦十余年，人口稀少如故。诚以垦务局当远在张垣，关于放垦□丈手续，极为繁重，农民稍一不慎，即易发生纠葛。常因一案而数次派员勘查，终不能得其真象者，或亦行政机关距离过远之咎也。倘实行移治适中地点，则附近之人口增加，从事当地之农民，虽不特别保护，亦安居乐业矣。更以需要多方之故，各种商业，亦可因之发达。且移治不第为开垦之促进，殊为实业发展之先声。非然者，只以张垣之发展是务，又何补于察区之开辟，恐西北一带，终于荒芜，难睹利用天然之日也。此为广开土地俾图实业之萌芽，须急谋移治者三也。

四 移治与教育

察区教育推行较晚，校数既少，设置又复不完。中等教育仅于恃〔特〕区成立之始，创办中师两校，以借治张垣之故，即校舍亦归租用民房，权为一时之性质，难为久远之企图。近年以升学人数骤增，校舍无法扩充，不得不因噎废食，从事维持现状。目前拟筹设一规矩〔模〕较大之职业学校，竟未能觅得筑建地点，即使有之，亦属万□辖境。至义务教育因属于地方教育范围，竟难循序推行。此不过就张垣一隅而言。至察区直辖旗群学校，为对蒙人特设之教育，地总八旗四群，共设学校十四所，委校长兼教员一人专司其事，总管概不负督促之责。教育厅远在张垣，竟鞭长莫及。纵有区视学员督察，亦不过形式上之具文。蒙旗教育，推行数年，竟毫无发展生气，又遑论锡盟各旗教化哉。今之谈西北开发者，无不注意于蒙疆之文化，第不移治，则鞭长莫及，督促为艰。此欲推行蒙疆教育，须急谋移治者四也。

五　移治兴〔与〕治安

察区地域辽阔，连年土匪滋扰，出没无常，痛剿则四散敛迹，稍弛则复聚而为悲〔患〕，以至道途不靖，行者裹足，民不得朝夕安居，农不得宜时耕种，生命财产，岌岌可危，凡百事业，因之停滞，殊为察区应先解决之问题。而匪徒敢公然啸聚不散者，军队布防，容有未周，然剿匪本旨，不能专悖〔恃〕军队，其理明甚。以军队为捍为〔卫〕国家巩固边防而设，保卫之责，自当委之于警团，或民众自卫一途，方与保卫地方治安之旨无悖。今则各行政机关远处极南之张垣一隅，不第控制全区不灵，即一切市政之设施，亦与察区本部无丝毫裨益，其流弊所致，养成市民怠惰之风，安土重迁之念，即一般民众有所经营，亦视出口为畏途，以返口为归寓，农民春出关而冬返口者，职是之故也。历任当局因政治中心于此，遂亦不复顾及口外之荒凉。居民少则土匪得以横行，倘行政机关迁移，人众往来频繁，工商业且借此得以逐渐发达，又岂仅消极防匪之利哉。此为图谋全区之长治久安计，须急谋移治者五也。

六　移治与交通

交通为传播文明之利器，且为开发荒僻之先导，为世人所熟知。察区西通绥远、甘肃、新疆，北往库伦及满州〔洲〕里，东达热河、沈阳，南联三晋、幽燕，倘居中建设省会，当在多伦之西，康保之南，为西北张、库两路之中心点，东则可以由多伦而〔至〕满州〔洲〕里，西则以可由赛尔乌苏至库伦，虽两路不能同时经营，而百年大计，固当于此时造其根基。以察区省垣，为交通全蒙、贯输物产之中心，融洽政教，敦化礼俗，实有赖于此路之完成也。按当局日下已从事筹备张多轻便铁路，以为建筑西北铁路之发端，并谋康多铁路之联络，以康保南部之荒凉，倘不实行移治，通车后收入无多，必不足以为养路之资，遑论向北发展，经营西北，开发蒙疆，直成空谈耳。倘行政中枢移治康保之南，则是地之交通运输，日感必要，移住人民亦逐渐增多，铁路营业庶可发达。此为交通设备计、养路计，须急谋移治者六也。

以上六端，不过举其重要者言之，且尽属于积极之设施，为经营察区、开发蒙疆之必经途径，殊不能再事延缓，致坐失机宜也。

《西北周刊（京报附设之第七种周刊）》

北京京报社

1925年14期

（李红权　整理）

中俄会议与外蒙之态度

希望宣布治蒙方针，似有内向之意

作者不详

中美社云，政府前因中俄会议即将正式开幕，特准外蒙政府派遣代表加入。兹闻政府昨已接驻俄代表李家鏊来电报告，谓俄政府现接驻库伦俄领报告，谓蒙政府对中俄会议，极愿加入，但希望中国政府，对于治蒙之内政、外交以及交通、实业各项方针，予以宣布，俾释蒙民之疑，一面再由中央派员向蒙政府接洽云云。政府接电，以蒙政府要求宣示治蒙方针，似已有内向之诚意，现拟即照蒙人之愿望，将治蒙方针交由李家鏊、那彦图布宣，俾蒙人知政府对于蒙古，并无稍存歧视之意云。

俄使对于蒙事之负责声明

▲撤退驻蒙俄军与外蒙代表离俄问题

外部接到驻京俄使喀拉罕来函一件，内容系声明外蒙所派驻俄代表，当即饬其离去莫斯科，并解释外蒙俄军所以未能撤退者，实因中国尚未派兵接防之故。原函并有切实负责之语，兹觅录原函如下：

（上略）接准来函，备悉种切，借知中国政府，对于俄兵驻扎外蒙，及外蒙代表驻俄两军〔事〕，尚多疑虑。兹为免除两国之误会，特将十二月八日与贵部朱参事鹤翔会晤节要，抄录送阅。综核来示，对于苏俄政府怀疑之理，鄙人应再为解释之。苏俄政府现因不得已之故，未能即将驻扎于蒙古之军队撤回，但在中俄会议中，该问题当妥谋解决，苏俄现已准备一俟中国与外蒙间之关系恢复后，即当将驻蒙军队撤退，但仍请中国政府对于在华白党之活动，予以彻底之取缔，严禁各地官吏之庇护及因循。至于苏俄政府，亦当即饬外蒙代表离去莫斯科，并切实禁止俄国人民之援助外蒙，反对中国。鄙人对上述各节，愿向中政府切实负责，以表苏俄对华之诚实友爱。愿中国政府能加谅解，免除此不确切妨碍友好之误会，至为盼荷，二月五日喀拉罕署名。

中俄会议外蒙不派代表

据蒙藏院消息，该院昨日曾得外交部一函，略谓顷据驻俄代表李家鏊电称，现外蒙政府，已对驻库俄领事为切实表示，谓外蒙不能派代表赴京参预中俄会议，唯希望中央能派代表到库接洽一切云云。查外蒙既有希望中央派员赴库协商之意，似应即行派员前往，［但］可否之处，请查核示覆云云。唯蒙藏院之那彦图，对此将如何答覆，则尚未有所闻云。

蒙古王公会议

▲请政府派员宣慰

据蒙藏院消息，驻京之蒙古王公，现以班禅代表班禅额尔德呢教尔大堪布罗桑业已到京，特于三月四日午时，在联合会集议讨论，关于西藏各事项，决定办法三项：（一）请班禅代表出席善后会议时，注意保持蒙藏主权；（二）关于川边不靖，须谋彻底之解决办法；（三）蒙藏近年之变化，纯以外人之煽惑，应请政府速派大员实行宣慰，以坚蒙藏内向之心云。

蒙古盟长应否参加善后会议

蒙藏院致善后会议筹备处函云：径启者：查《善后会议条例》第二条第三项，各省区及蒙、藏、青海军民长官，均有会员资格。至蒙古各盟盟长，亦系军民长官之一，似当参预会议。惟应如何招致之处，尚未奉有明令。除由本院呈请执政鉴核示遵外，特此函请查照示覆，实纫公谊云云。闻该函已由许处长送临时法制院解释云。

外蒙代表到俄京

▲李家鏊之报告

外交部得李家鏊由俄京发来急电，报告外蒙驻俄代表丹曾已于十六日再到俄京，俄当局并无令其退出俄京之诚意云。

外蒙竟有宪法

▲库伦定名红城

莫斯科通信云，《莫斯科晚报》十一月二十八第二七三号，所载“蒙古民国之宪法”一节，汉译如左：

库伦十一月二十七日电：蒙古民国之宪法，业经蒙古民族大会（即国会）批准。民族会议，有大小两种，为蒙古民国之最高机关，小民族会议，每年招集二次，其组织与苏联中央执行委员会相似。

资本阶级，依据宪法无选举权。民族大会制定带独立表记之国旗（红色），库伦定名为吴拉布托尔活托，即红城之意，为蒙古京城。同时民族大会，采用欧洲方式之日历。宪法批准后，国际共产大会代表出席，宣读颂词，庆祝民族大会，申言此次批准宪法，实为蒙古人民革命成功之结果，并足以证明东方民族革命运动之进步矣。

外蒙订购俄械

关于苏俄售械与外蒙政府一事，俄政府虽予以否认，但日前此间当局接得负责任方面之报告，则仍谓确有其事。据云，外蒙向俄商博尼瑶夫所购之军械，前因中国之抗议，故交付之期，屡行延缓。现闻此项军械之全部，业于本月十、十二、十三、十五等日，陆续运到恰克图，计步枪一万枝，子弹一千万粒，炸弹四万颗，机关枪二十四架，子弹一百五十万粒。其机关枪及步枪之一部，系最近议购者，故与前次报告之数目，颇有出入。

又外部十日接驻俄代表李家鏊来电，谓外蒙订购俄械事，经据理力争，俄外部已将派办俄商得尼探夫交付惩将〔罚〕，并将枪械会同查封云。又同日外部接到驻赤塔总领事张玮来电，谓外蒙政府因俄械被扣，拟再派专员赴俄疏通，应请注意云。

谢米诺夫不忘蒙古富源

▲勾结日资本家实行经济侵略

东京通信，旧俄败将谢米诺夫，自失败后，销声匿迹者已二三载矣。惟谢氏自潜来日本后，与日本之野心军阀、资本家，时相往来，在秘密中闻有某种计划进行。果然，自近日报载谢氏暗中勾结蒙古王族张吉、万起凯等来东，并结纳日本资本家泽山等，以作金钱上之援助。谢氏虽自称此后将隐身于实业界，贩卖蒙古毛革于日本，但谢氏为人狡滑，其不忘情于西伯利亚、蒙古者，久为世人所周知。此次假口经商，暗中实有以蒙古为根据地，徐谋恢复白党势力之计划。谢氏并欲运动日本当局，在蒙古设置日本银行，以图经济上活动之方便。闻蒙人张、万等，亦颇赞成此主张云。又据本社长崎通信员调查，谢妻耶利娜，于数日前乘长崎丸由上海来长，并携有大宗毛革货样，俟契约缔成后，今春即将有百万元以上之输入云。又据四日东京《朝日新闻》所载，谢氏于二日在长崎日本旅馆招集日、蒙关系者多名，拟议后共同发表如下之宣言云：谢将军以为欲挽回世界经济界之不振，须先谋日本与蒙古联结之途，此为此次决然组织内蒙公司之本意。张、万两氏，因感将军以往尽力于蒙古独立之恩德，绝对信赖将军，将从未轻易开放之内蒙原料、物产，情愿无担保提供，谢将军则运之于日本工场，加工之后，或输出欧美，或销售于日本内地，主旨〈不〉在营利，而在谋日蒙关系之接近云云。

英国否认侵害西藏邮权

外交部前因得交通部来文，知英国政府有在西藏派人代办邮务情事，当即向英使提出抗议，现闻英使昨已照覆外部，否认英国政府有此举动云。

东三省筹设垦务局

东省当局，以吉、黑两省，地旷人稀，荒芜之区多待开辟，战前曾有组织大规模垦务局计划，惟以奉直开战，未及进行。战后旧事重提，拟即设立。闻已着手组织，今春必能实现。其督办人员一席，已在遴选中。经费则由三省分担云。

冯玉祥西北计画（归化通信）

▲主张办银行——建铁路——垦荒田——兴水利

冯玉祥自到张垣度岁后，常有来绥消息，而迄未见来。近据都署可靠消息，冯准于二月十七日来绥，随从只有卫队一营，李鸣钟先期已得电令，派员预备行辕招待一切。至冯来绥之任务，因绥远为富庶之区，牷〔牲〕畜、五谷、树木、矿产无一不丰，若能移民开发，或以兵代工，将来富源岂有限量，故冯拟亲身查审一次，即着手进行。其着手次第，先开办一西北银行，预备资本一百万元，冯自筹七十万元，绥远区地面筹三十万元，作为开办实业、垦务之用，如资本家办理各事款不够用，有相当担保，亦可借用，务使地无弃利，边境充实。其第二着即为修筑五包铁路，缘五原为后套境内，面积东西千余里，南北七八百里，土地沃腴，有黄河水以资灌溉，未放垦之地尚有三万顷，只缘铁路到包头而止，由包赴五，尚有三百余里，加之路途不靖，行人裹足，故赴五原种地者日益减少，地亩日见荒芜，殊为可惜。冯使有见及此，先与交通部商量，因由包赴五均系平坦道途，需资不多，至筑路一层，决意用部下兵丁以代工人，故约有二百万元即可将包五铁路修竣，此路工竣，则往五原种地者自然增加，而地利自辟矣。第三着为开渠，查绥过〔远〕地亩有旱地、水地之分，旱地仅恃天然之下雨即可耕种，其水地则顺〔惟〕有黄河渠水为之浇灌，方可种植，其浇灌之法，即系秋收完毕，用水浇灌，俟水分略干，用犁将土犁翻，任风日吹晒，次年播种五谷方可生长，若头年水不浇好，次年即无播种之望，故后套地以渠水为命脉。然五原八大渠或系包与灌田公社，或系包与商民，该公社等承包后，对于水租银则催收格外厉害，对于渠道则放弃不修，因该地户纳水租后多浇不到水，尤以套内财主把持最甚。冯近派人调查，知有此等毛病，先饬李鸣钟将水利总办另行委人，并派员调查五原水利情形，拟将各渠一律收归官办，免有把持及偏枯弊端，并将渠道开浚长远，使未垦之地，均能引浇渠水以成熟地，盖套内土质肥美，渠水所到之地，即地亩成熟之处，此冯所以特别注意套内渠水也。以上三端，均为冯目前所汲汲于兴办者，大约一到归化，即开〈始〉进行。并李鸣钟奉冯令，对于蒙古各旗，一面须极力联络，一面须将蒙地开发，故于冯到后，又召集蒙王会议，进行一切，业已通知各旗，预备进行矣。又前都统马福祥，因中央曾欠陆军第五混成旅饷甚多，由马将绥远垦务局所收回之五原荒地三千余顷，拨归第五旅作为饷银，马昨在张垣晤冯时，因冯使注意垦务，即将所拨前项地亩三千余顷送归冯，已经冯收纳，故冯挽留马福祥不准赴甘，预备冯、马二人合作，以开发西北云。

冯玉祥平滂铁路修筑之计画

▲以兵工建筑

计画修筑平滂铁路，闻交部已派员来平地泉调查，一俟冯使将京绥路全线视察完竣后，即行着手修筑。查平滂铁路全线，计四百二十里，由平地泉至滂江，前经平地泉站工程师孙煜芳，精密测量，计全路工料枕木、钢轨，除车辆外，需款不及一千万。此路为平库（库伦）铁路之起点，盖由平地泉至库伦，计二千二百余里，需款浩大，该工程师前曾在交部条陈，请将该路分段修筑，第一步先修平滂路，俟该路修后有赢余时，再行继续修筑，即以边防军队为工，实行兵工政策云。

交部电奖京绥局长

▲沿路视察整饬路务

京绥铁路自宋仲良局长到差后，对于路政上力求整理，外站尤为注意，近特亲自巡查沿路各站，业将不良之点，逐渐改除。日前有电到部报告行程，交部以该局长办事认真，不遗余力，殊为嘉尚，已覆电嘉慰，兹觅原电如下：

京绥路局探投宋局长：连电均悉。该局长此次沿路视察，调查弊端，具见整饬路务，不遗余力，本部殊深嘉慰。仍仰逐细查察，随时报部考核，借清积弊，而策进行。交通部。支（四日）。

张垣灾民优恤办法

前此察区兵变，商民中流弹死亡，或被军人枪毙，或被火焚烧，受重伤者，约百余人，该家属等前后呈恳都统署设法抚恤。张之江目睹惨状，颇为怜悯，二月十日，特在道尹公署召集会议，从事调查人民死亡及受伤数目，施以优恤。闻已派定本区中行行长张济川总理其事，此项优恤，约分四等，兹特略志如下：（一）本人死亡又无兄弟，家有年迈父母者给以百元。（二）本人死亡有兄弟者，给以八十元。（三）本人受重伤，不能行动者给以六十元。（四）本人受伤尚可行动者，给以四十元。并闻现已派员确实调查云。

张垣汽车行会议

▲大受兵变之损失

张垣与库伦，相距三百余里，本地及外省商人，往来张、库贸易者，每日络绎不绝于途，盖库伦及外蒙一带，素称富足，如羊毛、皮革等，颇为产额之大宗，且内地商人由内地运往库伦及外蒙一带菜蔬、果品，以货易货，其利倍蓰于内地。故凡作外蒙一带商业者，每人每年可获利在两千圆以上，以至近日内地商人往外蒙贸易，日形增多。此次张垣兵变，各汽车公司多受损失，以致各汽车公司多有一时不能恢复原状者，六日本地各汽车公司，在本区［各］汽车公会开一紧急会议，到会各汽车公司代表及外蒙商人约三十余人，当时讨论问题，约分三项：（一）从速恢复汽车营业；（二）受损失较巨者，请地方官迅即维持；（三）外蒙商人及各汽车行互相扶助。讨论约二小时之久，散会时已下午三时余云。

西北屯垦之急进

绥远都统署发出公文数十道，致两盟十三旗各王公，请招集青年三百余人，每旗额数以十六人为限，年龄以二十二岁以下十七岁以上者为合格，限二月底送到绥远，实施教练。又闻冯玉祥主张，先由垦务局变成设治局，再由设治局变为县城。昨经都署会议结果，拟定在大佘太先设垦务局。又由沙明远指出白灵庙及杭锦旗之强油房两处，已由十五日都署特别会议提出筹备，大约一二月内，当可设垦务局五六处云。

京绥收入现状

▲每日二万元以上

京绥铁路在各大站派车辆交涉员等项，早经前志。兹实行以来，颇著成效，故日来该路每日营业收入，已渐增至两万元以上，将来恢复战前日入三万余元之旧观，当亦非难云。

京绥路最近之借款

▲债额八十四万元　债权者为内银行

京绥铁路，本为我国国内资本所创设，用人〈国〉行政，均与外人无涉。旋因该路当局，滥购材料，以便从中渔利，故外债累累，竟达三千数百万之巨。近年该路营业，年有起色，满拟数年后，即可将宿债清偿，不料当直系当权时代，势力所及，滥提路款，其有盈余各路，按月报效若干，姑且不论；然以京绥路之穷，每月亦须报效公府军事处十五万元。而用人无限，开销过多，加以上年七月洪水暴发，收入减少，入冬又有东北战事发生，全路几无收入，因此种种原因，所有路员、工役薪工，亦无着落，屡有工人罢工之传闻。该路当局有见于此，不得不借债以救目前。计十二月上旬所借债额有四十一万元，月息一分七厘，农商、中南两银行各借十万零九千三百三十三元三角三分；金城、新华两银行各借五万四千六百六十六元六角七分；盐业银行借八万二千元。十二月下旬所借款额为四十三万元，债权者系中南二十一万元，金城十万元，新华七万元，盐业五万元。而太平贸易公司之八万元借款，尚不在银行团借款之内。故该路前此两次借款额共八十四万元。第一次借款月息一分七厘，第二次为一分六厘云。

京绥路羊毛运输数量

▲合计二零一零吨

自交通部整理路政之命令发出后，对于各路运输皆实行极积〔积极〕整理，各路车行运输亦皆日渐增进，其货物转运亦逐渐增加。即以京绥一路而论，其羊毛之运行，自各站至丰台者三星期内已运至二千余吨之多。兹将其自一八〔九〕二四年十二月二十日至一九二五年一月九日之羊毛运行数目，计包头二百九十四吨，绥远一七四吨，丰镇一八吨，大同二七吨，张家口十〔一〕四一七吨，宣化八零吨，合计二零一零吨。

马福祥就边防会办

▲来电询问公署官制

绥远都统马福祥自解职后，经任命为西北边防会办，明令已发表多日。惟此项官制，系临时创设，其应如何组织，政府尚未详为规划。（十一日）当局接马氏来电，询问西北边防会办公署之组织，并请颁布，俾使早日成立。执政已交谕秘书厅转法制院，仿照西北边防督办公署前例，克日厘订。又闻马福祥会办因宁夏交通甚为便利，且为西北各属之中心点，拟在该处设立行署，已间接的商之当局。当局以此举关系重大，须与甘督陆洪涛为一度之接洽后，方能决定云。

冯玉祥抵张之详情

▲十三日晚十一时半抵张

▲随从副官、参谋百余人

喧传已久之西北边防［务］督办冯玉祥，已于一月十三日夜十一时半乘专车抵张，当时前后共来专车四列，冯使系乘第三列专车，其余三列车，均满载冯氏军队军械及随从武官等，计此次随同副官、参谋等约百余人，本区长官赴站欢迎者有察哈尔都统张之江、警察厅长宋式颜、实业厅长龚柏龄、兴和道尹余诒、察哈尔暂编一旅旅长魏福陞及新任财政厅长过某等百二十余人，冯使下车后与各要人一一握手毕，即入车站候车室少事休息，分乘汽车赴本区警务署。当时军队赴站保护者有七旅手枪队及七旅一团一营步兵两连，沿路军警密布，步哨森严，当时各区署署长、署员、稽查均着制服在沿路逡巡，冯使专车抵辛庄子时（辛庄子距张家口尚有两站）车站即禁止交通，致是日由丰台开赴张垣七次车未能按时抵埠。并据都署消息，冯使拟在张勾留数日，与张之江都统稍事接洽，即行启节赴绥，筹划西北一切边防事宜云。

绥远韩实长提倡种树

绥远实业厅长韩安到任后，积极计画西北实业之进行方法，今将其呈李都统提倡育苗种树文并简章录下：

呈。为呈请事：窃维十年树木，古有明训，为政之道，劝惩兼施。绥区幅员极其辽阔，蒙旗荒地无论矣，即已设县治之各乡村间，旷地土触目皆是，沙磧下湿，虽不宜农，若以之栽种树木，不惟可以蓄养水分，蒸为雨泽，抑且取材不尽，大辟利源。无知人民习惯懒惰，不知振作，官厅亦复听其自然，从未提倡。查林政为实业之一，在绥区尤关紧要。厅长已决定扩充育苗之所，并令各县局妥筹经费，分设苗圃，为推广林政之豫备。所有关于人民种树一事，历年虽经令饬于清明节，督饬人民各植一株，乃各县知事、局长等，大都敷衍搪塞，视同具文，毫无实效。兹特拟订种树简章，分令各县局，凯切布告，劝令士绅民人，栽种各项树秧，至〈少〉以一亩为限。并以优免税租，为奖劝之方。一面由职厅增设苗圃，妥备苗木，一面多派林业专家，随时前往各县劝导指教，并切实考查各处种树之成绩，定知事之功过。庶人民知利之所在，奋然兴起，知事以考成所系，不致漫视，似于林政、地方，两有裨益。所有职厅拟令人民种树办法、缘由，是否允协，理合附送章程，呈请鉴核指令施行。谨呈绥远都统。

督劝人民种树简章

第一条　各县知事、局长等，督劝人民栽树种秧，至少每年每户以一亩为限，种树距离，纵横均各五尺，每亩须在二百四十株左右。

第二条　所种树木之地，由县查明，呈由本厅咨请财政部豁免官租。

第三条　人民每年所种树株亩数，限于六月底由县查明列表呈报本厅。

第四条　每年夏秋之间本厅派员驰往各县局，切实覆查。

第五条　各村士绅、甲会等，能劝令人民种树至五十亩以上者，呈请酌给奖励。

第六条　各县局知事、局长劝民种树至五百亩以上者呈请给奖。

第七条　豁免官租之林地，非经呈明官厅许可不得砍伐。

第八条　豁免官租之林地砍伐时，公家分收树价二成。

第九条　绅民所种树秧，有以少报多，或借端影射、欺蒙者，查出罚办。

第十条　知事、局长有劝导督察人民种树之责，如有扶同欺蒙或督办不力者，呈请记过。

第十一条　各县为筹备人民用苗之供给起见，须择有五十亩以上之苗圃地一块，并每年筹拨办理该苗圃经费洋三百元。

第十二条　各官设之苗圃，所有苗木贱价或无价发与人民。

第十三条　各县苗圃人员由县委派，但于必要时实业厅得进退之。

第十四条　本简章如有未尽事宜，得由实业厅呈请都统修改之。

第十五条　本简章自奉都统批准之日施行。

《西北月刊》
北京中华西北协会
1925 年 21 期
（朱宪　整理）

蒙古民族的解放运动

李守常　撰

蒙古民族，在辛亥以前，与汉、回、藏各民族，同受压迫于满洲民族宰制之下。满洲以一民族专制的政府，外既不能抵抗国际帝国主义的侵略全中国，内复以种种手段防制境内各民族的政治自由。其对蒙古民族，纯用藩属政策，以笼络其王公及喇嘛，沦蒙古民族于外国的帝国主义、中国的帝国主义、蒙古王公的封建制度、喇嘛教的愚民剥削四重压迫之下，而末由解脱。辛亥革命以后，中国国民党虽曾努力于国内诸民族平等的结合，终以国际帝国主义者与国内专制余孽的军阀相勾结，妨害中国国民革命的发展，国内军阀遂得把持政权，复燃中国旧日帝国主义的死灰，于是蒙古民族仍不免受与前日相同的压迫，或且更甚。民国十四年顷，俄白党余孽谢米诺夫及恩琴等为赤卫军所击败，一部分逃入蒙古境内，与志图侵略满蒙的帝国主义者相勾结，蒙古民族又大遭其蹂躏，嗣后俄国赤卫军为肃清危害俄国革命政府的白党，不得不派兵入蒙，驱逐白党。蒙古国民党因得乘此机会，建立民族的政治机关。三年以来，基础渐臻巩固，更因活佛的逝世，把王公制度根本铲除，至是蒙古民族的解放运动，遂与中国国民革命的潮流相接。

中国国民革命的领袖孙中山先生遗留给我们的手写《国民政府建国大纲》里说："其三为民族，故对于国内之弱小民族，政府当扶植之，使之能自决自治，对于国外之侵略强权，政府当抵御之，并同时修改各国条约，以恢复我国际平等，国家独立。”《中国国民党第一次全国代表大会宣言》里说：“今国民党在宣传主义之时，正欲积集势力，自当随国内革命势力之申张，而渐与诸民族为有组织的联络，及讲求种种具体的解决民族问题之方法矣。国民党敢郑重宣言，承认中国以内各民族之自决权，于反对帝国主义及军阀之革命获得胜利以后，当组织自由统一的（各民族自由联合的）中华民国。”中华民国与蒙古民族结合，即以此数语为枢纽；中国国民革命运动与蒙古民族运动的潮流，即以此数语为汇归。忆当去年中国国民党在广州开第一次全国代表大会时，蒙古国民党代表耶邦丹藏先生，特至广东，以中国国民革命与蒙古民族解放间的关系诸问题，与中山先生为同志的商确的时候，中山先生早已诚坦的把他的民族主义表现于上述两个重要文件中的精义，亦就是中国民族对于蒙古民族真实的友谊与诚意，经由蒙古国民党代表陈布于蒙古全民族之前了。这样看来，中蒙两民族间的自由联合，兄弟似的协和辑睦，早已建立在中山先生所领导的中国国民党的民族主义，与蒙古国民党所领导的蒙古民族解放运动的归趋一致的一点。

三月六日，苏联大使照会北京执政府，声明已得蒙古当局之同意，先撤蒙古境内的赤军，希望中国与蒙古人民，借和平的了解，解决两兄弟民族互相关系的问题。吾中国民众于感谢并谅解苏联之尊重中蒙两民族的自主自决，渴望中蒙两民族的自由联合外，并宜认明此为两民族在国民革命旗帜之下，提携共进的良机，而严密的监视顽暴军阀之以旧日藩属征服的手段施以蒙古民族，以防诱起国内民族间的嫌怨与纠纷，而为虎视于旁的帝国主义者所利用。中国国民党仅〔谨〕遵中山先生民族主义的遗训，高举国民革命的旗帜，愿与蒙古国民党共为两民族作自由联合的介绍。

两民族的民众，盍兴乎来！

《西北月刊》
北京中华西北协会
1925年22期
（李红权　整理）

我们应当欢迎蒙古人

坚铭　撰

一个多月来，蒙古人到京参见班禅的非常的多。一班人都瞧不起他们，说他们的衣服怎样的肮脏，他们的智识怎样的愚昧，大有目笑存之的气概。总而言之，大家的观念中认定他们是劣等民族。

这两个星期日，我都出西直门游览，每次看见从京绥车站下来的蒙古人无数：他们有的挤了几十个人坐在一辆大车上，有的拖包甩袋的步行着，有的坐在人力车上双手托住了一只长方形的黄匣子。我对于他们信仰教主的热烈之情，不禁肃然起敬。以为这一点情感便是我们汉族人所绝没有的。汉族人所有的是什么？是懒惰，是乖巧，是贪小利，是无信仰心，是混日子于打牌与吸鸦片之中！

我坐在人力车上没有事做，就尽着想，忽然想出了大道理，瞿然惊道，我们对于蒙古人应表示欢迎！

我近年来读了一点历史，觉得汉族人真是天生的败类，自己不学好，又要拖人下水。照他这样的懒惰与衰老，本来早应该灭种。只因四围常有新起的民族更番侵入，使得他屡屡得到一种新血液，借此把他的寿命苟延下去。不幸四围的新民族没有文化，他们虽是在武力上可以打胜汉族，但因仰慕汉族的文化之故，实际上不啻投降，所以他们不久就完全同化于汉族了。好好的一班强盛的民族，却先后同化于衰老与没出息的汉族之下，使得汉族的寿命得以苟延至数千年之久，汉族的文化得成为东方文化的正统，于是这班强盛的民族便一例的衰颓了。这样一想，汉族是何其徼幸，他种民族又何其冤屈呢！

近来的汉族，固和以前一样的受异民族的压迫，但情势业已不同。压迫汉族的是西洋民族，他们的武力既比汉族强，他们的文化也比汉族高。他们一步步来征服汉族，汉族只得俯首听受他们的征服，不能再有把他们同化的希冀了。若是亡国，汉族当然做定他们的政治压迫之下的齑粉，即使不亡国，只要他们把现在的经济侵略的政策延长下去，不到二三百年，汉族亦必因贫乏不能自存而至于绝种。事到如此，我们国民还是只图苟安，不想将来，并且老着脸，把东方文化来骄人。釜底的木柴已燃着了，小鱼的生命快要失掉了，而它们还趁着釜水未沸的时候，来夸奖自己的悠然洋洋之乐，这是如何的可悲呵！

我们要防止人家的经济侵略，应当鼓励工商业，这已有许多人见到，但我以为国内种种事业的做不好和做不成，体力的不济恐是一个大原因。因为体质太弱，所以没有精力去担当大事业；不能担当大事业原是一种烦闷，要除去这种烦闷只得自己解慰，以为本来不必担当。解慰的方法，只要把平和、谦退、高尚、舒适、闲雅诸美德归在自己名下，以为人生在世，即此已够，努力猛进原不过戆人自苦之事罢了。这样一来，不但不感到烦闷，反而觉得心安理得。他们自己固然是因为秉受了不能做事的体质，产生了不必勤劳的见解，而其流风所被，就弄得百事废弛，驱全国人民于奄奄殆尽的世界，他们的罪过还说得尽吗！所以我们要改去这种颓废的精神，先须改去那种怯弱的体质；而要改去那一种体质，惟有鼓励与异民族通婚，使得我们的族中可以吸受强壮的血液。但西洋民族哪里瞧得起我们，在他们的眼光中，恐怕嫁娶汉人与嫁娶黑奴没有什么差异的。所幸我们国内现有五族，五族中除了汉族之外都没有什么文化，他们还在过游牧渔猎的生活。他们固然没有什么智识，但反因草昧之故，他们的精神得保持其新鲜，他们的体质得保持其强健。我们若能和他们接近，把智识给与他们，使得他们能自动的改善生活，使得我们一般人肯与他们通婚，一方面又尽力输入西洋文化，使得我们也可以自动的把原有的偷懒的精神改去，那么，我们的子孙们便受用不尽了。

这一次蒙古人来的这样多，实在是我们和他们接近的一个好机会。但我们太自大了，一切摆出城中绅士对待乡下农民的面目来，不屑去理会他们。我们如此，他们当然是自惭形秽，不敢来亲近我们了。我想在他们的意想中，应觉得若大的北京城，只有一个班禅是可亲爱的，因为他以教主的身份，还肯带了病而抚摩他们的头顶。除了这一件事之外，他们惟有坐在街上休息而被警察驱逐，因饥渴而向人家索些茶饭时（这是蒙古通行的规矩），给人家唤了警察赶走，没有投宿地方就睡在露天，买东西和雇车到处被人勒索高价，受种种的欺侮。本来很是一个亲近的机会，现在反而弄得更疏远了！

我们想，一个邻人来，我们还应该好好的款待他，何况久不相见的堂兄弟来了，我们应当怎样？现在我们不但不给以诚挚的款待，反给以种种冷酷的遭遇，仿佛不如此便要损失我们的尊严似的，这是什么道理？我们岂不是太骄傲了，太狂妄了！

我以为我们现在，应当赶紧集合一个汉蒙联欢会，做出以下的许多事项：

（1）在空旷的地方（如太和门及天坛）开欢迎会，请他们吃一顿饭，把两族应当携手的缘故及将来应进行的事业畅尽的演说一番；并用蒙文将演说词印刷，发给他们，请他们带回去，给未来京的人瞧。

他们来来往往的很多，这种会集至少一星期开一次。

（2）请他们分成了若干组，由我们陪同他们参观各学校，各工厂，各名胜，使得他们知道些近世的文化，鼓励他们立起改善自己生活的志愿。

（3）他们里边如有可以留京的，便请他们留在北京，与我们协设蒙藏学院及佛教会，作永久交换情意的机关。同时也要求他们允许我们组织参观团或他种团体，到蒙古去，由他们供给种种的便利。

（4）请他们设立蒙民参政会，为参加政治事业的预备与引导，使得他们全族人民都确知道中华民国原不是汉族一族所垄断的，只要他们有政治人才，便尽可作政治活动。再不要像以前一般，让汪荣宝、林长民、唐宝锷、易宗夔一班汉人在议院中做他们的代表。

（5）请他们设立蒙民教育会，计画普及教育的方法。师资如本地人缺乏，可由汉人中挑选；所挑选的汉人先须习学蒙文。

（6）请他们每年组织参观团一次或数次，到北京及其他地方游历，使他们了解汉民族的文化，了解中国的地位与世界的形势。

我虽只想出了以上数条，但着手做去时，当然可以推得极广。我觉得要做这件事情，需费甚巨，自以政府做去为宜。但政府中既甚穷，而此中人又只知苟且度日，毫无远志，没有什么希望，所以应由国民自起，一面督促政府去做，一面先在自己可能的范围里着手。但我们的国民是不是不像政府中人的苟且度日，毫无远志，这确是一个疑问，因为政府即是由国民组织的，政府中人原即是国民的代表咧。想到这上，不觉顿时兴尽。但衰病的人虽不能担当大事，至于一霎间的兴奋总是可以有的，我总希望大家还有此一霎间的兴奋呢！

我因为想到了这一些意思，不觉的把游览的兴致减去了多少。

车回西直门时，又见许多蒙古人出城，想来他们是回去了。我在车上，但觉得他们受汉人冷待的可怜，满腔的歉憾之情，对着他们苦于无从发泄，只得咽在心底而已。睡了一夜，犹不自宁，便写成了这一篇，畅畅的一吐。

十四，四，二十七

《西北月刊》
北京中华西北协会
1925 年 23 期
（丁冉　整理）

内蒙王公将在哈会议

——讨论外蒙善后

作者不详

内蒙各旗王公，自外蒙青年党把持政权，实行亲俄后，对于中央曾经迭次条陈意见，以期早将外蒙收复。兹据蒙藏院消息，内蒙哲里木盟各王公现以中俄正式会议行将开幕，关于接收外蒙一切善后亟宜准备进行，特定于三月二十日在哈尔滨举行蒙古王公会议，由各盟旗王公一人与会；并闻届时政府及奉天张督办均拟遣派代表，参列该项会议云。

《西北月刊》

北京中华西北协会

1925年23期

（朱宪　整理）

来京蒙人友助团娱乐会马鹤天讲演词

马鹤天　讲演

今日友助团为诸位开娱乐会的意思，陈先生已代表说过。京兆尹公署欢迎诸位的意思，薛京兆尹亦已说过，不必再赘。但兄弟在两方面，同有关系；且又曾发起中华西北协会，对我们蒙古的兄弟姊妹，尤其欢迎，不得不乘这个机会说几句话。

方才我们唱国歌向国旗行礼，是京兆尹公署每次电影讲演会的定例。为什么要这样呢？因他是代表我们的国家，我们就应当去尊敬他、爱惜他、发展他了，但今天晚上觉得更有意义，我们试看五色国旗，是代表我们五个民族。然平常像今晚我们蒙古、汉族聚在一处的情形，绝对没有，所以今晚我们特别高兴，国旗也可说是特别生色。

薛京兆尹方才说过：五族为一家，为手足，我觉得实在五族为五个弟兄分住在各处，这次蒙古各位姊妹兄弟到京，可说是哥哥来到弟弟家中，所以大家非常欢迎，设办种种方法要使得快乐。不但这次，以后盼望常常到弟弟家里来看。且弟弟以后也要到哥哥家里去拜望。但以前我们兄弟为什么不多来往呢？不用说因为交通不便，以后要彼此常常来往，先须便利交通，非铁路、马路双方并进不可。西北边防冯督办，即拟兵工修路，并筑包新铁路，给我们谋来往的方便。我们想彼此来往亲善，须一致注意交通才是。

铁路、马路不修，使我们身体不能交通。还有一种隔阂使我们感情、意见，不能交通，更应当注意。是什么呢？即言语文字不统一，这个交通，也要使他赶快便利才是。中华西北协会，即注意这事，已发起蒙文研究会，早发行之《西北月刊》，拟添蒙文之新闻论说，并于创办大同学校，以谋言文统一，感情、意见交通，希望大家注意。学汉话汉文，并劝亲族戚友一律研究汉文汉话，但并不是完全不学蒙古言文，我们一方面也研究蒙古言文，自然慢慢的彼此一致。

又现在既是五族共和，中华民国主权，应由五族人民共同担负。政府官吏，蒙人也当参加，国会议员，尤当选真正的蒙古人，不能由内地某省人代充。但现在为什么蒙古人官吏、真正蒙古人议员很少呢？一方面固由于汉人抱持，一方面实由于蒙古教育未进步，受高等教育的人太少。嗣后应赶快注重教育，人人读书，蒙藏学校和中华教育改进社，即同注意这黠〔点〕，为大家设法。希望今晚在座的，留京者快入学校，回蒙者赶快提倡学校。教育平等，政治自然平等。

有人说蒙古民族愚蠢，不能有高等知识，不能参与政治，不知蒙古民族有很光荣的历史，曾出伟大的英杰，成吉斯汗，威震欧洲，所以蒙古民族的优秀，不减于汉、满各族，而强悍过之。将来言文一致，交通便利，教育普及后，中华民国的振兴进步，还要望蒙古老大哥当先率领，和满、汉、回、藏各兄弟，一致协心同力，黄种人在世界上，或不难放一异彩。兄弟既担任友助团讲演，又主持西北协会，将来与各位见面的机会或多，别的话，以后再说吧。

《西北月刊》
北京中华西北协会
1925年25期
（丁冉　整理）

绥远蒙旗会议之议案

特约通讯员吴怡庭　撰

绥远都统李鸣钟，自到任以来，知绥区疆域，全属蒙古，非联络各王公贝勒，无以收进行之效；乃于三月间通知各旗，定四月二十三日开蒙旗会议。迨至临期，有乌拉特东、中、西三旗、四子王旗、准噶尔旗、郡王旗、杭锦旗、达拉旗，共计八旗王公及代表、随员等不下三十余人，下车时都统署派有招待员赴站欢迎，预备馆舍。二十三日因王公初下车，风尘劳碌，休息一天。二十四日李都统在都署大堂欢宴，并演说蒙汉五族一家，互结团体，以强国家；演说毕，由达拉旗代表麟庆答谢。二十五日请各王公观西北边防军运动会。二十六日参观归化各学校、各慈善机关，下午由军、政、学、商各界假同和戏园演戏侑酒欢迎。二十八日假五族学院开正式会议，议决各种议案。二十九日各王公代表假同和戏园酬谢，主宾极一时之欢。三十日会议事毕，各王公随意先后回旗，并由都统各送赠典礼照片并川资，各王公及代表无不欢欣。兹将会议提案纪录于后。

李都统提出之议案：各蒙旗疆界，应由各旗绘图，咨报都署，以便查考而免遇事争执案

绥远地方异常辽阔，乌、伊两盟十三旗游牧地方，又占绥区

之半，当前清之季，规定疆界，凡蒙旗游牧近山河者，以山河为界；无山河者，设鄂博为界。无如年远代湮，疆界不无更易，而各旗时因界址不清，致滋纠纷，如固阳茂明安旗之与东公旗，又土默特托城黄河涸复地之与准噶尔旗，又四子王旗车户之与察哈尔厢〔镶〕蓝旗，又土默特公之与普会寺，或因地界不清，或系有意侵占，考其所以，各旗均无详细地图以资参考，遇事则无从评断，以致纠葛缠绵不能清结，诚为诟病。

补救之法，应由各蒙旗将现在疆界，详细调查清楚，何处系属游牧，何处业已报垦，何处两旗交界，绘具图说，注明交界四至，每图共绘五份，加盖印信，除存旗一份，再以一份咨报都统署稽考，其余三份，分送正副盟长暨绥远垦务总局，分存备查。似此事先未雨绸缪，庶免临渴掘井，而蒙旗疆界，亦不致再有纠纷也。如何之处。尚希公决！

议决由都统署发给地图，令各旗照图屦〔履〕勘呈报。

教育厅提议五族学院业已成立，各旗应多送子弟入学肄业，开通智识案

按以五族学院之建设，原为启迪蒙、回子弟之智识，授以相当之技能，俾与汉、满人民，享同等之利益，将来养成国家有用之人才，且为开发西北富源之主人翁。兹已成立多日，各蒙旗所送学生，尚属寥寥，应请各王公充分赞助，协力劝导蒙、回子弟来院肄业，以为蒙人发展之初步。一以为国家造成多数有用之国民，一以上副冯督办、李都统提携蒙、回同胞之至意。为此特行提出大会公决！

议决由各旗速送学生。

教育厅提议各蒙旗教育问题案

应速设蒙旗师范讲习所也。按以蒙、回教育，急待振兴，人人尽知。但教育之基础，为小学，小学教育之母，为师范学校。今为蒙旗教育现状计，应即时筹设蒙旗师范讲习所于归绥，及伊、乌两盟王府所在地，招收蒙旗塾师及相当学校毕业，以培养速成之师资，而为振兴小学之先河。是各蒙旗，应先行筹设高初级小学校，及蒙养园若干处，授以国语、常识、算术、体操等教科，俾灌输普通国民之智识，以为巩固国家之基础。如何之处，尚希公决！

议决由各旗自办小学。

各蒙旗人丁户口应造册送呈都署备查案

按以蒙旗部落，大都散处于沙漠山河水草之区，所有蒙民游牧地户，向视水草良否为转移，故居处亦无定所；如各旗之苏水〔木〕，亦不过徒具虚名而已。所以旗下男女人丁户口，究有多少，盖〔概〕无稽考，至每年生死更无确实阶籍〔藉〕可查，以一部落之众，并无众丁户口详细之报告，不但国家对于蒙旗，无从计其数目，即蒙旗方面，生齿之盛衰，莫能得其详细，长此以牲〔往〕，终非所宜；自此以后，应由各旗详细调查，造册送呈都署备案，以重户口。可否之处，尚希公决！

议决由各旗调查呈报。

提倡五族通婚奖励案

按以彼此通婚，诚属融洽种族感情之唯一善法。当前清末叶，虽有种族通婚之制，而清宫仅以格格下嫁于蒙旗王公，而汉、满、蒙、回各族，未能实行平等通婚，智者惜之。现在五族共成一家，似〔应〕无种族界限之分，惟我蒙旗同胞，仍以礼制、言语之不同，狃于积习，一时不能彼此通婚，所以遇事不免隔阂。今日提议此案，愿我蒙旗同胞，务明通婚之意，详知通婚之益，是种族之通婚，既利于家庭，复益于国家；即对于起居、服饰、饮食、教育等项事业，皆能促归一致，趋于大同，不致彼疆此界，尔诈我虞。似此同享共和之福，则国家、蒙旗前途，岂不巩固也哉！尚望各蒙旗王公暨代表回旗后，认真提倡，如有实力进行者，应特优予奖励。可否之处，尚希公决！

议决由各旗代表力劝。

振兴蒙古畜牧事业之必要案

畜牧事业，为吾蒙惟一之产业，畜牧振兴，则吾蒙人可饱食暖衣，熙熙攘攘，安享太平之乐；否则困苦流离，戚戚皇皇，难免饥寒之忧。而吾蒙同胞今日之生活情形奚若？靡不曰生活艰难，日就窘迫，推原其由，亦何莫非畜牧事业，渐渐退化之故也哉。畜牧事业退化，不独影响于吾蒙同胞之生计，于国家经济上，亦生不良影响。故为救济吾蒙同胞困难计，为开发国家富源计，非振兴吾蒙畜牧事业不可；事业一日不振兴，即吾蒙同胞一日不解倒悬之危，而国家经济，亦日受莫大之损失也。可不急起直追？

考吾蒙畜产，有牛、羊、骡、马、骆驼数种，每年直接输出者，何止价值万万，加以各种毛革等副产品，其总值数目，至足惊人，此关切吾蒙同胞生活之畜牧事业，国家固欲竭尽所能，力谋解决，惟尤望吾蒙同胞，振刷精神，努力做去。“天助自助者。”则蒙古畜牧事业之振兴，方操左券也。

振兴吾蒙畜牧事业之方法，最要者可分三种：（一）为畜种之改良；（二）畜种之繁殖；（三）病疫之防除。兹略述之。

（一）畜种之改良。用〔同〕一牛也，而有乳用、肉用、役用之分，同一乳用之牛，有日产牛乳二十斤者，有日产不足二斤者。同一马也，有日驰数百里者，有日走百里者。同一羊也，有岁产细毛二十磅者，有岁产粗毛二磅者，故同一经营畜牧事业，而佳种与劣种，所获利息之厚薄，不可以道里计。阿拉伯之马，和兰之乳牛，及西班牙之美利奴羊，皆有名于世，取其纯种而繁殖之，畜产必日见进步。吾闻赤峰之驴，甘、凉之骡，西宁之羊，乌珠穆沁之牛，呼伦贝尔之马，皆较他区为著名。以此区等名种而繁殖之，亦必日有起色。

（二）畜种之繁殖。近来地方不靖，牲口头数日渐减少，马之产额，竟有一落千丈之势。今都统莅任，匪势渐杀，以后地方可免匪患；惟吾蒙人之经营畜牧，多在未放垦之地，农垦之家，视畜牧为不甚重要，将来应提倡混合农制，如农家耕田百亩，应以四分之二种粮食，充生活之必需，以四分之一种苜蓿，以供刍料，并得休养地力；其余四分之一，种高粱、玉蓟黍、豆类，备冬季之饲料，俾牲口得以肥硕丰满，出售商〔高〕价。如此经营，则农家获利较厚，而肥料亦不患缺乏，农垦、畜牧，皆可振兴矣。

（三）病疫之防除。畜牧事业惟一之危险，在病疫之猖獗，当其发生，辗转传染，全群尽毙，以至一区一邑，为害至剧。吾蒙每年牛、羊、骡、马之患疫而死者，何啻千万，以疫病之发生，畜牧事业，遂受莫大之打击。然疫可防于未发生之先，而病可诊治于发生之后［后］，防疫方法，厥为注射血清，而病时可就兽医专家诊治。疫病减少，斯畜牧事业得莫大之保障矣。

以上所有三法，不过为荦荦大者；至于进行步骤，应由各蒙旗与实业厅详细讨论具体办法，妥筹经费，施诸实行，方有改良前进之希望。此篇之作，乃鉴于吾蒙同胞近年来生活之困苦，由于畜牧事业之退化，而振兴畜牧事业，实为今日不容稍缓之要图。如何之处，尚希公决。

议决由各旗选择最好牛羊驼马，牝牡各一对，送交实业厅。

讨论传递各旗公文书报，即由归化乌伊两盟联合会，暨包头分会负责传递，嗣后公文书报，应用汉蒙合璧案

按以各旗、部落，相距归绥道路窎远，传递来往公文，异常困难。从前虽设有乌伊两盟办公处，遇事仍多阻滞，若再由台站转递，动辙〔辄〕数月，而不能达，固属交通不便，实属传递方法不良也。值此庶政振兴之际，凡百待举，似此公文迟缓，势必贻误，此亟应改良者也。现在乌伊两盟十三旗联合会，已于归化剪子巷成立，嗣后传递书报，当然由该会负责传递，以免贻误。惟自此以后，所有来往书报，均应用汉蒙合璧，以资办公敏捷，借收速效。可否之处，尚希公决！

议决由乌伊两盟联合会办理。

粗〔组〕织绥远物产馆，请各旗王公及各县局征集出品案

绥远为西北奥区，有数千年之历史文化，十余万方里之宝藏

蕴蓄，无人启发，遂而忽视。好游之士，偶涉塞北，徒见黄沙遍野，荒岭起伏，与夫毡庐穹窿之居，乳浆干酪之饮，嗒然气丧；殊不知幽岩穷谷，矿苗流露，连山遍野，动植滋繁，若调查而研究之，开发而利用之，则向之穷山，今可采矿；向之石田，今有生产，民庶物阜，百政俱举。此绥远物产馆之亟应组织也。此种事业，开创维艰，必须众擎共举，方可有济。兹将进行规划，拟先分三部开列于后。

一、天产部　凡农、林、矿产标本等属之。

二、工艺部　凡工艺品及氍毹、编织等物属之。

注（甲）：征集以上两项物品，每件上应注明（一）品名。（二）产地。（三）价格。（四）用途。（五）附注。（上列四项未尽者可详细说明。）（六）采集人。（七）年月日。

三、史地部　凡图书、古物、宗教法器、服饰等件属之。

注（乙）：史地品，采集时，每件须注明（一）品名。（二）产地。（三）年代。（四）用途。（五）附注。（上列四项未尽者可详细说明。）（六）采集人。（七）年月日。

天产人工，穷搜旁罗，设馆储藏，部别类居，殊方异物，荟萃一堂，琳琅满目，百货杂陈，一游斯馆，如历全绥；神往今古，爱国之心，油然而生。夫西北地大物博，两盟十三旗，风土不同，物产互异，且各有其历史性质，山前山后，交通不便，殊乏联络感情、交换智识之机会，今日大会，盟旗王公或代表与绥区各界领袖，荟萃斯堂，实为千载一时之盛举，然胜会不常，数日星散，拟请各盟旗王公及县局长回返之后，征集各本旗或各该县属之天产品、工艺品及史地品等件，运送来绥，由实业厅组织绥远物产馆，分类陈列，借留纪念，而襄盛举。可否之处，尚希公决！

议决由各旗选送。

《西北月刊》
北京中华西北协会
1925年25、27期
（丁冉　整理）

政府命令内外蒙古议员名额

作者不详

兹制定《国民代表会议内外蒙古议员名额分配令》公布之，此令。

国民代表会议内外蒙古议员名额分配令

第一条　内外蒙古议员名额，依《国民代表会议条例》第八条第三款所定，其分配如左：

哲里木盟	二人
卓索图盟	二人
昭乌达盟	二人
锡林郭勒盟	二人
乌兰察布盟	二人
伊克昭盟	二人
土谢图汗部	二人
车臣汗部	二人
三音诺颜汗部	二人
扎萨克图汗部	二人
呼伦贝尔	一人
察哈尔八旗及各牧场	一人
归化城土默特	一人
旧图尔扈特及其他附近各旗	一人

阿拉善	一人
额济纳	一人
阿尔泰	一人
料〔科〕布多	一人
哈萨克	一人
唐努乌梁海	一人

第二条　本令自公布日施行。

《西北月刊》
北京中华西北协会
1925年27期
（丁冉　整理）

中俄会议开幕后之近况与前途

厘订分委员细则　将来会议地点尚未定

正式大会在两个月后　奉方四种要案

作者不详

中俄会议，已于九月二十六日举行开会，兹闻该会议此后之进行，拟即按照原定计划，组织各分委员会分组会商。我国原拟设商务、路务、航权、债务、界务等五分委员会，旋俄方主添讨议设置领事及人民保护之委员会，共合为六分委员会。惟有人主张设领事及人民保护问题，可并入商约委员会内办理，不必另行设置，关于此点，当局正在考量之中，故该委员会之名称，亦犹未定夺。各分委员会之任务，为整理、预备应讨论之事件；如照鲁案前例，分委员会谈判可解决各次要问题，而关系重要及争执不能决之问题，则必须留待大会解决。关于分委员会之组织与议事细则，中俄双方业各派出代表三人，现正在厘订中，故分委员会何时开议，亦尚未定，即将来会议地点，是否仍在外交大楼，亦尚有待乎商榷。加拉罕出京，自言两月后仍将回华，正式大会，自将待加回京再开，故为期当在两个月之后云。

据另一报告云，中俄会议举行开幕典礼后，即继续讨论委员会议组织章程，始则双方所议者为五组，后经加入商务一组，共为六组，其委员名额，中俄各三，俄方已决定代办大使苏洛继夫、东方局长米利尼可夫、参赞伊凤阁三人，我国代表，大约将来外部与奉天及督办署三方各派一人。关于开议日期，现时尚未确定。

至委员会之前途如何，此时虽难预知，其中最大障碍，恐有两点：（甲）白党问题。缘在华旧党，比较有势力者，莫过于张宗昌所部之俄军一旅，此事苏俄政府曾迭次要求解散，均不可得，故对之极表遗憾。（乙）锦珲铁道问题。此事在前清时代，已有种种国际上之纠纷，民国以来，虽经我收回自行建筑，然俄国认为与中东路之利益冲突甚大，且该路之终点，已插入西伯利亚，于俄国之国防，亦有影响，故心目中实视该路为眼中之钉，有飞〔非〕拔而去之决不甘心之概。兹者会议纵有开成之望，然因有上两事横亘其中，欲获平稳顺利之进行，恐非十分努力，未易言也。

又闻王氏由沪北上之时，曾有一电致奉天中俄会议分署，接得覆电，谓奉方希望早日解决者，约有四事：（一）为中东路权限，（二）为松、黑江航权，（三）为中俄毗连之地亩问题，（四）为解决东三省散收之卢布事宜云。

《西北月刊》

北京中华西北协会

1925年28期

（朱宪　整理）

外蒙改设社会主义民主国

冯督办请政府筹对付办法

作者不详

外蒙改建社会主义民主国，实发生于本年四月驻库俄兵开始撤防之时。外蒙政府颇拟推举耶拉巴乜为总统，在俄属上乌金斯克改组政府。因俄人方面劝以外蒙不宜实行总统制，且在俄组织政府，恐为中国反对，乃决定实行委员制，组职〔织〕革命委员会，以耶拉巴乜为委员长，并另组织财政、司法、外交、陆军、民政、教育六委员会，以代替未改组前之六部。此外尚有平政院及议会等机关。至各盟旗之行政制度，以清皆由王公管辖，现已改为由人民选举扎萨克、协领、佐领等管理。此项人选，皆由蒙民选举。选出之后，由蒙政府正式任命，即可就职。所有各王公旗产，则尽为蒙政府所没收。此外对于军政，现在实行征兵制，拟练国防军二十万人，多为喀山蒙族，性皆强悍好斗，势颇雄厚。蒙兵中将校有少数俄人充任。至于财政，自经整顿之后，已不专事借债。收入以俄蒙通商税、牲畜税及货捐为大宗。对俄债务正着手清理。总计一切税捐，每年收入可达二千四百余声〔万〕元。又自改组蒙古民国以来，即颁布戒严。除西伯利亚方面递送之邮信可免禁止外，对京、库困〔间〕信件之检查，极为严厉。凡属华人信函，不准涉及时局一字。现虽有无线电信，仅充俄蒙间传递官报之用，尚未公开，暗码电报亦禁拍发。因此近来外蒙消息已陷于停滞之势云。近日内蒙王公接到外蒙官府之公文件，内署共戴年号，而其所钤函章，则又为蒙古民国，又与民国组织原则大相背驰。昨经冯督办将此项原文抄呈执政，预备提出特别阁议，筹画对付办法。

《西北月刊》
北京中华西北协会
1925年29期
（丁冉　整理）

蒙古全体平民警告王公

数其四大不道

作者不详

蒙古平民近贻书各王公，加以警告。原文如下：蒙古全体公民，谨弊〔缕〕陈既往，希冀将来，为内外蒙王公告。民国成立，人民平等，蒙古仍存王公制度，公等仍司有无限专制职权，我蒙民对于公等所以优容而不抵〔底〕力铲除此制者，实深于维千年血统观念，不忍同类相残，自戕骨肉。公等仍弗顾念大体，肆行专制，酷甚昔日，为种种不法，其最难堪者，则为催〔摧〕残教育，实行愚民政策。溯民国肇始，竞尚教育，我蒙古亦曾由人民筹款，兴办学校颇夥，乃不逾一二年间，公等惜〔惟〕恐民智牖启，自由平等主义输入脑筋，将不利于己，将学校概行裁撒〔撤〕，而学款仍继续征收，悉致干没，例如哲盟宾旗，计每年教育经费，共二万一千元，自民国三年，将各学校撤消，迄今征收学款，计二十万元，试问作何用项？其余各蒙旗概可类推。甚至我民自由留学各省区者，亦必咨文教育当局，强勒退学。甚至禁止平民剪发，违则即使入狱，待至发长能辫。方且曰人民为我私有，生杀予夺，由我处置，何况求学。专制一至于此，噫！公等必效嬴秦政策，愚昧我蒙民智识，锢蔽我蒙民耳目，为子孙王公万世之业，使我平民不知学识，不知礼义不知廉耻，几如马牛，于心何忍，此大不道者一。次则剥夺民权，贩卖议员。按每届国会议员选举期，公等向不晓谕人民，何者为选民，何地为选区，攫将全数票额为私有，擅署以己名为当选，否则亦必指选以左右亲信之人。且前参众两院，我蒙藏议员计六十名，公等充任者二十名，其余纯为公等以二万元或万五千元之代价所贿卖〔买〕，事迹昭彰，如何可掩。公等们〔扪〕心自问，然乎否乎？是国家所赋我蒙民之选举权，为公等刹〔剥〕夺殆尽，此大不道者二。次则苛征赋税，奴隶人民。我民每年所应纳大差等费，向无定制，且无定额，届期每嗾使贪胥暴吏，任意摧〔催〕纳，我民每竭蹶于应付。且公等家族每遇有婚丧事故，而红白各费，亦无定制，且无定额，临时向民间肆力逼征，我民虽倾家荡产，亦不容稍缓，故公等有一婚一丧，即我一昏一死。且公等府第中，使役奴才，无虑千百，胥挑自我民间之青年幼女充之，指挥驱使，恣意所为，不令之嫁，则毕生不敢嫁，不令之娶，则毕生不敢娶，为公等作牛马以终身，惨无人道，至于此极，此大不道者三。次则蔑我民意，纳于叛党。国体改组共和，公等酷存专制思想，对于前清屡表示复辟态度，且构惑宗社党以达其目的，此皆系公等私见，乃每召号有众，心〔必〕谓我蒙古全体人民，讴思故国，笃念前清，必使我蒙民对于前清为奴，对于民国为叛民，叵［且］测已甚。国家有事于蒙古，公等概以己意代表蒙民全体，俾政府善意，不能下达，蒙民积困，壅于上闻，专横乖戾，莫此为甚，此大不道者四。以上诸端，公等果能惕然悔悟，痛改前非，解放民众，则贵族、平民，两俱幸甚，否则我蒙民，惟有诉诸政府，若政府仍旧姑宽，必诉诸国际公判，若俱不得昭雪，则我全体蒙民，惟有称兵砺戈，焚卢〔庐〕赭居，宁使血染黄沙，骨馨白草，与公等作最〈后〉奋斗焉。

《西北月刊》

北京中华西北协会

1925年30期

（朱宪　整理）

内蒙革新运动

与外蒙旨趣不同　始终与本部合作

作者不详

内蒙古民党志士之革新运动，近已有一日千里之势。前次内蒙各处国民代表在张家口开一会议，到者百余人，组织内蒙国民党，举出重要职员，与各方联络。现在进行之步骤，一为文字之宣传，二为实状之调查，三为国民军之编练，四为教育设施之急进。而最可注意之点，则与外蒙之政治组织，颇异其旨趣。故虽与外蒙亦为友谊提携，而内蒙之方针，则在始终与本部合作云。

《西北月刊》
北京中华西北协会
1925年30期
（丁冉　整理）

蒙古宣慰使署成立

设在北城交道口

作者不详

执政府虽派蒙藏院总裁贡桑诺尔布为蒙古宣慰使，但使署经费则尚未代为妥筹，故迟之又久，绝无所施为，唯徒拥一虚名而已。今政府方面因中俄会议已开幕，蒙古事件势不能不特加注意，故又催贡桑诺尔布速设宣抚使公署，以便执行宣抚事项，并允拨经费若干，以资办法〔理〕，因此贡桑诺尔布乃就此间北城交道口前正白旗都统衙门，改设宣慰使署云。

《西北月刊》
北京中华西北协会
1925年31期
（朱宪　整理）

内蒙将开国民大会

作者不详

内蒙各盟旗各团体代表大会宣言

我内蒙同胞乎，兹于本年一月十三日，我内蒙所有卓索图、昭乌达、哲里木、锡林果勒、〈伊〉克昭、乌兰察布六盟，及察哈尔、呼伦贝尔、齐齐哈尔、阿拉善、额济纳、西士〔土〕默特处蒙人代表，在北京开内蒙各盟旗各团体代表大会，讨论我内蒙如何革新之问题，咸以为非开内蒙国民代表大会，绝不足以解决此等重大问题，尤以为非议定内蒙自治事宜，绝不足以筹画其善后办法，今将其详细理由，郑重宣言曰：

现观世界大势，不论其为泰西泰东，凡号称有民族资格者，莫不从事于自决自治之运动。查其成功，纵有迟早之分，然其应当进行，则已成为天经天〔地〕义。故虽向来不齿于人类之黑奴、红种，尚且解放之扶助之，况其他自行奋斗之民族，更何论乎？独我内蒙同胞，处此二十世纪文明世界，仍被数百年前专制之余毒，尚未脱难〔离〕奴隶制度之锁链，是其所受黑暗压迫之痛苦，不独内蒙同胞自抱不平，即稍具人道主义之人士，亦未尝不表同情。加以世界大战结束以来，不独大同主义愈见发扬，即弱小民族自决自治之运动，亦有一日千里之势。当此世界被压迫民众，皆有彻底觉悟，自谋解放之秋，我内藏〔蒙〕同胞，既非毫无感觉之草木，岂有永无警醒之理？故内蒙蒙古民族，为自身权利起见，为世界人道起见，必当结合内蒙人民群策群力，以谋善后之办法，此我内蒙人民自动召集内蒙国民代表大会之第一理由也。

自一九一一年武昌革命，改造中华民国以来，铲除我中国数千年专制制度，肇基此五族十五年共和政体，然对于我内蒙数百万蒙古同胞，一仍满清时代之奴隶制度，此种制度，不独于民主国家背谬异常，究于中华民国及于蒙古王公与蒙古平民之前途，亦有莫大之不利。盖我中华民国既由数个民族组织而成，若令其一部束缚不进，则其全部焉能不弱？此对于中华民国之不利也。今于民主团体之下，而令内蒙王公享受奴使蒙民之特权，是不独摧残蒙古平民之权利，乃使蒙古〈平〉民仇视王公及害除王公之决心，愈见激烈，此对于蒙古王公之不利也。至于内蒙平民方面，则在此十五年民主国体之下，不独对于其生命、财产、参政等权，毫无保障，即数百年前之奴隶状况，尚未得到解放，此对于蒙古平民之不利也。故内蒙古人民，为个人人格起见，为内蒙王公及为中华民国前途起见，必当结合内蒙人民群策群力，以谋善后之办法，此我内蒙人民自动召集内蒙国民代表大会之第二理由也。

自我中华民国成立以来，在此十五年之间，不独外蒙及西藏屡演独立自治之纠纷，至今尚未解决，即就各省情形而论，亦均有联省自治，自定宪法之趋势。查其原因，纵由中央失权，内乱相循所致，然其实际则不独外蒙及西藏，确有种种特殊情形，即其他各省亦均有沿革命上、习惯上、地理上之特别情形，而有各自整理之必要。是故外蒙方面乃于民国十四年自定宪法、自组政府者姑不计外，即广东、湖南、浙江等省，亦皆早已自制宪法矣。

惟我内蒙则蒙汉杂居，其情形既与外蒙有异，又与各省不同，故其维持现状及其策画将来之设施，当然不能与外蒙及各省同日而语。故内蒙蒙古人民，为解除目前民族间纠纷起见，为应合各省自治趋势起见，必当结合内蒙〈人民〉群策群力，以谋相当之办流〔法〕，此我内蒙人民自动召集内蒙国民代表大会之第三理由也。

我内蒙地方，近十年来，屡经战事，纪律荡然，言其安宁，则土匪结群，满地皆是，杀人放火，任所欲为，而地方当权亦无如之何；言其治理，则污官劣绅，狼狈为奸，民脂民膏，剥吸殆尽，而政府法令亦无所是用。是故我内蒙方面，自民国成立以来，乃成为法外之地，俾蒙汉人民，备尝水深火热之祸，已有忍无可忍，待无可待之劳。此种环境之下，不独民治民生碍难发展，即人民方面，警醒之机会，亦为最易促进。今观于内蒙国民党之组织，及内蒙各盟人民代表之种种请愿，颇可证也。且观实力派方面冯玉祥、张之江等之主张废除奴隶制度，暨驻京内蒙王公等之赞成民治趋势，亦足证明内蒙人民自觉运动，已惹起各方面之注意矣。然我内蒙民众，既有此绝好机会，尚不自行解决，而待他人之代为解决，则不独不合于人民为主之大义，即于民主国家之法律手绪〔续〕，亦不无颠倒错误之处。故内蒙蒙古人民，为保卫地方纪律起见，为遵照民主国家之法律手绪〔续〕起见，必当结合内蒙人民群策群力，以谋整顿之办法，此我内蒙人民自动召集内蒙国民代表大会之第四理由也。

今我内蒙地方之卓索图等五盟，及察哈尔、阿拉善、额济纳等处，业已隶于西北势力之下者姑不计外，其他如哲里木盟及呼伦贝尔、齐齐哈尔等处，均在东北势力范围之下，俨然分成对敌形势，不独于西北与东北两大势力之冲突颇有关系，而于我内蒙蒙古人民之生存前途，及于中华民国之民治前途，实有绝大之关系。盖我内蒙之东部一带，自民国成立以来，屡经内乱之战争，俾我内蒙同胞之生命财产，已不堪其蹂躏掠〈夺〉之损失，然回顾此等损失，果属为国为民，虽系肝脑涂地，捐输荡然，亦何足悲，亦何足惜？惟查其结果，不独毫无代价，反延长军阀之生命，愈增加人民之痛苦，而使民治前途，益陷于不堪设想之境。是故内蒙蒙古人民，当此时局无定，两方相争之秋，苟不直起急追，设法维持，则不独不能弭止其毫无意识攘权夺利之恶剧，即我内蒙同胞之生命财产，亦永为彼等儿戏挥霍之牺牲。故内蒙蒙古人民，为消除生命财产之危险起见，为警戒彼等彻底觉悟，而使其真正为国为民奋斗起见，必当结合内蒙人民群策群力，以谋相当之办法，此我内蒙人民自动召集内蒙国民代表大会之第五理由也。

今我内蒙人民之生活状况，虽有自行务农之部分，然大半则以游牧为职业，以牧畜为财产，现因毫无繁殖知能之故，生产则日以减少，民力则日以雕敝，其经济困苦、生活艰难之情形，实有令人不忍目睹之势，故欲使我内蒙生计充裕，家给人足，非讲求实业，决不足以收效。且我内蒙自满清时代，既被其愚弄手段之毒害，民智闭塞，文教落后，致蒙野蛮之名，而为世人所轻笑，推其原因，实为教育未兴，人才缺乏所致，故欲使我内蒙人民，知识发达，文化提高，亦非多设学校，决不足以成功。然观察我内蒙实业及其教育之现势，在此民国以来十五年之间，不独毫无主张，毫无建设，并且袭用满清时代之愚弄敷政衍〔衍政〕策，愈使内蒙蒙古人民，破产失业，愚弱益甚，能〔倘〕不及早设法，借资堤〔提〕倡，则我内蒙蒙古人民，其必致灭亡也明矣。故内蒙蒙古人民，为振兴实业、教育起见，为输入民主国家之常识起见，必当结合内蒙人民群策群力，以谋进行之办法，此我内蒙人民自动召集内蒙国〈民〉代表大会之第六理由也。

总而言之，我内蒙人民，感于世界潮流，受此环境压迫，又激于国民责任之大义，认为非合我内蒙人民群策群力，实不能解决我内蒙革新之问题，兹将本大会所议决召集内蒙国民代表大会之意义，及其对于各方面之态度，谨录如左：

一、内蒙地方自治事宜，以讨论内蒙各旗之政治组织，俾适于民治趋势为范围。

二、对于内蒙王公，采取和平态度，以立宪之方法，谋各旗政务之折中革新。

三、对于内蒙宗教方面，采取信者自由之大义，以保障个人之人格。

四、对于居住内蒙区域内之汉人，竭力合作，以保障其权利。

五、拥护五族共和，以巩固中华民国之基础。

六、对于国内任何方面，凡表同情于内蒙地方自治事宜者，均可接近之。

我内蒙同胞乎，凡本大会所有主张，对于我内蒙全体人民，及对于其他任何方面，均有合衷共济，以谋革新之趋势，小则可以造福地方，大亦则可以巩固国家，深望我内蒙各旗、各团体，闻风兴起，咸具己饥己溺之同情，以达自决自治之目的，是乃义无容辞，责不旁贷，急速选出代表，届时务必派来与会，以谋我内蒙地方自治一切善后事宜，则不独我内蒙前途幸甚，即我中华民国前途亦幸甚焉，特此宣言。

（附）内蒙国民代表大会组织大纲

第一条　内蒙各盟旗、各团体代表为筹议内蒙地方自治事宜，召集内蒙国民代表大会，在北京举行之。

第二条　本会代表之选出额数如左：

一、内蒙每旗一人；

二、内蒙国民党十二人；

三、内蒙教育界十二人；

四、内蒙实业界十二人；

五、内蒙宗教界十二人；

六、内蒙军警界十二人。

第三条　内蒙蒙民不分男女，凡年满二十岁以上，具有公民资格者，皆得被选为本会代表。其选出方法由各旗、各团体自定之。

第四条　本会于三月十五日以前由本会筹备委员会尽先定期召集之。

第五条　本会代表到人数逾代表总额半数时即行开会。

第六条　本会开会期限定为二十日，遇必要时得延长之，但不得过二十日。

第七条　本会议案以出席代表过半数之通过决定之。

第八条　本会代表之提案，须有二人以上之副署，始得提出讨论。

第九条　凡属蒙人对于本会均得提出意见书，但须有本会二人以上之介绍。

第十条　本会设行政委员十五人，办理本会一切行政事宜，其办事细则另定之。

第十一条　本会行政委员互选委员长一人，主持一切行政事务，并为代表大会主席；副委员长一人，遇委员长不能执行职务时代理之。

第十二条　本会行政委员由大会以出席员之过半数用连记法票举之。

第十三条　本大纲未尽事宜，另有〔由〕本会筹备委员会随时订定公布之。

第十四条　本大纲自公布日施行。

《西北月刊》

北京中华西北协会

1925年31期

（朱宪　整理）

上熊秉三先生关于招待蒙人意见书

陈宝泉　撰

秉三先生道鉴：

昨见报载，先生及诸同志有筹备招待蒙人之举，甚盛事也。自班禅来京，泉时遇服装奇异之蒙人，每每有所感触。（一）政治上之关系：外蒙自治为多年难解决之问题，今日不远数千里南来，皆有宾至如归之状，诚为难得之机会。然返问民国十四年以来，为蒙人筹幸福者何在？恐雄辩家亦难为之辩护。故今日宜一返昔日之所为，为政治上作感情之联络，此宜注意者也。（二）宗教上之关系：我辈视蒙人之仆仆长途，不惮毁家亡身以作活佛之供献，必以为愚昧，必以为迷信，此一般人之思想也。然试思东胡亡矣，而蒙古历千余年而尚存；中原兵戈遍地矣，而外蒙当保其自治，尚时与西藏、内蒙相联络，兵菑之苦，减于中华。佛学泉不敢知，第观其信仰心之团结，当足以保种而保教，初不至有四分五裂之势；国人之口头禅不尝曰“五族共和”乎？蒙人、藏人均为五族之一，此必宜尊重其宗教，尊重其习俗，彼此有精神上之联络，以巩固国基，此又宜注意者也。贵团既有招待蒙人之筹备，实为现时不可少之举。谨就感触所及，略贡一得之愚，以备同仁采择实行。

（一）宜速筹施种牛痘之法。蒙、藏人痘症之重要，载在史策，不赘述；当兹春夏之交，蒙众南来，最易感染此疾。预防之策，莫若施种牛痘。或谓蒙人开化较迟，恐将施而不受，此宜速谋开导之法。查京师颇多深通蒙文之人（筹边学校毕业生，及蒙藏学校教员、学生），可请其用蒙文作成劝种牛痘之传单，详载种痘之有益无害，及施种之处所，散与蒙众，此一法也。又可联络蒙众之首领，请其广为劝导。惟欲实行以上二法，必宜指定施种之地方，以交通便利为宜。由本团捐款补助（种若干人补助若干），以免有名无实之弊。

（二）预备招待“蒙人馆”及指定旅馆，减收宿费。查先农坛、天坛等处，均有空闲房屋，能暂借为“招待馆”，此上策也。如不能容，则可就现有旅馆，择其宿费较廉，地方清洁者，指定若干处，由本团筹给补助费，使之减收房价（每人一券，每券补助若干）。

（三）请京绥路局发给免费或减费车券。蒙人朝佛，本属团体乘车，当然减价；如能免费，更善。

（四）请警厅诰诫全市商人，对于蒙众应以诚实、谦和相待；欺侮者有罚。京商欺诈蒙人，为特别得利之机会，最易失其欢心，应时加注意。

（五）本月应将雍和宫及大寺院开放数处任蒙众观览，以坚其信仰之心。此外各游览处所，如颐和园、农事试验场及各公园等，亦可请其发免费券一次，散与蒙众。

陈宝泉谨启

《北京师范大学周刊》
北京师范大学
1925 年 261 期
（陈静　整理）

绥远和林格尔县公署布告

作者不详

一、剔除陋规

照得更新政治　剔除陋规为先　因公下乡员役
不准扰累民间　食物按市给价　用车按日给钱
交纳各项公款　按照部定章程　奉公必须洁己
不准浮收分文　倘敢借端勒索　严办决不容情

二、修治道路

照得和林地方　适当往来孔道　桥梁道路街衢
都应一律修好　东南半壁崎岖　路工尤关紧要
如有崩毁梗阻　甲会迅速报告　沿途店户居民
街道亦应洒扫　倘有污秽堆积　定予罚办不饶

三、提倡种树

照得植树要政　佳节瞬届清明　每人应植二株
早经通令遵行　更有教育植树　预备学校基金

总以多多益善　切勿视若具文　村长甲会人等
劝导务要殷勤　违者定予罚办　特此三令五申

四、询求民隐

照得民情民隐　亟应访问咨询　稍有隔阂壅蔽
百政难以进行　一人材力有限　佐治全赖士绅
地方公正耆老　熟悉乡土人情　何者应兴应革
无妨多上条陈　并可随便来署　定当倒屣欢迎
下情总宜上达　本县有厚望焉

五、崇尚俭朴

照得古风敦厚　人人抱朴守真　迩来习俗浮靡
竞尚缛节繁文　一切冠婚丧祭　不惜浪费金钱
亟应黜奢崇俭　恒念物力为艰　更有演戏庙会
伤财而且劳民　一律悬为厉禁　务各一体凛遵

六、勉励署员

照得办公服务　各宜矢慎矢勤　不得自由出入
致误办公时间　上午六时到署　下午九时散班
倘有紧要公事　漏夜赶办勿延　月终汇核勤惰
勤者记功提升　惰者分别记过　并且罚扣月薪
特此预先布告　务各一体勉旃

七、整顿司法

照得受理诉讼　总以敏捷为宜　随到随判随结
人民免受拖累　警吏办公出外　往返须按限期
不准吓诈凌虐　严绝贿赂包苴　看守在押人犯
更须教养兼施　特此剀切布告　察属务共勉之

八、普及教育

照得国民学校　原系强迫教育　子弟入学读书
父兄应尽义务　竟有顽固父兄　一味意存姑息
不让子弟入学　拾柴拾粪自误　甚或巧言搪塞
借口家有事故　似此违抗学务　罚办决不容恕

九、讲求卫生

照得卫生之法　人人都应讲求　饮食稍不洁净
大为疾病根由　衣服宜勤浣濯　切勿垢面似囚
住宅流通空气　谨防炭气煤毒　扫除污秽渣滓
霉菌毋任藏留　凡此浅近常识　务各记在心头

十、剪发放足

照的蓄辫缠足　早已悬为厉禁　诚恐乡曲愚氓
陋习剔除未尽　前发一律推光　不准仍留短辫
放足完全舒展　不准尖鞋莲瓣　劝导无知愚民

村长甲会责任　瞬届罚办时期　特此重申禁令

十一、严禁赌博

照得赌博之害　废时荡产败名　罚金千元以下
刑律订有条文　口外从前恶习　铜盒宝赌输赢
摇滩扻牌掷骰　更有麻雀盛行　亟应一律严禁
犯者从重科刑　切勿以身试法　特此诰诫谆谆

十二、禁吸洋烟

照得鸦片之害　烈于洪水猛兽　中国烟禁废弛
外人有所借口　事关内政外交　亟应惩前毖后
禁种禁运禁吸　犯者重办不宥　戒烟曼陀罗丸
良药得未曾有　速来本署领用　切莫因循自误

《绥远月刊》
归绥绥远省教育厅
1925年1卷1期
（李红权　整理）

绥远警察厅守望巡警服务要领

作者不详

一、巡警守望的时候，须把自己的精神振作起来，站在道路的当中或是来回走动指挥一切，不准稍有乏困的样子，遇见官长应行敬礼。

二、巡警守望的时候，耳目心神均得灵活，才能注意的周到呢。要是见了犯法的人、可疑的人，把他带区，要是违警呢，须看情节如何，不要紧的事可以申斥他几句，情节稍重或是说他不听就可带区。

三、巡警守望的时候，不准稍有偷安的行为，对待人民说话总以和和平平，不准蛮横粗暴，更不准骂人打人。

四、巡警守望的时候，有人打听道路必须指点方向，要是小孩迷路，交给巡逻送回家去，交他的亲属认领，要是小孩说话不清呢，把他带区招领。

五、巡警守望的时候，对于车马、行人随时指挥，教他顺序而行。车马不准飞跑，晚上车辆教他点灯，夜深了对于行人须详细盘问他。

六、巡警守望的时候，对于电杆、电线、信箱、邮筒、路灯、电灯及各种牌示应当加意保护的，如有偷窃或是损毁的人，立即把他带区。要是发生了火警，赶紧鸣笛调警救护，一面飞报区署。

七、巡警守望的时候，见有外国人在街上游行，不论他是游历的、传教的、做买卖的，我们警察应当特别的保护他，因为外国多与我国结有条约，依条约关系，故外国人的生命财产应受保护。

八、巡警守望的时候，对于在街便溺的人，泼脏水、倒秽土的人，或是与卫生上有害的行为，应当拦阻他，要是拦他不听或是故意的便溺、倾倒，就把他带到区里。

九、巡警守望的时候，见有口角争吵的，赶紧的上前排解他们，要是排解不听就把他带区。要是打架的呢，不论他是成伤或是未成伤，即应带他们到区。

十、巡警守望的时候，有人告发案件，譬如杀人啦，放火啦，或是一切重要案情，应立刻前往查拿，若虑一个人不能办到，可以会同就追〔近〕守望巡警前去。

十一、巡警守望的时候，见有喝醉酒的人蛮闹乱骂，或是有神经病的疯人叫骂发狂，应当极力保护他，以免他自己危险或是他人危险，要是情形稍重就应带区核办。

十二、巡警守望的时候，见了惊车惊马，必须迎前截获带区，以免危险。要是溜缰牲畜，或是检拾遗失物品，应交区招领。

十三、车辆停在停车场时，要教他依次排列，不可紊乱。

《绥远月刊》

归绥绥远省教育厅

1925年1卷1期

（李红权　整理）

一九二五年七月初之海拉尔

海拉尔生货云集　为将来商务发达之中心点

作者不详

海拉尔皮毛出产，颇称发达，风传于本年五月起，专卖之权，已为皮毛公司所获，闻者既然心醉，而办理输出货物各洋行主人，亦皆为之发动，以皮毛为出口大宗，故美、英各领事，均派遣代表来海，考查此专卖问题，再同洋行代表，亦乘坐汽车，前往蒙古购买皮毛。

各洋行代表，恐此项专卖权为人垄断，货物不易到手，于是故意将皮毛价格逐渐抬高，本年七月初，如买未洗小羊毛须十一元五角，买驼绒须二十元。

此种价格，虽美国亦莫能与之颉颃，至以后情形如何，尚难预料耳。

按以上情形，本年在二月间，天津方面，已经照价购买，虽行销时期终了，而以后价格之或高或低，亦难逆睹，是以皮毛制造事业，更不识其结果为何如也。

呼伦贝尔地方，冬季产羊，增加百分之四十，蕃殖之率，极为可观，而羊皮亦因之而遽增，在呼伦贝尔收至三十余万元，总计皮毛收入，能达五十万至六十万元之数额。

于是海拉尔皮毛之交易，亦随之而次第增加。

洗涤皮毛机器，现时预备者，颇不乏人，以备皮毛转售他处之需。

喀普兰与瓦尔肇非羊皮公司，委托东省铁路之洗涤机器，榨压羊皮，以便输入美国。

此为商家试办之初，皆运经天津，输入美国。

皮毛价格，虽然甚昂，在购办之期，颇为审慎，以防亏累，所以洋行为减轻经费起见，变更其原有办法，特将转运之羊皮，经过天津，输入美国，使之易于行销。

去岁由海拉尔直接输入美国者，有五万皮张，据闻蒙古羊皮，亦销畅于美国。

于是海拉尔地方，一变而为羊皮云集之区，产额达有七万或八万张之多，价格亦为之增高，有由一元二角增至二元之多者。此项价格，在海拉尔为从来所未有，故本年羊皮，多由海卢黑经过库伦，以及蒙古中部，缘往昔聚集于张家口者，今则汇趋于海拉尔矣，而羊皮营业于斯盛焉。

海拉尔新设洋行与旧有洋行，均极力经营此项事业。

若地方官将征收税捐减少，则海拉尔商务发达，生货云集，将为东北商场之中心点，可断言也。

《东省经济月刊》
哈尔滨东省铁路经济调查局编辑部
1925年1卷4、5期合刊
（丁冉　整理）

蒙古奴才制度之根本铲除

西北当局之人道主义与平民主义

数千年之专制余毒一扫而空之何等痛快

作者不详

西北所属蒙古王公仍沿前清陋习，奴才制度，至今未改。冯督办素富革新精神，闻此恶习，深为痛恨，特训令察、绥二都统，严厉查禁。略称：我国自建国以来，已有五千余年，初由部落进于君主，后由专制改为共和，因人类之进化无穷，故历代之体制，亦因革损益，逐渐改良。在从前未开化时代，弱肉强食，姑不具论，及至专制之朝，亦以上管下，层层阶级，王公大员，特别尊贵，普通平民，则视为奴隶。及辛亥革命，推翻专制，改建共和，铲除阶级，一律平等，汉、满、蒙、回、藏五族一家，不分畛域，国系民主，国民为主人，官吏为仆人，万不能再如从前之视人民为奴隶也。乃近闻蒙古王公，仍沿前清旧习，不改奴才制度，用人呼为奴才，递物均是跪呈，一经发怒，鞭打备至，自视甚尊，待人甚贱，擅作威福，不讲人道，殊与共和国家平等主义大相背谬。为此令行该都统妥筹办法，一面劝导，一面查禁，务将奴才制度，完全铲除，以张平等之义等语。张都统奉命后，即详拟订办法，缮呈督办核准，约分劝导、禁止两方，不独奴才制度，凡不合民国体制之前清服制、旧历年号，亦在禁止之列，直将以前各陋习，一举而廓清之。

（甲）关于劝导事项

（一）创办蒙文报纸，或旬刊、月刊，内中所取材料，专以改良蒙古政教风俗为主旨；（二）凡各机关长官、职员，遇有进口蒙古王公、官员人等，即行相机开导，俾了解共和真义、国民责任；（三）组织讲演团，前往蒙古地方，实行宣传政治、法度、交通、文化，借以灌输常识；（四）派遣熟习蒙情人员，前往蒙旗，与蒙古王公、总管分途接洽，相与筹商进行改革一切事宜。

（乙）关于禁止事项

（一）禁用跪拜礼节。查蒙古王公世爵，自视甚尊，待人甚贱，即如相见礼节，仍用前清跪拜旧制，极不雅观，不但人民相见，须跪拜如仪，并不答礼，即属官相见，亦须跪禀一切，殊失民国平等之精神，亟应将跪拜礼节实行禁止，免致贻笑邻邦。（二）禁用前清服制。近查蒙古王公世职，顶戴穿着，仍用前清服制，陋习相沿，暮气实深，亟应迅予改革，查照《蒙藏王公服制条例》办理，以昭划一，而存体制。（三）禁用旧历年号。近查各盟旗一切文书，对于政府及地方行政长官公署，每将民国纪年暨旧历干支年月并为填列，对于本盟旗部属，一切文书，甚有仅用旧时年号者，不但抵触法令，违背政体，即与优待办法，显有不合，亟应将旧历及旧时年号一律禁用，以维国权。（四）铲除奴才制度。按《满蒙回藏各族待遇条件》第一条内载与汉人平等，缘汉、满、蒙、回、藏人民，为组织五族共和之原素，国民一律平等待遇，不容歧视。今竟因少数王公之虚荣，自视特别尊严，致使全体蒙民沦于奴隶地位，其有包衣世仆，辈辈子孙相承，尤为王公府邸之固有奴才制度，五百万蒙民之自由幸福，悉被压迫于阶级专制之下，私权被其剥夺，公权为所转移，名虽国民，实如奴隶。现在世界大势，一日千里，人群进化，日增月盛，即异族统治异族，尚知注重民意，力图解放，今同族治理同族，反尔〔而〕名位自荣，执迷不悟，揆情夺理，岂得谓平？此奴才制度，亟应完全铲除，以重人道也。

《西北汇刊》（周刊）
张家口西北汇刊社
1925年1卷5期
（丁冉 整理）

苏俄突然撤兵外蒙之索隐

天生　撰

自苏俄撤兵外蒙，我国朝野，欢呼庆幸，以为数千方里之疆土，行将重隶版图，外蒙问题，即可从此告一段落。吾人冷眼观察，终不敢过抱乐观。且推国人徼幸苟得之心理，实为对蒙注意弛缓之起点，而政府对此，更可敷衍因循，而以为必须我国接防，苏俄方能撤兵者，今则不劳一卒，而苏俄先已让防矣，则向之必须我国驻防，我国犹逡巡不前者，今则无须我国遣兵，我国更可高枕偷安矣。从此放任迁流，漫无方针，而外人之谋我，则欲取先予，以退为进，诚恐外蒙不亡于赤军盘据之日，而终亡于俄兵已退之后也。

俄国之侵略外蒙，有悠久之历史，与立国之原因，犹之日本之经营满洲，决不因今日之皇政，或将来之民主，而有所变更。俄人侵蒙思想，远在二百年前，始之以学士儒者之冥索，继之以旅人游客之夸炫，终之以野心政家之鼓吹。其立说谓戈壁为世界最大沙漠，应为中俄两国之天然国界，洎乎有清末叶，新政苛繁，蒙情愤怨，俄乃乘机煽惑，外蒙遂随民国纪元而宣布独立，是为俄国实行侵略之始。民国以来，国势荏弱，仅由外交途径，使外蒙取消独立，而入于自治状态。继复因俄国帝政解纽，再由自治状态，而一返前清藩属之旧。民国十年春，俄赤党以剿灭恩勤为名，进师库伦，强行占领，双方复订立《俄蒙通好盟约》十三条，俄认蒙古国民政府为蒙古之惟一合法政府，并规定双方互派代表领事，俨然承认外蒙为独立国家，凡昔帝俄所不敢为不肯为者，苏俄悉不惜悍然为之而毫无忌讳。自是而后，挟持女佛、活佛，号召全域，培植赤党势力，压迫蒙民，苏俄之侵略外蒙，盖可谓为根据帝俄之一贯政策，而为更进一步之措施也。洎乎最近，受赤俄卵翼之国民政府，渐臻巩固，全蒙人民涵濡“赤化”，俨然成为第二劳农之独立国家。观乎今年三月齐启林之外交谈话，谓外蒙内部，已在类似苏维埃制之基础上，臻于巩固，其踌躇满志之概，可谓对蒙侵略，已达功德圆满之境矣。

故从史实证察，谓俄国侵略外蒙之野心，已随旧俄帝政而烟消雾散者，俄人用以欺世则可，国人用以自欺则不可也。

苏俄此次突然撤兵实含有深远之意味，与巧妙之作用，试加推阐，可得以下数种意义：（一）苏俄驻兵外蒙，我国历来商请撤退，无不声明中国军队何时开到，足以防止白党，赤军即何时退让，是赤军之驻蒙，足以促我国军队之前往。又依去年五月三十一日《中俄协定大纲》第二项云，“苏联政府声明一俟有关撤退苏联驻外蒙军队之问题，即撤兵期限，及彼此边界安宁办法，在本协定第二条所定会议中商定，即将苏联政府一切军队，由外蒙尽数撤退”，苏俄若延至开会期中议定互保边界安宁之办法，然后撤兵，则所谓互保安宁之办法者，至少亦须由中俄两方会同派兵，是以赤军独据之势，而易为中俄会防之条，在苏俄之侵蒙进程上，不可谓非倒退一步。今苏俄预先撤兵，明知中国向经迭次催促而犹不能派兵前往者，今见他人拱手相让，更可偷逸苟安，决不遣师接防，待至将来会议之中，苏俄即可声言外蒙已能自维秩序，苏俄撤兵，即其明证，无庸中国驻兵，重违蒙民之愿欲，于是俄国不欲中国驻兵外蒙之目的，终得贯彻，故苏俄之预先撤兵，实所以为将来反对中国驻兵之地步。（二）苏俄侵略外蒙之计划，一仿日本兼并朝鲜之故智，而今日外蒙之内政，又酷肖当日朝鲜之状态。昔朝鲜内部，分亲华、亲日两派，亲日派胜而结果终为日所噬，今外蒙亦分新旧两党，新党尽属“赤化”青年，今日之国民政府，即受苏俄卵翼之新党政府也。旧党多系王公阶级，未尝不思内向，而惨遭屠戮，监禁放逐，零落不复成为势力。今日外蒙新旧党派之盛衰，实即中俄势力消长之投影，苏俄以全力，扶持其政府，以“赤化”涵濡其青年，而我国则一概放任，毫无经营，纵拥有主权之虚名，无异仅据一躯壳，至其血液之中，固已沦〔灌〕注苏俄之精髓，脑海之中，全以苏俄为心君矣。然苏俄计划，决不直接攫自中国之手，以冒天下之大不韪，而欲扶助外蒙先脱离中国之羁绊，自称独立，然后假蒙人之口，自售其身于苏俄。试取譬以肖其状，外蒙仿佛一不良子弟，中国为其腐败之父兄，苏俄为其奸诡之损友，苏俄日以共产主义，“赤化”精神，濡染外蒙，无异损友劣朋，日以自由平等，公妻无父诸说，煽惑不良子弟，苏俄在外蒙建树倾向于己之政府，号召全域，以便攫取种种利权，无异损友欲改造此不良子弟之头脑，盘据其心君，使之悉听命于己，而后可以财物货帛，予取予求也。外蒙之新旧两党，乃此不良子弟心中之善恶两念也，新旧互争，犹之善恶两念，交战于胸，卒之，父兄之教诲不加，而损友之蛊惑日深，外蒙国民政府之确立，遂有如邪说放行之深中乎脑蒂，而牢不可拔矣。而此损友者，又必挑唆此不良子弟，背叛其父兄，脱离其家庭，使之登报声明，完全独立，然后从而欺压凌虐，敲诈勒索，其父兄莫得而干涉，族人莫得而过问，洵至俘为猪仔，沦为奴隶，犹得指为独立自由之意思，出于本人良心自之〔之自〕愿。嗟乎，将来外蒙必有再度独立之一日，独立而后，必有备受压迫、敲精剥髓之一日，更过是而后，又必有外蒙自请归并俄属，而苏俄犹得以“民族自决”之口号，翘示于世界之一日。届斯时也，则今日朝鲜人民之惨境，乃将来外蒙人民之写照矣。今日者，乃损友煽惑之工，已达成熟之期，此不良子弟不久将与其父兄，开对等会议，以求脱离而独立，此损友者乃必故自引避，以免诱唆之嫌疑，此则苏俄于中俄开会之前，预先撤兵之一幕之背景也。（三）世人不察，可借是以恃国际之采〔彩〕声，买中国人民之欢心，并以表示其对我之诚意，而使我国之“赤化”学生，于交涉进行之中，力促中国政府屈就俄国之范围。

苏俄撤兵之作用，如是而已，如是而已。国人或有致疑为过论者，则请俟中俄会议中，即为征验此言之大半，国人拭目俟之可已。

《国闻周报》
上海国闻周报社
1925 年 2 卷 12 期
（朱宪　整理）

绥远邓道尹之政绩

吴山　调查　　王佑　摘录

邓长耀道尹，本年一月莅任以来，甫及半载，所整顿与创办各政绩，本社主笔吴山曾亲往调查。特摘要志陈，俾留心吏治者，得资借镜，亦兴利除弊之良好办法也。

甲　经过之事项

（一）本年三月曾召集各知事、局长特开政务会议，借以改良一切行政。计绥远只设一道，共辖十县二设治局，进步速时，将来可升为县者，必陆续增加。

（二）通令各县局，剔除一切陋规，借以减轻负担。通令后，即有武川知事，将粮银项下陋规四千数百元，呈报蠲免，其他各县，亦经次第派员调查，据称尚未发见有此种陋规，及浮收肥私等弊。

（三）遴委分绥候补人员，充任各县局科长，借以增其经验，补助知事之不及。此系该道尹奉督办、都统饬办之件，已遵照实行，因各知事、局长，均为亲民长官，所属科长，亦负有佐治重责，故特遴委分绥任用知事及荐任职人委〔员〕，分任各县局第一科科长之举，借以实行监督，补助其所不及，于候补及现任人员，均两有裨益也。

（四）会商审判处，通令禁种烟苗，铲除毒根，以免有害种族健康，与多占种粮地土、人工起见。爰会商审判处，通令各县局，严行禁种烟苗，及吸食、贩运，并撰六言韵语，及白话布告张贴，且随时派员分往各属秘密调查，各属已无栽种烟苗之事，即贩运及吸食，亦随之逐渐减少。

（五）通令各县局，规定办公时间，以免旷职废时，并切实考核勤惰，以专责成。

（六）会商审判处，通令各县局，速行判结民刑各案，免人民深受拖累。因昔时归绥各属司法，对于民刑各案，往往积压，久不判结，人民拖累，痛苦难言，即至命盗重案，亦多草率从事，殊属玩视民瘼，不成事体。该道尹故特会令各县局，无论何案，均应随到随判，随判随结，依限具报，以免累民。

（七）通令各县局，召集村长会议，借使下情易于上达，凡属地方要政，以及风俗习惯，应兴应革，开诚布公，俾下情易达，政易施行，庶所办之事，均于地方有益，不致因事多扰民云。

（八）通令各县局，劝告崇尚俭德，俾知爱惜物力。因近来〔年〕以来，竞尚浮华，经济日绌，生计日窘，亟应倡导崇俭去奢，婚丧各礼，务求朴实，至演戏、庙会，严为禁止，以破迷信。

（九）严禁赌博，以清盗源。赌博最易害人，倾家荡产，后悔难追，及至窘迫无依，或竟流为盗匪。特为厉禁，既免身家之害，亦减盗贼之源。

（十）通令各县局，注重普及教育，以增民智。绥属各邑教育，未能发达，即小学闻亦寥寥，故速设法添设国民学校，及平民教育，以开民智，而期普及。

（十一）通令各县局，劝告人民讲求卫生，以臻健康。边塞民俗简陋，衣、食、住素不讲求卫生，疫症传染，最易发生，特令地方官长，剀切劝导，并将卫生原理，随时讲演，破除陋习，力求净洁云。

（十二）迭令各县局，提倡栽树，以辟利源。绥区幅员千里，旷土居多，特于荒山荒地，广种术〔树〕木，培植森林，并由道署左右栽种二千株，令各县局署内外，各栽植二百株，以为之倡。

（十三）通令各县局，修治道路，以利交通。查道路一项，为当今要政，全国人士均正在奔走呼号，极力提倡，通商惠工，咸赖乎是，经集合绅民，妥筹的款，提纲挈领，酌要兴办，以平崎岖，而利旅行。

（十四）迭令各县局，设法解放缠足，以除恶习。此种习惯，关系操作行动，有碍自由，身体孱弱，难期健壮，为害尚小，而不克强种之害，国家必至受绝大影响。故通令各县局，设法劝导，违抗则薄罚示惩。

（十五）通令各县局，谕令剪发。发辫拖垂，既不雅观，腾笑友邦，妨碍行动，污秽衣服，故特通谕各县局，一体剪除，以尊国体。

（十六）通令各县局，颁发村范须知，借以培养自治基础。绥区地处偏陲，民风陋僿，或举动野蛮，或言行粗疏，往往逸出时代范围之外，不得不参酌地方民情，拟定村范须知各条，及颁布方法，俾资遵守。

（十七）设立通俗讲演所，为补助教育，灌输平民知识，他如感格人心，挽回世道，改良习惯，端正风俗，提醒爱国，均有莫大之关系。各知事、局长，于适中地点，设立通俗教育讲演所，五日必亲身讲演一次，各法团亦轮班演讲云。

（十八）名人格言，原为唤醒愚顽、劝戒贪诈，俾人触目警〔惊〕心，借资警觉，故特饬各知事、局长，通饬所属法团，及中等商户，各制格言牌一面，悬挂门车。并令各知事、局长，自行制办格言牌多面，悬挂衙署内外，借资警惕，一新人民耳目。

（十九）迭次委查各属办理要政，以促实心奉行。本署所催饬遵办之件，及奉都宪通令所应办之件，各知事、局长，是否实心奉行，或敷衍从事，无从悬揣，故不得不遴委分绥候补人员，前往各属，详查实覆，以凭考核。

（二十）道尹亲自密巡各属，调查吏治，借资改良整顿。况观风察俗，救敝补偏，均宜博访周咨，方能预为筹画。故本年二月，亲往所属各县，专心查考一切，而于各知事、局长办事之优劣，及其成绩如何，地方民情风俗如何，有无利弊及困难等情，无不耳闻目见，较之派员考查，愈见真确。因之应兴应革，尚在筹画进行，各事均了然于心矣。此上所述，系其荦荦大者。又于道署内设立义务学校，蒙语练习会，天足会，捕蝇会，阅报读书及会议等室，规定署内员役礼节，及办事章程，与夫亲身率同知事下乡劝放缠足，劝剪发辫，劝告人民禁止溺女，犹其次焉者耳。

乙　将来之计画

（一）拟普设立贫民工厂。绥区出产甚多，例之羊毛、骆驼毛绒等，可织布织毡，皮类可制衣制帽，革类可制箱制鞋制靴，及一切皮条，羊肠及牛马骨之熬胶，而制各种玩具，龙须草可制帽织席，水晶石可制眼镜，及种种玩品，柳条可制筐、篮、盆、篓等器，盐质可制精盐，销售各大商埠，牛羊油肉可制成罐头，及烛胰等件，运销外洋，白土泥质甚细，可作瓷器，山药可制粉面，若各县能就地筹凑数千元，设一贫民工厂，做成日用常品，兴工济贫，两有裨益。因其本县出产，价值甚廉，人工伙食，亦甚贱也。

（二）司法警察薪饷，在南方各省，有由地方公益捐项下开支者，有由地丁及杂税附加捐项下开支者，有将某种陋规化私为公，指定作为该项薪饷者，有由行政司法罚款项下开支者，宜由各县局召集地方负责绅耆，设法筹措，拟定由地方公款项下，每名每月筹给工食洋六元，再不准向人民索取。惟差役人数过多，地方亦难负担，大县定为四十五名，中县定为三四十名，小县定为二三十名，斟酌各县局情形定之。名额、薪饷，既两有规定，所有差役多年积弊，不难借此随时监督，逐渐革除矣。

（三）查武川及五原两县，所管辖之区域纵横各有数百里，有鞭长莫及之患，似宜于武川之北，五原之西，各划出百数十里，添设县、治局各一所，借资控制，兼办招垦及水利事宜。但绥区行政经费，不敷甚巨，宜商请中央每年补助若干，或另行筹有的款，方可开办也。

（四）绥地三分之二，皆属平原，除张绥铁路早已通车，及宁包铁路，正在筹办，无容计及外，余多雇用大车、骆驼运载，往返迟滞，不甚迅速，遇有匪警，常有官军尚未追及，而匪已饱掠远扬者。若各县局，均拟建设汽车路，积极进行，不一年全区交通，即无往而不便矣，不惟文化进步，凡属商人贩运，及移民开垦，与夫军队运输、传达政令，必有一日千里之势。但筑路购车，需款甚巨，非先筹有巨款，即不能着手进行，一经诸事就绪，即行举办耳。

（五）蒙古为绥区西北屏障，如听其自生自灭，不加开发，或任外人肆意侵略，恐发生绝大危险，故不得不预先设法调查其户口，荒地出产，各有若干，及其人情风俗如何，以为着手开发之预备。但未开发调查之前，需有种种预备，一须招募汉蒙俊秀子弟，学习汉文蒙语，培植启发蒙地人材，二布告须用汉蒙合璧白话，以便蒙人易于感觉，增进其知识，三须汉蒙联婚，及汉蒙杂居，借便联络感情，团结一致。三事办到，蒙地则不难开发矣。

（六）绥区水少地多，人少地广，故未开垦者，尚占十分之七。有地无人垦种，即成荒芜，有地无水灌浇，即成石田，计惟有多开沟渠，多凿水井、池塘，庶瘠地可变为良田，荒旱借此减少。

（七）颁布政令，须督催继续认真办理，故必时派专员，分途调查，或道尹再出巡视多次，考其勤惰，如查有办理不力者，即行呈请撤惩，查有成绩甚优者，即行呈请奖励，庶各知事、局长，知所奋勉。

（八）设立模范村一。绥区僻处塞北，民智未开，村镇房屋，卑陋不堪，树木花卉，概未种植，洒扫清洁，尤所未闻，合群办理公益，更属不易。今欲改良村庄组织，莫如先由知事、局长，于所辖境内，设一模范村，以资观感，而收自治速效。

（九）绥区将来若改为行省，所应添设之县份，必较现时加增，而分发来绥任用人员，虽有数十名之多，而将来与蒙人接洽之事甚繁，作知事者，非通蒙文蒙语，及有政治、畜牧、种植、矿务、水利、交通、军事、理财等知识，即不足以治理蒙人，此即急宜预备人才之意也。

（十）绥区农业，向守旧法，难期发达，故不得不拟令各县筹设农林试验场一处，以便采取各种植物，试验并研究栽植保护，及肥料土质等法，撰成白话文，宣传于民众，人民可自由入场参观研究，将见不数年间，野无旷土矣。以上所述，系绥远道署将来设施之大概，此外尚有随时加增，及因某情形，而有变更原来计画者，届时决定，再行披露。

《道路月刊》
上海中华全国道路建设协会
1925年14卷2期
（朱宪　整理）

恢复原状下之面面观

蕤宾　撰

客冬晋军因战略变更，放弃绥远，各厅道亦皆随之退去，而奉逆乘机来绥，盘踞数月，恣肆杀戮，纵兵殃民，人民如陷水火之中，苦不堪言也。

今者，绥宇光复，一切政务皆恢复去年十月五日前之原状，于是各厅道相继抵绥，前度刘郎今又来，得既失之官，其乐不可以言喻，惟人民则不得解倒悬，登衽席，而独抱向隅，吾人诚不知其原状何时始恢复耶！

《火坑》（周刊）
绥远火坑社
1926 年 12 期
（丁冉　整理）

哀我绥民，丧无日矣！

莲痴　撰

我绥连年荒旱，兵匪迭乘，死亡载道，饿莩遍野，易子而食，析骨而炊，人民之困苦流离，至矣，极矣，无复加矣。

各界人士以灾情奇重，四处乞赈，并电请国民政府减免苛捐杂税，以舒民困而济灾黎。

熟意国民革命军第三集团军阎总司令于此时着人来绥提款三十万，是何居心，殊不可解，哀我绥民，丧无日矣！

《火坑》（周刊）
绥远火坑社
1926年16期
（丁冉　整理）

五原难民与地方秩序

映枢　撰

今岁北方旱灾，以绥远为甚。自春及夏，旱魃为虐，雨泽稀少。由夏至今，各方难民之到五原者，前有人约略统计，谓是截至旧历五月内已有七八万名之多，此语虽不尽可靠，然其数量，并不在少，已可断言。此仅就已往之数月内，而所来难民，已有如是可惊异之数目（但此项难民，最近益形增加），一般鸠形鹄面之男男女女，扶老携幼，车搬马驮，不绝于途，即以隆兴长论，近来每日所过车辆，辄以数十辆或百数十辆计，而取道于他处者，当不知凡几！统计已到五原、临河两地之难民，前后何止十数万！今后之继续来此者，犹不可知。但五、临两县，亦为灾害并至之地域，天灾与人祸齐来（从前之旱灾，已足致人民之死命，现下之匪患，尤为地方之大害）。以五原而言，今年夏田之过水者，不及十之二三，秋田则至多亦不过十之三四；临河虽较五原为优，比较往年，亦差之远矣。现既平空添如许难民，殊甚危险！倘不及早筹维，妥行安插，则终不免“壮者挺而走险，老弱转乎沟壑”。果令如此，非特各〔今〕冬难于渡过，即眼前之秋季，亦难乐观！关于此点，不知当局一般大人先生有无妥善之办法也。

《火坑》（周刊）
绥远火坑社
1926 年 18 期
（李红权　整理）

我们的奢望

瞿谷　撰

六月九日的《绥远社会日报》述清水河县民众之惨状道："清水河县四境皆山，土地跷〔硗〕瘠，人民生活极其俭朴，住居类皆土窑，与古代之穴居野处者无异，甚至人畜同居，其状极为悲惨，食则菜羹，用则土器，终岁劬劳，不得温饱者，比比皆是。其对于官厅绝对服从，毫无反对思想，可谓驯善至极，对于粮赋、税捐，虽吞糠咽菜，身受冻馁，亦不敢丝毫拖欠，甚至鬻妻卖畜，在所不顾者，因而官厅反认清县为丰庶之区，每遇摊款征捐，均以上等县目之……"

这一回，清水河县城的失陷，仿佛又和去年武川的失陷一样，实在没有多少人注意！在目前绥远的驻军实在不能说少，可是去冬至今春，几月的工夫已有两个县城失陷了。事后的救济无论如何周到，但这种损失是一时不可复元的。我们的奢望是，今后别的县不要有此类事件发生才好！

《火坑》（周刊）
绥远火坑社
1926年25期
（朱宪　整理）

否认日本根据二十一条在满蒙所得权利之我见

周志拯　撰

一九二一年华府会议系专谋世界永远之和平，故其议案，首以限制海陆军备；继则解决极东问题。关于我国，以门户闭〔开〕放、领土完整诸款为原则，防止国际间行垄断政军〔治〕及侵略主义，即所以谋亚东之和平也。当〈初〉日本乘欧战方殷、白人无暇东顾之际，以军事之方略，侵占我国领土之主权，以政治之手腕，垄断我国产业之经济，假合办为独占，借提携为侵略，美人有鉴于此，重提我国门户开放、机会均等。然我国自海通以来，门户并无闭锁；因日本宣布东亚门罗主义，不容他人置喙。一九一五年五月二十五日，中日新协定，是日本强迫我国承认，其中所得权利，与各国以〔已〕〈有条〉约［有］相抵触，故美国在华府会议席上，严重声明此专为对日本而言。况我国对于二十一条根本否认无效，全国人民誓不承认于前，华府会议提出要求撤废于后，乃日本仍利用帝国资本主义，根据此约，在满蒙经营，不遗余力，我恐满蒙天府财富，不久得非为我国有也！时值国耻纪念，特将日本强迫中国订约情形，及年来根据二十一条在满蒙所夺得权利，与夫我之否认理由，略举数端以资参考。

甲　日本强迫我国订约情形

一九一四年八月十五日，日本向德国发最后通牒。二十三日日本拒绝我国共同出兵。十一月七日占领青岛及胶济铁路。我国政府再三要求日本撤兵，日本非但不肯撤兵，并对于吾国为积极之处分，波及满蒙又福建。一九一五年正月十八日午后四时，日本驻华公使［约］日置益，访问前总统袁世凯，密谈数时，将日本要求中国新约提出，关于山东权利处分，满蒙特殊地位，汉冶萍公司合办，福建不割让协定，及希望支配我国内政条件，共五项，计二十一条。袁氏大惊，一时难以答覆。二月二日由前外交部长陆征祥，与日使谈判。至四月不能解决，因内容过于苛刻，恐被他国干涉，互约严守秘密。四月廿七日提出修正，五月一日中国覆的修正对案始行公布。五月六日日本内阁及元老院会议，决定删去第五项之第二款一条，余六款暂为保留，后日再议。同日午后三时半，发最后通牒于我国，限以五日九日午后六时，圆满答覆；倘至期未接承认覆案，日本执必要之手段自由行动。我国政府不得已，概行承认，然国民曾群起反对。此日本全出于强迫我国订约之经过情形也。

乙　日本根据新约在满蒙所得权利

（一）关于经济

一、铁路敷设

一为南满铁路，本线自长春至大连，支线南关岭、旅顺间，大房身、柳树屯间，大石桥、营口间，烟台、炭坑间，苏家屯、抚顺间，长总六九一哩。此路为南满大动脉，东三省财源所钟。二为安东〔奉〕铁路，自安东至奉天，一七〇哩。为南满静脉，满、鲜输运要道。三为吉长铁路，自吉林至长春，七九哩，北吉林货资所集。四为四郑铁路，自四平街至郑家屯，五三哩，满洲三省产业中心。北四路纵横满洲，可操经济实权。他如铁路未成，路线已定者：开海线自开原至海龙城，长一二三哩，沿途为农业经济要区。吉海线自吉林至海龙城，长一一〇哩，将来与吉长、开海线联络，其经济价值，不亚于开海。四洮线自四平街至洮南，长二三〇哩，为开落〔发〕满蒙之动脉。长洮线自长春至洮南，一八〇哩，为统一满蒙产业经济之要路。洮热线自洮南至热河，四七〇哩，直贯东蒙中腹，六〔亦〕为经济要道。吉会线自吉林至朝鲜咸镜北道会宁，二七七哩，此路为满、鲜经济合并要线。此日本在满洲、东蒙经营铁路，垄断我国经济之政策也。

二、矿山采掘

满洲矿山甚多。为奉天之牛心台炭田，什付沟炭田，杉松岗炭田，铁厂炭田，暖池炭田，塘鞍小站铁山，吉林南部之杉松岗炭铁矿，缺窑炭田，夹皮沟金矿等。其他如东蒙之矿山炭田，日本要求我国许与自由采掘抚顺、烟台（此烟台非山东之烟台）及瓦房店附近之炸子窑三处，现已着手采掘者，抚顺、烟台二处。近又经营石碑岭、陶家屯二炭田。抚顺炭坑含有炭量约八亿吨，一九一九年用露天掘法，每日可出炭七八千吨至一万吨。又鞍山站一带矿石，含有铁量数亿吨，亦已开工制练〔炼〕矣。此日本在满蒙所得矿业之利权也。

三、土地经营

日本根据二十一条，将关东州租借地，延长九十九年。南满、安奉、吉长、四郑四铁路之沿线停车站、地坑、工场、商市、道路、军用地、日本住宅及耕种诸用地，日本不按约章，范围自由扩充。照中日新约，日本人民在南满一带，有土地所有权，商工业经营、建筑及农林业耕造诸权利，均可自由往来居住及租买。其在东蒙古，日本之工商业建造敷地，自由经营；荒地耕种，自由扩大；及其人民可得移住，其商租土地期限三十年，并可无条件继续改订。其他东内蒙要地之开放，关东州盐田之经营，均为日本所垄断。日本在满蒙人口共有四十八万余，朝鲜约九十余万人，对于土地经营，积极进行，满蒙变成日本殖民地，十年后恐非我国有也。

（二）关于政治

关东州租借近〔延〕长九十九年，南满、安奉等路，均改为九十九年。其土权及领水权，并铁路沿线所用地界内警察权，自由设置；治安上、统治上及民政上，关东州概负其责。又满蒙各处，中国政府欲聘用外国政治、财政、军事各顾问，必先向日本政府商议。又南满之关税及金建诸问题，日本均可自由施行。已设南满、安奉之〔等〕〔三〕路，未设之四洮、吉长诸线，除经济、军事外，含有政治性质，全操诸日本手中，我国政府绝对不能行使其职权。旅大港湾租借期限九十九年，即永远为其领有，无意交还，土地商租期定三十年，又可无条件读〔续〕订，亦为其承〔久〕远领土。此皆大有侵害我国领土主权也。

（三）关于军事

旅大是亚东第一海军根据地，为北京屏藩，满洲咽喉。日本据〔驻〕兵于此，足以制我国之死命。倘旅大永远为其领有，南满、安奉二路沿线，派兵分驻，一旦有事，日本可自由进兵，自东北至东南，直捣北京；东蒙之四洮、洮热、去〔吉〕会诸路，在日本掌握中，举兵南下，则北京无可退守；是我国北部之军事根据地尽失，政治中心，经济进点，全为日本所包围。故日人自称陆有南满、安奉、吉会、长吉及满蒙未设之五铁路并会宁路，加有沿线铁炭矿坑诸军用原料，水有旅大第一海军良港，一鼓即可并吞满蒙，再鼓操有中国之北部也。观此则日人野心并吞吾国，非仅满蒙非我国所有，则十八行省之北部，亦甚危险也！

丙　否认二十一条理由

（一）关于事实

以上所说各节，日本根据二十一条内，在满蒙所得之权利，是有〔为〕侵占我国领土，垄断我国经济，与华府会议所决定之完整中国领土主权相抵触，且无形实行闭锁我国水陆门户，与中国门户开放、主权独立相冲突。故此约根本上全国人民否认于前，欧美两次会议顾、王二代表提出要求撤废于后，况我人欲保亚东永久和平，此约尤不可不先取消。此我否认新约，于事实上之理由也。

（二）关于法理

国际间条约地位，以平等为原则。一九一五年中日新约，全系日本以武力强迫而成立，支配我国主权，垄断我国经济，极为不平等之条约，与国际间平等原则，大相背叛。其根本上无效，我国决无履行义务。日本乘各国不备，提出此约，秘密商订，强迫承认，于法于理，毫无承认理由在也。

（三）关于我国《临时约法》及国民否认

《中华民国临时约法》，凡与各国协订条约，非经正式国会通过，不能发生效力。日本出兵攻陷青岛，我国政府要求日本退兵，事甚正当。日本忽然提出此约，密向元首交涉，强迫元首承认，并发最后通牒威骇，未经国会通过，全国人民已声明反对，誓不承认，国会二次如召集，已全体议决声明废止；巴黎会议，我国代表已提出声明要求撤废，拒绝签字和约；华盛顿会议，复行提出废弃，要求各国承认，终以保留再议；故我人当然否认，无商酌之余地也。

（四）关于先例可援

俄、土之约，咎由土国战事失利，曲由俄国强迫成立。柏林会议，英国出为干涉，提倡改订，废弃成约；其主因全出于俄国指挥及支配土国主权，不利欧局和平。一九一五年五月二十五日中日新约，我国出于好意，借路于日，以攻青岛；日本反德为仇，忽然提出此约，强迫吾国承认，有害我国独立自主权，且扰乱亚东之和平，更深重于俄、土之约。况吾国已在两次会议场内，提出声明撤废，应援柏林会议先例，吾国单方废弃，决无履行之义务，此亦否认之一理由也。

以上所述各节，系日本强迫吾国承认此约情形，我人永远引为耻辱，为反对之正大理由。日本无理根据此约在满蒙所夺得各种权利，足以制我国之死命，我人若不奋斗争回，非〔仅〕经南满、东蒙，不为我有，则〔且〕首都北京，亦陷于危境，中华北部诸省，恐为心腹之患。我今度以事实论之法理，及据《临时约法》，并扩〔据〕国际先例，根本否认，述其大概，希与吾邦君子，群策群力，一德一心，以共谋收回挽救之道也。

《南大周刊》
天津南开大学出版部
1926年32期
（李红权　整理）

察区风化改良会之猛进

剀切详明之布告

作者不详

察区风化改良会自成立以来，为期虽促，成绩卓著，兹总会复将该会成立宗旨及所负责任出［出］示布告，以便互相劝导，而期家喻户晓。其布告略谓：风化之良窳，系乎国家之盛衰，陋俗不除，乃文明之污点，邪侈不禁，为社会之隐忧。民国成立十有五载，事变相寻，纪纲荡然，造此恶因，固出多途，浇风陋俗，为害较烈。察区为汉、满、蒙、回杂处之地，蹈此弊也尤深，若不亟为矫正，则风化日偷，宁有底止。此吾都统莅任以来，日以风化改良为急，遂命立本会于张垣，立分会于各县。本委员仰膺重寄，兼任斯职，专以审查有关风化之习尚及各项戏曲，使之迁善改良，俾无害于社会道德为宗旨，如提倡国历，尊重国徽，禁售淫书，禁唱淫词，庆吊不准浮奢，服装不尚奇异，礼俗须当恭俭，朋交尤应谦和，男子不准蓄发，女子不准缠足，庙会不可混杂，娱乐亦当有节，迷信不可不破除，邪说不可不遏止，以及野台戏、西洋电影话片，更不得假以邪淫，总期以有益于人心世道者，提倡之、奖励之，有损于社会道德者，禁止之、惩罚之。现本会每月开委员会二次，每一星期开干事会一次，详细讨论，实地调查，酌古准今，不偏不倚，并严定奖惩条例，通行各县分会切实施行。惟民间习惯相沿，罔知利弊，发聋振聩，告诫难周，为特详言本会之大旨，望我全区士庶，家喻户晓，互相劝导，使社会之风化逐渐改良，以达最高文化之域，作范全国，本委员会有厚望焉等语。

《西北汇刊》（周刊）
张家口西北汇刊社
1926年2卷10期
（李红权　整理）

蒙古地方自治之原则及组织

难宾　撰

蒙古地方自治问题，自经中央特派专员黄绍雄、赵戴文前往宣慰，并在百灵庙（即贝勒庙）与各王公会商以后，大致已告解决。黄、赵归京，向中央报告经过情形，中央乃于一月十七日斟酌报告，权衡轻重，经中政会决议，订定《蒙古地方自治办法十一条》。当时在京蒙古请愿代表对此十一条办法即表示不能接受，其理由：（一）中政会通过之十一条办法，与黄绍雄在百灵庙会议时所商定之办法颇多出入；（二）内蒙自治区以未开垦区域为范围，则反不如现存之蒙旗区域；（三）中政会通过之十一条办法，其所规定之职权大多属于省，而属于自治区政府者甚鲜。二十一日蒙古代表又召集旅京同乡，讨论应付方法，决定呈请四中全会及蒋委员长撤销中政会所决定之自治办法，迅予实行百灵庙议定之自治原案。同时又决定如仍无结果，全体代表即一律回蒙，自请处分，全体旅京蒙人亦即一律离京北返，并恢复百灵庙最初之主张，由蒙人自动组织地方自治政府。甫告平息之蒙古自治问题，至此又发生波折矣。

中央观于形势严重，一方面劝蒙古代表万勿负气离京，一方面决定允予重行酌议。二月二十八日，中政会开第三九七次会议，通过《解决蒙古自治问题办法原则》八项：

（一）在蒙古适宜地点，设一蒙古地方自治政务委员会，直隶于行政院，并受中央主管机关之指导，总理各旗盟政务；其委员长、委员以用蒙古人为原则；经费由中央发给；中央另派大员驻在该委员会所在地指导之，并就近调解盟旗省县之争议。

（二）各盟公署改称为盟政府，旗公署改称为旗政府，其组织不变更，盟政府经费由中央补助之。

（三）察哈尔部改称为盟，以昭一律，其系统组织照旧。

（四）各盟旗管辖治理权，一律照旧。

（五）各盟旗现有牧地停止放垦，以后从改良牧畜并兴办附带工业方面发展地方经济（但盟旗自愿垦植者听）。

（六）盟旗原有租税及蒙民原有私租，一律予以保障。

（七）省县在盟旗地方所征之各项地方税收，须劈给盟旗若干成，以为各项建设费；其劈税办法另定之。

（八）盟旗地方以后不再增设县治，或设治局（但遇必要设置时，亦须征得关系盟旗之同意）。

上项原则公布后，蒙古代表吴鹤龄即发表谈话，略谓：中政会通过之《解决蒙古自治问题办法原则》八项，各代表恭读之下，认为完全满意，因为（一）过去上泽难于下布，下情壅于上闻，现将蒙古地方自治政务委员会直隶于行政院，则蒙古之志可上升于中央，中央之诚得直达于蒙疆，一扫上下否隔之弊，而收如身使臂之效；（二）各盟旗管辖治理权一律照旧，则省县与盟旗当不致发生争议，地方与地方之间，亦可化疑梗而趋融合；足证中央当局现在对于蒙疆情形，完全洞悉无遗，业已通电各盟旗，宣达中央德意。

蒙古代表对八项原则既欣然表示满意，于是中央即根据此八项原则，制定《蒙古地方自治政务委员会暂行组织大纲》及《蒙古地方自治指导长官公署暂行条例》，于三月七日经国民政府明令公布，并派何应钦、赵戴文为蒙古地方自治正副指导长官，任命云端旺楚克、索诺木喇布坦、沙克多尔札布、恩克巴图、白云梯、克兴额等二十四人为蒙古地方自治政务委员会委员，并指定云端旺楚克为委员长，索诺木喇布坦、沙克多尔札布为副委员长。蒙古地方自治问题，至此可谓已完全解决，现闻蒙古代表即将离京北上，实行组织矣。兹将前项组织大纲及条例附录如下：

（一）《蒙古地方自治政务委员会暂行组织大纲》

第一条：蒙古地方自治政务委员会，依国民政府颁布之《蒙古地方自治办法原则》组织之。

第二条：本会直隶于行政院，并受中央主管机关及中央指导大员之指导办理，各盟旗地方自治政务遇有关涉省之事件，应与省政府会商办理。

第三条：本会会址设于贝勒庙。

第四条：本会设委员九人至二十四人，由行政院呈请国民政府任命之，并于委员中指定委员长一人，副委员长二人。

第五条：本会每星期开会一次，遇有必要时，得召集临时会；前项会议以委员长为主席，委员因事不能出席时，得派代表列席。

第六条：本会委员长执行前条会议之决议，并处理会务，监督所属职员、机关；副委员长辅助委员长，处理会务；委员长不能执行职务时，以副委员长一人代理之。

第七条：本会设左列各厅、处、会分别承办一切会务：秘书厅办理文书、纪录、统计、编译、会计、庶务等事项；参事厅撰拟审核本会之计划、法案、命令；民治处办理关于民治事项；保安处办理关于保安事项；实业处办理关于实业事项；教育处办理关于教育事项；财政委员会办理关于财政事项；前项各厅、处、会除参事厅外，均分科办事，除秘书、参事两厅外，各处、会、厅斟酌情形，分别呈请设立之。

第八条：本会各厅、处、会设职员如左：秘书厅秘书长一人（简任），秘书四人（荐任），参事厅参事长一人（简任），参事四人（荐任），参议（名誉职），由所属各旗各推选一人，任期一年，得连任。各处处长各一人（简任），财政委员会主任委员一人（简任），委员六人至十人，由委员长就秘书、参事、参议中，指派兼充之。各处长均为当然委员。各厅、处、会科长共十二人至十六人（荐任），各厅、处、会科员共四十人至六十人（委任），本会得酌用各项技术人员及雇员。

第九条：本会委员，以用蒙古人为原则，本会所属各厅、处、会职员，由行政院就国内遴选熟悉蒙古情形及有专门学识者任用之。

第十条：本会会议规则及办事规则，由本会议定，呈请行政院核准行之。

第十一条：本大纲自公布日施行。

（二）《蒙古地方自治指导长官公署暂行条例》

第一条：蒙古地方自治指导长官，依国民政府颁布之《蒙古地方自治办法原则》，承行政院之命指导蒙古地方自治政务委员会，并调解省县与盟旗之争执。

第二条：指导长官一人，副长官一人，由行政院呈请国民政府特派之。

第三条：指导长官公署设参赞二人，由指导长官呈请行政院简派之。

第四条：指导长官公署其他职员另定之。

第五条：蒙古地方自治政务委员会开会时，指导长官、副长官得派参赞出席指导。

第六条：蒙古地方自治政务委员会，凡呈报行政院及蒙藏委员会之公文，均须同时呈报于指导长官公署。

第七条：蒙古地方自治政务委员会处理事件及发布命令，如指导长官认为不当时，得纠正及撤销之。

第八条：蒙古地方自治政务委员会经费，由指导长官公署转发。

第九条：本条例自公布日施行。

《东方杂志》（月刊）
上海商务印书馆东方杂志社
1926年3卷12期
（李红菊　整理）

日人榨取蒙古之野心

作者不详

满铁新社长山本，为解决日本食粮问题起见，力谋蒙古牛肉之□□。查蒙古系牧畜地方，产牛最多，故牛为蒙古国富之一部分。据南满当局调查，蒙古现有牛数为二百十余万头，每年增加四十八万余头，至其目下消费地方：（一）蒙古消费七万头；（二）南满各大都市消费九万头；（三）北满消费四万头；（四）北京、天津方面消费五万头；（五）日本输入二万头。由此观之，日本之消费额为最小，因此研究输入方法，期归日本之独占。其计划内容如左：

一、设法预防蒙古地方之兽疫；

二、增加华人最需要之豚肉供给量，减少其牛肉消费；

三、在适当场所设立买牛所，及买肉所；

四、派员至欧洲考察冷藏库之设备。

《星期评论（上海民国日报附刊）》（周刊）
上海星期评论社
1927年32期
（朱宪　整理）

绥远之近况

作者不详

绥远自经战乱后，地方秩序仍未恢复原状，食粮大为缺乏，因之食粮价格，较往年激涨。在民国十四年秋季，莜麦面、小麦〈面〉均十八斤可售一元，现在莜麦面十五斤售银一元，小麦面十四斤售银一元（因莜麦价昂，民间多改用向来不食之高粱作为常食品）。包头地方之中华面粉公司，自十四年秋季着手建筑房厂，资本六十万元，订购美国鲁滨逊厂磨面机器十四部，原动力三百马力，本期于昨年夏间竣工，亦以时局不宁，暂归停顿。京绥铁路客货车，现虽开行，而苦于车辆不足，各货栈堆积如山，不能起运，因之各皮毛店，现有存货，亦无人过问。计归化城一埠，现时存有羊毛三百万斤，驼毛一百五六十万斤之谱，均无人问津。绥远皮毛市场，每届春夏之交，货物多缺，行市恒较秋冬为高，今年情形则大异往昔。其中数种皮毛之行市，竟较民国十四年秋冬为廉。今将包头广恒西毛店旧历四月九日所开行市与民国十四年九月行比较如下（现时包头银洋合八钱九分）：

		民国十六年旧历四月九日行市	民国十四年旧历九月行市
西宁套皮	每百斤	三十四五两	三十六七两
公王套皮	每百斤	二十八九两	二十五六两
净驼毛	每百斤	四十五六两	四十三四两
秋毛	每百斤	二十二三两	二十三四两

续表

		民国十六年旧历四月九日行市	民国十四年旧历九月行市
屠牛皮	每斤	三钱一二	三钱六七
达牛皮	每斤	二钱上下	二钱一二
马皮	每张	二两	一两三四
驼皮	每斤	一钱六七	一钱一二
绵羊皮	每张	一两上下	一两二三
山羊皮	每张	二两五六	二两三四
沙狐皮	每张	六两五六	六两
狐皮	每张	十三四两	十两上下
西路羔皮	每张	九钱上下	六钱上下
狼皮	每张	十四五两	十三四两
马尾	每两	六分	六分

《中外经济周刊》
北京经济讨论处
1927 年 215 期
（朱宪　整理）

蒙古地方之新国

怀媚　撰

本报一卷第十二期，曾载有蒙古之新邮票，实则发行此项邮票者并非蒙古，而为蒙古之北，名坦奴吐卫（Tannou Touva）者所出。《司各脱月报》七卷九号，曾载有一函，关于此新成立之国家有所纪载，函自蒙古寄与K. Lissink Philately Co. 者。兹为译之如下，以资集邮家之参考，并作上期之更正：

> 欧战（一九一四——八）之前，于中、俄两国之间有国焉，名为Ourenkhay（Ourenkahiskikrai），其人民均系蒙古人。此国家曾经中、俄二国长时间之争执，欧战后卒归中国，但当蒙古宣言独立，复与此〔俄〕国连合。二年前，此坦奴吐卫民主国，遂告成立。其国境北连西比利亚，南与蒙古接壤。自人种论之，此国属于蒙古，而财政、政治则操之于苏俄。国都名克露司奈（Krosny），其意为“赤”。此城创立于十五年前，名〈为〉Belotzavsky（［为］白党之都），处贝克穆（Enisey）河岸。河之发源，即在国内。国之政府，系以委员会组织之。在此二年中，并未有邮票发行，惟于寄信时，付资以作邮费。今则已发行邮票，于莫斯科印刷，形式分二种，较小者用之于戈比票，大形者用之卢布票。（以下所云，均见上期，从略）

上期所载，币制亦误。盖以戈比及卢布计值，而非以分及元计值也。并闻诸张君维廉云，蒙古亦已发行新票，计四种。但知其四种为 10 mung、20 mung、25 mung、50 mung。按 mung 不知为何国币制，或蒙古所特创欤？

於戏！内争不已，疆藩日削。设非外蒙离叛，则此已得之土地，何至复失。吾草此文，心滋痛也。

《邮票新声》（月刊）
杭州新光邮票会
1927 年 2 卷 1 期
（李红权　整理）

苏俄与蒙古①

海滨　撰

苏俄固以不侵略为号召者，而蒙古则我国之版图也。今则苏俄公然表现其侵略我国版图之蒙古矣。

俄国素抱野心之国，其民族最残毒，谓其一度变独裁制为委员制，便能易其国性民性，而不向外侵略，且扶助弱小民族，此世所共知其伪也。果也舍侵略之名而行其实，不得志于西欧者，转向东陆，而蒙古乃适当其冲。

苏俄经营蒙古，虽具鲸吞之心，为事实所格，乃不得不为分段蚕食之计。所谓中国共产党者，复受卢布之驱策，为虎作伥，而外蒙遂以多事。初则借名白党，进兵外蒙，白党已去，犹复盘据，及至党权、军权、政权一切操之在手，乃行撤兵。外蒙表面号独立矣，而共产党复在国内主张外蒙应许其独立，不惜著专论为苏俄张目。复知其势不大，不能号召，乃虱身国民党中，由陈独秀等十余共产党人函请总理许蒙古独立，为总理所斥。但苏俄与共产党则无时不积极外谋外蒙之独立，内为苏俄属地之计画。十四年总理逝世之后，即由北京俄使加拉〈罕〉约国民党人与外蒙所谓代表在北京苏俄使馆接洽，为之疏通，当时列席十余人，所能

① 作者的反共立场十分明显，言辞荒谬。为保持资料原貌，照录原文，请读者注意。——整理者注

记忆者，苏俄除加拉罕外，有鲍罗廷，共产党有李大钊、于树德，国民党有吴稚晖、戴季陶、于右任，外蒙有所谓外交总长、政府委员、中央执行委员、通译等数人（当时外蒙各人职任皆曾记诸手折中，惜该折不在上海）。记者以国民党中央执行委员会常务委员资格被邀列席，席间所言，无非引总理民族自决之言，希谅解外蒙之独立。记者据总理民族自决，合组国民政府及合汉、满、蒙、回、藏五族为中华民族之言，拒其独立。席散，记者引戴季陶私言曰："外蒙表为独立，实俄欲其附，乌乎可"，季陶顿足答我曰："中国人自了中国足矣，总理在时，我即主张宣言放弃蕃〔藩〕属，总理不听，今外蒙已见事实，亦莫可如何之事。"记者为之怫然。并闻外蒙此数人，曾由鲍尔〔罗〕庭以外蒙独立事介绍谒冯玉祥（时冯为西北边防督办），所谓外蒙外交总长，开口向冯曰"贵国"，冯拂袖入内，卒由鲍中间调解，始卒言而去，皆记者亲见亲闻之事。苏俄之图外蒙，已无时或息，去年闻苏俄有理蕃〔藩〕部性质之部，已设外蒙课于部中。今据十五日《新闻报》特电则谓：苏俄新出之地图已收外蒙列入苏俄属土中。本日《申报》特电，则武汉之共产党操纵之伪国民党中央大会，竟决互派代表。苏俄侵略外蒙，至此应告成功，而共产党卖国亦得心应手矣。至于苏俄侵略内蒙，不让外蒙，但国人则以苏俄之侵略外蒙已明且著，多能注意及之，而于内蒙，则尚未之防也。须知苏俄特在蒙古、满州〔洲〕、新疆、甘肃、西藏广招学生赴俄入东方大学，司马昭之心，早已路人皆见，此又不特内蒙为然，不过内蒙又较西藏、甘〈肃〉、新疆等地为急耳。民国十四年，总理逝世之后，内蒙古国民党突现奇形，有白云梯为内蒙古国民党委员长一事，自表面观之，当为国民党发展庆，乃察其内容，完全为苏俄侵略之工具，因此国民党已非中国国民党也。盖中国国民党，全国一致，断无为内蒙古独树一帜，而委员长制尤非中国国民党所有也。此举非国民党人固无从窥其隐，即国民党员，亦多漫然置之。记者于各处演讲，屡次特别提出，以促国民及党员觉悟，去岁得报告，所谓内蒙古国民党，在苏俄指挥之下，正形活动，今则在鄂所开共产党操纵之伪党部会议，一则云保存内蒙古国民党名称，再则云与本党联合，则由窃名而明认之矣。是内蒙古之有内蒙古国民党，与外蒙之有外蒙国民党同，而内蒙之继外蒙名为独立而属苏俄，其阴谋亦无不同，则今日苏俄之变外蒙之地图颜色，即他日变内蒙地图颜色之先兆，有断然者。

要之苏俄之侵略，一本向来之政策，无或少变，不得志于西，而转向东，而蒙古首蒙其祸耳。为虎作〈伥〉之共产党，自己受卢布卖国而不足，更利用国民党之名义以卖之。凡是国民，应一致为国家声讨之，凡是国民党员，应一致为党声讨之。虽然，蒙古以外之属地，共产党皆早以奉之苏俄，岂止蒙古，甚至中国本部，亦愿率以奉苏俄，岂止属地。是以中国欲求自由独立，非首先对内打倒卖国之共产党，对外打倒阴谋侵略之苏俄不可。

《中国国民党周刊》
上海中国国民党周刊编委会
1927年3卷7—10期合刊
（朱宪　整理）

戴季陶讲演蒙藏问题

戴季陶　讲演

兄弟今天所报告者，为中国目前之边疆问题。近来外交上固有进步，但兄弟认为此乃国际间外交上之寻常事件，此外更有重要而更可注意之问题在焉，即国防是也。吾国境线，陆地上自黑龙江起以至云南、广西止，国境线如是之长者，世界上要推吾国为第一，而此境线，又刚巧接触三强国，最短之奉天境线，接壤日本，最长之陆境线，接界苏俄，其次则接界英国，此三国环视我国，洵可注意也。近来有蒙古代表团来京请愿，陈述意见，表示拥护中央之意，又闻尚有蒙古人民要组织代表团来京请愿，现尚未来。此次来京之代表团，不都〔仅〕包括内蒙、青海，尚有少数来自与外蒙接近之各盟族〔旗〕者，吾人颇觉可喜，因在北方蒙氏〔民〕，向少有来南方者，近因建都南京，于是蒙民生内向之心，特来内地与同胞相见，吾人亦得与直接来自蒙旗之蒙古同胞相见，实为可庆幸之事。现在蒙古有一极大问题，此问题的情形，吾人尚不知，尚无处置之确实计划与准备，此问题即外蒙之政变是也。苏俄用其政治上之实力，推翻蒙古国民党之政府，逮捕蒙古中央首领人物丹巴，实可痛恨。丹巴之见地与吾党同，曾常对吾党人云，如果使蒙古取得其民族之自由与自治，中国政府为一完美的人民政府，蒙古决不脱离中国而独立，愿与吾党联合起来，从事于新中国之建设，并在民国七、八年时，问吾党人对于北方卖国政府是否满意，自然是不满意了，故外蒙政府取独立形式，吾人认为其不得已。近来苏俄侵略外蒙，不遗余力，莫斯科东方大学训练蒙古青年，推翻现政府，他方更积极建设自伊尔库斯克至卡克图之铁路，此项计画，由来已久，诸君尚能记忆俄国洛马诺夫王朝之政策乎？其政策为何，即一条路自黑龙江南侵取旅、大为军港，二条路则自伊尔库斯克占库伦以控中国，三条路即自安抵喀据新疆，四条路自河夫至印度，五条路占波斯港，六条路出黑海，此项侵略之大计画，与现在苏俄之政策实无二致也。吾人细考日本几十年前之维新，其总原因，即一受北方俄国政治之压迫，一受南方英国经济之侵略，故日本近几十年来之政策即北进，但对吾国之政策，自明治四年至十年之政变后，以〔一〕直到现在之田中义一，无时不在侵略满蒙，无有变迁。当日本维新时，恰巧在西方有所谓中欧同盟者，缘德自统一后，东有俄之压迫，南有英之进攻，而德处在英俄争斗中，其政策即建设巴喀铁路以连结中欧，此中欧同盟与东方日本之崛起实两相呼应，厥后英在远东利用日以攻俄，日俄战后，一九零七年发生《英俄协约》，此种协约在俄对西藏、土尔其、阿富汗之政策，已充分证明俄对英之退却也。但此种协约，经过世界大战，已失掉效力，现在英俄之争，有加无已，世界上一切之压迫，冲突，斗争，不道德，不和平，无丝毫解决，各国之政策，依然如故，而最可怜者为中国，在此几十年内无丝毫进步。战前之远东问题，固无法解决，即远东问题，太平洋问题，亦即中国问题，更无法解决，其原因应归咎吾人之无出息，只顾睡着。中国历来对外政策有三，一为赌钱式的政策，李鸿章时是也，即不顾前途，无确实决心，一味瞎办，自必失败；二为投机的政策，即利用甲国制乙国，即昔日所谓“以夷制夷”是也，共产党则惯用之，此政策亦绝行不通；三为儿戏的政策，例如义和团不知天高地厚，以为天下大乱，皆此几个洋鬼子作祟，杀之即平安矣。其实此后中国青年如果不咬牙切齿，卧薪尝胆，持久的，坚决的，在三年五年十年二十年五十年内下决心，做苦工，若想打倒帝国主义，实自欺欺人耳，此三种政策绝不能通行。更观国际之情形，现在与大战前一样，所变迁者，仅有小小之痕迹与形式耳，有人以为国际联盟为战前所无者，但其与各国之政策，无丝毫影响，直形同虚设也。又有人以为第三国际，为战后新产生者，但细观苏俄侵略外蒙之凶猛，有过“莎”政府无不及，日本之侵略满蒙如故，在我国四面楚歌的情形中，从蒙古来京之朋友，请愿陈述，使吾人想到北方之门户，国家之前途，不禁泪涔涔下矣。更观世界上杀人之利器，进步如此警〔惊〕人，若想在国际上生存，须得要整个民族多少之力量，知识，道德，组织与体魄等。战争之利器由刀枪而弓箭而枪炮，近来更有无线电，航空术，潜水艇等，想念前途，能不畏哉。返看看蒙古之同胞，只想相安无事，不设法开发土地，推行教育，而只求有水草以牧羊足矣。蒙古同胞之思想也如此，而苏俄之侵略也又如彼，言念及此，能不怨从中来。更观我党同志，有几人集中精神注意土地之开发与平民教育之普及？在此科学昌明之二十世纪，只想变戏法，决定失败。谈到西藏，国人更不注意，平常人只求衣食住之安适，商人目光仅集中于上海地皮，钞票，实业家绝不想推开陕、甘、新疆之石油，绝不想开发西北之土地与改良陕西之棉业。此后吾人之口号，要定为“北进”，教育家，实业家，商人等，都要到北方去，因将来国防之最前线为蒙古、西藏、新疆，而新疆为一大门户，欲巩固国防，必首重交通，新疆至青海，青海至西藏，西藏至川边，必交通便利，其他才有办法，故新疆问题，须切实建设道路，蒙古问题，须全国以全副力量扶持其人民，其他青海、新疆、川边，应从速开发地利，西康应从速设省政府，全国之实业家，教育家，国外华侨，应从速

“北进”，拼命向前，开发西北，此为吾国之生死存亡之关头，应格外注意，望同志努力自强，团结起来，集全力于建设，向北方开发云。

《藏民声泪》（月刊）
成都班禅额尔德尼驻川办事处
1928年1期
（李红权　整理）

大可注意之恭亲王宣言及呼伦贝尔事件

粗思　撰

近日日文报载清室恭亲王（名载洵，光绪之弟，溥仪之叔），忽自称代表满洲民族发表宣言，希图煽〈动〉满洲人民重建满洲王国。并闻日本天皇对此宣言，经予正式接受。查恭亲王所发宣言，是否出于全体满洲民族真意，固一问题，所持理由亦甚薄弱，惟自废帝溥仪携其重臣、宗器，秘密离去北平移居大连，社会上早纷纷传说宗社党人已与日帝国主义者有相当之勾结，阴谋复辟。今乃有身为清室近支亲贵之恭亲王发出之如是之宣言，恐即此种阴谋之表现。清室王族及宗社党人之颓废无能，使无强有力之背景为之耸动，必不敢违逆潮流，冀偿奢望，不然则对此一纸空文，何劳日本天皇降尊纡贵为之殷勤授受？其用意亦大可寻味矣！观近日日帝国主义在济南所演暴行，对满洲继续进兵，此种阴谋，难保不乘我国是未定之际，愈弄愈凶而演成事实。其传统之“灭国新法”可一用于朝鲜者，将可再用于满洲。此诚近日即可注意之问题也！

连日各报叠载内蒙青年党联合外蒙要求独立，占据呼伦贝尔，且有继续进攻之势，虽语焉不详，而风云之紧急，可见一斑。并发见有外人接济军械之事。青年党虽声言与苏俄无关，然不无共党混迹其内，日方因之宣传与俄大有关系，而俄方则又谓为日人所主使。近来日帝国主义者谋我方急，无所不用其极，此次呼伦贝尔事件，为所其〔其所〕作祟亦自可信，而苏俄自革命以来，为列强所堵塞，不得不向抵抗力薄弱方面进行，我国适为其最适合之目标。近日虽不得于吾党，未尝不可于我未暇兼顾之蒙古取偿之，始则煽惑外蒙独立，继而鼓动内蒙动兵，策略连环，亦意中事。且日本早视满洲为其早晚可取之物，苏俄亦视蒙古为其煽动最便之途，以近日苏俄之“反帝亲日”与日本之“排共联俄”之矛盾态度观之，未尝不可各就其势〈力〉范围图谋遂所欲。此次事实或已得双方之默许亦有可能。故姑无论其背后之主使为俄、日，要必有极大之国际阴谋存在则可洞见！虽据报章最近所载，呼兵已为黑军击败，惟尚未见有彻底之解决，则已死之灰无时无刻不可以复燃，即我国领土无时无刻不可以分裂，此亦警人之变故也。

方今党国根本问题尚未大定，而国际警耗连叠传来，此真立国之生死关头而不容稍懈者也！呜呼！兼弱攻昧，固属恒情，鱼烂土崩，亦其自业，曹社之谋何时蔑有，萧墙之内，岂再能堪，国步如斯，殷忧之士，其感想［如］何如？而有国者之自处又何如也？

《民声旬报》
上海民声旬报社
1928 年 1 期
（朱宪　整理）

呼伦贝尔问题

张水淇　撰

民国初年震惊全国之呼伦贝尔独立问题，兹又乘东三省当局新败多故之机，死灰复燃，断铁路、袭胪滨，以土匪式之行动，骚扰吾边地。据日人消息，且有鲍尔廷居中划策，使呼伦贝尔成“赤化”内蒙之中心之说，是则呼伦贝尔之变不只为一局部地方之叛乱，且存有国际之阴谋措置，偶一不当，贻患必非浅小。最近消息，东省当局已与蒙人成立和议，其所订条件，电文简略，但云许蒙人自治，宥此次叛变，不事追究。虽难加以详评，然其委曲求和，图安一时之情形，亦已毕露矣。兹略述呼伦贝尔之状况，俾国人可知其重要，而加以注意。

一　地势

呼伦贝尔据黑龙江之西部，旧为呼伦道治，位于大兴安岭之西北，其地有呼伦、贝尔两池，因以名焉。东南以兴安岭为界，与龙江道接壤；西北以额尔吉〔古〕纳河为界，与俄之萨拜喀勒省隔河对峙；北接黑龙江，南以兴安岭之索岳尔吉山为界，与锡林郭勒盟、哲里木盟相接；西南连外蒙古之车臣汗。东北一带兴安岭之山脉纵横分驰，多崇山峻岭，为山岳地带；西南则为平原，广无际涯。其地有呼伦池，池通乌尔顺河。河与贝尔池相通，海拉尔河则自东西流，干河折向东北流为额尔吉讷〔古纳〕河。古〔克〕鲁伦河来自外蒙，东北流入呼伦池。喀尔喀河发源兴安岭西北，流入贝尔池。中东铁路斜贯西南部，以胪滨与俄分界。

就军事上地势言之，则呼伦贝尔为黑龙江、洮南、热河之屏藩，其首县海拉尔雄踞黑龙江之西方，使有重兵，不啻若悬巨锤于腰下，时有被截击之恐。故巴布扎布之变，不但黑龙江全省震动，即洮南、察哈尔亦为之寝食不安。固其地势东北高西南低，自兴安岭西下，可以俯击，便于进攻，于行军有利。而自西东上，有兴安岭大山隔阻，艰于进军，难于攻击。然中东铁路横贯其中，交通亦未尝不便。自海拉尔至黑龙江，可早发夕至，一旦生变，即足使黑龙江全省动摇，故呼伦贝尔一地在黑龙江之治安上，有重大之关系。

二 政治上设施之沿革及现状

清初呼伦贝尔诸部归服，即依满洲八旗制分编新旧巴尔呼、索伦、额鲁特各种族。遣内大臣或侍郎一员统领之，其下置佐领统率各种族。乾隆八年（一七四三年）设副都统衔总管一员，归黑龙江将军管辖，又设索伦、巴尔呼总管二员、副总管四员，佐领、骁骑校各二十四员，新巴尔呼总管二员、副总管四员，佐领、骁骑校各二十四员，额鲁特总管一员、佐领四员、骁骑校四员、护军校二员，及关防、蒙古翻译、管台笔帖式等百二十八员，以治统〔统治〕各种族。其详如左：

旧巴尔呼	镶白、正蓝两旗	佐领六	在海拉〈尔〉河北岸
新巴尔呼	镶黄、正白两旗	佐领六	在呼伦池东南
	正黄、正红两旗	佐领六	在呼伦池西岸
	镶红、镶蓝两旗	佐领六	在贝尔池西部

续表

	镶白旗	佐领三	在呼伦池东北
	正蓝旗	佐领三	在贝尔池西北
索伦	镶黄、正白两旗	佐领六	在海拉尔西方
	正白、正红两旗	佐领六	在海拉尔南方
	镶红、镶蓝两旗	佐领六	在辉河东岸
额鲁特	镶黄旗	佐领四	在伊敏河东岸

至光绪三十四年（一九〇八年）废呼伦贝尔副都统，改建为呼伦道，道台居海拉尔，置呼伦厅，于满洲里置胪滨府，吉拉林置设治局，以为置室韦直隶厅之准备。迨至民国三年六月，废呼伦厅改为海拉〈尔〉县，废胪滨府改为胪滨县。

当辛亥革命时，外蒙乘中原有事，兵力不能外及之机会，宣布独立。向居呼伦贝尔、乌尔顺河附近之蒙古马贼巨魁陶什陶，应活佛之召参与其帷幄，遣其一部分部下使归附呼伦贝尔总管胜福，呼伦贝尔遂亦宣布独立，驱逐海拉尔、满洲里中国官吏。外蒙活佛授胜福以贝子兼陆军大臣衔，任之为海拉尔镇守；授车札和以辅国公兼陆军副大臣衔，任之为满洲里镇守。自后，中蒙两军屡经战斗，迨至民国二年，成立《中俄条约》，至认呼伦贝尔为特别行政区域。虽明文规定该区域直属于中国政府，受黑龙江将军、巡按使之监督，然明文规定呼伦贝尔之收入除关税、盐税二项外，悉充地方自治经费，则不啻认之为自治区域，惟有此条约之后中蒙之间得暂相安一时。

曾于民国五年八月十五，率军掠郭家店之巴布扎布，至民国六年春，突袭海拉尔，逐呼伦贝尔蒙古副都统胜福。是年秋胜福合俄军以攻之，巴布扎布乃溃败。其后蒙兵又受黑龙江督军之招抚而归顺。

民国六年俄起革命，无东顾之暇，我国遂设法使呼伦贝尔取消独立式的政治。民国九年总统明令取消呼伦贝尔之自治权，废特别区制度，使归并于黑龙江，划为呼伦道治，置呼伦道尹一、呼伦镇守使一，一切行政悉同内地。惟形式上固同于内地，实际上则当年之自治政厅，依然存在，特无自治制时代之权能，只为处置蒙古事务之地方行政机关，其组织如后：

<table>
<tr><td rowspan="10">呼伦贝尔蒙古
副都统衙门</td><td>左厅</td><td>内政、财政、户口、公安</td><td></td></tr>
<tr><td>右厅</td><td>司法、总务、军事</td><td></td></tr>
<tr><td>印务所</td><td>文书、庶务</td><td></td></tr>
<tr><td>额鲁特总管</td><td>旗务</td><td>一总管，管二旗</td></tr>
<tr><td>索伦右翼总管</td><td>旗务</td><td rowspan="2">二总管，管八旗</td></tr>
<tr><td>索伦左翼总管</td><td>旗务</td></tr>
<tr><td>旧巴尔呼总管</td><td>旗务</td><td>一总管，管四旗</td></tr>
<tr><td>新巴尔呼右翼总管</td><td>旗务</td><td rowspan="2">二总管，管八旗</td></tr>
<tr><td>新巴尔呼左翼总管</td><td>旗务</td></tr>
<tr><td>新布里雅特总管</td><td>旗务</td><td>一总管，管二旗</td></tr>
</table>

现在政厅之长官如后：

副都统贵福，即前副都统胜福之弟，年七十余岁，老而龙钟，几不问政务，政厅之实权，几全握于左厅长成德之手。

左厅长成德，握政厅之内政、财政权，为呼伦贝尔最有势力之人。

右厅长巴戛巴迪。

印务处长济布森额。

政厅之下七总管共辖二十四旗，人口共约四万。

吾国之行政区域如后：

一	呼伦县	海拉尔
二	胪滨县	满洲里
三	舒都县	免渡河
四	室韦县	吉拉林

查呼伦贝尔地域之广，东西约八百，南北约一千四十里，约等内地一行省之大。惟因地旷人稀，只设四县，防备之不能周全充实，可以推知，是以剽悍倏疾之蒙人，易于揭橥肇乱，而征讨诛代〔伐〕辄需大军也。（未完）①

《新社会》（旬刊）
南京新社会旬刊社
1928 年 1 期
（李红权　整理）

① 经核对，本刊二、三期未刊载此文。——整理者注

关于呼伦贝尔事件日俄两国报纸互相攻讦

作者不详

此次呼伦贝尔事件发生后，日俄两国报纸，对于该事件，大有互相攻讦，此不过表面之做作耳，是耶非耶，兹将两国主要报纸之社说译之如左。

俄报　莫斯科政府机关报云：呼伦贝尔事件发生之前，日本及北满地方白俄派之报纸及通讯机关，哗传苏俄出兵呼伦尔贝〔贝尔〕，此种虚伪的宣传政策，乃出自鉴于此次对华外交大为不利，为获得一种有利的借口起见，渴望苏俄在满蒙方面有所作为之怪态心理，巧值呼伦贝尔青年团之自治运动，予日本以极侥幸的好机，乃大肆宣传。然近顷于哈埠方面，已发生日人之大量军械密输案，此项军械，即系供给蒙军者，由此可见日本之用意何在。

日报　《大阪每日新闻》社论云：外蒙政府之合并内蒙运动，即为此次呼伦贝尔事件发生之直接原因，而苏俄之在其背后指导，已无可讳言。呼伦贝尔之于满蒙，犹巴尔干之于欧洲，关于该地领域问题，中俄间争执已久，直至今日仍未确定，不过苏俄暂取搁置态度而已。至最近苏俄深察东省之混沌状态，与呼贝伦尔之亲俄派联络之引起叛乱，此为苏俄实现其东方政策之程序上必要经过之步骤，而亦“赤化”势力东渐之明证，日本决不能取袖手旁观的态度。

《军事杂志》（月刊）
南京国民革命军军事杂志社
1928年4期
（丁冉　整理）

呼伦贝尔动乱的真相

慈声　撰

一　呼伦贝尔的位置

呼伦贝尔，一名海拉尔，又简称呼伦，为黑龙江省的一部。计全境共分为六旗，即鄂鲁特厢〔镶〕红、厢〔镶〕黄各一旗，索伦厢〔镶〕红、厢〔镶〕蓝、厢〔镶〕黄、正白各一旗。因索伦旗占全域三分之二，故亦称索伦蒙古。东界大兴安岭之山脉顶，西襟额尔古纳河，与后贝加尔州接壤，北临黑龙江水流，南连索岳尔吉山，西南与外蒙车臣汗部为境。广袤约一万方里。

二　呼伦贝尔的民族

呼伦贝尔的民族，以布利亚、鄂洛〔鲁〕特、索伦、鄂洛钦、巴尔柯等蒙古族占大部分。铁路沿线，专为中俄人居住，土民多数系昔由外蒙迁来，业游牧，逐水草而居，生性醇朴。亦有一部犷悍性成，从事狩猎，视他民族如蛇蝎，如索伦、鄂洛钦诸族，甚至有食人肉之恶习。

三 呼伦贝尔现在的行政组织

呼伦贝尔的行政组织，依统治方式的变迁而有变动，现在如下：

督办呼伦贝尔善后事宜公署 （在海拉尔）

呼伦县知事 （在海拉尔）

胪滨县知事 （在满洲里）

室苇县知事 （在吉拉林）

奇乾县知事 （在奇乾河）

督办总揽呼伦贝尔的内政、外交、财政、警察、民事、户口等事务，并兼任交涉员，〈分〉别于海拉尔及满洲里设交涉分署，任对外事务。而从前的呼伦贝尔政厅，则留作专管关于蒙族事务的行政机关，此外清代所设置之各旗王公及副都统一员，民国以来，虽几经变动，对此边塞蒙爵，仍准其存在。副都统驻节于呼伦贝尔，此缺向由蒙王中资望较深者充任，亦仅管理蒙民事务。

四 呼伦贝尔过去的动乱史

十六世纪前，呼伦贝尔为车臣汗的领土。十七世纪初，俄国曾据其地，同世纪末叶，关于其归属问题，中俄间发生纷争，至以干戈相见，一七九八年，订立《奈金斯克条约》，规定为中国领土，中国奖励移民其地，设立旗员，颁布自治制，并于海拉尔设副都统管辖之。一八九六年中俄缔结《中东路条约》，嗣因俄国势力浸入渐盛，中国乃于一九〇七年颁布黑龙江省制，简派巡府〔抚〕，翌年派呼伦贝尔副都统，置道台，改该地为呼伦道，派兵驻海拉尔、满洲里，取消其自治行政权。入民国后，因受外蒙独立影响，宣言独立，恢复副都统自治制，俄国暗中援助，中俄间因此发生纠纷。一九一四年欧战发生后，俄领煽惑布利亚族起独立运动，谋组织呼伦贝尔共和国，一九一五年十一月中俄间成立《呼伦贝尔协定》，呼伦遂直属中国政府，成为特别行政区，承认其自治制，俄国亦于该地享有很大利益。一九一七年俄国革命，中国乃乘机恢复旧势力，派兵占领内蒙，续于一九二〇年派兵于呼伦贝尔，再取消其自治制，使之归属于黑龙江省。同年四月收回中东路等利权，遂名实具归中国管辖，以迄今日。

五 呼伦贝尔动乱与俄国

观上面的史实，则知呼伦贝尔过去一切要求自治或独立的动乱，无一次不是由于俄国的煽动与援助。然此次的动乱如何？是其自动耶？抑仍是俄国作祟耶？据九月一日《顺天时报》载哈尔滨通讯云：

> 此次呼伦贝尔事件，为苏俄在暗中策动，已更〔经〕证实，东铁副理事长拉舍维赤，实受有莫斯科政府援助外蒙吞并内蒙的重大使命，渠常假借游历或避暑为名，与北满有力的干部，在东铁沿线及内蒙的温泉等地集会，秘密计画，前次在内外蒙古交界的某处与外蒙首领会见后，即由远东银行哈尔滨支行长波立斯金交付二百万金卢布于外蒙，作为军费，伺机待发，嗣值东三省政局变化，以为有机可乘，故有此次的举动。

又据北平《新晨报》九月八日载某领馆消息云：

> 蒙乱确系第三国际煽惑所成，盖五月间东铁俄副理事长拉舍维赤，曾与远东银行行长波立斯金偕赴海拉尔，其实彼辈之行，即系与当地呼伦青年首领接洽，并资给巨款，代为计画一切。惜当时虽某国报纸，一再宣传其行为重大，而中国方面不

知注意。厥后苏俄远东局长梅立尼那，在南北战争方殷，无人注目时，又来北汤，后竟至满蒙间勾留多日始去。梅氏何故前往，此刻冥思暗索，当可知其内幕矣……

又据《顺天时报》九月三日所载满洲里消息云：

此次呼伦贝尔独立运动，系由苏俄指导外蒙吞并内蒙，以便设立蒙古共和国。已于战死者中，发现蒙装的俄人尸体，及使用俄式的枪械。并闻该蒙匪中有具有割断电线、拆毁铁路的专门知识者，其为赤伪军之参加，已属毫无疑义……

又据白俄将军谢米诺夫在大连发表与新闻记者的谈话称：

扰乱内蒙的内幕，其中有东铁副理事长拉舍维赤所组织的蒙军，其司令为蒙人萨克沙尔夹布，参谋长为俄人□西兹，参谋布国夫司基。蒙古青年党与俄共产党之联络，系出自蒙人布农代与米尔邪，其军队服装，均由青年党规定。……当在库伦誓师时，拟先占领海拉尔及齐齐哈尔，然后占领哈尔滨云。

又据八月二十七日《大公报》载哈尔滨通讯云：

……最近第三国际派遣鲍罗廷至库伦，挟其布尔札维克主义，怂恿活佛哲布尊丹巴，作并吞索伦蒙古之举，事果成后，非只完成大蒙古苏维埃国家，且可东西打通一气，于兼并黑龙江流域，亦有伸缩自如之势。外蒙活佛惑其说，于是先遣共党便衣间谍深入满海……

如以上所述，则此次呼伦贝尔的轩然大波，仍是俄国暗中发纵指使。叛军宣言中要求的所谓自决自治，说来虽属堂皇，实则被苏俄利用，为苏俄作傀儡，无论何人，不能掩饰。

六　呼伦贝尔的善后方案

吾人既知其所谓民族自决与自治运动的内幕矣，然苏俄何以得施其离间的伎俩？呼伦人民何以甘心为之作工具？其防止的方策如何？此吾人所应慎重考虑者。

（一）苏俄现正着手“赤化”内外蒙古及呼伦贝尔，吾人宜速宣传本党的三民主义，使明了欲求解放，惟有信仰三民主义，站在三民主义的旗帜下奋斗，始能达到目的。

（二）废除王公都统制，登用有为青年，使参与政治。

（三）土民现仍游牧营生，其生活方式，全未脱原始时代的状态，宜设法改良其生计，使于物质上，得到相当的满足。

（四）蒙人另有独立的语言文字，汉蒙两民族间，因语言文字的隔阂，往往生出很多误会，应广设初级汉文学校，使蒙民能通汉文。

以上四端不佞认为均系解决内外蒙古、呼伦贝尔一切问题的重要关键，亦即党国绥静边疆的策略。不然日俄挑拨，有隙可乘，共党借词，隐患未已，国人其勿忽诸。

《民众呼声》（周刊）
天津民众呼声社
1928 年 4 期
（赵红霞　整理）

呼伦贝尔事变始末

作者不详

北平八月二十三日特约通讯：呼伦贝尔事件发生，引起国人对于“民族主义”的兴味，同时又为外国新闻记者扩大宣传，而本国记者，反难得迅速和翔实之报告，诚为憾事！兹将事变始末，分段详述如下。

一、事件发生的原因　呼伦贝尔在一九一四年，就是欧战开始的那年，因有俄国的援助，自称为呼伦贝尔共和国；一九一八年白俄虽复企图再行独立，而因其居民是布利雅德族，遂起该民族自决运动，拟独立而成为外蒙共和国之一。此次内蒙“赤化”的青年党在呼伦贝尔扰乱，直接受外蒙的影响，间接受苏俄的援助，这是事件发生的远因。七月末，内蒙青年党集议于托姆沙姆布拉，当即议决内蒙独立，八月二日派哈巴卡西、汉巴开克和卡特拉等为代表，到海拉尔副都统公署，通告这件事。不料副都统公署竟将该代表等都拘留起来，致青年党大形愤慨，即由果京色和拔民台等领袖人物，率领蒙古便衣队四十名，前赴汉答开，切断海拉尔与拉尔森温泉间的交通，自是内蒙古人参加的也很多，致酿成呼伦贝尔的独立运动，这是事件发生的近因。

二、事变经过的情形　这次变乱情形，首由青年党起事，他们从前是在俄留学，染受共党主义，回蒙后，因不能见容于王公，遂赴满洲里一带暗中活动，最近更赴达罕达勒山与当地马贼结合。

八月十四日青年党所指挥的蒙兵，占领黑边的呼伦贝尔，十五日，更向海拉尔西部的乌诺尔进迫，即迂回至海拉尔的东方，出现于伊列克特、乌诺尔等地，与黑军万福麟的骑兵发生冲突，即被占领。因此，博克图以西的列车不通，是日午后二点钟有蒙兵二百名袭击乌诺尔站，将在站的华兵八百名驱逐，拆毁西都〔部〕铁路，仅将铁轨卸离。这次拆断的铁路有二处：一是海拉尔、满洲里间达赖诺尔湖北方磋冈站附近，二是海拉尔、齐齐哈尔间乌诺尔站附近。十五日晚，自满洲里开行的万福麟乘坐的第八号列车，至十六日晨四时半车驶〔驶〕抵磋冈站时，司机人发见前面的铁路破坏，马上停止，幸免颠覆。车停未久，即有潜伏的蒙兵约四十名出现，向列车开枪，万的卫队二百八十名，即应战，而将蒙军击退。又十五日自满洲里开行的第四号列车，于十五日午后一时抵海拉尔，自海拉尔入兴安巅〔岭〕，至免渡河站后，发现前面乌诺尔站附近铁路拆断，即请华兵出动，将蒙兵击退。蒙兵常以百名或二百名的小部队，出没各处，肆行骚扰。十六日晨，东方有华兵铁甲车开来，西方有华兵数十名赶到，由双方包围，交战结果，蒙军向南方山中败走。乌诺尔之役，蒙军阵亡一名，华军阵亡三名，负伤数名。十七日双方停战，开始谈判，截至下午七时止，尚未解决。那天日本借口乘机而起，驻南满的日军实行动员，据日人宣称，全为保护南满铁路及日侨的安宁起见，并说中国方面，已失其保护能力，日本不得不采自卫手段。十八日，满洲里、哈尔滨间，各交通已完全恢复，那天中东路邮货车安然由海拉尔开回哈尔滨。万福麟说，呼伦贝尔事件不至扩大，现在蒙军已向内蒙古退却，万福麟拟暂行坐镇海拉尔，向中东路出动的援军，已中止出发。

三、呼伦贝尔的研究　呼伦贝尔在海拉尔河之南，旧称海拉尔，亦名呼伦，面积约一万平方里，东北高峻，西南扩为一大平原，水草丰美，成为天然的牧场，成吉思汗初起时，尝与诸部族角逐于此。二十年前，还是蒙古的一个村落，自中东铁路开通后，俄人设停车场于此，附近又设新市场，人口有六万人，商务亦日见兴盛，民国纪元前八年（清光绪三十年）开为商埠。贝尔地北有寿宁寺，俗称赶集庙，每年五月，南自张家口，西自恰克图数千里的蒙古人，都来朝拜进香，因而互市，列帐百里，贸易很盛，颇有中世纪耶路撒冷的风味。

世界新闻社云：呼伦贝尔乱事，已有结束之讯。兹略述该地之位置、民族、历史概要及行政组织如左：

1. 位置　呼伦贝尔为黑龙江省之一部，东界大兴安岭之山脉顶，西襟额尔古纳河，与后贝加尔川接壤，北临黑龙江本流，南连索岳尔吉山，西南与外蒙车臣汗部为境，广袤约一万方里。

2. 居民种族　布利亚、鄂洛特、索伦、鄂洛钦、巴尔柯等蒙古族占大部分，铁路沿线专为中俄人居住。土民多数昔由外蒙迁来，业游牧，逐水草而居，生性醇朴，亦有一部分扩〔犷〕悍性成，从事狩猎，视他民族如蛇蝎，甚至有食人肉之索伦、鄂洛钦诸族。各族之人口分配大概如下：

泰荷利族，三〇〇人。鄂洛钦族，三〇〇人。鄂洛特族，三〇〇人。索伦族，三，〇〇〇人。巴尔柯族，三〇，〇〇〇人。布利亚族，二〇〇人。泰荷利族专居海拉尔附近至满洲里之铁路沿线，占该处官员之大部分。

3. 历史概要　十六世纪前，呼伦贝尔为车臣汉〔汗〕之领土。十七世纪初，俄国曾据其地，同世纪末叶，关于其归属事，中俄间发生纷争，至以干戈相见。一七九八年订立《奈金斯克条约》，规定为中国领土，中国奖励移民其地，设立旗制，颁布自治制，于海拉尔设副都统辖之。一八九六年中俄缔结《中东路条约》，后因俄国势力侵入渐盛，中国于一九〇七年颁布黑龙江省制，简派巡抚，翌年派呼伦贝尔副都统，置道台，改该地为呼伦道；派兵驻海拉尔、满洲里，取消其自治行政权。入民国后，受外蒙独立影响，宣言独立，恢复副都统自治制，俄国暗中援助，中俄间因此发生纠纷。一九一五年《中俄条约》缔结后，俄于该地享有甚大利益。一九一七年俄国革命，中国派兵占领外蒙，续于一九二〇年派兵于呼伦贝尔，再取消其自治制，同年四月收回中东路等利权，名实俱归中国管辖，以迄今日。

4. 行政组织　行政组织依统治方式之变迁而有变动，现在如下：

督办呼伦贝尔善后事宜公署（在海拉尔）。呼伦县知事（在〈海〉拉尔）。胪滨县知事（在满洲里）。室苇县知事（在吉拉林）。舒都县知事（在免渡河）。督办总揽呼伦贝尔之内政、外交、财政、警察、民事、户口等事务，兼任交涉员。别于海拉尔及满洲里设交涉分署，任对外事务，而从前之呼伦贝尔政厅，则留作专管关于蒙族事务之行政机关。

选载九月六日湖北《民国日报》

《中国国民党汉口特别市党务指导委员会半月刊》
中国国民党汉口特别市党务指导委员会宣传部
1928年5期
（李红权　整理）

苏俄与外蒙

杨幼炯　撰

一

“蒙藏问题”久成为我国内政上一桩重要的问题；同时又是最重要的外交问题。国人因蒙古、西藏远处边陲，所以对于“蒙藏问题”向来没有人加以重视，徒任俄英两赤白帝国主义者的侵略。中英西岁〔藏〕问题，既因国内政象混乱，始终没有得到适当的解决；而蒙古近年以来恃苏俄的援助，对于我国的关系，若即若离。更因苏俄势力南下的胁迫，势将使外蒙古逐渐由共产化而成为苏维埃俄罗斯联邦之一员。年来国人“怵〔昧〕于中国共产党之宣传”，对于“蒙古”问题的真相，十分模糊。以前国人对于外蒙古多抱一种不可思议的观念：不是妄谈如何经营，完全视为殖民地；便是视如猛虎，言之色变。后来中国共产党又张大其词，几认蒙古为苏俄之属地。但是无论如何蒙古总是中国领土的一部分，我们之看待蒙古，完全与看待内地行省一样。既不应以属地视蒙古，尤不能任蒙古人民受苏俄之宰割。所以我们若是要求外蒙古问题，有适当的了解，必须明了苏俄侵略蒙古的政策，因为目前外蒙古的一切政治组织都是受苏俄的指导，所谓蒙古共和国实际上已变成为苏俄的属地了。

蒙古本是一个极广的在高地的平原，版图极广，东自中东铁路，西自〔至〕东土耳其斯坦山地，北自南西伯利亚，南至西藏山之发源地。这个平原有些地方是山林，有些地方是滴水寸木都没有的沙漠。蒙地河流极少，雨水不足，气候干燥，所以蒙古仿佛是天然的一个牧畜地方。迄于今日蒙古人民仍以牧畜为唯一的经济条件。蒙古民族是属于喀尔〈喀〉一系，而共戴哲布尊丹巴呼图克图为其归向的中心，所以能自成为一体，较他处蒙古为有团结力。满洲入据中国，经过长久的争斗，一六九一年取消了蒙古政治上的独立。在蒙古分封了许多王族，这些王族一直到一九一一年中国革命时，又把蒙古分为内外蒙古。外蒙古即西北蒙古，接近俄国边疆，由喀尔喀及科布多所组织的。内蒙古则联合东南的各王族，并加入新疆及中国西部各省。以前满清政府曾逐渐得过蒙古王公的好感，增加王族的人数，取消大封建制度的统辖，并且对于蒙古人民表示亲善之意。此外清政府使“汗”及小王族的权利都一律平等，而对于大的王公，则用种种奖赏爵任及嫁以公主等事去贿买他们，因此这些王公都成为清政府有力的爪牙，蒙古人民受剥削不堪，人心因之离散。后来辛亥革命事起，喀尔喀各汗王公、喇嘛，乘时举行秘密会议，共推哲布尊丹巴呼图克图为君主，驱逐满清官吏，宣布独立，建设蒙古帝国。辛亥革命后民国三年与民国五年间中蒙订立两次条约，蒙古仍为中国的领土。但因为历届北京伪政府误认蒙古为藩属，北洋军阀尝于本部失却地盘时，便作些无聊的经营外蒙古的计划，只空夕〔洞〕的发布设官置吏的政令，加重蒙人的恶感。民国九年徐树铮占领库伦，强迫外蒙古军队解除武装，引起蒙古人民对于中国更深的反感，因此给苏俄政府以侵略蒙古的大好机会。

本来各国对于蒙古的侵略，以前是日俄同等进行。日〔帝〕俄政府时代早就想侵入蒙古。自一八六〇年以后，俄国商人先从阿尔太山乌梁海到了西蒙古，以后俄国在外蒙古的势力，就逐渐发展开来。俄帝国政府知道蒙古是一个好市场，拼命的想来侵略，日俄战争以后尤其利害。俄国最注重乌梁海边境。因为那个地方天然条件，是蒙古最宜于农业的地方，十九世纪的八十年时代俄国就已认定乌梁海是他殖民政策的目标。一九〇九年以武力侵犯，在该地设立行政机关。日本自一九〇四年到五年战胜俄国后，南满、东蒙划入其势力范围，东亚的门户大开，蒙古天然矿产原料非常丰富，于是蒙古更受日本的侵略，日本政治、经济势力，不但由南满铁路侵入东蒙，而且逐渐潜进于蒙古其他区域。日俄战后“侵略蒙古”已经成了远东问题中紧要的一个。苏俄对蒙的侵略政策，完全是袭用帝俄时代的故智，积极进取，致使日本侵略蒙古的进行，不得不归于失败；而帝俄时代一年紧一年的侵略外蒙古的政策，至此完全实现了。

二

苏俄政府何以能够达到侵略的目的，第一个原因就是由于中国政府对待蒙古的失策。以前满洲政府对待蒙古完全采用一种愚民改策；同时更以蒙古为他们封建王公的外府，使蒙古民族受压迫不堪，民国成立以后，北京历届伪政府，仍然以统治者的态度对付蒙人，丝毫不能开诚布公，这是使蒙古容易求助于苏俄的最大原因。其次在地理上蒙古与苏俄的西伯利亚接壤，交通又非常方便，而且在西伯利亚境内住了许多与蒙古同种族的民族。俄蒙关系，因之很是接近。在他方面因为蒙古南部有一带大沙漠，与中国本部隔绝，而中蒙的关系且因此日益疏远了。

苏俄政府对待蒙古的政策，与帝俄时代是一系相承的。苏俄最初侵入蒙古，是在民国九年。当时白党领袖谢米诺夫占领库伦，想以外蒙古为旧党复兴的根据地。苏俄赤军，于是借进剿白党为名，自恰克图攻入外蒙古，乃于是年七月初，赤军完全剿灭白党，占领库伦。因是在完全中国主权之下的外蒙古，竟由白俄手中而转移到赤军势力控治〔制〕之下了。苏俄赤军占领外蒙古之后，乃着手煽动蒙古人民，企图在赤军势力之下，建立一徒拥虚名之蒙古独立政府。本来在赤军未入外蒙古之前，苏俄政府曾在上乌丁斯克及伊尔库次克等地方，招集许多蒙古的亡命客，组织蒙古国民革命党，更以自西伯利亚来底"苏俄化"的蒲里亚（Buriats）人冒充蒙古人，每逢苏俄欲利用蒙古的代表时，彼等就常充蒙古人的代表。苏俄外长齐采林，暗中更嗾使以前库伦俄帝国总领事署的一个小书记名波多（Bodo）（后为蒙古政府首领）的，在赤军占领恰克图时，请俄政府派兵到库伦，保护蒙古自治权，因此之故，苏俄赤军乃借赞助新蒙古为名，进兵到蒙古，而所谓蒙古独立政府便于民国十年三月十三日宣告成立。

蒙古独立政府的成立，可以说是完全是苏俄援助成功的。所以当民国十年蒙古发表《独立宣言》的时候，苏俄政府就首先承认。不久两国政府各派遣全权的代表，于民国十年十一月五日在莫斯科，由双方代表缔结《俄蒙修好条约》，这条约的内容共十三条：（一）苏维埃联邦政府，认蒙古国民政府为蒙古的唯一合法政府。（二）蒙古国民政府认苏维埃联邦政府为俄国的唯一合法政府。（三）两缔约国负有左列之义务：两缔约国无论何方之领土内，不许有"以反抗他方或颠覆其政府为目的之团体及个人"存在；同时不许"以与他方战争为目的之军队"，在自国民内动员或募集义勇兵；不许输入武器或从其领土内通过［于］"与缔约国直接或间接为战斗行为之团体"。（四）苏维埃政府派遣全权代表驻蒙古首府，派遣领事驻科布多、乌里雅苏台、阿鲁顿蒲鲁伊克（即恰克图）及其他之都市。（五）蒙古国民政府派选〔遣〕全权代表驻苏俄政府之首府，派遣领事于与苏俄协定之俄境各地。（六）俄蒙间之国境，宜于两国政府间特定之委员会定之。（七）各缔约国国民，居留于缔约国他方之领土内，享有最惠国国民之权利与义务。（八）各缔约国之司法权，无论关于民事或刑事，在其领土内，适用于缔约国他一方的国民；但基于文明与人道之原则，两国皆不适用体刑。两法〔国〕在执行刑法上之审判及判决，若对于其他〈之第〉三国与以特典时，此特典亦宜自动的适用于缔约国他一方的国民。（九）由两缔约国之他一方输入或输出之贸易品，宜纳法定之关税；但此等关税率，不得超过"由其〈他〉最惠国国民所征之关税"。（十）苏俄政府对于存在蒙古境内的俄国所有的电信局及电信装置，无条件的让与于蒙古国民政府。（十一）为增进两国间之文化及经济关系计，俄蒙间邮便、电信之交换，及经由蒙古电信问题之解决，皆为重要，两国对于本问题宜特行协定。（十二）蒙古国民政府，对于在蒙古境内，所有土地及建筑物之俄国国民，宜与以适用于最惠国国民同样之土地所有权及赁借权；但俄国国民对此宜负担征纳法定租税及赁贷费之义务。（十三）本协约以俄文及蒙古文作成两则，从签名之日起，发生效力。

从这条约表面上看起来，俄蒙是在平等的原则上结合，但是实际上蒙古的政治全由苏俄人员主持。蒙古的各机关须各加聘一俄人顾问；一切实权，概为俄顾问所掌握。并由红军军官编练蒙古军队，向来依附中国的蒙古王公已失其统治的势力，政权全在苏俄的代理者——蒙古青年革命团——之手。

苏俄除在形势〔式〕上与蒙古结互惠修好的条约之外，更于民国十二年（一九二三）二月二十日由莫斯科政府与号称外蒙的代表订结密约如下：（一）外蒙当局须宣告一切森林、矿产及土地以后均归国有，凡无人占有之土地，均结〔给〕蒙古贫民及俄国农民居住耕种。（二）外蒙天然富源，禁止私有；一切森林、矿产许俄国实业家雇用蒙人开采。（三）全国矿业，归俄国工团及工会承办。（四）贵族享有之土地权，当即废止；代以苏维埃自由交易财产制度。（五）聘请俄国实业家，开发富源，振兴工商业。（六）请苏俄工会，参与创设劳工制度事宜，以便得完全保护工人。（七）聘请俄国专门家，入外蒙政府以资指导。（八）依苏俄政府之通议〔义〕，外蒙政府一切职权，均归人民政府之行政部施行，先设立一革命委员会及军事委员会，再召集议会，以便制宪。（九）允许苏俄军队驻扎于外蒙，协助蒙人保全领土，以御中国。（十）活佛及蒙古王公之头街〔衔〕，一律废除，以活佛为革命委员会委员长。

由这种密约内容看来，苏俄政府已简直把蒙古划为他的属地，一切内政都受他的控治〔制〕，比较旧俄政府时代的《俄蒙商务专条》，还要利害；而苏俄侵略蒙古的计划内幕，已在密约中很具体的说出。由此可见蒙古在苏俄政府的势力控治〔制〕下，已失去独立的地位了。

三

苏俄在蒙古独立以后，所采取的策略，可分两种：就是在蒙古境内组织一强固的青年革命团；同时又煽动蒙古与中国脱离关系。前者是苏俄对于蒙古政府一种重大的监视，后者则完全是包藏祸心，认蒙古为其囊中物。

本来蒙古的独立运动，最初是由国民革命党为中心的。国民革命党最初是由蒙古的贵族和喇嘛僧来主持的。这些贵族和喇嘛僧何以能主持国民革命党，也是因为蒙古的平民大半缺乏智识，不能担荷“组党”的工作。所以苏俄不得不暂时利用这般人，但因这般人思想很旧，不能把党的进行向前去，容易发生反动；于是不久苏俄又招集逃往俄国的一般蒙古下级官吏的子弟。他们都是青年，思想又很左倾，所以把他们集合拢来组成干部，这就是后来握有政治上实权的“蒙古青年革命团”。

这个青年团的组织，是和俄国共产党、青年团相同的。他不受蒙古国民党的指挥，直接与苏俄发生关系，站在蒙古政府和党的后面，处于监视和指导的地位，防止蒙古的政府和国民党为旧思想所拘束而有反俄的倾向。他们在恰克图和库伦等处成立干部，作成一种最彻底的赤色青年团，为蒙古最左倾的团体，团员在三千人以上。一九二二年一月远东青年大会在莫斯科开会时，他们也曾派遣代表前往列席，报告蒙古政府的态度。同年七月该团在库伦开第一次全体代表大会，通过一种宣言，说明该团的目的，在“把蒙古国民从外国资本的压迫下面救了出来，确定蒙古的独立，然后由无产阶级群众，建设一种使自己经济及文化生活向上的政治制度”。同时该团又声明“本团对于国民党，当与以援助，但本团务为无产阶级群众的机关，所以在组织上及政治关系上，务须确保本团完全独立的地位”。可见蒙古青年团与蒙古国民党的关系，是不相统属的。

蒙古政府成立之初，因为蒙古政治人材太少，不得不以蒙古贵族及资产阶级有力人员来充当。所以最初主持蒙古政府的领袖一个是喀尔喀王接尊汗（为蒙古国民党创始者）；一个是由喇嘛僧出身的贺图（为蒙古政府的总理）。等到革命的基础巩固以后，蒙古政府又如列宁推翻“克伦斯基”政府一样，又来一个政变，把旧日所利用的旧执政者，实行一个大肃清，于是蒙古独立政府最初由旧支配阶级出身的一般领袖，一个一个的被驱逐或屠杀，如是政府已渐成“赤一色”了。同时在党方面又由蒙古革命青年团在背后指挥，把贵族、喇嘛出身的领袖及右倾的分子驱逐。党员也淘汰出一大半，结果国民党也成功“赤一色”了。这是苏俄对于蒙古内政的收服，第二步的成功。

其次，苏俄在策略上，又不得不煽动蒙古，与中国脱离关系。因为蒙古是中国的一部分，无论在政治上、经济上都有很密切的关系。所以苏俄非使蒙古脱离中国不可。这个计划具体表现的是蒙古政府成立后，曾致电北京蒙藏院说："我蒙古政府实无隔阂之事，惟望中国政府早息内争，共筹脱离列强侵占之策，实行真正共和，民国政治改良，以谋四万万同胞享受平安幸福，或实行民族自决办法，亟待中政府明令宣布。若将此项明令颁发之后，我蒙古政府当派全权代表，驰赴中央，共议中蒙多数人民永享平安之计。"其中的话，虽似正大，但其用意固咄咄逼人，中蒙关系，也就成为"若即若离"的形势。后来苏俄的军官，并指挥科布多的蒙兵，侵入我国新疆省阿山道属布尔根〈河〉流域。北京政府当时虽与俄国一再交涉，而俄方则诿为不知。其实苏俄的用意是想扩大外蒙古的范围。在他们计划中，不但阿尔泰山道区各蒙旗收归外蒙，就是天山以北的迪化、伊犁、塔城等处也应收归库伦管辖，更加大苏俄"赤化"我国西北的势力。

全部的看起来，苏俄侵略蒙古，全是积极的。他不仅在军事与政治上运用其策略，而且在经济与文化上，尤其利害。只就贸易一项而论，蒙古贸易年额，现在有三成，在苏联的贸易机关手里，有三成在蒙古中央"生产及消费组合"之手，其他的蒙古和外国机关，合共不过占有四成。蒙古"生产及消费之组合"机关的发达，大都是取法于苏联，在苏联所派遣的贸易顾问指导之下，现已开设了这种组合机关共有一百二十余所。而苏俄对于蒙古最大的侵略，便是交通方面。两年前曾喧传苏俄与蒙古已成立一种铁道七线布施的契约，这种消息虽不知真伪如何？但苏俄确有在蒙古敷设铁道的计划。据最近所得消息，苏俄在远东已决定筑路，一由诺乌欧至科布多，现测验已告竣，定六年内完工；一由上乌金斯克经恰克图以进展到库伦，则前说不谓无因了。又去岁苏俄革命十周纪念日举行的重要会议中，已通过议案第二条中有“于今春中东理事会所决定敷设之中东路培养线外，更敷设：（一）从谷类产区之三吉达于本线之线，共五百十俄里。（二）至蒙古之干线展长三十俄里。（三）连结安达与蒙古之架〔枝〕线延长百三十俄里”。由此更可知苏俄对于外蒙经济的侵略，是十分积极的。

在文化方面，苏俄对于外蒙人民智识的启发，与共产主义的宣传，活动尤为积极。外蒙政府曾组织自然地理学会，苏俄政府予以援助，派柯资诺夫氏为顾问，起草该会会则草案，并于会务进行，有直接过问之权。又在蒙古发掘汉人坟墓，寻出多数古代武器，家庭用具及碑碣等。此外尚有文学〔字〕记录，于历史的研究上有重大的价值。此等物品都为俄人搬向莫斯科去。后来外蒙政府起而反对，发掘事业才因之终止。不过苏俄在外蒙古的文化侵略，已渐次收获效果。蒙古青年因受苏俄的宣传，多热心倾向共产主义。在苏俄留学回蒙的青年，宣传共产主义，尤为激烈。他们多组织“赤化”学术团体，从事活动，蒙古首都库伦，尤为盛行。

四

中国方面对于苏俄这种破坏我民族联合的阴谋，自然不容坐视。民国十三年北京政府与俄使加拉罕结《中俄协定》，依该协定的第五条“苏俄政府，承认外蒙古完全为中国领土之一部分，并尊重对于该领土的中国主权。苏俄政府驻在外蒙之军队，俟依本协定第二条所定〈之〉‘关于撤兵期限及彼此边界治安办法会议’［之］商定时，即声明由外蒙全部撤兵”。这协约中固明明承认“外蒙古完全为中国领土之一部分”，在理应该撤消“外蒙古独立的承认”，可是苏俄对于前面所述一九二一年《俄蒙修好条约》，依然有效，并不曾取消，这是苏俄对于蒙古事件，最矛盾的。后来俄使加拉罕向北京政府通知撤尽外蒙俄兵的两个月以后，忽有俄军官指挥外蒙军队，由科布多侵入我国新疆省阿山道属布尔根河流域的事情发生，则苏俄更无以自解，而其积极侵略外蒙古的野心，由此可见。

自去岁本党实行“清党”以后，鲍罗庭被逐逃回。苏俄政府更嗾使鲍氏由俄入库伦，力图外蒙古之彻底的“赤化”，是则苏俄侵略蒙古之野心，犹未尝稍敛。鲍氏对人宣言“第一计划之失败，为予之大经验，予之第二计划定不失败”。所谓第一计划之失败，就是鲍氏年来对于本党之阴谋暴露，引起全国民众一致的反对，结果鲍氏狼狈逃走。现在所谓第二计划就是阴谋内外蒙古同时“赤化”，可见鲍罗庭为祸我民族之鬼计，犹未中止。

鲍氏近在库伦，一方面使外蒙古彻底的归服俄国，同时进行内蒙“赤化”的计划，其内容分为三大项：（一）扩发〔充〕军备，以武力威摄内蒙古。（二）用种种宣传手段，引起内蒙古对于中国之反感，助长其叛乱。（三）建筑由外蒙至内蒙之铁路。此项交通机关，有两种必要：第一可以便利苏俄及外蒙古的军事行动；第二交通发达，则两地人民之接触，必极容易，可以普及赤色宣传的势力。除上述各种计划之外，鲍氏又着手联络内蒙古国民代表大会，要求外蒙政府速派代表至内蒙，联络内蒙古国民代表大会。这个代表大会是在一九二五年成立，由内蒙古的留外学生及一般智识阶级发起。内蒙的六盟五十一旗，及特别行政区域都派代表参加，势力颇为强大。大会的目的，仍以中华民国的资格，力谋蒙古民族之向上的发展，以副五族共和之实，始终不愿脱离我国的关系。现在鲍罗庭欲想拿阴谋手段，利用内蒙古，其用心固很险毒，但亦徒见其弄巧反拙而已。

总括的说起来，内外蒙古是中华民国领土的一部分，又是北方边陲的屏蔽。苏俄派兵以武力侵占蒙古，很显然的是侵犯了中华民国的主权，而且对于蒙古种种的阴谋，也直是对我民族一种威胁。苏俄政府这种武力强占他民族领土的行为，尤是帝国主义最丑的暴行。他一方面与中国订约承认蒙古为中国的领土；同时又承认外蒙古的独立，这种阴险的诡谋，更是很〔狠〕毒。我们相信蒙古应在中华民国的政治上，应有平等生存的独立权；但对于苏俄这种专制蒙古，欺骗蒙古，以及离间我民族的行为，是丝毫不能坐视。我希望大家留意苏俄侵略蒙古的阴谋与蒙古最近的情状，使蒙古民族得从苏俄的暴力下解放出来，以实现孙先生民族平等建立中国的主张。

《中央半月刊》
南京中国国民党中央执行委员会宣传部
1928 年 1 卷 18 期
（李红权　整理）

呼伦贝尔事件

觉哉　撰

小媳妇被婆婆凌虐，火烙棘刺，克饭减衣，照例忍受，及到自己做了婆婆，把所身受的——而且加倍施于自己的媳妇，在中国的习语，叫做“一代还一代”。若是婆婆的婆婆还健在，看见儿媳凌虐孙媳不利害，尤其是孙媳表示不能忍受的时候，一定要了发雌威，责骂儿媳没能耐，骂出“一代不如一代”的话来。

这点儿国粹，表现到了中国国民党。国民党被帝国主义欺侮、杀戮、侵占，无论到什么田步，总是抱定“镇静”、“忍耐”、“让步”——做小媳妇的精神；但是对于蒙、回、藏族，却又似乡村泼妇，毒辣异常。刘郁芬在甘肃大杀回民，激起巨变；杨增新用全力压迫□回、哈、蒙，直至被刺死而后止；最明显的是呼伦贝尔蒙族解放运动，张学良、万福麟受日本（太上婆婆）催促，招徕白党，征调大军，南京的国民政府也跃跃欲试，看作一件生死存亡的事。

呼伦贝尔是〔在〕黑龙江省西部，面积约万余方里，人口六万余，全是蒙古民族，中东铁路经过其地，本来是中国版图上另一部落，与外蒙车臣汗部交界。一九一二年外蒙独立，该处也宣布独立；一九一五年《中俄协定》，承认外蒙自治，该处也改为特别区，施行自治；一九一九年同外蒙一同取消自治，隶属黑省。

被帝国主义、中国军阀、本地王公三重压迫的蒙古民族，其希望解放，至少同被帝国主义、军阀两重压迫的中国民族一样。外蒙自隶属满清，人口由八百万减至六十余万，生计、文化堕落到不堪言状。一九二一年革命，建立蒙古民国，废除活佛及王公制度。据鹿钟麟游俄时随员做的《外蒙游记》，称其政治修明，实业发达，无所谓不平等条约，且因国营商业之故，外商闭歇者甚多。著名反赤的白云梯（国民党的蒙古党员）在南京报告，也详述外蒙现在的进步。本来一个民族只要推翻了统治阶级，以发展民众利益的新政权，代替了剥削民众利益的旧政权，进步自然出人意料。那末，呼伦贝尔的蒙族，尚在黑暗统治之下，起而建立民众的政权，组织索伦赤军，推翻王公，反对中国军阀，自是勃发而不可遏的事。

呼伦事件发生，日帝国主义大造其谣，说是苏俄在背后主持，指挥的是鲍罗廷；又说“呼伦之于满蒙，犹巴尔干之于欧洲，关于该地领域问题，中俄争执已久”。这就是日本准备出兵的初步。中国方面，万福麟、张学良忙着调兵，且招徕白党谢米诺夫等作先锋队。报载，毁铁路的暴动蒙兵只四十人，一说青年党赤卫军有千余，但是奉、黑开往的兵已有七八万之多。

呼伦贝尔的蒙古青年党宣言：“这一次的运动，完全是蒙古独立运动，是一种自决的举动，绝对没有受苏俄指挥或为苏俄作伥的情形在内。”（东方社十八日电）据北京教会所得呼伦电讯：“这一次的事变是内蒙推翻王公运动。不久以前，内蒙国民党代表哈巴克卫心，曾经劝告呼伦副都统贵福改委员制；哪知道贵福表面似乎很赞成，暗中调遣军警严密的出动，恰巧青年党员假副都统那呢开会，就同时完全把他们拘捕起来；因此内蒙的国民党员，愤慨已极，联合许多表同情于他们的群众齐趋海拉尔，占领了呼伦贝尔站，要求贵福下野，并同时释放被捕的许多党员。”

这当然是事实。我们知道被压迫民族的民权革命，第三国际当然同情，而且愿意领导，但革命是自己的事，不是他人可以代理的，定要其地民族自发的觉悟，然后可走上革命正轨，势力如排山倒海，不可复制。第三国际决不像帝国主义者阴险诈伪，或者做揠苗助长的笨事。

至于帝国主义同中国军阀对付呼伦事件的发狂，这是很明显的，是因为呼伦贝尔不仅要求独立，而且要推翻王公，建立平民的政府。兔死狐悲，物伤其类，王公可以推翻，豪绅军阀不在说，帝国主义的统治根本动摇；小媳妇不仅反对婆婆和太上婆婆，而且要消灭这婆婆制度，那反了，不得不拼命出来镇压。以前外蒙独立、自治，他们可不说话，或且从中取利，现在不能了。这是革命和反革命的阶级性如此——甲族与乙族、甲国兴〔与〕乙国的反革命阶级，永久站在一条战线上，出来反对各族各国的革命阶级的。

只是统治阶级的力量怎样？据哈尔滨二十四日讯："万福麟请札赉特、额鲁特两蒙王向叛附外蒙之呼伦屯垦军招降。两王于十七日前往，现已归省。据闻屯垦军中首领其三，一即左政厅长成德，一系郭德甫（青年党首领），一系阿明泰；坚持非许呼伦贝尔独立，无谈判余地。现万仍请二王再往疏解。"可见新的革命势力已起来，万的统治者枉统着百万雄兵，是不敢正眼一视的。

这里，再说一说中国国民党对蒙、回的态度。不久以前某国民党员在内蒙进行党务，称已得各王公赞助。这是联合王公去革平民的命。甘肃主席刘郁芬电："……新疆处英俄之交，当阻塞之冲，近自中亚细亚回族诸小邦纷纷独立，而民族自决之精神又复弥漫世界。该省种类庞杂，回民居十之八，汉、蒙居十之二，加以共党潜伏，到处皆有。倘苏俄稍加煽惑，不难立起变化。如听之，则甘肃之屏藩立撤……是故今日而言治新，必须中央派遣才学兼优、声望素著之大员前往，乃有建设新疆之可能……"这是说国民党是不许民族自决的。镇压民族自决运动的威望素著的大员，刘郁芬当首屈一指。刘曾在甘大杀回民，现正在与叛变（?）的回民激战。东三省事实上已与国民党一致，那末，张学良、万福麟、日帝国主义对呼伦贝尔的主张，当然也就是南京政府的主张，何况所称苏俄、外蒙是南京政府视为不共戴天的。

可见国民党的民族主义的“国内民族一律平等”全是假话。倒是孙中山民族主义讲演录说得好：中国虽称汉、满、蒙、回、藏，实则全是汉人，中国民族独立，即是汉族独立。这便是说，汉族做帝国主义的小媳妇，满、蒙、回、藏以至苗、猺等，应做汉族的小媳妇。这便是国民党民族主义的精义。

蒙、回已经革命了。他们族内没有像国民党有实力且极无耻的反动派，他们已有一部分（外蒙）从国际压迫之下解放出来。中国革命民众们，应该积极赞助蒙、回革命（报载呼伦赤军，蒙、华、俄人都有），应该联合各族的被压迫阶级起来打翻各族的统治者——尤其是中国国民党。

《布尔塞维克》（周刊）
北平中国共产党中央委员会
1928年1卷28期
（马语谦　整理）

内蒙察哈尔代表上中央请愿书

杭锦寿　等撰

内蒙察哈尔代表杭锦寿、尼玛鄂特索尔纪伦等来京请愿，兹探得该代表请愿书，录之于后：

察哈尔内蒙各旗、群、翼，为恪遵三民主义，请求内蒙政治自决。并声明蒙众适用党化，推举代表陈述意见，恳请大会完全容纳，议决施行事。粤〔窃〕自革命成功，举国更始，中原改革，纲举目张，边陲蒙民，望若云霓。夫天性诚笃，群众无忤，为内蒙民族之特长。察哈尔各旗、群、翼，尤其与绥远、热河、青海、呼伦贝尔各处之生活习惯及地理关系绝不相同。此特异之习惯及关系，不但道听耳食者不知其详，即同一民族飞空代表者，亦不免武断。代表等皆察哈尔内蒙人也，生于斯土，长于是邦，爰居爰处，数典未忘，痛定思痛，自我备尝。盖青海、呼伦贝尔之蒙古，去内地较远，不受二层官署之专制。其哲、卓、昭、伊、乌、锡各盟，虽归各都统、将军（绥远系归化将军）监督，而旗务行政自若也。况热河各蒙，东北毗连满洲，南接热河行宫。满洲变化，蒙古文字开化较早，接办〔近〕满族之蒙古，遂直接间接增进其智识，其生活及自卫之工具亦独优。察哈尔内蒙则不然，两翼三群，职牧公马，直隶中央。自清季以来，历任都统，视群翼如私厩，等牧实〔户〕于奴隶，牲畜不保护。迨至民国，同人亦无俸饷，有官兵之空名，而无官兵之实惠。屯兵北方以后，酿成遍地土匪，马、牛、羊、驼，抢掠殆尽。自从不良军阀用事，犹复责良马，索贿赂，诛求无厌。尚有土匪不屑抢掠之老羸残废牲畜，被奉军悉数拍卖，携款溃窜。统计失业之牧丁，不下两万人，急待安置。此历史上不能与其他群众同一政系者一也。察哈尔全区，自前清入关，尽属内蒙牧场。迨乾隆间，山西、河北同胞，因水旱灾变，就食蒙边者渐不乏人，然犹不敌夫罪犯、土豪之多而且强。内省之罪犯、土豪，或因窜流而安置，或因亡命而避地，阅时既久，谙习蒙民之质直，或盗垦边界，或重利剥地，繁衍愈多，招徕愈众，结伙行侵略主义，窝匪为防卫护符，数年客户，陡成主人。而历任官吏，涎吾土地寥阔，利用土豪，倡言开垦。经营蒙古牧场，捏报蒙人自己报垦，统计十县之设，系出一种方法，以致县境日辟，蒙古民生日蹙。倘长此以往，仍用合组政治制度，则察哈尔内蒙无噍类矣。此地理上不能与其他民众同一政区者一也。前清待遇蒙古，虽不平等，不过寓专制于羁縻之中，犹未显夺我自主之政权也。不意民国之官吏，则显分轩轾，而县与旗之感情，遂日趋隔阂。因文字之不同也，重征捐税，蒙人无从争议，因言语之不通也，诉讼覆冕，蒙人无凭申辩，供差徭则蒙古出资独多，享权利则蒙古不得参预。前者有人提议，热、察、绥合组区议会，察区竟有二三武断议员，秘密通过，全区蒙古毫无闻知，即此一端，可例千百。此蒙人自治固有之权利上不能与其他民族同一政团区域者又一也。今者暴民之军阀既经打倒，贪官污吏及劣绅土豪，虽未完全铲除净尽，乃惕于党员之呼号传播，已足褫若辈之魄而缩颈避匿，吾察哈尔内蒙各旗、群、翼全体蒙众，本其诚笃之天性，振奋自决之精神，一致希望政府予以自决之机会，谨将蒙众意见及希望条项，掬诚陈述如左：

（一）察哈尔内蒙各旗、群、翼及各台站，一致拥戴三民主义，倾诚拥护中央。

（二）察哈尔各旗、群、翼民众，自愿宣誓，一致加入国民党。缘察哈尔各旗，旧系军制，各蒙员及民众，向未加入其他政党，故初次推行党化，自易一致。

（三）察哈尔各旗、群、翼，与各县［脱离统治］及与都统同等之混合委员制〈脱离统治〉，缘与各县制之积弊太深，未易刷新，蒙汉之言语不通，蒙人之通晓满语者，亦不能使用汉语为法理上之研究及辩论，委员中即有蒙员一席，亦不过供驱策被利用而已，欲推行三民主义于内蒙，毫无效果。

（四）察哈尔内蒙，须联合各旗、群、翼，自设政治委员分会，即名曰察哈尔内蒙自治委员分会，直接中央，不受其他高级委员会支配。按现在一旗之地，较大县稍强，计八旗、左右两翼、大马群、牛群、羊群共十一大旗，小旗分不在此内，人口约二十五万。向隶都统治下，生死休戚绝不相关。而蒙藏院除迎送活佛为其职责外，绝不闻为吾蒙众存亡生活问题晋一言，建一策。此众目所共睹者，盖多一层阶级制，即多一制造专制之器械，蒙人虽愚，誓不愿于此外层政治下求少数专制之自由。

（五）察哈尔内蒙自治委员会，设于各旗、群、翼适中地点，以现任总管为委员，推举资望较深者为主席，遇有缺席，即由各该旗另选补充，不再补放总管。

（六）察哈尔各旗、群、翼，须自设党部于适中点，名曰国民党察哈尔内蒙区党部。缘内蒙民众，既全体适用党化主义，关于党务提议进行，宜以化导民众团结政党为主体。若搀入其他各县民众势力，必利用党务，各争私利，凌弱暴寡，徒滋纷扰。

（七）察哈尔内蒙区党部，得聘请他省党员资望深重之同志为指导员。

（八）察哈尔内蒙政治，应以旗为单位，旗政府之政治委员，应由民众选举，其余政治人员，仍适用考试制度，缘蒙人取得官吏资格，非经考试不可，此制请不必废除，仰符先总理五权之章制。

（九）各旗、群、翼毗连各县之牧地，被历年陆续强迫放垦者，肥美殆尽，拟请除已经升科者不计外，所有盗买未垦及垦未升科者，应一律反还各该旗，为筹备蒙古民众生计及办理自治之用，嗣后非经察哈尔内蒙自治政治会议决，无论何方，不得提议擅开蒙地，永保蒙人生计。

（十）察哈尔内蒙古自治委〈员〉会所在地，及各旗政府所在地，为自卫之必要，均得设立公安局，挑选蒙警，聘请内地教习，实地训练，以期精壮。

盖蒙古之群众，乃有组织的，非散漫的。蒙古之政治，乃有系统的，非复杂的。蒙古之思想及信仰，乃单纯坚定的，非游移反复的。吾察哈尔内蒙知识虽幼稚，而虐我则仇之感想，则固与生俱赋者。是以十七年来忠于民国，无亲于军阀，动受各派利用，未入任何政党。凡此并非内蒙民族自恃顽强，别具独立之思想，良以蒙人富于自决之精神，有史以来，未经消灭。试观前清之牢笼内蒙，俸饷爵赏也，而俸爵终身，即赡养不穷。民国之待遇内蒙优待条件也，乃未及三年，条件等于废纸，而虐待竟变本加厉。军阀之扰乱内省者，甘言厚币，饵以胜利后之实行优待，一旦得志，蒙古亦求一面而不可得，遑论其他。今者三民主义完全实现，吾察哈尔内蒙民族确认为救中国救民族之唯一策略，而悉心信仰，各个人均得享受民权民生之幸福，处此饥溺倒悬之际，解救事半功倍。现在各省政治俱已还诸省民，蒙古政治理应还诸蒙民，方足符天下为公之要旨。不但蒙人升格，政权平等，有益地方，无损国家已也。即先总理所创示扶植弱小民族，使之自决自治之真谛，亦不至徒托空谈。不然，强将知识单弱之内蒙，消纳于沿边区，名为平等，实供牺牲，名为升格，痛深续凫。二十余万蒙众，只有延颈刀俎，甘受鱼食〔肉〕而已。倘至压迫极端，善良者纵忍隐不言，狡黠者必铤而走险。锡盟北部，与外部毗连，待遇稍有岐〔歧〕异，亦将不免为丛驱雀。我察哈尔原有一旗达里冈崖之“赤化”，是其前车也。总之，当宇内焕新时代，吾察哈尔内蒙所希望者，在政治自主，不受其他统治，在直接中央，不受二层政府之垄断，在自设纯洁之党部，不受其他政党之操纵，在自救危亡，不受其他团体之侵略。政府果以边圉为重，完全容纳，以纯粹无染之蒙民，加以党化教育，颖异挺秀，次第辈出，不俟十年，蒙古政治，不难与内省相颉颃，衽席咫尺，一致跃登，引领南期，不胜翘企之至。谨呈蒙藏隔〔院〕。

按此项请愿书所列办法，白委员云梯以其与中央党务政治组织系统，不免往〔隔〕阂，特派王秘书长尚曾亲往交通旅馆与该代表等详细讨论，以期正切易行，闻该代表等亦已表示赞同，静候中央处理云。

《国货评论刊》(月刊)
上海国货评论社
1928年2卷5期
(刘哲　整理)

呼伦贝尔蒙党领袖郭道甫氏访问记

于成泽　撰

小引

外蒙已经独立了，蒙古平民共和国已经挂上十八年的招牌了，在这成吉思汗的子孙里，蒙古平民党担起改造蒙古民族的重担，红色苏维埃俄罗斯正在拿着赤色的笔要涂红了蒙古的地图，我们的万里长城不久亦要随之变色，而国内当局对于蒙古问题，却丝毫未加注意，这不能不说是一件恨事。

外蒙在一千九百二十一年正式成立政府后，国家分为六部，以国务总理为执政者，政治完全操于蒙古国民党（即蒙古平民党）之手，他们修明内政，讲求军备，关税完全自主，主权完全自由，外国人到蒙古行路的非有蒙古政府之护照，不能通行。又实行征兵制，请外国教练官，几年之中，内政外交斐然可观。而回视我国民众对于蒙古问题，仍然抱着二十年前的眼光来对待蒙古，这实在是一桩极大的错误。

外蒙现在我们先不谈，且看内蒙怎么样？蒙古民族在那里政治与经济均不能得到充分发展的机会，蒙汉中间隔着一道洪沟，这条沟愈来愈深，到现在差不多要使蒙汉的情感隔断。呼伦贝尔是蒙古的一部，他们因为不平而爆发，今年秋天海拉尔事变，世界人士都凝着眼光来看那个举动，然而一方面因为交通梗阻，外人不能得到真相，一方面因为日人信口雌黄，淆乱是非，所以这次事变总如云窟雾阵，局外人莫明其所以。十一月卅日呼伦贝尔蒙党领袖郭道甫君来江，我因其师韩朴余先生之介，得与郭氏畅谈一切。郭氏年纪不大，穿着中国衣服，身材中等，眼睛有神，说中国话口音很流利。第一次会见是在呼伦道尹赵某家，谈话时间不长，我们一边谈着一边去容芳照像馆摄影。第二次会见是我约他到连陞饭店吃饭，第三次会见是到中学给我的学生讲演。

从这几次谈话，我们知道蒙古问题是很重大的，海拉尔事变，并不仅关系呼伦贝尔一域，实关系蒙古全区，所以纪其始末，使全国民众对于我们蒙古的兄弟们加以注意。

郭道甫氏小史

郭道甫姓郭博勒，名墨尔斯，中国名字原名桂馨，以后改名郭濬黄，在黑龙江省立第一中学毕业时始改名郭道甫。郭氏现年卅五岁，生于呼伦贝尔中东路线扎拉木德站南墨河尔图村。家族原属达瑚尔。父亲名荣禄，是呼伦贝尔索伦左翼镶黄、正白二旗副总官〔管〕兼副都统署右厅帮办，他的家庭是很好的。郭氏宣统二年入黑龙江第一中学第四级肄业，民二出校，游历外蒙一年，作《库伦游记》。民四入北京俄文专修馆专攻俄文。民国六年呼伦贝尔有蒙匪之乱，郭氏家产荡然，因以辍学。回乡组织蒙古青年团，同时创办呼伦贝尔蒙旗中学，打算以学校为基础，造就为民族奋斗之人才。在这个学校里他一共有五年的努力。民十二到北平任蒙藏学校学监，由此出游外蒙，并到莫斯科，作《新蒙古》，叙述外蒙独立后情形甚详。同年任中俄交涉公署咨议。民十三中华教育改进社开全国大会于南京，郭氏代表呼伦区出席会议。从此历游长江流域及珠江流域东部，到广东见孙中山先生，先生对于蒙民解放运动极表同情，郭氏以后之努力，得先生之教益甚多。同年著《蒙古问题及蒙古民族自觉运动》。民十四西北边防督办公署聘为秘书。十月十二号主持开内蒙国民党第一次代表大会于张家口，被选为内蒙国民党中央执行委员会秘书长，从此即作民众运动于宁夏、绥远一带。十六年重至外蒙，外蒙职工会推为中央执行委员会秘书长。今年春因肺病到莫斯科养病，夏天返内蒙，内蒙平民党（即国民党）推为中央执行委员会委员长，指导内蒙民族自觉运动。海拉尔事变郭氏即为倡导人之一。

呼伦贝尔之沿革

呼伦贝尔在唐朝属室韦地，辽属上京路，金属北京路，明季为索伦、达瑚尔人所居。清初设呼伦贝尔副都统，驻海拉尔，统率蒙古及其他部落。在行政系统上索伦、巴尔呼、额鲁特五翼设总管以下各官兵，鄂伦春部落设托河路协领以下各官兵，都隶属于副都统。副都统以下设一处二司，由各旗总副管、佐骁等官轮班当差。光绪卅三年黑龙江改建行省，呼伦贝尔副都统以下另添局处。卅四年改呼伦贝尔为呼伦道，设一府三厅：一，呼伦直隶厅，即海拉尔。二，胪滨府，即满洲里。三，室韦直隶厅，即吉拉林。宣统末年库伦独立，呼伦贝尔响应，俄人又从中作伥，一直迁延三四年之久。民国三年六月更呼伦厅为呼伦县，胪滨府为胪滨县，室韦厅为室韦设治局。民国四年中、俄、蒙恰克图三方会议，中国政府允许呼伦贝尔自治，答应了蒙人几个条件：第一中国政府不许驻军呼伦贝尔，第二中国政府不许向呼伦贝尔移民。在这次会议后，俄国取得呼伦贝尔营商权。民国九年徐树铮取消外蒙独立，呼伦贝尔也随着形成“半自治”的状态。现在对内治理蒙人事务的，是蒙旗衙门，蒙旗衙门的蒙古最高官吏是副都统，统管六翼，各翼有总管，总管以下有佐领六十，境内人口大约有五万人。

呼伦贝尔之形势

呼伦贝尔居黑龙江西部，与各方都有密切的关系。讲它与外蒙的关系，第一它的南侧因为内兴安岭的横断，使它与黑龙江省隔开，而和外蒙形成一片。第二，呼伦贝尔多山，当地蒙人必须至外蒙牧马。第三，呼伦贝尔居民有三分之二是哈尔滨〔哈〕民族(即外蒙人)，所以自地理方面观察，它和外蒙是有密切的关系。讲它与内蒙关系，它的南部和内蒙为邻，在地理有上唇亡齿寒、辅车相依的形势。讲它与日本的关系，日本若经营满蒙与西伯利亚，必须要注意到这块弹丸之地。讲它与中国的关系，则库伦不保后，呼伦贝尔便成中国北边防备俄国的一个极重要地带，加上西伯利亚大铁路横贯欧亚，愈使呼伦贝尔成为东亚咽喉，所以呼伦贝尔地方虽小，而形势上却要挖〔控〕制内外蒙古、东三省，和中、日、俄三方势力，均有相当的关系。

蒙族自觉运动发生之原因

呼伦贝尔为什么发生了蒙族自觉运动呢？这在郭道甫氏是这样讲："我们蒙古民族是具备民族的条件的。在一个民族条件中语言、文化、宗教和土地是最重要的条件，然而这几样我们都具备无遗。我们不像满洲人之失其语言、宗教，我们民族特性是永远保存没有丧失，这样一个民族，没有外力的鼓荡，它也会自己起来独立，何况环境逼着，使它另觅新路呢？

“我们的自觉运动，是有几种背影〔景〕的。

“第一，汉族方面之压迫 政治方面，汉官对于我们横加摧残，我们参政的机会一点没有。经济方面，买卖交易不平等，我们不堪汉人之凌辱。文化方面，汉人一提到蒙古人，便好像是牛马，轻视鄙弃，不遗余力。

“第二，世界潮流之鼓荡 欧洲〈大战〉后民族自觉运动，风涌世界，被压迫的民族，力求解放，我们为被压迫民族之一，当然我们也要求解放。

“第三，蒙族智识阶级之增加 蒙古人求学的渐渐增多，到外国留学的有人，到中国内地念书的有人，这些智识阶级，身受异族压迫之苦，回到蒙古，竭力鼓吹民族思想，所以发生了自求解放的运动。

“第四，蒙族的自卫运动 蒙古人眼看着自己的牧马大平原，一点一点地叫汉人垦成熟地。丰美的水草渐渐得不到了，若是永远采无抵抗主义，那末他们就有被赶到贝加尔湖畔的危险，所以起来奋臂疾呼。

“第五，民国九年以后自治权缩小，蒙古人民不满意。

“第六，政局骤变，东北当局之统治力薄弱，蒙人以为有机可乘。

“在这里还有一个主要的原因，就是我们看清楚了中国不久就要统一，我们若不有所表示，将来中央政府也许要以政权付之王公，或者对于我们完全不闻不问。所以我们举动的意义，是要表示：一、打破蒙古专制威严的思想，使民众知道王公以外还有顶大的势力；二、使中国政府知道我们蒙人的心并没死去，免得轻视蒙古的民众；三、即使举动失败，在民众方面我们也撒下有力的种籽，将来总有发芽结果的那一天。”

“我们运动的范围”

“我们看清楚了这几点，所以我们开始自觉的酝酿；在我们酝酿这种运动之前，我们已经看清楚，俄国是不能因为我们四五万人来帮助我们而引重大纠纷的，外蒙早已自成一国，羽翼尚未丰满，对于我们现在还不能拉在一起。内蒙，面积很大，现在还不能独立，所以我们要干，必须自己干，必须以呼伦贝尔为发源地，而我们对于策略方面也须加以讲求。

“在这时我们深知呼伦贝尔是不够现成一个独立国家的条件的，所以我们对外主张自治，对内主张民治，我们运动的目标，是要蒙古人民来治理蒙古。我们不再要腐败的王公制度，我们不愿再受贵族阶级的宰割，我们是要近代的民治主义，目标有了，执行任务的是哪些人呢，在这里千钧的重担，当然须由内蒙平民党来担负了。”

蒙族自觉运动之中坚——平民党

“内蒙平民党是怎么一回事呢？在这里我觉得很有声述的必要。它的成分原来是由两部分人组成的：（一）中国国民党；（二）外蒙平民党（即国民党）。本来内蒙平民党可以和上述二者合并的，不过因为它与外蒙及中国的情形不同，所以折衷而成内蒙国民党。它的政纲对外是主张自治，对内是主张民治，而宗旨则为保护内蒙之土地、人民权利及宗教。在这个党内没有阶级之分，纯为一民众的党。近几年来党员散布内蒙热、察、绥一带，人数约有万人。在这里因为主张不同，就分为两派，一派是向中央求自治，等中央给了自治然后再求民治的，这一派白云梯便是一个代表。另外还有一派，便是主张蒙民自己奋斗来求自治，这样主义我是极端主张的，因为我们有这样主张，所以我们计划起来暴动。”

暴动

“在七月十四、十五、十六等日，我们的党徒三十余人会议于呼伦贝尔南境，议决拆毁中东铁路，断绝了欧亚交通，使东省当局无所施〔适〕从。我们深知这条铁路两旁并无人家，即使中国军队来了，苦无给养，也很难作战。假若我们能使火车一月不通，则国际方面必生绝大影响。所以公推福明太为军事委员长，乌勒基为呼伦贝尔平民军总司令，进行拆路事宜。这种工作是分作两部，一部是在兴安岭西乌努尔站附近，一部是满洲里东察干站附近。这两个地点相距有五百余里，我们所以要拆这两处的便是因为黑龙江保安司令万福麟才过了兴安岭还没到满洲里，意思是使他进退维谷。事情计议好了，福照〔明〕太、乌勒基和我便领着当地的蒙古保卫团千余人分道出发，他们是担任满洲里路线的，我则骑着马领着几百人奔鸣〔乌〕努尔，这在丛山峻岭里走了十几天才到那里。路是很容易的拆了，电线也很容易的割断了，这个日期是八月十六七日。铁路拆毁以后，中国军队便来了，铁甲车也来了，在铁路附近有一次作战结果，中军国〔国军〕队死了十余人，我们也死了一人。”

议和

事情扩大了，中国大军云集，呼伦道尹赵作人及奉天代表与我进行和议。最先我和赵道尹来往书信，颇有辩论。以后和议渐有成效，九月廿六日我到海拉尔见赵作人，成立议和条件。第一呼伦贝尔设参议处，参议呼伦贝尔改进事宜。呼伦贝尔廿一区，每区代表一人。第二呼伦贝尔保卫团原额五百人，增为一千人。第三都统署增加经费。因为这几样要求成功，所以我到奉天去结束了这次事变。”

“我所要声明者”

“在末了我要声明的就是：第一，我为什么到奉天去？我到奉天去，并不是为地位为荣利，乃是因为怕一般同志被宰割。假若我在呼伦贝尔黯然走了，跟我的一些人，一定要有些遭牺牲，死掉了我一个郭道甫不要紧，死掉了许多同志是我所不忍的。所以我定愿冒危险冒物议到奉天去完成了这段和议。

“第二是郭道甫并没有赤化。我们知道蒙古现在还是游牧民族，没有资产阶级也没有无产阶级，王公虽有土地，但土地也不是他们的私产，决不像欧洲的大地主。境内既然没有资产阶级，共产主义何以发生？何况大多数人不注意空谈，仅注意实际。作民众运动，和他们说“你的牧马的地方快没有了”，或者说“我们庙里的佛像被汉官扔了，你愿意攒〔赶〕他们否”？这是新行的，若是空谈阶级斗争、无产阶级革命，是没有人会跟着你走的。

“第三我要声明的是将来的志愿。我的目的是要读书，要著述，现在稍得闲暇，拟即从事于书生事业，至于富贵功名我是视若过眼云烟毫无留恋的。”

结论

郭氏的谈话我已经叙述完了，这样看蒙古的问题究竟重要不重要呢？呼伦贝尔现在虽然安静下去，但是将来能否长久，还属问题。内蒙几百万人民也与呼伦贝尔有同样情形的，我们敢保他们安然无事吗？羁縻〔縻〕政策已经被时代宣告死刑了，新的政策将何所出呢？红色的“土匪”旗正在迎风招展着说：“蒙古的兄弟们！来呀！蒙古的兄弟们！向这里来呀！”但是我们怎么样？我们说什么呢？

十七年十二月四日于黑龙江中学

《星期评论（上海民国日报附刊）》（周刊）
上海星期评论社
1928 年 2 卷 33 期
（李红权　整理）

郭道甫通电

郭道甫　撰

（衔略）呼伦贝尔一区，在满清时代，虽为八旗制度，而实际上确有自治部落之基础。迨至光绪末季，改黑龙江为行省，呼伦贝尔亦改道制，而蒙旗制度，虽未变更，惟蒙人语言文字、风俗习惯，与汉人诸多隔阂，其结果引起蒙汉两族之恶感。适国体变更，而激成呼伦贝尔之一时独立，与黑龙江完全脱离关系，依附于外蒙古。嗣于民国四年恰克图中、俄、蒙三方会议之结果，承认呼伦贝尔为特别自治区，予蒙人以完全自治之权利。民国九年，取销恰克图、呼伦贝尔自治条件，缩小其范围，而为今日之半自治。呼伦贝尔蒙族〔旗〕当局，自前次独立以至今日，若能注意民意，举办新政，则不独奠边防于磐石之固，即对于自治权，亦不致日就放弃之现象矣。乃呼伦贝尔蒙旗当局，始终保守满清时代之王公制度，对于民族，则毫不振刷开通，对于民权，则毫不提倡发达，对于民生，则毫不设法维持，职居爱民、治民之责，而身享安富尊荣之乐，卒养成今日政治不良之环境，使蒙旗人民，永无得见天日之希望。其结果，新进少年则避出境外而谋事矣，无告人民则忍受痛苦无处可诉矣。今者东北当道刷新政治，注意民意之际，我呼伦贝尔蒙旗〈受〉压迫之民众，痛苦仍旧，用是各旗民族，暨在外青年等，忍无可忍，待无可待，声息相通，结成为有主义之团体，于本年七月中旬，在呼伦贝尔南境，召集秘密大会，议决恢复自治，及建设民治之两大政纲。惟此二事，皆属对内问题，不当借助外力，以引起国际上之纠纷。且此二事若不以实力为后盾，亦不足以达其目的。故以武装为护符，暴动为手段，以引起全世界及全中国之注意，然后提出要求条件，以和平之手段，争得自治、民治之政权，此我革命同志等，乃于八月十六、十七两日攻击中东铁路之所由来也。总司令及各当道，深知此次举动，纯为政治作用，并爱护青年同志，勿使走于极端，特此各派代表开诚劝导，告以合作之大义，示以优待之好意，往返四十余日，积函四十余件，虽有大军征讨计画，终未诉诸武力，而得和平解决之结果，不使蒙汉人民，得遭涂炭之祸，可谓幸矣。道甫本一介书生，德薄能鲜，肇事之始，为呼伦贝尔人民谋自由计，为国家谋幸福计，义不容辞，勉膺重托，用敢牺牲一切，略尽匹夫之责。今者我总司令及各当道等，优待我蒙旗人民，对于自治权利，则恢复实属不少，对于民治问题，则亦准设发言机关，是我呼伦贝尔蒙旗人民，享受自治、民治之幸福，已优越于前矣。而今而后，自治前途，惟视我新旧合作之结果如何，及我蒙旗人民对于政治关怀如何耳。宿愿聊偿，尊重众意，应即声明自今日始，解除我军事时期之所有事权，恢复我书生生活，隐居黑河故乡。至于呼伦贝尔此次政变善后一切问题，道甫甚愿以私人资格，助其进行，亦不负总司令、各当局暨我呼伦贝尔父老兄弟殷殷厚爱之初心。特此通电。郭道甫叩敬。

《国闻周报》
上海国闻周报社
1928年5卷39期
（朱岩　整理）

蒙古的政治

燕树棠　撰

中华民国是汉、满、回、蒙、藏五族的共和国，这五民〈族〉合起来构成大中华民族。那末，蒙古在种族上说是中华民族的一部分；就版图而言，是中华民国领土的一部分；就政治而言，是中华民国国家的一部分。蒙古在中国的历史上，已经是占重要的地位，到现代，它在中国的内政、外交两方面更是关系重要。现在我分四点说明蒙古在中国政治上的状况。

一、行政区域

我们普通最泛的说法，一说到蒙古，便想到中国北方以北的那一块大地；再详细一点的说，我们知道内外蒙古的区别；更详一点，我们就不甚注意了。其实，只就行政区划而言，原来已经不简单，这几十年以来，却又有不少的变更。

中国的领土在前清时代包括二十二行省（本部十八省及光绪年间所设立的关东三省和新疆省），及蒙古、青海、西藏三大领域。这三个领域认为“外藩”，不认为行省。民国成立以后，《临时约法》载有：“中华民国领土为二十二行省、内外蒙古、西藏、青海。”普通所谓内外蒙古是指着长城以北，新疆以东，奉天、黑龙江两省以西，俄属西比利亚以南那一大块地方。大沙漠以南称为内蒙古，大沙漠以北称为外蒙古。其实，黄河套以西是套西蒙古，长城以北的沿边的地方，前清早已设县，归到直隶、山西、奉天三省以内，这些地方称为内属蒙古；严格说来，大沙漠以南的地方，除去套西蒙古及内属蒙古，其余的才是内蒙古。外蒙古，严格的说法，也是除去它的西部——唐努乌梁海及科布多两块地方——才算是外蒙古。到民国初年，一则因为汉蒙人民在塞北杂居的日渐增加，二则因为俄国唆使蒙民叛变，因为这内政、外交上的关系，于是中国政府把漠南、塞北重新划分：把内蒙古及内属蒙古仿照省制，改为热河、察哈尔、绥远三个特别区域，把套西蒙古改为甘肃的宁夏所管辖的地方。实际在中国行政区域上现在只有外蒙古，而已经没有内蒙古这个名称了。因此，国家在行政上若说到蒙古，也只应指为外蒙古，不应再包括内蒙古了。

蒙古的地方行政区域，最高最大的为"盟"，其次为"部"，再次为"旗"，最小的为"包"。包类似村庄，在行政上无足轻重，而最重要的是盟、部、旗三个阶级。但盟不一定是多部凑成，有的盟只有一部，部也不一定是多旗凑成，有的部只有一旗。部与旗是蒙古原有的旧制，盟是前清管理蒙古的新制。到现在外蒙古的行政区域仍然是盟、部、旗三级的制度，即在三特别区域虽已改为县制，而关于蒙民，仍然保留他们自己惯从的旧制。

二、行政机关

蒙古的行政机关可以分为地方与中央两种。

第一，地方行政机关。盟有盟长，部有部长，旗有旗长。旗长都是蒙古世袭的酋长，称为"札萨克"。这些"札萨克"，在清朝的时候都有封爵，同于宗室——有王、公、贝勒、贝子、台吉等名称。旗长关于他旗内的事务，虽受理藩院及将军的监督，而实际上并〈不〉受干涉。旗长对中央，除去元旦朝贺、御前行走，及皇室〔市〕打猎的围班以外，每年只进羊、酒、马、香、刀械轻微的贡品，此外并没有别的义务。帮助旗长作事的人员，文官有“协理台吉”，武官有“管旗京章〔章京〕”，还有几位人员，共同管理旗内的用〔司〕法、警察、征税等事务。

部长系以本部札萨克中的学长充当，只有名义，并无实权，亦无职务。清制设盟的目的就是要去掉部长的权限。

盟长是由本盟各旗旗长推选出来，但必须经中央元首批准，盟长没有固定的办事机关，每年按期召某〔集〕各旗长会议，解决（一）关于两旗以上的人民彼此的争议；（二）关于全盟的行政及经济事项；（三）关于本盟的统计事项。此外，他没有别的权限。这种会议，在内蒙古，必须经中央批准，并经中央派人莅会，才得开会。

上述关于蒙古地方行政机关，在民国元年，经中央政府公布关于《满蒙回藏各族待遇之条件》及《蒙古待遇条例》的承认，至今没有变更。

第二，中央行政机关。在前清的时候，北京设有理審〔藩〕院管理蒙藏事务。此外在蒙古还没〔设〕有“都统”、“将军”、“大臣”等名称的派遣大员，就地办理及监督各盟旗的军政及民政。这些派遣的大员之下，也有由理藩院派来的官吏帮助他们办理事〈务〉，但是理藩院和这些派遣的大员，都是直对皇帝负责任，并不相统属，而理藩院的职务以偏于礼节的事项居多。

到民国成立以后，理藩院改为蒙藏院，“管理蒙藏事务”。大致还是沿袭理藩院的权限。在三特别区域，设了三个“都统”，管理各该区域内军政、民政及旗务。在外蒙古设了一个“库乌科唐镇抚使”驻［庫］库，镇抚使之下又有几个“参赞”，分驻几大城，帮助镇抚使管理军民及盟旗事务。这些驻在的大员都是对大总统负责任的。

上述中央〈行〉政机关，从前是完全不干涉地方盟旗行政机关，但到民国以来，要举办新政，就不免要干涉了。

三、现在的蒙古问题

热、察、绥三个特别区城〔域〕之内，蒙汉相安，所以在政治上除与各省共同的问题以外，并没有单独的蒙古问题。只有外交上日本在东蒙侵略，常用的东蒙这个名词，本系日本造出来的无确定范围的字样，至少日本是意在热河特别区域。在民国初年，日本曾帮助奉、热交界的地方蒙民叛乱，故意造成郑家屯的交涉。现在满蒙的王公世家许多凑集在大连、旅顺，日本利用他们在蒙古捣乱，这却是外交、内政上可虑的问题。

外蒙古现在名义上虽是一个蒙古共产党的蒙古共和国，而实际上变为苏俄的属地。俄国在帝政的时代一年紧一年侵略外蒙古，到现在才实现了。苏俄同中国缔结条约承认外蒙古是中国的领土，而另一方面又承认外蒙古独立，这是违背条约；而外蒙共产党政府在民国十□年致北京蒙藏院一个公函，对中国政府却表示若即若拒的意思，更是滑稽。所以外蒙古政治局〔问〕题即是外交问题，将来用武力解决，或从外交方面解决，现在难以预测；但外蒙古是中国北边的屏蔽，若是外蒙古完全成为俄国的属地，那是俄国斯拉夫民族对中华民族一个生死存亡的危险，中国决不能轻易放过！

《现代评论》（周刊）
上海现代评论社
1928年7卷169期
（朱宪　整理）

内蒙古与国民党

召　撰

前几天，白云梯委员请求把内蒙古国民党改为中国国民党内蒙古支部，曾经中央执行委员会议决照办。内蒙古国民党这个旧名称同中国国民党对立，固然是很不妥当，即现在改称中国国民党内蒙古支部，在事实上及精神上也还欠正当。就地域而言，内蒙古早已改为热河、察哈尔、绥远三个特别区域，国民党设支部，应设热、察、绥三个特别区域的支部，不应设内蒙古支部。就民族而言，现在三个特别区域的人民，蒙、满、汉各族杂居，彼此通婚，互相交易，满、汉固早已完全没有区别，即蒙民生活及习惯上的异点，也一天一天的减少，实际上三个特别区域的人民已经没有种族的界限了。现在国民党在那里设立内蒙古支部不但没有意义，并且恐怕引起种族的误会。假如按种族设支部，那末，各行省各大城的里边有许多回民，都要设立回民支部吗？自然是不能的！现在东三省内有许多归化的韩民，也都要设立韩民支部吗？当然是不能的！

我们要知道：汉、满、蒙、回、藏五族的中华民国是要统一，不是要分裂。假如我们要承认分裂，张作霖在北方为王，我们就可以不去打他，东三省归到日本，外蒙古归到俄国，我们也就可以承认了。我们现在革命，不惜重大的牺牲，不是要统一中国吗？五族共和，是要五族的人民单个的在法律上享受平等的权利，共同生活的机会，不是要五个民族整个的独立。从前辛亥革命所以要打倒满清，是因为满人享有特权，压迫汉、蒙、回、藏的人民。民国成立以后，早已承认各族人民平等，从此以后，我们应当努力各族彼此间共同的和统一的生活，决不容许分裂的和独立的生活。因此，我们希望：中央执行委员会取消中国国民党内蒙古支部的名称，改设热、察、绥三个特别区域的支部，免得奸人从中利用，再蹈外蒙的覆辙。

《现代评论》（周刊）
上海现代评论社
1928 年 7 卷 172 期
（朱宪　整理）

外蒙侵入呼伦贝尔事件与日俄阴谋

育幹　撰

最近八月中旬，黑龙江省的西部满洲里、海拉尔等处，忽然发现外蒙赤卫军，并将呼伦贝尔要镇占领，与中国军队大起冲突。按呼伦贝尔这块地方，和外蒙及俄国的萨拜喀勒省相接近，面积约有一万平方哩，人口约有六万多，是中东铁路华俄交界地方一个要点。在从前民国四年的时候，是改为特别区施行自治制度的。直到民国八年却又取消自治，改隶于黑龙江省。现在该地却忽遭外蒙军队占领，致颇引起中外的注意。

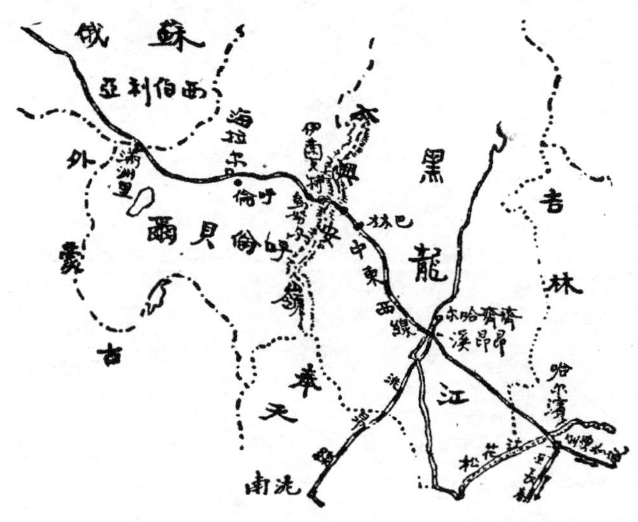

这件事情的内幕如何，因道远消息隔绝，究竟真相，我们还不大清楚，但就各方面的消息看来，这次事变，总不免含有国际的阴谋作用。现在且将各种不同消息，汇志如下：

（一）这次事变有谓由于日本浪人勾结蒙匪扰乱东省治安，以便借口维持，遂其占领东三省之阴谋。

（二）日方宣传，大都咬定此次变乱由于苏俄政府暗中操纵，以为“赤化”内蒙的先声。

（三）外人消息有谓此次变乱由于日俄两国合力造成，日方欲使苏俄合并外蒙及呼伦贝尔以便日本独吞满洲。

（四）又一消息，则谓此次事变纯系内蒙推翻王公运动，为呼伦副都统所反对，派兵压迫，致内蒙青年党亦向外蒙请兵，遂将呼伦站占领。

上面四种原因，究竟以哪一种切近实际，刻下我们还难断言，现在姑且分别考察一下。

先就第一项原因说：日本打算造成变乱，以便派兵占领满洲，这本是很可能的事情，不过这回事变却不见得是日本人的主动。这理由很为浅显，便是日本若果要造成变乱，以为出兵张本，她应当于南满一带，自己势力范围以内酿成事变较为便利，而不会找着俄国势力的中东铁路沿线地域，因为这些地方，目前日本的政治、经济势力，都还未能伸张，便派兵也没什么用。不过她要借口变乱，而增兵南满倒是可能的事。又日本浪人暗地和蒙匪勾结，以便乘机因缘为利，那也是日本“黑龙会”派一般人的惯技，毫无足怪。

其次，至于说这次变乱是由于苏俄操纵，在事实上也是很可能的。因为苏俄近三年来，自西欧政策失败后，便倾全力于东亚方面之发展。外蒙之完全收服，便是她的最大成绩。近来她更极力怂恿外蒙向各方进攻。外蒙所最垂涎的，便是呼伦贝尔都统所管辖下的外蒙索伦、克鲁伦、鄂鲁特等数旗物产最为丰富，很想攫为己有。外蒙政府曾经屡次派人，去勾结呼伦贝尔的蒙古都统，许以重利厚位，诱其叛黑附蒙或自立“苏维埃”政府，都没有成功，所以这次变乱，有人说是外蒙政府觉得勾结政策既未成功，便只有煽惑克鲁伦等旗青年，组织索伦赤军，向呼伦贝尔进攻。据说在中间划策的人，便是有名的鲍罗廷。这也就可想见苏俄操纵情形之一斑了。

复次，假定这次事变是由日俄两国造成的，这也不是毫无根据的话。我们要晓得日俄联合的事实，自去年年底以来，本有多方面的事实可为佐证。她们结合的目的，当然不外在解决满蒙问题：日本在南满、东蒙的利益关系大，她便要俄国承认她的特别利益，俄国在北满一带的政治、经济关系密切，所以她也要日本听其实施“赤化”政策。这便是她们平分满蒙的绝大阴谋。这种阴谋，曾一度盛传于二三个月前的日俄密约，到最近前满铁大藏公望男爵到莫斯科出使，及苏联远东部长梅利尼可夫更到哈尔滨等处观察情势后，此说更甚嚣尘上。所以我们认定这次阴谋与日俄两国阴谋的表现，在事实上也有极大的可能咧。

最后我们就内蒙推翻王公运动的说一考察，现在此说殆经多方面之证实，即在不久以前，内蒙国民党代表哈巴克卫心，曾经劝告呼伦副都统贵福改委员制，贵福佯为赞成，而暗中调遣军警严密出动，恰巧，青年党员假副都统那里开会，贵福就把他们全行拘捕起来，致激成众怒。由内蒙的国民党员，联合许多同情于他们的群众，齐趋海拉尔，便把呼伦占领了，要求贵福下野。这件事情乍看起来，似乎完全为内蒙新旧之争，即新青年党推翻王公制度的一种企图。但我们很怀疑内蒙青年独立党人乃具如许魄力手腕；若说没有羼人外力（尤其苏俄）在内，差不多令人很难置信。现在乱事虽说因中国军队剿除得力，好像暂时平定下去，但使国际阴谋依然暗地作祟，则满蒙边防的前途仍然危险万分咧！

《东方杂志》（月刊）
上海商务印书馆东方杂志社
1928年25卷15期
（丁冉　整理）

呼伦贝尔事件述评

盛叙功　撰

一　绪言

此次呼伦贝尔地方的变乱事件，表面上虽算已归平静，而实际上潜伏着的危害，似还未全消灭。日本的新闻界自始便把它当做一个很大的问题来宣传，不是说是一种蒙古民族的民族革命运动，就是说要求脱离我国与外蒙合并。而日俄两方更是互相攻讦，日本说是背后受了苏俄的主使，而俄方又说此次事件的主动是日本。日本田中内阁竟有声明维持东三省的治安，采取何等适切有效手段，及对俄提出忠告的意思。我们暂且把这件事件的本身撇开不说，单从日俄两方的态度看来，所可注意的已有二点：（一）是日本想乘这个机会借口维持什么治安，保护什么居留民或已得权利，再演一回第二次的“济南事件”；（二）是呼伦贝尔事件之含有国际的关系，日俄两方之互相攻讦与辩解，一方正可以表示日俄两方彼此之猜忌，他方更足以暴露其指使之阴谋。现在本文便想从事实上研究呼伦贝尔的地理、历史、民族的情形，日、俄、外蒙之关系，以及此次事变的内情，而彻底讲求挽回消灭之方策，使永不至再发生这类的事件，以启外人干涉侵略之野心。

二　呼伦贝尔的地域与民族

呼伦贝尔为新巴尔虎、陈巴尔虎、索伦、额鲁特等四部十七旗所分布之地，现属我国黑龙江省龙江道。地在黑龙江省东〔西〕境，中隔大兴安岭山脉，西以鄂嫩河界俄属西伯利亚之萨拜克尔省，西南界外蒙之车臣汗，面积约七万方里。海拉尔河横流东西，大兴安岭纵贯南北，依山带水，形势称胜。中部成大平原，南广而北狭，土地肥沃，南部尤多湖沼，牧畜农耕，皆颇适宜。居民仅约九万八千余人，其中蒙古族有五万余（据日人所调查），实为最有希望的殖民开垦地域。现中东铁道横贯境内，西自满州〔洲〕里（即胪滨）入境，中经呼伦（即海拉尔），东通哈尔滨，尤为北满交通的要冲。且北通西伯利亚，南连外蒙，满州〔洲〕里尤为西伯利亚入东三省之第一重门户，其于我国东北边防，更有举足轻重之势，日俄之所以十分注目者，原因也就在此。

其次，讲到呼伦贝尔的民族，大概可以分为四大部，即属通古斯族之索伦人，及属蒙古喀尔喀族之新巴尔虎、陈巴尔虎，及额鲁特人。是四部统分十七旗，索伦人占六旗，新、陈巴尔虎合成十旗，额鲁特一旗，故其势力以新、陈巴尔虎为最大，索伦族次之，额鲁特为最小。

新、陈巴尔虎者为蒙古族的一派，普通单称巴尔虎，因编入八旗之先后，故有新旧之分。除一部隶属于蒙古八旗，多居住于黑龙江省城一带外，余概栖息于嫩江流域及呼伦贝尔地方。陈巴尔虎从前本在黑龙江省木兰围场县的近边，从事游牧，以后始移住于兴安岭以北、以东，即呼伦贝尔一带地方。冬游牧于海拉尔河上流，夏日则趋于下流，性情勇敢慓悍，信喇嘛，子弟之在呼伦者亦通汉文。汉人移居北满以来，互相杂居，一部分颇受汉人之同化。至新巴尔虎则本居外蒙，在外兴安岭北麓一带从事游牧，至清嘉庆年间，始渐渐转徙南方，遂成部落，编入八旗。其编入时期较新，故称新巴尔虎。后又移至伊敏河（海拉尔河之支流）两岸，逐水草而居，敬信土俗喇嘛，托生命于佛。言语与陈巴尔虎同，惟以同化之时期较浅，陈巴尔虎常目之为蛮族，两族间很不能相容。

索伦人散居于西伯利亚黑龙江中流，我国之额尔古纳河的东岸，兴安岭的东麓，嫩江上游沿岸，黑龙江右岸一带，及布特哈、呼伦贝尔等地。其范围极大，居于呼伦贝尔的，不过其一部分，或与满人、汉人杂居，或自营独立之部落。身体长大，骨格雄伟，性情勇敢耐劳，胆大慓悍。言语为通古斯语，而满语、汉语、蒙古语亦交相杂用，接近西伯利亚者，更通俄语。大都以游牧为生。而呼伦贝尔之索伦人，则颇多巨族，骁勇好战，清初以来，屡立战功。

额鲁特为纯粹之蒙古族，其名称不一，有呼厄鲁特、卫拉特、瓦拉特的，人种学者称之为西部蒙古族，以与东部蒙古族之喀尔喀族相分别。人口约五十万，分布区域极广。其初本多居于西藏、中亚及俄国南部方面，后来逐渐分散移居，其中之一部分遂东迁于呼裕尔河流域及呼伦贝尔地方。身体健强，性质朴直而慓悍，善骑射，以游牧为生，奉喇嘛教，用蒙古语。

以上所言为呼伦贝尔四族人民之大概。总之，此等民族文化低下，智识浅陋，而天性强悍，勇敢好战，头脑简单，富于宗教的信仰，性情直率，易受他人的鼓动。处治苟得其当，即帖服附从，不然，则一旦群起反抗，统治为难。且大部皆属蒙古族，与外蒙关系最为密切，民族上、宗教上、言语上、历史上以及民情风俗，都有不可分隔之势。年来外蒙受俄人之鼓动，屡次叛变，外蒙问题迄今悬而未决，则呼伦贝尔之受其影响而蠢然思动，亦是意中之事，只是我国向未加注意，事前无消弭之法，结果遂有此次的事变。

三 呼伦贝尔之归属

呼伦贝尔，自前清初叶平定内外蒙古以来，即编为新巴尔虎、陈巴尔虎、索伦、额鲁特等四部为十七旗，与齐齐哈尔、墨尔根、黑龙江（爱珲）、布特哈、通肯等共置副都统，属于黑龙江将军管辖之下。光绪三十三年，裁黑龙江将军，改设黑龙江巡抚。又次年，改副都统为呼伦道，置呼伦直隶厅于海拉尔，满珠府于满州〔洲〕里（宣统元年改胪滨府），并置设治局于吉拉林。及辛亥革命，呼伦贝尔乃与外蒙相呼应而独立。至民国三年，始取消独立，置龙江道，呼伦贝尔即属龙江道所管辖，海拉尔改置为呼伦县，满州〔洲〕里为胪滨县。此为呼伦贝尔归属于我国沿革的大概，是呼伦贝尔地方为我国黑龙江省之一部，呼伦贝尔的民族亦与我国有长期间的历史关系，绝不能牵连到什么领土的主权问题，或政治上的问题。偶而发生事端，亦只能认为我国局部的统治上的对策问题，不特无外人干涉的余地，即与外蒙亦脱离关系多年，已无容喙之资格。就是外蒙我们亦未尝承认居有何等特殊的地位，今要在呼伦贝尔出何等行动，当然更为我国绝对所不许。

四 呼伦贝尔叛乱之由来

呼伦贝尔之纠纷，由来已非一日，而与俄国的关系尤为复杂。俄国在清初大举侵犯黑龙江，志不得逞，结《尼布楚条约》（康熙二十六年）以和。我国无端丧失了贝加尔湖以南，现俄属西伯利亚萨拜克尔省的地方，而俄国亦总算承认额尔古纳河以东的地方——即是呼伦贝尔，为我国的领土。于是清政府乃改设旗制，颁布自治，设置都统，奖励移民，三百余年来，终未发生什么问题。及至光绪二十二年，结《喀西尼条约》，俄国获得中东铁道建筑之权，其势力复伸入于呼伦贝尔地方。清政府亦惟恐俄人之深入，动摇统治之主权，遂于光绪三十三年废止自治制，直辖于黑龙江巡抚之下，并置一直隶厅于海拉尔，一府于满州〔洲〕里，以巩固统治之主权。此为我国历来对于呼伦贝尔统治的情形。

但是一方面因自治制强制的废止，亦颇足以引起呼伦贝尔人民的反感，加以背后有俄人之嗾使与援助，遂有一九一一年第一次的叛变，即一九一一年八月呼伦贝尔的商民招集会议，议决呼伦贝尔自治权及其他特权的恢复。当时议决的内容有次之五项：

（一）中国官宪、军队悉退出呼伦贝尔；

（二）呼伦贝尔统治的全权归于呼伦贝尔人之手；

（三）呼伦贝尔地方禁止中国人移居；

（四）现在呼伦贝尔地方住居的中国人，有不服从呼伦贝尔官宪的，即放逐于外；

（五）关税与发掘权以及因自然富源所生之税金，一概归呼伦贝尔官宪所收纳。

这种有计划有条理的举动，决不是粗鲁率直的呼伦贝尔的人民所能做的，显然是背后有人主使。

同年十月我国革命发生，十一月外蒙宣言独立，同时呼伦贝尔亦与外蒙相呼应，宣告独立，并牵制我国对外蒙之军事行动。我国不得已乃与俄国交涉，结果于一九一三年十月，关于呼伦贝尔问题成立《中俄协约》，遂恢复从前之副都统，自治政治又再复活。

及一九一七年俄国革命爆发，《中俄协约》当然无效，一九二〇年（民国九年）我国遂取消呼伦贝尔之自治权，而置于黑龙江省统制之下，呼伦贝尔叛变事情乃暂告一段落。

但是我国此次所收回，还不过是一种形式上的统治权或宗主权而已，并未能收得实际的权力，呼伦贝尔还是握得自治之权，执此权者，就是所谓海拉尔政厅，是其组织如下：

呼伦贝尔蒙古副都统衙门

左厅	内政、财政、户口
右厅	裁判、人事
印务所	管理文书
额鲁特总管	旗务
索伦右翼总管	旗务
索伦左翼总管	旗务
陈巴尔虎总管	旗务
新巴尔虎右总管	旗务
新巴尔虎左总管	旗务

是海拉尔政厅，实在是一个地方行政自治的机关。左右两厅各置厅长一，实握有司法、财政、行政之大权。反之我国则徒拥统治之虚名，对于诸民族仅得采怀柔手段，委曲求全，使不致发生什么事端，以弭缝于一时。呼伦每年一回举行蒙古大祭时，我黑龙江军事领袖率文武官吏，亲至呼伦以示威严，实则我国的势力不出中东铁道沿线一步，蒙古人的游牧地带，亦没有我国的军队、警察，亦没有行政官吏，即纳税亦置于政厅左厅长之下。这是我国对于呼伦贝尔统治上根本上的失败，貌合神离，名有实无，结果遂有此次叛变事件的再发。

五　此次变乱事件的经过

此次呼伦贝尔变乱事件之突发，据日本报纸所载，亦已酝酿了很久。原来呼伦贝尔的民族不一，对于我国之关系亦有亲疏之别，所以主张亦极为分歧，有急进派、保守派、亲中国派、亲俄派之分，彼此轧轹争斗由来已久。其中急进派虽屡想蠢动，但无外力的援助，终无发动的能力。及此次国民革命军北伐，奉天派退出关外，势力下落的时会，呼伦贝尔的急进派，所谓蒙古青年党遂以为千载难得的机会，依附外蒙的援助，乃突然发动。并据日本报所传：七月中旬，外蒙库伦政府即开始输送武器弹药于克鲁伦（在外蒙与呼伦贝尔交界附近地方），并于交界地方配置重兵，似已开始有所准备。及至七月中旬，克鲁伦开外蒙露天市场，呼伦贝尔的青年党即乘此机会招集会议，结果遂决议呼伦贝尔与外蒙合并。至八月，外蒙政府突然对海拉尔蒙古政厅发要求合并的最后通牒，以八月十五日为答覆的限期，并以武力加以威吓，此时观望形势之呼伦贝尔副都统贵福与保守的一派，始悟事态之重大，一方警告我国当局，一方开会，议决以呼伦贝尔之现状只能要求有程度之自治，不认为与外蒙有合并之必要的理由，反对外蒙的提议。至我国当局一方，海拉尔的镇守使张明九及呼伦贝尔道尹赵仲仁等，则并不感知事情的重大，不加注意，不加防备。而海拉尔政厅左厅长成德，却是属于新〔亲〕俄派的人物，竟与外蒙相策动，我国当局亦未加以注意，没有特别处置，形势就日趋恶劣。呼伦贝尔蒙古青年党首领郭道甫（成德之子），及敖霖泰（成德之甥）以合并要求未成，遂于八月十五日夜半，率蒙古骑兵袭击中东铁道西部线。十六日拂晓，蒙古青年军约四百五十名出现于乌诺尔（海拉尔之东）车站附近，袭击第六次列车，并随处破坏路线，以断与齐齐哈尔间的连络。我国方面得讯，即发铁甲车军驰住〔往〕救援，发炮交战，不久即击退蒙古军队。又有蒙古军一队出没于依拉克提（离满德赫三百二十七基米）车站，破坏路线数处，与我国军队交战，亦被我国军队击退，此为十六日的事件。

十七日上午，满州〔洲〕里附近磋岗车站，又忽然出现大队的蒙古军，与我国守备队交战，至七时，满州〔洲〕里援军开到，遂击退蒙古军。黑军首领万福麟亦即于此时自满州〔洲〕里回省，途中被阻，待路轨修复后，始通过。万去不久，蒙军又得三贝子方面援兵三百，仍复重来，并向海拉尔方面追击。行抵乌诺尔附近，适值黑军牛青山团率部往三贝子救应张明九，中途相遇，遂相开火，互击一小时。海拉尔第五团闻讯来援，合力迎击，蒙军乃不敌，向三贝子退却，此为十七、十八两日的事情。此后中东路沿线虽屡有骚扰，因我军严重戒备，渐归平定。自十八日以后，已没有什么动静，满州〔洲〕里、海拉尔间有铁甲车数辆往来警备，中东路已照常通车，沿路亦颇安全。以上为此次变乱事件经过的大概情形。

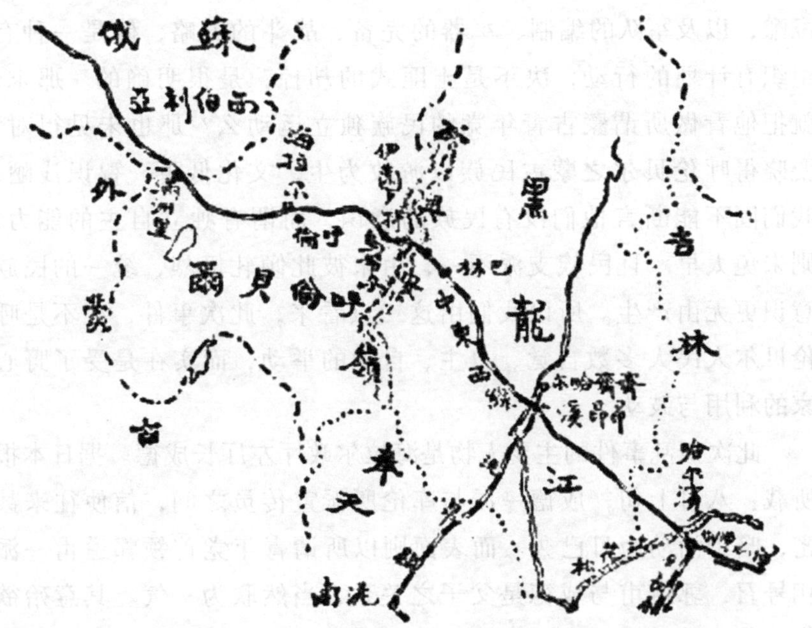

六　呼伦贝尔叛乱事件之观察

如上所述，我们对于呼伦贝尔之地理、民族与我国之关系，以及此事变之由来，经过情形大致可以明白。那么我们对于此次事件应作何种观察，大概不外下列几种：

（一）蒙匪的暴动；

（二）所谓蒙古青年党的民族独立运动；

（三）成德一派的野心；

（四）受了外蒙政府的怂恿并援助；

（五）日俄两国背后的操纵。

这五种观察哪种是对的，我们可由现在已发生的事实上一一去讨论。我们鉴于呼伦贝尔过去的历史，此次事件未发动前的准备酝酿，以及军队的编制、军器的完备、战斗的方略，确是一种有组织有计划的行动，决不是土匪式的劫掠，是很明确的。那末，就把他看做所谓蒙古青年党的民族独立运动么？那也未见得对。要晓得呼伦贝尔之蒙古民族以游牧为生，文化低下，智识浅陋，我们固不能断言他们没有民族的意识，而谓有独立自主的能力，则未免太早。且民族支派不一，由来彼此倾轧极烈，统一的民族意识更无由产生。所以我们由这二点看来，此次事件，决不是呼伦贝尔人民大多数自觉、自主、自动的举动，而实在是受了野心家的利用与鼓动。

此次叛乱事件的主要人物是海拉尔政厅左厅长成德。据日本报所载：八月上旬，成德一派与库伦所派宣传员之间，信使往来甚密，暗中活动为日已久。而表面则以所谓青年党首领郭道甫一派相号召，郭道甫与成德是父子之关系，当然联为一气。其意殆欲借外蒙政府的实力，以民族自主相号召，以遂自己的野心。愚直的呼伦贝尔人民，就受其蛊惑利用，蠢然而动。我们认为这是此次事件的主要原因。

但是成德一派，借以为奥援的是外蒙库伦政府，他们号召的题目是脱离中国与外蒙合并，则呼伦贝尔与外蒙实有密切的关系。原来呼伦贝尔与外蒙在民族、语言、宗教及地理、历史上，其势固难以分隔，则其倾向于外蒙亦是应有的趋势。外蒙既受俄人之鼓动，其影响遂及于呼伦贝尔，结果遂有一九一一年（宣统三年）第一次的事变。近数年以来，表面虽受我国之统治，而实权仍握于成德一派之手，暗中与外蒙通往来，为日已久。此次事件的发动，据日本报纸所载外蒙政府活动之事绩，汇集起来，有下列各条：

（一）六月上旬，自库伦向克鲁伦方面，以汽车三台运输枪弹、手溜弹等；

（二）七月中旬，外蒙政府向克鲁伦不绝输送武器弹药，配置重兵于呼伦贝尔境界；

（三）七月下旬，克鲁伦、科〔呼〕伦贝尔青年党招集会议，议决与外蒙合并；

（四）八月上旬，成德一派与外蒙宣传员间往来甚密；

（五）不久，外蒙军指挥官次布科斯基，突然出现于亚尔商温泉地方，同时青年党对海拉尔政厅提出合并外蒙之最后通牒；

（六）现在以克鲁伦为中心，外蒙军队的势力，据最近之调查如下：

（1）克鲁伦旅团司令部乌尔格脱司基骑兵联队，兵员六百名、步兵一中队、炮五门；

（2）次依格雷尔古谟（波尔谟尔附近）驻兵一百，有炮二门；

(3) 可玛尔查舍勃立脱，驻骑兵百五十，有炮二门；

(4) 唐契次克斯姆勃立脱，驻骑兵联队五百，有炮三门；

(5) 其他各处亦有增兵之形迹。

事件发生以后，据日本所传，亦有外蒙军队互相策应。所以我们由两者之关系、过去的情形，以及以上种种事实看来，则此次事件之直接受外蒙的主使与帮助，殆无疑义。

因呼伦贝尔问题，牵涉到外蒙问题，可是外蒙亦是我领土之一，在法理上我们绝未承认其居何等特殊的地位，则所谓呼伦贝尔问题、外蒙问题，还是属于我国自己的问题，本无他人容喙之余地，但事实上不幸处处都含有国际的意味。外蒙问题可以不论，单就此次呼伦贝尔事件，据各方所传，日俄二方之言行，皆不无可疑之处。我们绝不欲追溯过去的历史与主观的推测，只就此次的事实，及日俄双方的自辩与攻讦的言论，加以观察。

据日本方面的论调，此次事件实有俄国人暗中活动，先后宣布的事实如：

(一) 中东铁道理事长拉舍维赤因暗助蒙党而被监禁、自杀、退职，以至于病死；

(二) 外蒙骑兵之总指挥官，为俄人次布科斯基将军；

(三) 上月三十一日，驻北平俄国副领事诺谟夫氏，在长春被扣，据检查携带有关于时局之重要秘密文件，并谓与此次呼伦贝尔事件有关。

日本对于此次事变之论调，无非谓外蒙既在俄国势力范围之下，欲乘此一举，而深入东蒙、西满，以遂其“赤化”之目的。至俄方的论调，作者远处东瀛，无由得悉，仅据日本报所载莫斯科电通社电报，则谓：俄方以此次呼伦贝尔扰乱事件，完全为日本侧所引起，并举出下列几种证据：

(一) 关于呼伦贝尔地方的扰乱事件突发前，日本及白俄系新闻纸先得报发表；

（二）日本人所经营之会社及商店供给武器于西满地方，最近在哈尔滨为中国当局所没收；

（三）呼伦贝尔事件爆发，白俄同时袭击中东铁道东部线；

（四）呼伦贝尔事件爆发，恰与日本干涉奉天派与国民政府妥协，中日关系急转恶化同时；

（五）由苏俄政府所得的报告，日本拟借呼伦贝尔扰乱为口实，准备北满的军事行动。

俄方推测之论调，亦很近乎情理，不过我们在未得有确实的证据与事实以前，对于日俄两方皆不欲加以何种的论断。但双方之互相辩解，已足以表示彼等的虚心，而不觉暴露侵略的阴谋。至于日俄根本上对于满蒙有无侵略的野心，则过去的历史，历历在目，又何须乎申辩？

至于日本对于此次事件的态度与言论，更为我们所反对，俄方之谓日本拟借呼伦贝尔扰乱为口实，对于北满准备军事行动，倒并不是诬蔑日本的话。日本对此次事件不特一般舆论界极力宣扬，张大其词，就是政府亦当他一个重大问题看。据东京《朝日新闻》所载，谓："中俄间发生不虑事件时，日本政府为维持东三省治安关系上，不可不讲究何等适当有效的手段。"田中并招集各关系者搜集各项报告，讲究什么对策。日本之关心我国事情，本为我们所不安，而这种小题大做、越俎代庖、包藏祸心、乘火打劫的言行，更为我们所不可容忍。又东京《朝日新闻》登载哈尔滨特派员《蒙古人之蒙古》一文，竟对于呼伦贝尔之叛乱，表示赞助之意。大意谓："呼伦贝尔青年党郭道甫一派，抱大蒙古共和国建设之理想，图蒙古民族完全脱离中国而独立。"对于此点，表相当精神的同情。又谓："日本的满蒙政策，是对于此种民族独立觉悟的蒙古青年，负指导启发之责，同情于彼等理想之实现。”大胆放言莫过于此。日本上下对于此次事变所包藏极大的祸心，已完全暴露。而一方唯恐俄国之捷足先登，故极力宣扬俄人之阴谋。日本人此种恶劣下贱的心理，诚非言语笔墨所可以形容。日本对于我国，国际上的信义早已扫地，岂独区区呼伦贝尔事件而已。

最后，我们对于此次事件，只认为是少数野心家以民族独立号召一般青年，外借外蒙政府之奥援而起的一种局部的变乱，是完全对内的问题，绝不是对外的问题，决无外人容喙干涉的余地。

至于我们以后对于呼伦贝尔应当取什么方策，则我们由过去的历史所得的经验，以及此次事变的情形，我们实有慎重考虑之必要。此次事变的发生，是过去统治政策失败的结果。至于外蒙之叛离与勾引，以及日俄侵略之野心，则更关乎我国政治上、外交上的根本问题，我们却〔确〕不可敷衍了事，图目前之偷安，宜求根本解决，以为一劳永逸之计，兹事体大，却非本文所能详言了。

《东方杂志》（月刊）
上海商务印书馆东方杂志社
1928年25卷18号
（朱宪　整理）

苏俄阴谋外蒙之独立及现时内蒙应筹防之先决问题

彨　撰

苏俄既欲以博爱和平，扶助弱小民族之政策，促成大同的世界，那么，就应当本着这个目的，去和世界上的一切列强者去奋斗。同时对于一九一七年以前，帝俄时代，与各国订结的不平等条约，和在国外所享受的一切特权等等，均应一一无条件的放弃，以正当合法的手续，来扶助弱小民族。这样，才是真正博爱和平的宗旨，扶助弱小民族，标榜世界革命的政策呢。今苏俄不敢与欧西各国去周旋，独在东方病夫的我国欺骗。自一九二四年《中俄协定》以来，对于中俄的一切悬案，依照《中俄悬案大纲》上说，就应该早已解决了；我方一再要求开会谈判，而苏俄仍然是一而再，再而三的强词夺理，有意拖延时日，迄今终未了结。最近反在驻哈领馆密结会议，讨论对我过激方案，嗾使中东路工作人员大肆宣传"赤化"，不顾信义，横行不已。我国为保护主权计，驱逐苏俄共党，收回中东路权，此乃我国全系自卫正当之处置也。而苏俄竟不顾一切，悍然出兵，示威恫吓，顽抗异常，赤色帝国主义之真面目，完全暴露矣。际此一发千钧之秋，国防紧急之时，苏俄历来阴谋蒙古问题，不禁为吾人联想所及。兹就研究所得，草此成章，取其大略，作为关心国事者之参考。

民国九年，白党领袖谢米诺夫，占领库伦，想做它旧党复活的根据地以后，那时赤党就屡想阴谋外蒙，一方面去肃清该白党，一方面把外蒙做他的东方宣传“赤化”的策源地。在它未入外蒙的以前，曾在上乌丁斯克，及伊尔库次克等地，招集了许多蒙民开会，助其组织蒙古革命党和青年革命团，倡言蒙古独立运动，阴谋为其附庸。蒙古竟俯首相信，于是苏俄就积极准备对蒙的计划。那时苏俄的外长齐来林暗中又买动以前库伦帝国总领事署的一个书记波多（Bauio），嗾使在赤军占领恰克图的时候，请俄政府派兵到库伦，保护蒙古之自治权。所以就借此为名，进兵到恰克图，至此又借助新古蒙〔蒙古〕为名，又攻入到外蒙了。于是就实行它以前所准备对蒙的计划：一利用留俄的蒙古左倾青年，组织国民革命党及青年革命团，把这两团体做它革命的主要机关。二编成蒙古国民军，与该国赤军协力扑灭温格杜军，以图夺回库伦。三召集蒙古国民会议，建设蒙古国民政府。四撤废蒙古王活佛，确立共和政府。五厉行社会和经济等各方面的革新。于是在斯年七月间白党等完全消灭，赤军占领库伦了。

无智的蒙古，经过这样的煽惑，于是就在民国十年三月十三日宣告独立，该时政府的总理为恰果鲁·的亚子蒲，内务及司法总长为迭利克·萨伊罕，陆军总长兼国民军总司令为士和·巴尔鲁，财政总长为那梭鲁，苏俄政府为首先承认者。这是不用再说的，蒙古的独立，当然是完全苏俄援助而成功的无疑。所以不久两国政府就各派全权代表，于民国十一年十一月五日，在莫斯科由双方代表缔结《俄蒙条约》十三条。兹照录如左：

一、苏维埃联邦政府，认蒙古国民政府为蒙古的唯一合法政府。

二、蒙古国民政府也认苏维埃联邦政府为俄国的唯一合法政府。

三、两缔约国负有左列之义务：

甲　两缔约国无论何方之领土内，不许有“以反抗他方或颠覆其政府为目的之团体及个人存在”，同时不许“以与他方战争为目的之军队”，在自国民内动员，或募集义勇兵。

乙　不许输入武器，或从其领土内通过“与缔约国直接或间接为战斗行为之团体”。

四、苏维埃政府派遣全权代表驻蒙古首府，派遣领事驻科布多、乌里雅苏台、阿鲁顿蒲鲁伊克（即恰克图）及其他之都市。

五、蒙古国民政府，派遣全权代表驻苏俄政府之首府，派遣领事于苏俄政府协定之俄境各地方。

六、俄蒙间之国境，宜于两国政府间特定之委员会定之。

七、各缔约国国内，居留于缔约国他方之领土内，享有最惠国国民之权利与义务。

八、各缔约国之司法权，无论关于民事或刑事，在其领土内，适用于缔约国他一方之国民，但基于文明与人道之原则，两国皆不适用体刑。而两国在执行刑法上之审判及判决，若对于其他之第三国与以特典时，此特典亦宜自动的适用于缔约国他一方之国民。

九、由两缔约国他一方之输入，或输出之贸易品，宜纳法定之关税；但此等关税不得超过“由其他最惠国国民所征之关税”。

十、苏俄政府……对于存在蒙古境内之俄国所有电信及电信之装置，无偿让与蒙古国民政府。

十一、为增进两国间文化及经济关系计，俄蒙间邮便、电信之变换，及经由蒙古电信问题之解决，皆为重要；两国对于本问题宜特行协定。

十二、蒙古国民政府，对于蒙古境内，所有土地及建筑物之俄民，宜与以适用最惠国国民同样之土地所有权及赁借权；但俄国民对此宜负担征纳法定租税及赁费之义务。

十三、本协约以俄文及蒙文作成二通，从签名之日起发生效力。

在以上条约中除第五、第十二两条稍差外，其余的从他表面上看起来，它们是在平等互惠的原则上结合；可是在外蒙的实际上，苏俄虽无条件的要求于外蒙各机关内加聘俄顾问一人，但一切的实权上，概操纵于俄顾问之掌握。其外蒙的军队也是由赤军军官的编制操练，所以外蒙在实际上的行政、军事还完全是俄人的主持。

野心不变的苏俄，自与蒙古订立形式上之互惠修好条约外，更在民国十二年（一九二三）二月二十日莫斯科政府与号称外蒙代表“苏俄化”的蒲里亚〈特〉（Buviats）人，又缔结密约十条，兹再照录如左：

一、外蒙当局须宣告一切森林、矿产及土地以后均归国有，凡无人占有之土地，均给蒙古贫民及俄国农民居住、耕种。

二、外蒙天然富源，禁止私有，一切森林、矿产，许俄国实业家雇用蒙人开采。

三、全国矿业归俄国工团及工会承办。

四、贵族享有之土地权当即废止，代以苏维埃自由交易财产制度。

五、聘请俄国实业家，开发富源，振兴工商业。

六、请苏俄工会参与创设劳工制度事宜，以便得完全保护工人。

七、聘请俄国专门家，入外蒙政府以资指导。

八、依苏俄政府之通议，外蒙政府一切职权，均归人民政府之行政部施行。先设立一革命委员会及军事委员会，再召集会议，以便制宪。

九、允许苏俄军队驻扎于外蒙，协助蒙人保全领土，以御中国。

十、活佛及蒙古王公之头衔，一律废除，以活佛为革命委员会委员长。

由这个条约看起来，苏俄侵略蒙古的计画内幕，已完全在这密约中，很详细的告诉我们了。由此可见，外蒙在苏俄政府的势力控制之下，已失去独立之地位，简置〔直〕把外蒙划归为他的属地了。

已失的外蒙，在这时局紧张，不暇顾及的时候，只好暂作罢论。然我当局所应切实注意者，及怎样去注意，这就是本题所说的内蒙现时应筹防之先决问题了。据近日各报所载，驻外蒙的赤军，屡向后营子进发，压迫蒙人，库张绥蒙卡，更益南侵，昭苏地方，新开到蒙兵八百多名，驻守之库军强迫华工当兵，扣留华人有数千人之多。又传鲍罗廷在库伦扩张军备之说，以武力去威慑内蒙，用种种宣传手段，引起内蒙对于中国之反感，助长其叛乱。建筑外蒙至内蒙的铁道，以便军事上的行动，和两地人民的接近便利，可以普及"赤化"的宣传。果属如此，假如它忽然变更他外交上狡猾成习的手段，利用外蒙唐努乌梁海一带，外托和平之美名，而内阴谋助其饷械，嗾外蒙乘虚内扰，一旦进兵，由库伦南下察、绥，仅七天即可达到。假民族自决之词，取动如脱免〔兔〕之势，毡裘胡马，长度阴山，再诱令一二如郭道甫者流，作为内外响应之举，我恐内蒙沦陷，绥、察震动，而燕、晋、秦、陇、热、辽、吉、黑诸省，斯时也要同感措手不敌之患。观乎满洲之进兵中原，和我国民革命军自广东北伐之速，来做例子，想想似乎不可轻视的地方。那时该国的外交，势必随而变更，我外交亦必更形棘手了。假若它就不变更它外交上的形势，而它对于我内蒙的阴谋，也是始终不肯忘情的。所以深望我当局要切实的注意，保存我固有的疆土，必须要积极去防御自卫。

然在此时局紧张之际，唯一的防御只有军事之准备耳。观夫国民政府于七月十九日所发表之宣言及各方所持之态度，均取决于镇静。镇静固属不错，徒持镇静而无准备，则认为有绝大之危险。若一旦人以全力对我，而我无实力以应付，势必陷于措手不及之境。但当中俄事件发生之时，蒋氏亦曾有《告西北将领》一文，继复有《告全国将士》一文。就表面观之，在持镇静之中，又非毫无准备之可言。语云："知己知彼，百战百胜。"可是，对于目前急待整理、准备边防之内蒙，则只字未见，殊觉痛心。兹就近来苏俄对于内蒙阴谋之情形，及防御苏俄之侵略上着想，在地势上，在实体上，吾认为内蒙不可放弃，及边防之一重要地域也。考内蒙之军队，均系该盟长所统率，概分东四盟，及西二盟，共六盟五十一旗，兵约三万六千余人。若中央派干部人员，前往就其原有军队，会同该盟长及副盟长暨各扎萨克，亲加检阅，按照中央军的编制，或就其形势上、习惯上重新编制整顿，一律配给新式枪械，给予充足子弹，其军队仍由各该盟长及原有人员统率（或取其无能为者再加以裁汰），中央所派之人员，当负队中一切指导之责，出动时之参谋也。一面派一部人员宣布中央德意，贯输党化，促其人民之信仰。再将该六盟所编之军队，可划分为三队：一作出动军；一作后备军；一作常备军。再在察、绥两地驻铁军若干，以作应急之备。致〔至〕于在其地势上之防卫，以守户庭各义为第一防线，此地因东四盟中之锡林郭勒盟及西二盟之乌兰察布盟，适当库伦南下大道之冲，故亦应以锡、乌两盟守此，较地势上熟率［?］之便利。又乌盟之内四子部落及喀尔喀右翼旗与锡盟东西紧接，连成一贯，为据大兴安领〔岭〕和阴山等北麓以西控外蒙平沙无垠之瀚海，俨然为内外蒙古分界的天然形势，故以此为最重要而不可忽视的地方。如斯则中央仅略备枪械，精选人员，不糜锱铢之饷，内蒙即不致为苏俄所侵入，边防即可巩固，边防巩固，则国基奠矣。

一九二九，八，二

《国民外交杂志·反俄专号》
北平国民外交研究会
1929 年
（朱宪　整理）

委员白书联调查萨拉齐县吏治概况

白书联　撰

教育　该县城内设有县立男女高级二处，初级一处，公立初级四处，功课国语、三民主义、算、历、地、体、图、手、自然、音乐等科，四乡私立初级共九十八处，功课国、算、常、体、图、手、习字、音乐等科，归教育局管理。县立各校经费由教育局发放，其余公立学校经费又分甲、乙、丙三等，由各区乡村自行摊派，近因经费拮据，未能充分发展。

农业　该县设有苗圃、农场各一处，农场面积五十余亩，植有各种树木千余株，苗圃招租试办。全境农业因年亢旱，又兼匪扰，凋敝异常。

市政、路政　城内街市马路扫除尚属整齐。

渠工　查萨县水利计画拟由磴口起至托县河口止开挖干渠一道，引用黄河水，计长一百九十五华里，枝渠二十六道，计各长十余里，建筑大桥七座，官督民办，规定五个月工竣，预算需款二十二万余元，现正从事工作。并拟渠工告成，两堤栽植树木，既可巩固渠堤，借以提倡林业，规画甚属完善。

实业　查商号共有二百二十余家，杂货铺占居多数，粮店面行次之，药铺又次之。因受本年灾歉影响，营业甚为萧条。

改编保卫团　遵照规定条例，以现有人数编为两队，驻扎东乡，协同军队剿匪。

保存古迹　无。

改良风俗　有关风化及迷信之戏剧均已查禁，其婚丧一事现已饬令各区遵照新章办理。

破除迷信　县城内有城隍庙、观音庙、财神庙、吕祖庙，均占小学校，关帝庙占有商会、各区办公所，娘娘庙占有屠兽检验场，玉皂〔皇〕庙前驻军队，现已空闲，归商会管理。其余星相、堪舆等虽有一二，因无生意，早已他往。

防务　已与各邻县订定会哨地点，并令各守望社、保卫团在本县境内定期梭巡，以安闾阎。

查禁莠民、土棍　任昕章因上年诱卖伊之外甥媳妇，经人告发，县署罚金四百元有案。

铲除土豪劣绅　马明祥因私设裕通银号，滥发铜元、纸币，经县指委会请求县政府转解法院讯办有案。

慈善事业　查该县官设平民医院一所，因款项不甚充裕，一切设置尚欠完备。并有私立育婴堂一所，应□经费多系私人捐助，置有果园十余亩，磨房一处，以果园、磨房所得之款抚育婴儿。其所抚育婴儿大者三四岁，小者数月，如有本地乏嗣良善之人欲领作为己子，□即与之登记姓名，并由该堂派出检拾字纸之人随时查察，以防转卖之弊。

征收　照章经征，并将旧日一切陋规均予剔除。

审判　已判各案，考查事实、访诸舆论，尚属适当。现有数起民刑各案，均尚〈在〉调查，一俟证明，分别处理。

缉捕　缉捕认真，确无滥用职权、捏报情事。

村政　业经遵令将区村闾邻编查过半，嗣后因土匪骚扰稍形停顿，现正设法进行。

警务　训练合法，颇形整齐，向外勤务尚属勤慎，亦无骚扰商民情事。

禁烟　现由禁种着手，渐次进行，以期净尽。

卫生　每日由公安局长警督饬商民扫除。

防疫　因该县西乡沙尔沁村等发生瘟疫，□经成立防疫所，设法防患以免蔓延。现据调查东乡毛岱等村亦发现疫症。

差徭　向由农商会及各区分别摊派，平时尚无异议，遇有兵差迫不急待，所需给养、车驮等仍恐未尽公允。

赈灾　兹因卍字会先后解到赈粮五百四十包，经县长督同切实散放，现已设法组织平粜，以济饥民。

监狱　该县监狱早已破坏不堪，所有人犯均在看守所羁押，判结后解送绥远模范监狱执行。

剪发、放足　该县剪发人民十居八九，其放足一事已派员调查劝放。

禁赌　虽经县政府督饬公安局严行查禁，乃因地方被灾，未闻有犯赌者。

查禁贩卖人口　随时查禁，获有贩卖人犯者即时惩办。

《绥远省政府年刊》
绥远省政府秘书处
1929年
（李红权　整理）

委员白书联调查托克托县吏治概况

白书联　撰

教育　查托县城内设有男女高级二处，公立商业一处，清真学校一处，功课均系教授最新式部定课本，统归教育局管理，经费亦由教育局支给。私立学校五处，学费自备。四乡立国民学校现因被旱成灾，经费难筹，均皆停办，现正督饬教育局筹备整顿之际。

农业　查托县正东区种植树株之地约计十余顷，现今成株者尚有五六顷，未成株者四五顷，现在农民计画种植树株者实居多数，林业一项殆有蒸蒸日上之势。惟夏田因种籽困难，牛犋缺乏，将来播种难周，于人民之生计不无危惧，尚须极力救济以重民生。

市政、路政　查托县街市由公安局每日派警洒扫街道，以尽职务。

渠工　查托县呈准以工代赈开凿李三壕渠，现因款项支绌，遂致停工，拟再呈请续拨赈款，继续动工，大约渠工告成，总须三万余元之谱。

实业　查托县、托河两处商号共有一百二十余家，皆是小本营业，摆摊卖货占居多数，米面铺次之，药铺又次之，近三年因灾歉营业日见萧条。

改编保卫团　查托县保安队奉令改编保卫团，按现有人数一百三十二名编为五队，驻扎各区剿匪。

保存古迹　无。

改良风俗　查托县风俗不良，现在施以教育，劝导改良。

破除迷信　查托县仍旧迷信，诵经念佛、请神跳鬼，现在施以劝导，极力破除。

防务　查托县于河冻之际临时招有冬防队五六十名，经费由本城邻闾按户摊派，协同保卫团巡梭，防堵匪患，保护闾阎。

查禁莠民、土棍　对莠民施以感化教育，对土棍实行武力铲除。

铲除土豪劣绅　以民众团体之努力运动铲除土豪，取本党政治手段打倒劣绅。

慈善事业　查托县现有育婴堂收乳遗弃婴孩，又有慈善会专办恤釐〔嫠〕、救急、施药、义冢及补修桥梁、道路等事。

征收　十六年以前之官租米折均经蠲免，十七年因旱成灾，亦在蠲免之列，故钱粮一项并无开征。至杂款一层，亦因旱灾、匪患，收入顿减。

审判　月计审理之案件约五十案，判决之案件约四十案。

缉捕　责成保卫团对于盗匪缉捕不遗余力，因剿匪阵亡保卫十余名，缉获匪犯就地正法者二十余名，判决徒刑者十余名。

警务　警士向欠训练，警政之发展亦较腹地落后，现正严加训练中。

村政　业经遵令将区村闾邻编查过半，嗣因土匪骚扰稍形停顿，现正极力进行，大约再有一月可以竣事。惟区公所设备尚称完善，其办事亦有精神。

禁烟　现由禁种着手渐次进行，吃烟之户日虽减少，而未至于断绝。

卫生　卫生机关只有公安局，设备亦欠完善，亟须添设。

防疫　一面由县长派员宣传防范方法，一面由防疫所设法防堵。[故] 客冬鼠疫甚盛，传染十余村，已死三百余人。

差徭　差徭繁多，供应不暇，向设专处以负支应之责。

赈灾　兹由卍字会先后领到赈粮二百余石，赈务会四百余石，经县长督同切实散放，尚称得法。

监狱　托县监狱早已破坏不堪，所有人犯均在看守所羁押，判结后解送绥远模范监狱执行。

剪发、放足　男子发辫已剪者十居八九，女子之足未放者尚多，非加强迫不能办到。

禁赌　人民连年被灾，赌博之事几至绝迹，因而月难查获一犯。

查禁贩卖人口　曾派警兵驻各要路严查，先后查获拘回者数十余人。

《绥远省政府年刊》
绥远省政府秘书处
1929 年
（李红权　整理）

委员董凤章调查包头县吏治概况

董凤章　撰

教育　查该县教育状况除第二中学系省立学校不计外，仅于〔有〕县立男女高小各一处，清真学校一处，初级小学四处，模范小学一处，各校学生程度均浅。功课，全县〈采〉新学制。经费以足敷用，俱由教育局支领。惟乡村学校因连年被灾，故一处无有。

农业　查该县对于农业事宜因灾荒频仍，毫无进步。苗圃、农事试验场向来设置，劝导方法，□农会李会长尚俱热心，然一二人之力亦难收效。至于种植、牧畜亦不见进步。

市政、路政　查包县素为绥西重镇，街市道路极宜注意，而该县不特不能整顿，脏水污物满街皆是。

渠工　关于渠工以及水利之计划均由第三垦务分局水利科办理，县政府多不与闻。

实业　包县向无官商企业之设立，虽有毛织厂三处，既非官办，规模又小，尚不在调查范围之内。

改编保卫团　该县第一、二、三区之保卫团向未成立，无从查填。第四区虽已改编，为日无几，成效程度亦未见诸实绩。

保存古迹　该县辟处塞外，无著名之古迹可言。维〔惟〕城外西□七十余里有一石堆，相传为昭君墓，然亦无碑志可考，恐系伪〔讹〕传。

改良风俗　丧葬婚娶一仍其旧，戏剧一项近来各戏园颇见改良。

破除迷信　关帝庙、财神庙、吕祖庙、文昌庙、金龙王庙、真武庙、南龙王庙、马王庙、三官庙、火神庙、转轮藏、大仙庙等各一处，星相堪舆者亦数人，惟女神婆颇多，县署亦无禁止之令。

防务　冬防一节，城防司令与市公安局及县公安局共同负责，预备亦妥，商会及各街长均能实行帮助，尚无困难情形。

查禁莠民、土棍　查包县素为绥西水陆交通之重镇，四方商民来去无定，刁恶之徒实所难免。军政各官厅虽亦严加查禁，但其办理经过情形既未闻诸传说，又未见于卷宗，是以无法填报。至土棍一种尚不多见。

铲除土豪劣绅　查该县豪绅对于地方事宜虽多把持，但劣迹尚未显露，官厅一方亦无法铲除。

慈善事业　查该县向无育婴等社团之设置，惟近来西北街息讼会会长张庆芝提倡各方募捐购买义坟，埋葬无主之尸体，业经县府立案，尚未买定地址。又有本县绅商提议设立妇孺收容所之举，但现在亦未见诸实绩。

征收　曾立征收所一处，所有县政府经收各款均归该所经收，其征收之际颇能照章办理。

审判　尚无远年积案，司法公署遇事亦能秉公处断。

缉捕　尚无捏报盗匪、消耗子弹及虚报奖赏各情事。

村政　城内各街街公所、息讼会均已成立，闾邻制亦已编齐，该县村政委员郭子文亦能热心指导，惟各区村尚未着手。

警务　关于警务一项均由市公安局办理，其办理情形虽无不法之处，遇事多敷衍，空令多而实效少。

禁烟　并无假公济私、吞没罚款等情事，惟灯捐一项现已成为县地方收入之一种，县公安局以及司法公署之经费均以此项作抵。

卫生　对于卫生极不注意，通衢大道之上脏水污物任意倾倒。

防疫　查包头县各街均有防疫分处之设置，每有死者该街防疫分处即派医士详细检验，如系疫病，该分处即行派员监督，并催其急速深葬。近日城内疫病已经绝迹。

差徭　应差尚无延误，款项均按车、马、驴、驼之数目抽收，尚称公允。

赈灾　灾情极重，县署办赈人员尚能实心办理。

监狱　包县无监狱，司法公署仅有看守所一处，遇有徒犯即日送绥远监内，但限期较短者即在司法公署看守所内执行。

剪发、放足　城内以及城外附近之处发辫现已剪清，放足一项劝办甚缓。

禁赌　包县赌风极盛，查禁机关每多敷衍。

查禁贩卖人口　县政府虽曾下令禁止，然亦徒具空文而已。

《绥远省政府年刊》
绥远省政府秘书处
1929年
（李红权　整理）

委员董凤章调查固阳县吏治概况

董凤章　撰

教育　共有小学三处，一处附设教育局内，高初合班制，经费由教育局支领。一处初等，一处女学，二处均系教会学校，经费由教民自摊。三处经费均甚充足，程度极低，功课亦甚浅近。

农业　所有农民种植、牧畜一仍旧法。苗圃二处，除数株杨柳而外，更〈无〉其他设置。虽有农会，亦仅齐款支差而已，对于一切农业提倡、劝导之法毫不了解。

市政、路政　所有街市一仍其旧，关于交通之建设丝毫未举。

渠工　关于水利，现拟以工代赈之法开干渠三道，已请示建设厅矣，一俟款项发来始可开办，此外更无其他官渠或共渠。

实业　无此项官商企业。

改编保卫团　现因冬防吃紧，尚未改编。

保存古迹　无古迹可言。

改良风俗　丧葬婚娶一仍旧制。戏剧本县无一演员，往昔演唱之际皆从外县邀请，今岁因灾情奇重，一台未唱。

破除迷信　只有大庙一处，星相家尚不多见，惟女神婆甚多，县署虽曾申令禁止，效果亦未普及。

防务　冬防正在预备期内，共有队兵枪械二百余。该县拟与各邻县商办会哨事宜。

查禁莠民、土棍　莠民、土棍固县尚少。

铲除土豪劣绅　前六区区董樊常抗上欺下，遇事把持，现已撤职，其民控之案卷现在尚未了结。

慈善事业　无此项社团之设立。

征收　征收款项颇能革除旧习。

审判　审讯案作〔件〕颇能秉公处断，且无积压、贿买等情事。

缉捕　关于缉捕盗匪确系认真办理，并无滥用职权及捏报盗匪消耗子弹私行变卖及虚报奖赏各情事。

村政　关于自治事业以及闾邻制，城内正在进行之际，各区村尚未着手。

警务　警务一项正大行整顿，办理情形均皆合法。

禁烟　禁烟一项虽未见效，尚无假公济私、吞没罚款以及滥收灯费、贿放匿报等情事。

卫生　卫生一项正在整顿之际，其整顿之计画尚称合宜。

防疫　防疫正在计画进行之中。

差徭　应差尚无延误，摊派均由本地绅商办理，厚此薄彼之处在所难免。

赈灾　颇能热心办理，所有报告灾情及救济方法均系实情。

监狱　固县无监狱之可言，羁押犯人之处亦普通房屋而已，监狱员颇能依法尽职，亦无克扣囚粮情事。

剪发、放足　城外附近之村庄发辫现已剪清，放足一项正在积极筹办之际。

禁赌　查禁甚严，并无私收规例纵放情事。

查禁贩卖人口　颇能认真查禁。

《绥远省政府年刊》

绥远省政府秘书处

1929 年

（李红权　整理）

五原县长郝熙元呈报行政计划

郝熙元　撰

一　整理地方财政

五邑地方财政紊乱不堪，向日各机关自由向民间起收摊款，任意开支，全年开支地方公款恒达四万余元之巨。县长当即召集各机关人员到府通盘筹画，编制预算，撙节开支，每年不得超越额数；地方一切收入均归财务局负责经理，各机关经费遵照预算按月具领，批由财务局核发，以归划一。

二　设立区制

县境区制虽经杨前任划分第一、第二两区，而区长仍住城内，迄未赴区任事。县长即召集第一区长田全贵、第二区长白焕彬，及地方士绅开会讨论，以本县幅圆广大，仅分两区，治理难周，当又添设第三区一所，委任地方士绅崔国仁充膺区长，划清区界，并指定各区公所住在地点，催令各区长即日赴区任事，不得在城逗留。再，职县旧城及新城（即隆兴长）居民蕃庶，商贾林立，划归第一区管辖似有偏重之势，兹拟将隆兴长及县城划为本县特别市，市长即由公安局长兼理，以便整顿。

三 调查户口编制村闾

全县户口尚无准数，当即按照中央规定表式，责成各区长、市长依限调查清楚，填表具报。参照山西编闾办法，以五家为邻，五邻成闾，实行编制，并得酌村庄距离远近，划定联合村庄，选举村长副、闾邻长，报县分别加委，以重村政。

四 办理保卫团

县境游匪散勇连年出没无常，办理团练、实行清乡厥为治本之举，当即责成各区、市长每五户挑出壮丁一名，以区长、村长副分别兼充保卫团团长副，认真操练，实行巡逻会哨，盘查匪类，捍卫闾阎。

五 厘订差徭办法

县城驻军充斥，差务浩繁，需用车辆、船支及代觅军糈等事一旦发生，临时出票，强行抓拉，以致邻间居民畏避差务，裹足不前，市面阻滞，粮价日涨。县长力矫斯弊，商同驻军按照全县车辆分组支应，每组出车十三辆，来城听差一月，期满放回，更替轮流支应，此外不得再向民间任意拉用，致误农作。

六 查收私藏枪械

自国民军经过后，此地遗留枪支甚夥，以致近年无赖之徒挟枪抢劫毫无忌惮，若不设法收集，地方贻患无穷。然一旦倡声收枪，该藏枪者拿起猜疑，匿枪不出，如按户搜索，不胜滋扰，兹为诱其出枪计，先由县出示饬令藏枪各户送枪到府，验明种类发给执照后方准随带备用，否则以私藏军械治罪；验明发照后再行筹款收集，以绝根患。

七 整顿交通

县境水渠纵横，各处桥梁多所倾圮，汽车行驶易生危险。县长已责成建设局督工逐一修竣，以便通行。再，包五汽车无多（包头距五原四百八十里），每位票价增至十三元之巨，且经营不善专利垄断，行旅深感困难，五原商务亦因之而受影响。兹拟商同绅商各界募集股额，设立汽车公司，廉价售票，以利行旅而便交通。

八 修治城垣清理街衢

查五原县城建筑简陋，近年倾坍不足固圉，兹已商同地方士绅，督令建设局拨夫分段修筑，并遵照建设厅颁发《五原县城图及建筑计画》，责成公安局、建设局认真整顿，添设清道夫，□时清理，以重卫生而壮观瞻。

《绥远省政府年刊》
绥远省政府秘书处
1929 年
（李红权　整理）

临河县长彭继先呈报行政计画

彭继先　撰

一、修筑村堡巩固边防　查临河地处边徼，西接宁夏，北邻外蒙，国防、省防关系极重。然地广人稀，村落涣散，每遇匪警，无法抵御，若不倡修村堡，不特民无安居乐业之日，即办理村政亦无着手之时也。兹于本月一日召集绅董开会议决，全县共计二十二村，除第二区福萨昌村前被水淹，花户逃散，及第四区三道桥等五村因系蒙古护〔户〕口地不允动工外，其余十六村责成各区长转饬各该村长副，筹拨民夫即日开□筑堡，俾便自卫，一俟工程告竣，分别报查。

二、清理全县财政并赶造十八年度预算　查临河地方公款向由各绅董议收支，因界限不清，形同分肥，设治局只求自己经费充足，其他概不过问，而财务局单纯□人过账，并不经理款项，以致财政奇穷，诸务废弛。兹特另为规定，除村公所及各村学校费用应由各该村自行筹划外，凡属县款统归财务局收支，不得紊乱，该财务局对于地方公款须妥实保管，或寄储殷实商号，但不得在私人名下存放，凡规定用途非经呈准后不得挪作他用，每届月终，务将收支款项数目分晰列榜，由县府盖印后张贴局前，以昭大信。所用账簿尤须规定整齐，不得脱漏错乱，致碍稽查。财务局为免除嫌疑起见，非奉有县政府拨款凭单不得随便支款，否则以私挪公款论。

三、各机关支款须造送领状、预算、计算及黏件册等以资核实 查临河旧日各机关支用公款毫无手续，若欲稽核，万分困难。兹定各局、区、各学校每月五日以前须造送本月份预算，月终再送计算书暨收据、粘件册并造具领状，经县政府核准后即粘发拨款凭单，转向财务局持单支款。

四、规定各局及保卫团旅费 查临河旧日办公人员一到各区村，任意滥索酒肉，一住数日，每食数元，此种陋规若不严行禁绝，扰害闾阎莫此为甚。兹规定各机关官长公出，每日发给旅费洋四角，士兵每日洋二角五分，马料自备，除草由各村公所供给外，不得再向区村公所及民户勒索吃饭及其他不正当之摊派。

五、各村公所公费之规定 查临河各村公所费用向无一定办法，故各村花费每年多有至千元者，至少亦在五百元左右，浪费公款未免过巨。兹定各村公所费用应自行筹款，不准动用县款，每村公费月定十元，大村马警二名，小村马警一名，每名定工食十元。村公所如有学校，由教员帮办司账，按月津贴四元，其无学校者请司账一员，月薪八元，以示节制而昭划一。

六、厘定教育经费 十八年度地亩附征教育经费只限定用于教育局及县立各学校，其他各区村小学校不得动用。

七、添招政务警察 查临河设治局每月由地方提用补助公杂费八十元，尽供各种陋规之开支，而法警四名系借用看守所所丁，不惟不敷分布，而且不成事体。兹特议定将前设治局补助公杂费取销，即以此款招编政务警察一棚，每月每名工食洋七元，头目一名，工食九元，每月共计七十二元，每年应发单皮军装各一套。此项警察除办县政府事务外，并担任征收地方当年各项公款。

八、减轻地亩摊款 查临河十八年各村摊款，每丈青苗一顷按十三元征收，惟临地水旱之后继以兵匪，本年秋收稍佳，但元气未复，民力未裕，兹定每顷减征一元，以轻负担而裕民生。

九、筹办积谷与义仓　查临河因水旱偏灾连年歉收，室如悬罄，户鲜盖藏，若不速筹救济办法，老弱困守闾阎无以御冬，壮者觅食他方何以招集，今年秋收比较稍佳，兹定每地一顷征集糜子三斗，约计可收一千二百余石，分存县城、什兰计、陕坝、蛮会、杨柜等五处，各村民户之不能自了者准酌量借贷，俟明年收回后作为永久义仓，由各区长负责保管。

十、创修全县汽车路　查临河村落涣散，渠道交错，距离既远，障碍尤多，亟应创修全县汽路以利交通。兹定由县城至陕坝为第一路，计长五十里；由县城至第一区为第二路，计长三十里；由第一区至蛮会为第三路，计长五十里；由第一区至第二区为第四路，计长四十里；由第四区至陕坝为第五路，计长五十里；由陕坝至蛮会为第六路，计长三十里，共计路线二百五十余里，大小桥数十座，拟请将应领赈款六千元充作经费，并按以工代赈办法赶速修理。

十一、浚修永济渠　查临河所属各渠以永济为最大，因连年失修，下游淤积泥沙，中段渠腰太窄，每年春暖冰消或雨水过大即行决口，不但冲没庐舍、淹毁田禾，而县城地形较低，更受灾害。惟此渠工程浩大，需款尤多，业据绅董请求转呈建设厅长统筹办法，以防水患而利民生。

十二、厉行天足、剪发　查临河男子蓄发遍地皆是，女子缠足依然如旧，此种恶习应于最短期间实行禁绝，以除积弊。除委女教员海桂芝为天足分会会员，先在城关宣传劝导外，并责成各区长、局长随时查禁，以便彻底肃清。

十三、整顿教育　查临河地处荒徼，风气不开，人民知识殊属浅陋，中学毕业全县绝无，普通常识极感缺乏。除令教育局长员炎向随时视察各校极力整顿外，并于县城东关设立临河县民众阅报所一处，定购报纸杂志七份，陈列室内，俾便阅览而开风气。

十四、稽查枪械　查临河连年苦于匪患，各民户为自卫计多备枪械。然借口自卫而用以为非者难保必无，兹令各区长督率村长将备有自卫枪械各户依次编号，呈报县政府，烙印发给凭照，以备查核，否则即以私藏军械论罪。

十五、清查户口　查临河户口向无确切调查，实行村制、稽查良莠种种不便，兹议定责成各区长督促各村长于半月以内务将人口查清，并按照统计表详细填造，由各区□限汇报。

十六、创办县城至陕坝长途电话　查临河县境辽阔，交通不便，商务精华全在陕坝。兹拟由地方出资先修县城至陕坝长途电话，计画约需大洋一千六百余元，先从县志局经常费项下借用一千五百元作为安设电话费，如不敷用再行另筹。其借用之款由将来电话每月收入项下陆续归还，俟还清后，如有盈余，继续架设各区电话，以资衔接。

十七、修理城墙及议城坝　查临河城墙本极太低，城上女墙均付缺如，且西半城又系旧河底，地势低洼，今春渠水决口，冲毁城墙，拥入城内，一片汪洋，竟同泽国，西街及南北街偏西之房舍塌倒一空，从事堤防万不容缓。当经委任董事汪治泉等为城工建筑处经理，查照本年度预算所定修城费五千元详细估计，分别包修。

十八、扩充农业试验场　查旧有农业试验场有名无实，虚糜公款，特就原有地址另加扩大，饬令建设局迅加整理，并聘用职业学生柴仰山充当技术员，拟由河东各县函□□棉、花生及各种树子，俟明年春暖地开即行试种。

十九、增加临时囚粮　查看守所羁押各犯原定每犯每日囚米三合，太不敷用，以致饿毙者时有所闻。由县长到任之日起，另定囚米每犯每日五合，除将司法费内所定之囚粮八元尽数购买外，如有不足，由财务局设法接济，以示矜恤而重人道。

《绥远省政府年刊》
绥远省政府秘书处
1929年
（李红权　整理）

民政厅十八年度第一期（七月至九月）行政计画

绥远省民政厅　撰

一、调查户口

绥远兵燹之后继以旱灾、匪患，各县民众多有逃亡，十室九空，以致上年办理调查户口甚形棘手。前由本省赈务会及各慈善团体极力募款救济，并发给春耕籽种，军警剿匪以告肃清，民众渐多回乡耕作，既有定居，调查自易。拟令各县局转饬各区村里长副分任切实调查，遵照部令编制十八年户口统计，分别呈报。此调查户口之计画也。

一、改良风化

查绥远地居朔塞，民智晚开，素称俭朴。近以交通便利，习风渐开，凡事多趋侈靡，对于婚姻、丧葬更多踵事增华，即备办妆奁动费巨资，珍物殉葬尤属非是；尚有游手好闲之人喝雉呼卢，寡廉鲜耻之徒秘密买笑，现已督饬认真查禁，以崇俭德而维风化。

一、整理预算

查绥省各县预算原不一致，职厅成立后首先按照各县等级规定经费数目，从新编制预算，以示划一。甫经办理就序，适察省五县划归绥远，而五县经费数目亦属参差不齐，即经分令遵照绥省最近厘定各县政府应支经费数目造送预算，以归一律。兹届办理年度预算之期，拟再分令十七县局赶速遵照编送十八年度预算，庶于计政进行不难收整齐划一之效。

一、村政计划

查绥属村政自十五年冬起筹画伊始，即催办村政讲习所，原为训练村政人材而设，考取各属学员入所练习，毕业以后分派前辖十二县局帮同筹办村政，经营改组粗有端倪，适于十六年秋杪奉军来绥，令一律停止，前功完全尽弃。及十七年秋职厅奉令成立以还，仍然召集前派村政各员分往各县局恢复旧日工作，积极进行。惟去岁丁兹兵燹之后又罹旱灾，人民逃亡荡析，地方疲敝凋零，或已着手举办而未能普及及全境，或因时际困难而先举办于城区。迨本年接收绥东五县，政令重更，尤难一致，长此以往，参杂错综，殊非整齐划一之道。兹拟按照前颁《县组织法》，统令各属先从编村入手，再加彻底整顿，以七、八、九三个月为限，务宜一律依限编齐。凡前已编之村或未妥适而尚须整理者，其未编之村亟须改编而宜合并者，均饬切实从速办理，定于九月底应将全境所编村里名称、户口总数呈具清册二份，呈送查核，以备确立村政之基础。然后循序推行，自不紊乱，亦易清查。但绥省属境辽阔，各县局面积宽狭不一，兼以荒灾日久，尚未恢复原状，倘内中如有特殊情形或应展限者，酌量地方实情，核令赓续赶办，断不能任意岩〔宕〕延，致碍村政之进展。

一、禁烟计划

查禁烟一项尤为治民第一要政，决不能视为缓图。绥省僻处边域，烟害流传最深，无可讳言。本年自春间起，历奉中央及省政府令饬严禁，并职厅叠申禁令及各种布告，靡不苦心殚力，雷厉风行，奈天灾踵至，民生困迫已达极点，抑或军事影响，匪患不时，屡生障碍，究非禁烟不力之咎，环境促成，莫可如何。兹拟先从禁吸着手，按照本省业经奉令核准《禁烟实施办法》第十三条所载办理，分令各属速行设立戒烟公所，即由各街、村、里、闾长认真劝戒，俾一般烟癖人民同时戒绝，无论如何困难，通限自七月起即行筹备，至九月止均应报告成立戒烟公所期限，按开所日起，以六个月为满，立予撤销，以后如再触犯禁令，依法送办；一面对于种、运、售等项仍令所属遵照法令从严分别查禁，并令各村政委员随时随地剀切讲演禁烟之必要，务令烟毒早日廓清，免为社会民众之隐害。

一、筹设义仓

查绥省远处边陲，民贫地瘠，凡属公益建设，原来即不完全，因各县份或由旧日边厅改设，或系草莱初辟成治，故自奉令饬设义仓，历据各属呈覆地方迭受天灾，民穷财尽，请俟本年秋收后再行筹办。间有一二县虽报仍有仓廒，奈废弛已久，早成荒址。兹拟于秋收完毕之先，令区域繁盛、财力稍裕之各大县如归、萨、包、丰、凉、兴等治按照公布《义仓管理规则》赶紧筹设新仓，务于九月以内先行成立，其余未设地方俟再察看情形，着〔酌〕定限期督饬办理，实因边地状况与内地万难强同，庶于整饬设备之中仍寓怜恤维持之意，总期备荒前途力图救济之便利。

一、整理警政

绥省警政素称腐败，职厅自兼权警政以还，除奉令设立归绥、包头两市公安局外，其余十二县局之警察所一律改组县立公安局，遴委专门人才充任。惟察西五县新划绥辖，内容、组织、规模较宏，介乎市县之间，殊多不合条例，现定于最短期间内督促从新改组，按照本省单行条例办理，以昭一律而重编制，一切预算以〔亦〕为明晰厘定，总期名副其实，款不虚糜，斯有以□民□，冀造福于地方。

一、督促社会卫生

绥省僻处边隅，风气晚开，人民对于卫生素不讲求，官厅虽多方开导，而言者谆谆，听者藐藐。自上年十二月举行第一届全省卫生运动大会、实行大扫除后，竭力宣传，剀切晓喻，人心为之觉悟。本年五月第二届举行，群情尤形踊跃，成效较著于前。惟兹事要在于居恒力求清洁，方能日起有功，并非一朝一夕所能奏效，亦非每年以两次会期奉行故事即为塞责。职厅对于卫生运动严厉督促所属进行，除通令外，拟先由城市入手，渐及各县，总期家喻户晓，不托空言，疫疠不再发生，庶几有裨于民生。

一、预防疫氛

绥西包、萨、托、东各县本年间曾发生鼠疫各症，经已设立专处办理，并由部派专员携药救治，不三月即告完全扑灭。惟时际夏令，极易复燃，除由职厅遵奉部颁预防各办法，并加制白话布告令发各县局遵办外，现正督饬省垣、包头两市公安局长暨有疫各县局长严厉预防，并令由村政委员负宣传之责，以期永告肃清，不致再有发生情事。

一、筹设诊疗所

绥省僻陋，各县尤甚，公私立医院除省垣设有二三外，其余悉付厥〔阙〕如，遇有疾病，深感不便。职厅成立后，即饬令归绥市公安局将平民医院整顿扩充，规横〔模〕粗具，而各县方面则遵奉部令设立诊疗所，业已令催筹设，以期早告厥成，惠及民众。虽有一二县份因灾情奇重未遑及此，亦经命指设法筹画，以符部令而重民生，今后督促进行，固不难一律设立也。

一、组织区长训练所

查区公所在民选制度实行以前，区长应由官厅遴选，充任管理。绥省各县区长品学兼优者固不乏人，而昧于事理者亦实繁有徒，职厅于上年冬间即拟设立区长训练所，按县保送，三月为期，冀以陶熔人才。嗣因各县匪警频仍，疫氛滋炽，佥谓不便，是以暂停。现已告粗平，自应从事进行，以期养成有用之人才，以树自治之先声。

《绥远省政府年刊》

绥远省政府秘书处

1929 年

（李红权　整理）

省政府十八年度第一期（七月至九月）行政计画

绥远省政府　撰

（一）考查各机关工作人员研究党义成绩

研究党义为谋主义之认识，作心理之建设。省府遵照中央颁布《政军警各机关工作人员研究党义暂行条例》，在府内组立党义研究会，全体职员分期研究，并通令全省机关一律遵章举办。除府内工作人员研究之成绩由主席随时考查批评外，查《暂行条例》第六条载所属机关省府亦有考核之责，规定每期研究完毕时举行测验一次，拟由省府遴委精于党义人员，分期举行以重党政。

（二）训练警察

查绥省警察虽粗具规模，而警士知识仍属幼稚，自此次改组公安局以来，即责成民政厅赶速整顿，督饬该局长先就各属□有警察认真训练，必援〔授〕以相当之知识，对于三民主义更须确实指导，俾明党义，以使能负应尽之职责，除由职府派员随时考查外，至于应兴之土木工程及卫生、消防各要政，已令妥为筹画，一俟款项充裕，次第举办，以求地方之安宁，而谋商民之幸福。

（三）实察政治

查绥远僻处边疆，地方辽阔，民政、蒙务亟应整理，拟筹设政治实察所，一面招考学员加以训练，以两个月为期，毕业之后分别优劣，派往各县暨各蒙旗，专任视察一切政务，以求进展而谋民众之幸福。

（四）筹办工赈

查绥远灾情奇重，难民众多，虽经多方筹募赈款办理急赈，只以计属治标，仅能接济一时，而欲图标本兼治，自非实行工赈难以救济民生。拟与华洋义赈救灾总会及山西银行商订借款，并由赈灾公债款内酌拨若干，修浚萨、托两县民生渠、李三壕等渠，以资容纳多数灾民得以安生，完成渠工、筑路建设。

（五）取缔纸币维持金融

查钱庄、商号私发纸币影响市面极巨，现经明令取缔，所有绥远平市官钱局发行纸币为本省金融枢纽，实有维持之必要，业经议定办法，对于地方银行及其他商号纸币数目派员检查，未发者封存不准再发，已发行者限期收回，一面分令军警协助办理，期收实效。

（六）调查教育经费状况

查绥远各校经费向不划一，教育入款亦多纷歧，兹拟从事整理，制定表式，令行教育厅转饬各县局先将经费状况以及各学校收支款项数目分别省县性质详细调查，以凭核办而使扩充。

（七）调查学龄儿童及失学人数

查义务教育为国民所必修，绥省地处边僻，文化晚开，复限于财力，迄未见诸实施，益以天害匪患，致有失学青年，深为可惜。拟即通令调查，分别已达学龄儿童及十二岁至十八岁之失学青年各有若干，其家庭经济如何，附近有无学校，逐一详细列表具报，以凭审查情形，实施义务教育暨添设小学之标准。

（八）整顿社会教育

查绥远社会教育之实施非注重社会教育不足以资补救，绥省仅有社会教育所一处，年支经费千余元，核其实际，未见优良。值兹训政时期，是项教育为目前之要政，尤为当今之急务，应即加意整顿以启民智。拟令教育厅订定办法认真整顿，以期教育普及，俾收实效。

（九）改良监狱添设碾磨工场

查改良监狱首重发展工场，而工场成立不惟使在监者实地运动，强壮身体，免除一切疾病，且可时加训诲，化莠为良，习得正当技艺，将来足以谋生。拟在绥远第一监狱内添设碾磨工场，业经令饬高等法院拟订办法，先行试办，俟有成效，即令各县仿照办理，以期渐次推广实行改良监狱之目的。

（十）筹办安插旗民实行自垦以维生计

查绥省八旗官兵原有八千六七百口，民国初元即有撤旗归农之议，延至民国八年，计口授地，共安插旗丁二千八百余口，剩余五千余口不工不商，无法生活，加以频年兵旱成灾，物价奇贵，因而卖妻鬻子、流为饿莩，若不速议救济，将必同归于尽。经由省府令行绥远旗务处拟呈《旗民自垦办法》，一面令行垦务总局查照呈拟各节妥慎核议办理，并将办理情形具报，总期旗民安插得所，以符总理五族平等、注重民生之至意。

《绥远省政府年刊》
绥远省政府秘书处
1929 年
（朱宪　整理）

绥远省行政官吏考核条例

民国十八年十二月三日本府公布

绥远省政府　撰

第一条　本省行政官吏之考核，除中央法令别有规定外，依本条例行之。

第二条　行政官吏由直接委任及监督机关考核之。

第三条　各机关应将考核所属官吏情形每三月表报省府一次，其由省府直接考核者将奖惩情形专册登记，每届年终汇案□表。

第四条　考核按上、上中、中、中下、下五等分别奖惩：

一、考列上等者记大功或加俸、升叙；

二、考列上中等者嘉奖或记功；

三、考列中等者暂行□职；

四、考列中下等者停职或记过、减俸；

五、考列下等者免职。

第五条　奖励分左列五种：

一、嘉奖；

二、记功；

三、记大功；

四、加俸；

五、升叙。

第六条　惩戒分左列五种：

一、中□。

二、减俸；

三、记过；

四、记大过；

五、停职或免职。

第七条　前项三功作一大功，三过作一大过，三大过以上即予停职，三大功以上即予加俸或升叙，但功过得相抵。

第八条　考核官吏之标准如左：

一、县长、设治局长有左列事实之一者，除省政府考核外，得由主管事项之厅长分别奖叙之：

1. 于建设上著有成绩者；

2. 遇有非常事故能临机应变保持境内秩序者；

3. 事前缉捕骚动匪犯、消灭临时重大危险者；

4. 整顿警察、举办民团确著成效者；

5. 办理服务异常出力者；

6. 振兴教育卓著成绩者；

7. 时与民众接近，对于四权训练确有成效者；

8. 全县局户口如限翔实查竣者；

9. 全县局道路如限修理完竣者；

10. 清丈土地翔实妥速者；

11. 劝导人民植树成活在五万株以上者；

12. 兴办水利确有成绩者；

13. 办理牧畜确有成效者；

14. 办理积谷、义田等项著有成绩者；

15. 提倡农工合作社著有成绩者；

16. 办理公共卫生卓著成效者；

17. 破除社会迷信及不良风俗著有成效者；

18. 办理禁烟、禁赌、天足等项卓著成效者；

19. 整理田赋至办理契税及其他一切税收确有成绩者；

20. 整理县地方财政特著成绩者；

21. 办理其他事项成绩卓著者。

二、县长、设治局长有左列事实之一者，除省政府考核外，得由主管事项之厅长分别惩戒：

1. 违背党义、党纲措置乖方者；

2. 违法渎职查有根据者；

3. 奉行法令不力者；

4. 事变发生怠于防制酿成重大危险者；

5. 废弛警备事务致成匪患者；

6. 有不良嗜好者；

7. 行为不检者；

8. 办理赈务不力或擅行挪用赈款者；

9. 调查户口、修理道路无故不能依限竣事者；

10. 办理水理〔利〕、造林、牧畜等项不力者；

11. 废弛教育行政者；

12. 废弛卫生行政者；

13. 办理积谷、义田等项不力者；

14. 查禁烟赌、劝放天足不力者；

15. 征收田赋、契税及其他一切税收不力者；

16. 不积极整理县地方财政者；

17. 存款不解致误急需者；

18. 纵容员役致酿事故者；

19. 盗匪案件发生匿不呈报或缉捕不力者；

20. 办理其他行政事项有重大之遗误或不洽舆情者。

三、公安局有左列事实之一者，由民政厅察核情节酌予奖励：

1. 缉捕盗匪异常奋勇，能捕获盗伙匪首者；

2. 在所管境内半年以上无盗匪案件者；

3. 对外来大股土匪尽力堵剿克保境内安全者；

4. 缉获邻县盗匪、犯人或窃户者；

5. 训练警察卓著成绩者；

6. 办理路政确有成绩可考者；

7. 办理卫生行政成绩卓著者；

8. 调查户口翔确而无遗漏者；

9. 办理消防事宜异常敏捷者；

10. 抓赌异常认真者。

四、公安局长有左列事实之一者，由民政厅察核情节酌予惩戒：

1. 缉捕盗匪案件逾期不能破获者；

2. 每月发生盗匪案件在三次以上者；

3. 平时防范不力致伙匪入境者；

4. 行为不检且有不良嗜好者；

5. 训练警察毫无成绩者；

6. 纵警殃民查有实据者；

7. 查禁赌博松懈者；

8. 调查户口不实暨废弛路政者；

9. 对于卫生、消防事务毫不注意者；

10. 不受县长或设治局长之合法命令、奉行不力者。

五、各县局佐治人员有左列事实之一者，由县长或设治局长察核情节酌予奖励：

1. 办理主管事务著有成绩者；

2. 遇有事变助理县长或设治局长得力者；

3. 品行端方，办事敏速妥善者。

六、各县局佐治人员有左列事实之一者，由县长或设治局长察核情节酌予惩戒：

1. 废弛职务者；

2. 行为不检且有不良嗜好者；

3. 遇有事变畏缩脱逃者。

第九条　考核官吏除于年终由省委会汇案议决发表外，其平时办事特著成绩或有重大过失者，得由直接委任及监督机关依据查报随时奖惩，但由省府委任者，对于加俸、升调或停职、免职等处分须随时提出省府会议决定。

第十条　本条例如有未尽事宜得由委员会决议修改。

第十一条　本条例自公布之日实行。

《绥远省政府年刊》
绥远省政府秘书处
1929 年
（李红权　整理）